秦帝国の領土経営

雲夢龍崗秦簡と始皇帝の禁苑

馬彪 著

京都大学学術出版会

本書は 日本学術振興会 より
科学研究費補助金研究成果公開促進費
の出版助成を得て刊行された

目次

秦帝国の領土経営

——雲夢龍崗秦簡と始皇帝の禁苑

第一章　研究の課題と方法

本章は龍崗秦簡の研究課題の発見経緯とその研究方法を述べる序言である。

第1節で、著者は書斎で発見した木簡の文字について問題意識を持ち、発掘現場へ赴き実態を調査した際、現地・実物・発掘した本人・竹簡を整理した研究者への調査によって秦簡文字に見る禁苑と始皇帝の実像という研究課題を見つけた経緯を述べる。

第2節の「龍崗秦簡をめぐる三重証拠法」では、当時、内藤湖南により招かれた王国維氏が京都で提出した「二重証拠法」に基づき、現場踏査も加える「**三重証拠法**」という簡牘学研究方法論を提出した。

第1節　龍崗秦簡の実態調査からの課題

はじめに

最近の三〇年来、中国内陸の「経済改革」の急速進展とともに、建築工事現場から秦・漢時代（紀元前三世紀～紀元三世紀）の簡牘文字が大量に出土し、「社会科学の先端分野」と呼ばれている**簡牘史学**（一般には「簡牘学」といい、さらに広く「簡帛学」ともいわれている）も盛んである。「雲夢龍崗秦簡」（以下、**龍崗秦簡**と略称）は、その簡牘文字資料のなかの重要な資料の一つとして、一九八九年末、中国湖北省文物考古研究所・雲夢県博物館が雲夢城の南東郊外（北緯三一度、東経一一三度四五分）の龍崗で発掘した古墓において発見されたものである。

筆者はすでに二〇〇二年夏から、龍崗秦簡の注釈を訂正する目的で、写真版に基づき、これまでに発表された解釈の誤りを一つずつ訂正する作業を始めていた。しかし、現場に実物を見に行くことや関連する研究者たちとの討論がないと、出土木簡の解釈について十分に精確な解釈を与えることが難しいのは、いうまでもないことである。ゆえに、龍崗秦簡の現地調査に基づく再検討という課題を持って、二〇〇五年二月に現場調査研究を行なった。

一　現地での調査

発掘現場の調査

ほかの秦簡と比べると、龍崗秦簡の保存状態はかなり悪く断片が多いので、その原因を知るという目的を抱いて、筆者はまず中国湖北省の雲夢県の龍崗にある発掘現場を踏査した。一九八九年当時、自ら現場に行って発掘した現雲夢県博物館館長の楊文清氏を訪問したのである。そして、彼と同じ博物館の張宏奎・陶漢橋および雲夢県文化局の汪専雲三氏とともに討論会を行なった（写真1－1）。

龍崗秦簡の実物の調査

龍崗秦簡の実物は、もともと湖北省考古研究所で保存されていたが、その研究所が湖北省博物館と合併したので博物館に移っていた。実物は全部で一〇箱の竹簡と一枚の木牘である。それらの全部を余すところなく見ることができたが、少し残念だったのは、一九八九年に秦簡が出土したM６墓の発掘担当者の一人、梁柷氏がこの博物館に所属されているのに、筆者が訪問した日には外出されていて不在であったことである。

発掘担当者からの情報収集

発掘に当たった当事者や本簡を整理した研究者への訪問も、今回行なった調査には不可欠なことであった。それにより、筆者はこれまで持っていた疑問や不明な点を質問することができ、いろいろと教えていただけたのである。また、中国における現在の簡牘に関する最新発見や研究状態などの情報収集もできた。

この三つの調査によって得られた成果は、以下のとおりである。

二　出土当時の実態

龍崗秦簡の研究に着手して以来、何年間も抱いていた疑問の一つは、二〇〇枚余りにものぼる本簡の地下保存状態がよくないと発掘報告されたことはわかるが、現物の写真と発掘したときの竹簡の配置図にはっきり見られるように、なぜ、すべての簡の一部が截然と切断されているのか、理解し難いことであった（図1-1）。

今回の実情調査では、この疑問に基づき、当時の発掘状態について、発掘担当者の一人である楊文清氏に以下のようなインタビューを行なった。

馬：楊館長さんは一九八九年に龍崗秦漢墓地を発掘した担当者の一人ですね。その当時の龍崗秦簡の発見について紹介していただきたいのですが。

楊：当時は龍崗の一五ヵ所の秦・漢時代の墓地を見つけて、龍崗秦簡が発見されたM6墓は私ではなく、元（雲夢県博物館）館長の劉潤清さん（二〇〇五年逝去）と湖北省博物館の梁祝さんの二人が担当したのです。竹簡を掘り出した日は、私もちょうどその現場にいました。ですから、発掘のときの事情を今でもはっきり覚えています。

あの日はもう夕方になっていました。M6の棺の底部では三分の一ほどの黒い土砂を整理する作業が進んでいたのです（図1-2）。初めのほうは私が整理していました。ちょうど竹簡が出る前に、劉さんは私の発掘進度が遅いと思ったようで、交代してくれました。彼がスコップで掘っても一回目は何も出なかったが、二回目に掘ると何か物が出てきたそうです。少し水で洗うと墨書が現れて竹簡だとわかったのです。

馬：そのとき楊さんは竹簡を見ましたね。

楊：見ましたよ。当時、私と梁祝さんは現場にいましたから。竹簡が発見されたあと、すでに掘り出した土砂をもとの所に戻し、封じました。すぐに公安局の人が銃を持って現場を警備し、何人かの民工を呼んで、その夜棺を出して博物館の大成殿（写真1-2）まで運んできたのです。そのとき一緒に棺を整理した者は十何人もいましたよ。

写真 1-1　湖北省雲夢県博物館を訪問

写真 1-2　雲夢県博物館内の大成殿（最初に龍崗秦簡を整理した場所）

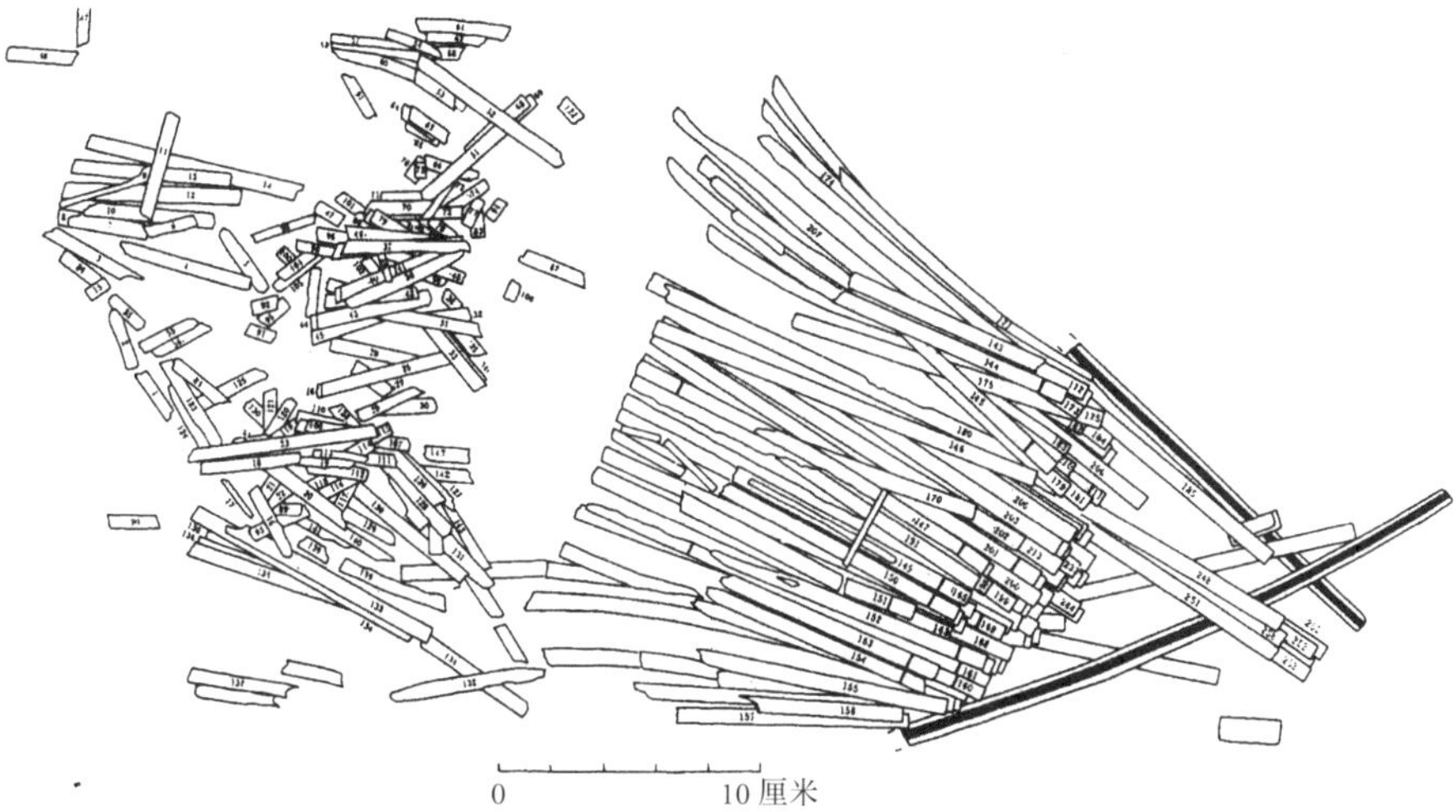

図1-1　M6棺内竹簡の配置図（劉信芳・梁祝『雲夢龍崗秦簡』科学出版社，1997年）

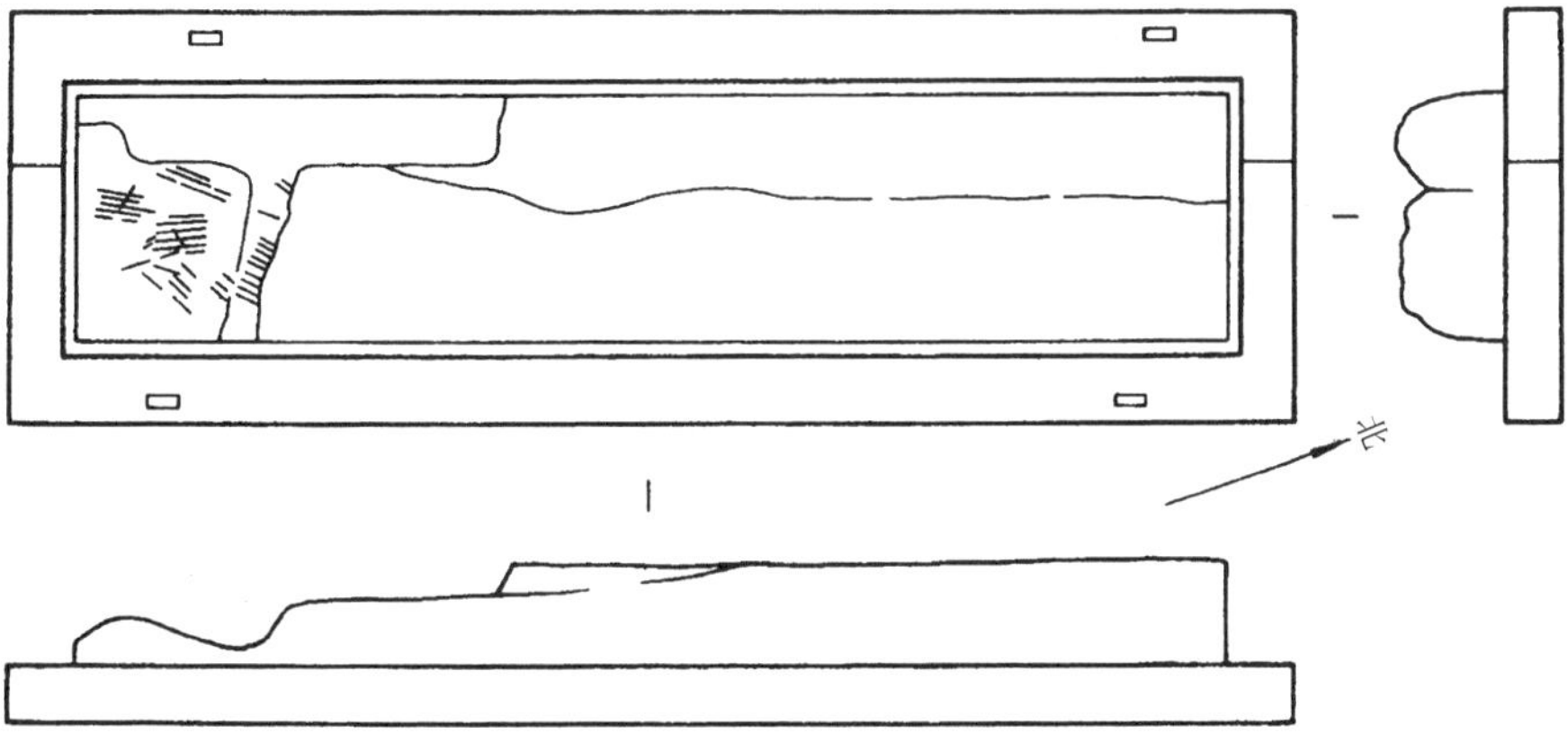

図1-2　M6棺内に沈殿していた土砂の断面図（同図1-1）

馬：土砂は、ドロドロしていたのですか。
楊：はい。とても水分が多くて、とてもドロドロしていました。
馬：（劉国勝氏へ）現場にいた梁祝さんは、後に出されたご自分の本に、いま教えていただいた事情を書かれていませんね。
劉：書いていません。竹簡の置き場所が棺内であるのは、秦・漢時代における墓葬の特徴です。**雲夢秦簡**もほとんどそうです。いつも死体のある所に置いてあり、龍崗秦簡は死体の足元にあったのです。

以上の楊氏の話から、龍崗秦簡の発掘状態について、これまで知られていなかったことがわかった。少なくとも以下の二点に注目すべきであろう。

①本簡の出土地現場は、水（地下水？）が多い地勢で、土砂がドロドロの状態だったために、竹簡の保存状態がかなり悪かった点。
②竹簡を発見したのは、夕方から深夜までの時間帯であり、あわてていて何かミスをしたのではないかと考えられる点。

このような事実により、筆者がこれらの本簡の研究に持っていたいくつもの疑問が解けただけではなく、今後の研究に大事な一要件は、本簡の復元作業であろうと考えられることとなった。

三　M６の埋葬者をめぐる問題

龍崗秦墓M６に埋葬されていた死体をめぐって、その生前の身分に対してはいくつかの推測ができる。それらの推測のうちには、黄盛璋氏の**刖刑説**もあり、黄氏は、
死者は下肢がないので、刖刑を受けた刑徒だろう。雲夢禁苑では「刖者使守囿」によって、雲夢禁苑に関する法律文書を管理させた。墓主はもと雲夢禁苑を管理する官吏であったが、刖刑に処せられた後、刑をもって役に服

した。

と言う。[1] この説に対して、劉国勝氏は以下のように反論した。

該当墓を発掘したとき「下肢の骨が見られない」という報告によって、墓主の辟死が刖刑に処せられたという判断はしにくいのである。理由は、第一に、この（発掘）資料は曖昧ではっきり書いていないが、すべての下肢骨が見られなかったそうである。しかし、古代の刖という足を切る刑は犯人の下肢をすべて切ってしまうわけではない。（以下省略[2]）

二人の討論によって、発掘したときには死体がどのくらい残っていたかが問題の焦点となっていたのである。ゆえに、このことも今回の現地調査の目的の一つとなっていた。

楊文清氏に確認したところ、M6墓の死体は下半身も上半身も骨がほとんど残されていない（図1-3）のは、事実であるという。楊氏は繰り返して「死体の保存状態はとても悪かった」と強調した。つまり、人骨によって埋葬者の身分を判断することはできそうもないと考えざるをえない。

四　両雲夢秦簡の発見場所

研究対象となっている龍崗秦簡が発見されたのは、もう一つの「**雲夢睡虎地秦簡**」（以下、**雲夢秦簡**と略称）の発見場所と同じく今の雲夢県の城外であり、両秦簡の発掘場所の間には何らかの関連性があるのではないかという疑問を持ち、龍崗秦簡の発見現場の発掘者である楊文清氏の案内に従い、両秦簡の発掘現場踏査を行なった。

現地踏査では、龍崗秦簡の発掘現場は現在、刑務所（中国語で「看守所」という）になっており、秦簡が発見されたM6の墓の位置は現刑務所の受付の場所であると教えられた（写真1-3）。刑務所であるから、龍崗秦漢墓地を示す看板はない。

雲夢県刑務所から睡虎地秦簡の発掘地へ行く途中、私の要求に応えて、楊氏は雲夢県「**楚王城**」遺跡を案内してくれ、

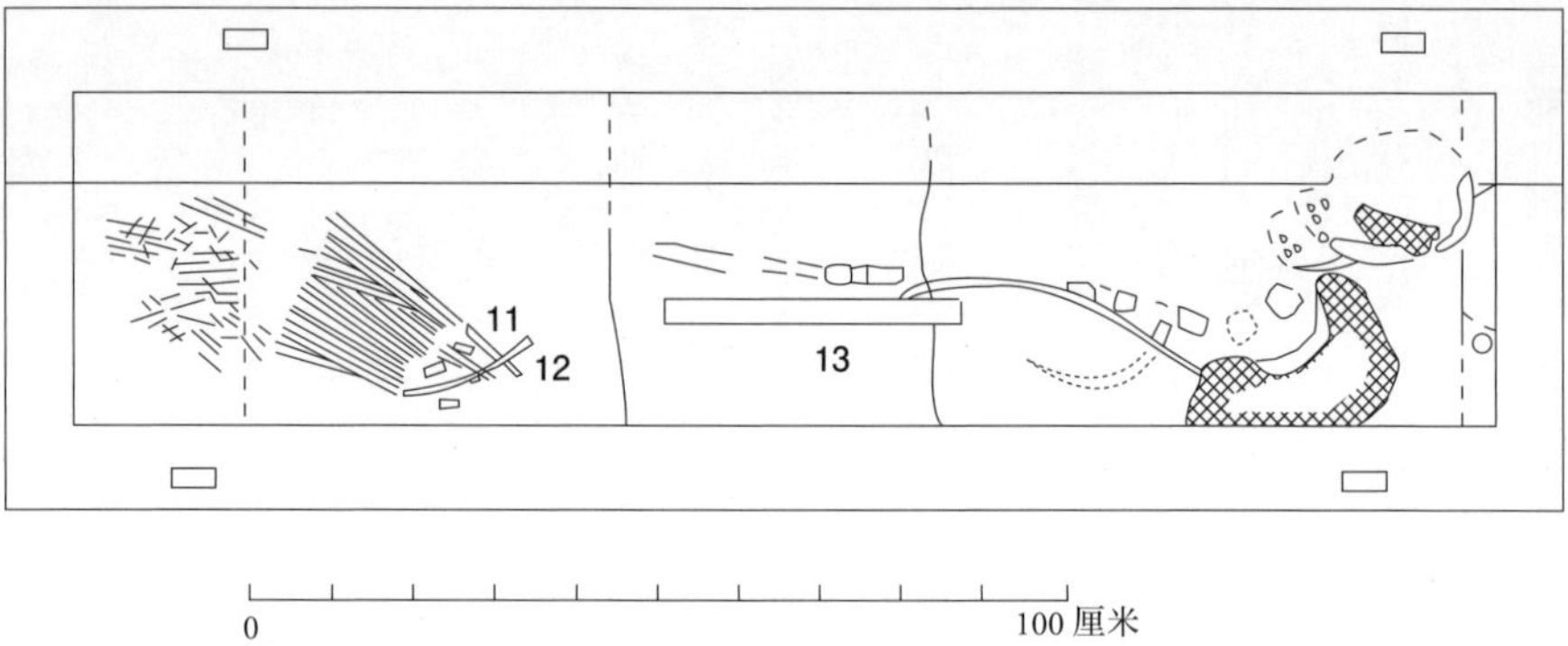

図 1-3　M6 棺内にわずかに残る人骨（同図 1-1）

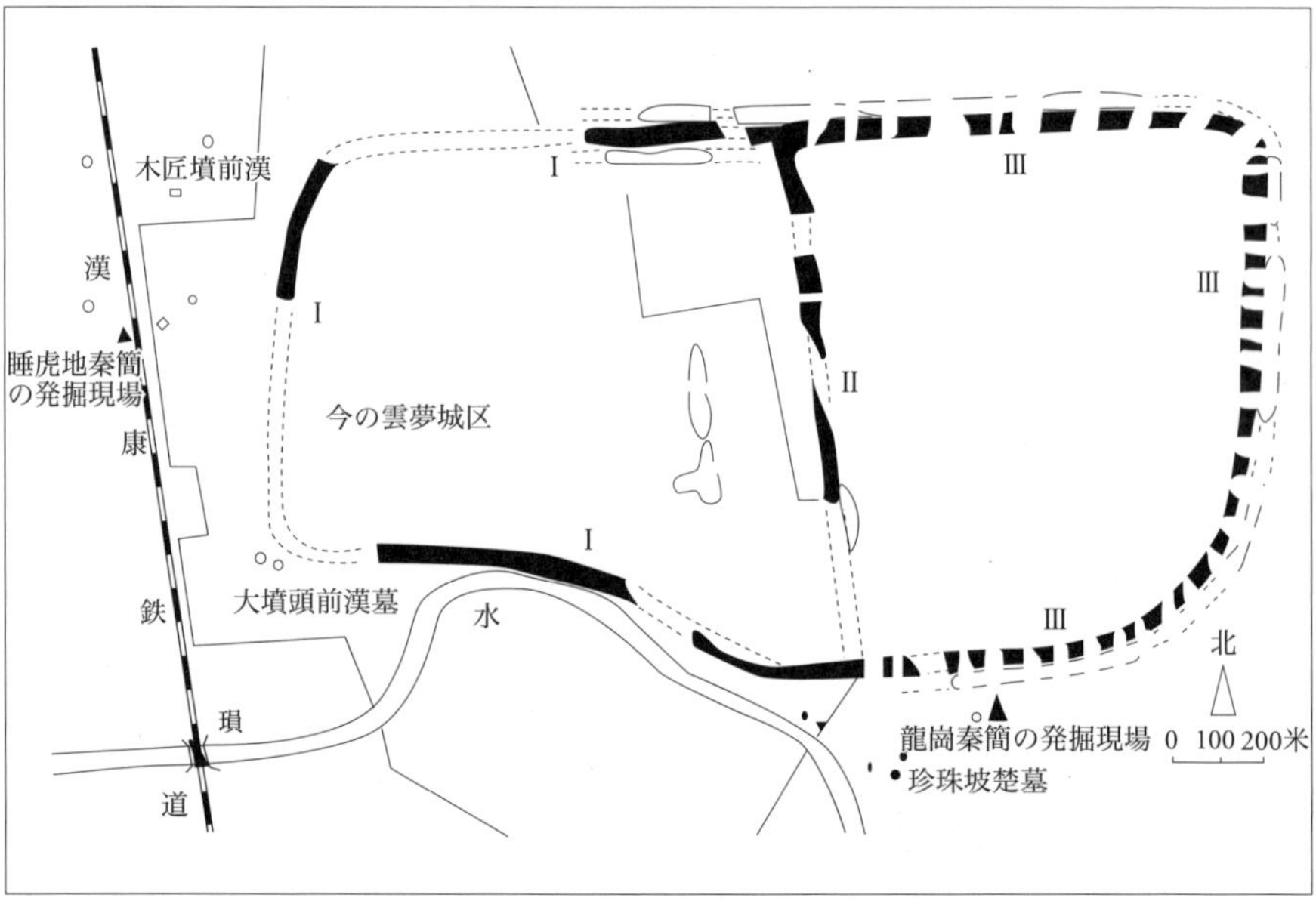

図 1-4　秦漢代の雲夢楚王城と両秦簡発見地の位置

（『考古』1991 年第 1 期所載の「湖北雲夢県「楚王城」平面図」に基づく）

I 戦国・秦・漢代にわたって使われた城壁，II 漢代に新築した城壁，III 漢初に廃棄された戦国・秦代の城壁

写真 1–3　刑務所になっている龍崗秦簡の発掘現場
（右が龍崗秦簡発見者の楊文清氏）

写真 1–4　雲夢県「楚王城」の北垣

保存状態の良い北垣（戦国時代に建てられた）に行って、地面から二～四mの垣に登った（雲夢県「楚王城」遺跡は、外郭城は戦国、中垣は秦に建てられたと推測されている。写真1-4）。

その場で、筆者は、秦時代にも使われていたこの城の南城外にある龍崗秦墓地と、西城外に位置する睡虎地秦墓地との間に、いったいどのようなつながりがあったのであろうかと、突然思いあぐねてしまった。そして仮説として、この城はもしかしたら当時の「雲夢官」の役所の所在地ではないかと考えた。ゆえに、この調査のあと、自ら「湖北雲夢県「楚王城」平面図」[3]を基に「秦漢代の雲夢楚王城と両秦簡発見地の位置図」（図1-4）を作って、さらに調査を進める新しい出発点として念頭に置いている。

睡虎地秦簡の現場はコンクリート工場になっている。現場から二〇〇～三〇〇m離れた交差点にぼろぼろの看板が一つ立っており、わずかに「湖北省重点文　×保　×××睡虎地　×墓　×」（写真1-5）という文字だけが読み取れる。その看板のすぐ北には列車の積荷場があり、そこに入ると、「**漢康鉄道**」（武漢～安康）の線路の西側は「雲夢県水泥廠」（コンクリート工場）の裏側の垣の手前で、楊氏は「あそこが睡虎地秦墓の発掘現場です」と教えてくれた（写真1-6）。また、刑務所も積荷場も立ち入り禁止であったが、楊氏の交渉のおかげで筆者はその現場に入り写真を撮ることができた。現場調査は現場の人の協力がなければできない事情を痛感した次第である。

もう一つ言っておくと、睡虎地秦簡が発見される直接の原因となった「漢康鉄道」の工事は、二〇〇六年に複線を開通するために大規模な工事を行なったときには、睡虎地M77号漢墓から竹簡が発見された。

五　竹簡の状態に関する調査と討論

湖北省博物館で保存している龍崗秦簡の実物のすべてを直に見ることができたのは、今回の調査で一番有意義だったことである。

『龍崗秦簡』という本を編集するために簡を整理した人物の一人、武漢大学助教授の劉国勝氏に案内していただき、

写真 1–5　「湖北省重点文物保護単位睡虎地古墓群」の看板

写真 1–6　睡虎地秦墓の発見地を指して確認している劉国勝氏

本簡の実物を一枚ずつ見ながら彼と直接討論を行なった（写真1-7）。また、実物を見たあと、劉氏の所属している武漢大学歴史学部楚地出土文字研究センターの研究者である陳偉（センター長）・李天弘（本簡の整理者）の二教授とも討論を行なった（写真1-8）。

その結果、実物が写真版とかなり違って見える原因が多少わかった。例えば、実物の本簡の面は凹凸があっても文字が写真よりきれいに見え、臨場感がある。また、本簡を整理する過程で脱水と撮影の手順が逆になってしまったこともわかった。なお、いま竹簡の表にはかびが生えているような状態であったため、筆者は大丈夫なのかと注意を促した。

六　文字の専門家との討論

現場調査のあと実物を見たうえで、（1）簡について具体的な質問をする、（2）最新の簡牘の発見と研究情報を収集する、という二つの目的で、北京・上海の研究機関と大学の研究者たちを訪問した。

中国文物研究所出土文献与文物考古研究センター長の胡平生氏は、現在中国の秦漢簡牘研究の第一人者ともいえ、『龍崗秦簡』の著者でもある。私は彼がいま没頭している一〇巻本の『長沙走馬楼三国呉簡』を出版するための研究室（写真1-9）にお邪魔した。

胡氏には、私の「池魚」「両雲夢」「弩道」などについての細かな質問に丁寧かつ詳細に答えていただいた。以下に筆者の質問と彼の回答をまとめる。

①「池魚」を「池籞」と解釈するのは強引な感がないか？

実は台湾の学者の一人にも、この解釈は少し迂回しているのではないかと言われたことがあるとのこと。

②周囲五百里の「雲夢」沢をすべて禁苑であると考えると広すぎるのではないか？

胡氏は春秋・戦国時代の地理概念は後の地域概念とは違うと答えた。しかし、加えて、『漢書』地理志の「両雲

写真 1-7　湖北省博物館に保存される龍崗秦簡
（実物を見ながら，簡の整理に当たった1人である劉国勝氏と討論）

写真 1-8　武漢大学楚地出土文献センターの研究者との座談会

夢官」に、唐宋以来の学者には、それが中央政府から地方へ派遣された雲夢沢を管理する水官であるという定論があって、ここではそれを禁苑官と認定すれば、歴代の説と食い違うのではないかという質問には、答えなかった。

③「弩道」とは、いったいどのようなものであろうか？やはり白建鋼氏の論文に言う、弩兵が使った道路であると考えられる。

④龍崗秦簡によって秦時代における禁苑の図面を作ることができるかどうか？

「実はやってみようと考えたこともあるが、諦めました。理由は史料が少なく難しいからです。もし馬さんがやる気ならば、ぜひ実現してください」と励まされた。

二人の討論は必ずしも意見の一致を見たわけではないが、筆者としては、胡氏のような簡牘学研究の大先輩のお話を聞かせていただき、まさに「聴君一席話、勝読十年書」（君に一席の話を聴くは、十年の書を読むに勝る）のように感じたのである。また、氏から現在の中国の秦漢簡牘出土の最新情報と研究現状をよく把握でき、今後、日本における簡牘研究をいかにより迅速に発達させるかが課題であるこ

写真 1–9　胡平先生を訪問した北京文物研究所の研究室にて

とを感じた。

おわりに

このように、発掘現場に行っての実地・実物の調査および発掘者への調査によって、いろいろな注意すべき問題点が判明してから残簡を復元すべきであることも含め、多数の課題が明らかになった。

注

（1）「雲夢龍崗六号秦墓木牘与告地策」『中国文物報』一九九六年七月十四日。

（2）「雲夢龍崗簡牘考釈補正及其相関問題的探討」『江漢考古』一九九七年第一期。

（3）『考古』一九九一年第一期。

第2節　龍崗秦簡をめぐる三重証拠法

はじめに

簡牘学三重証拠法とは、出土文字・発掘現場・文献史料によって歴史学研究に考証を加える方法である。約一〇〇年前、**王国維**氏が日本に滞在後中国に帰国し、**二重証拠法**を提出したことを振り返り、自分なりの考えを提示したい[1]。なお、本書で使用する龍崗秦簡の簡番号は、中国文物研究所・湖北省文物考古研究所『龍崗秦簡』(中華書局、二〇〇一年)に示した「新編号」(整理番号)である。

一　二重証拠法と簡牘学の誕生

一九一一年に中国で辛亥革命が起こると、**王国維**は日本京都へ亡命し、翌年『**簡牘検署考**』を鈴木虎雄の和訳によって『藝文』に掲載した。一九一四年、中国語版の書物を京都で出版し、同年、王国維と**羅振玉**の『**流沙墜簡**』が京都で出版された。この二つの書籍は後の簡牘学の元祖ともいえる。

『簡牘検署考』と『流沙墜簡』は姉妹篇であると考えられ、前者は文献を中心とした考証作であるが、後者はもっぱら木簡の出土文字についての研究である。前者は簡牘に関する制度史的な考察であり、後者は、イギリスの探検家オーレル・スタイン Sir Marc Aurel Stein(一八六二〜一九四三)が発見し、フランス研究者のシャバンヌ Édouard Chavannes(一八六五〜一九一八)が釈読した敦煌漢簡の図版を利用した、木簡についての実物的な研究である。

『簡牘検署考』が出版された二〇世紀の初期の中国学界は「疑古」思潮が盛んな時代であり、王国維はかつて新時代の多くの文化青年と同じように、自分がこれまで受けてきた伝統教育を痛烈に反省し、羅振玉らが建てた東文学社

（一八九八年成立）に入学、そこで日本人の東洋史家の藤田豊八を師と仰いだ。一九〇一年、彼は初めて日本へ渡航し、東京物理学校に留学した。そこで彼はドイツ哲学に傾倒し、とくにフリードリヒ・ヴィルヘルム・ニーチェ Friedrich Wilhelm Nietzsche（一八四四～一九〇〇）の影響を受けたが、日本の東洋史の大家である内藤湖南の招きによって亡命して京都に行き、羅振玉氏の影響を受けて西洋の学風に触れ、疑古学風を脱出した。後に羅振玉は以下のような文章を回憶録に記している。

至是予乃勸公（王国維を指す―引用者注）専研国学、而先於小学・訓詁植其根基、並与論学術得失、謂尼山之学在信古、今人則信今而疑古。国朝学者疑古文『尚書』、疑『尚書』孔注、疑『家語』。所疑固未嘗不當、及大名崔氏著『考信録』、則多疑所不必疑。至今晩近変本加厲、至謂諸経皆偽造。……公聞而懼然、自懟以前所学未醇、乃取行篋『静安文集』百余冊、悉催焼之……其遷善徙義之勇如此。公居海東、既尽棄所学、乃寝饋於往歳予所贈諸家之書。(2)

それから彼は、中国古代史料・文物・古文字学・音韻学、とくに甲骨文字・金文・簡牘文字の研究に没頭しはじめた。つまり、『簡牘検署考』の著者としての王国維氏には、中国の伝統学問の学力はもちろん西洋学の方法も清朝考証学の方法もある一方で、当時の学界に溢れていた落ち着きのない新学風や列強探検家が中国の文物を略奪する現実への不満もあったと考えられる。さらに言うと、疑古派の研究者たちがみな自国の伝統文化を清算していた最中に、王国維は立ち上がって、外国人学者の中国出土文字研究分野への挑戦に応じたのである。ゆえに、彼は中国簡牘学の創始者となった。それだけではなく、約一〇年後、彼はようやく独特の「二重証拠法」という近代史学の方法を創出した。しかしこの「二重証拠法」は、彼が一九一二年に発表した『簡牘検署考』の中で、すでに提出しているといえる。なぜならば彼が**検署制**を論じたとき、以下のような研究方法に、はっきりと言及しているからである。

若以徐、戴之説（清代徐鍇『説文解字系統』と宋代戴侗『六書故』の説を指す―引用者注）為不足、請徴諸漢唐人之說。（中略）若猶以漢唐人之説為不足、則請引漢人之検以明之。（中略）如以書籍所記者為不足也、則請徴諸実物以明之。

たしかに、ここにいう王国維の方法は検署制について述べたものだが、それは『簡牘検署考』の中に一貫する研究方法であるといってもよい。これこそ彼が後に唱えた「二重証拠法」の源ではないだろうか。もし、この方法論が史学全般に広がったら、それは、近世・中世・古代の文献史料がつながり、紙上の史料と地下の史料をつなげる近代史学研究法的な定義であると言っても過言ではない[3]。

顧頡剛などの学者らにより、学界で「疑古」のうねりが巻き起こったとき、殷墟甲骨卜辞や敦煌漢簡など新出土した古代文字資料を研究していた王国維は、一九二五年に清華研究院での「古史新証」という講義で、疑古派の過剰疑いに対し「地下の新材料をもって紙上の材料を補正する」という「二重証拠法」を正式に提出した。

つまり、二重証拠法は簡牘学と同時に誕生し、後に考古学・歴史学共有の研究方法となった。

二　司馬遷が創建した実地考察の方法

司馬遷の活躍した紀元前二世紀には、当然、今日にいう考古資料という概念はまだなかったが、周知のように、彼が『史記』を完成したのは「漢初以来百年ほどの間に、天下の遺文・古記録で太史のもとに集まらないものはなかった」(『史記』太史公自序)という便利な条件以外に、自ら漢王朝の大部分地域で実地調査を行なうという優れたやり方によるものである。彼の実地調査は前後の二段階に分けることができる。

第一段階

彼は出世する前、将来父親の史官を継ぐため、十歳から古文の訓練をし、二十歳のときに中国全土を旅した。張家山漢簡『史律』に見る「史」「卜」「祝」にある資格要求によると、司馬遷は史官の息子として、十七歳のときから「学童」となるべく三年間文字の勉強をしたあと試験を受け、「史」となる資格を取得したはずである。その資格を得てからの全国的な旅は、彼の初めての全国的な歴史考察の旅であった。経路は、長安を出発し、今の湖北荊州一帯の南郡へ行って(秦の始皇の第二回・第五回の巡幸線路に似ている)、長江流域の九疑山における舜廟や会稽山の禹王陵を訪ねた。また、斉故都の臨淄と魯の曲阜へ行った。そして梁・楚の地に寄って長安へ戻った。この二十歳ときの旅は「太史公自序」にも記され、『史記』の完成に大きな意味を持つものだろう。

第二段階

郎官から太史令になって、仕事のために漢武帝に従って全国へ巡行した。彼が「余従巡祭天地諸神名山川而封禅焉」（『史記』封禅書）と言うように、やはり実地考察をし、その見聞と史料を合わせて『史記』を書いた。つまり、我々は、司馬遷の史家的な天賦の才能に感嘆する一方で、彼が自ら史跡や事件現場へ赴くという現場主義が『史記』の創作に大きな影響を与えたことを、誰も否定できないだろう。

中国の考古学が始まった一九二〇～三〇年代は、まさに王国維が「二重証拠法」を提出した直後であった。それから八〇～九〇年を経て多くの研究者は発掘現場の重要性を改めて認識した。筆者は、考古学専門ではなく歴史学を研究する者としても、近年来出土文字を研究してきた経験から考えれば、やはり、当時、王国維が提出した「紙上の資料」と「地下の新資料」による二重の証拠に拠る方法に、さらに「現場での取材」という司馬遷が創出した伝統的な方法を加えるとよいだろうと思う。具体的に言うと、常に書斎を出て発掘現場に赴き実地調査を行い、改めて書斎に戻り紙上の資料や地下の資料を合わせて研究する。これを繰り返し、発掘現場の実地調査によって、うまく「紙上の資料」と「地下の新資料」がつながることで、簡牘学や歴史学は一層「実学」といえる学問になるだろうと考える。

三　遺跡の実地踏察の重要性

筆者は、二〇〇四年に中国陝西省岐山県鳳雛村にある西周建築遺跡の現地踏査に行ったとき、県文物管理局の管理人の案内によって虫眼鏡で周原微型甲骨文を見学し、彼の紹介を聞いて、**周原微型甲骨文**の発見が全く偶然のことだったと知った。一九七〇年代にこの遺跡が発見されたとき、それらの甲骨はゴミとして捨てられてしまっていたが、ある日見学に来た一人の年輩の方が、白いゴミくずに文様がありそうだと気づいたことから、周原微型甲骨文の真相が明らかになった。似たような例は、二〇〇二年の**里耶秦簡**の発見である。『団結報』二〇〇二年八月九日の報道によると、アマチュアの考古愛好家の彭秀軍は、発掘現場のゴミ捨て場で何本かの細い竹や木で作ったくじのような竹筆と木筆を見つけた。その筆一本の長さは一二・五㎝、一端は四角形でもう一端は尖った、お箸の形であり、筆の半ばのところに六㎝くらいの幅で蚕糸が巻かれている（滑りにくくするため）。これが宋の米芾『筆史』における「王羲之『行书』真跡、是竹干絲筆所書」に当たる。もちろん、以上の二つの例は、いかに現場検証が必要であるかの説明であるが、いずれも偶然性を否定的できない面があるので、まだ筆者の提出したい実地考察を意味するものではない。

次に、筆者が近年来、龍崗秦簡についての研究経験によって「紙上」と「地下」資料をつなぐことを意識して行なっている、実地考察の重要さを述べたい。

（1）発掘調査の実態

発掘調査にはだいたい二種類ある。

① **積極的発掘**　目的を明確にした、例えば秦皇帝陵園の発掘がその例である。

② **受動的発掘**　事前の発掘目的がない、偶発的な遺跡発見を指す。

工事現場での偶然の遺跡発見であれば、たいていは、いわゆる「**搶救発掘**」（緊急発掘）で、その例を挙げると、**睡虎地11号墓**の発掘は当時の鉄道工事現場での偶然の発見であり、**龍崗6号秦墓**は県の刑務所を造ったときに出たものである。受動的発掘はもちろんのこと、積極的発掘でも、どのような出土品が出るか予測できないので、出土品や出土文字を研究する対象となってから、いろいろな問題が生じるのは当然のことである。その際もし発掘現場が保存され、例えば兵馬俑の博物館のようなケースとなったら、二度でも三度でも現場に戻って検証できるが、ほとんどの場合は発掘現場の保存ができないので、当時発掘した人への調査が重要となるが、これも筆者が言う実地調査である。

（2）龍崗秦簡の発掘

発掘報告の実地踏査と取材

龍崗秦簡の発掘は積極的発掘ではない「搶救発掘」であり、事前計画なしに施行された。ゆえに、二〇〇一年八月に、中国文物局の胡平生氏、武漢大学簡帛センターの李天虹氏・劉国勝氏らの著作『龍崗秦簡』が出版されてから、筆者は、いつか三人の著者にお会いして龍崗秦簡の実態や整理について質問したいと思っていた。ようやく二〇〇四年、武漢大学簡帛センター長の陳偉氏の紹介によって、荊州市博物館に所蔵する**張家山漢簡**「**算数書**」と湖北省博物館に所蔵する龍崗秦簡の実物を見ることができ、初めて雲夢簡牘出土地への実地調査を行なったのである。

この二〇〇四年から、私は四回も龍崗秦簡が発掘された雲夢県の楚王城の実地踏査を行ない、龍崗秦簡を発掘した一人である楊俊清氏に数回にわたって取材した。彼は、発掘当日にいかに竹簡を発見し、どのように現場を整理し、どこまで運んだかについて詳しく紹介してくれた。二〇〇五年には、雲夢県で開かれた「睡虎地秦簡出土三〇周年国際シンポジウム」に出席した機会に、雲夢県博物館元副館長の張択棟氏にお会いした。彼は楚王城城址を調査した人で、城址についてのいろいろな調査情報を教えてくれた。二〇〇六年に第四回目の現場踏査を行なったときは、楚王城址を調査した孝感博物館元館長の熊卜発氏にお会いでき、彼が発掘報告書に書いた「内河」「水井群」の場所を現場で確認した。

未刊行資料の入手

上述したように、司馬遷が当時、漢王朝の全土を遍歴した目的の一つは、民間の蔵書を探すことであった。実は、今日の我々の現地調査も同じような目的を持っている。とくに、地方における博物館や地方歴史の研究者が刊行した著作や未刊行の資料は、まだ大いにありそうで、それらは現場に行かなければなかなか手に入れることができないものである。例えば、筆者は地方史に関する論文によく未刊行の資料を用いる。また、張択棟の『雲夢楚王城古城址初探』(『江漢考古』一九二〇年二期)も大いに未刊行資料を引用している。それらの資料は地方で出版されたものもあるが、なかには都会の図書館は所蔵してないものもある。また『孝感地區文物概況』(一九七九年十二月)や『孝感地區文物普查資料彙編』(一九八三年十月)、『一九八六年雲夢楚王城第一次發掘』(孝感地區博物館所蔵)、『一九八六年雲夢楚王城第二次発掘』（湖北省博物館所蔵）などもある。このような資料は現地に行かなければ得られない貴重な一級資料である。

二〇〇五年に孝感市博物館を訪問したとき、筆者は『鄂東北地区文物考古』（湖北科学技術出版社、一九九五年八月）と『鄂東北考古報告集』（湖北科学技術出版社、一九九六年十二月）を入手した。それだけではなく、発掘に当たった人物は、私に、当時使っていた「雲夢楚王城勘探遺蹟平面図」を見せてくれたが、このような機会はおそらく現場へ行かなければ生まれないだろう。

（3）雲夢秦簡研究の課題

一般的に**官署遺跡**と**墓葬**から出土した簡牘は、その出土現場に全く関係ないとは言い難い。例えば里耶の古代井戸で発見された遷陵郡の官署文書や広州南越王宮遺址の沙井で発見された禁苑律令簡などは、官署遺跡から出土したものである。学界で、それらの簡牘が出土現場に関わることを疑う人間はいない。しかし、**睡虎地秦簡**や**龍崗秦簡**などは、墓葬から出土したものであるが、副葬された**簡牘**の内容が出土地である**楚王城**に関係があるかどうか問題となった。しかも睡虎地秦簡が出土して三五年、龍崗秦簡も出土から二〇年余りに至ったが、学界ではまだ墓主と墓葬の所在地とする雲夢楚王城との関係に結論が出ていない。

問題は、二つの**雲夢秦簡**が出土する前に、出土地となる楚王城はすでに秦代安陸県の旧城であると結論されてしまったが、研究者はなかなか二つの秦簡の内容と安陸城の性格との共通点を見つけられないことである。例えば、龍崗秦簡に大量の雲夢禁苑に関わる律令が見つかったが、研究者のほとんどは楚王城＝雲夢禁苑という主張をしなかった。

ここで簡牘学研究史上に面白い現象が現れた。すなわち、最も保存がよく国際的に有名な睡虎地秦簡の「**秦律十八種**」は、いったいどんな性格であろうかという問題は、今まで不明のままとなっていて、同じようなことは龍崗秦簡の研究にもある。例えば、簡文において大部分の内容は雲夢禁苑に関する律令であるにもかかわらず、学界ではただ、墓地周辺のどこかに禁苑遺跡があるはずだという曖昧な判断しか出されておらず、誰も楚王城は当時の**雲夢禁苑**であろうとは言ってない。

ここに一つの課題が生じた。つまり、二つの雲夢秦簡は出土現地である楚王城と関係があるのか、もし関係があるとすればどのような関係なのか、という課題である。したがって、簡文と楚王城遺址のつながりを考察することが必要であろう。この課題を決めて以来、筆者は楚王城の踏査を始めた。二〇〇五年二月に武漢大学簡帛センターの劉国勝氏の引率による最初の調査から連続三年、年二回のペースで、毎年の夏休みと冬休みに必ず楚王城遺跡に行くこととなった。その成果として筆者は何本かの龍崗秦簡に関する研究論文を書き上げた。また平成十七〜十九年度基盤研究（C）（一般）研究費補助金によって「雲夢龍崗秦簡」の注釈による秦史の再構成に関する研究」を行なった。

四　「紙上」と「地下」をつなぐ実地調査

雲夢古城への実地調査から、**雲夢禁苑**の構造についての二点の結論を中心として、調査が文字資料と考古資料のつながりにどのような役割を果たすかを説明する。

（1）「池」と「耎（堧）」

筆者の龍崗秦簡研究は、先行研究に対する疑問から始まった。

『龍崗秦簡』の執筆者の胡平生氏は、**禁苑律令**における「**池**」は禁苑内部の池であり、「**耎（堧）**」は禁苑外部の立ち入り禁止の警備地帯であると解釈したが、筆者はそれらの解釈に疑問を持ち、現場調査を行なった。

まず、胡氏の「池」についての解釈である。

簡1号　諸叚（假）両雲夢池魚（漁）及有到雲夢禁中者、得取灌（?）□□□☐　（傍点―引用者）

【胡氏説】凡在両雲夢苑租借官有的池塘、出地以及到雲夢禁苑中去的人、可以取□□☐

胡氏の説で最も問題となったのは、簡1号の「**池**」を「禁苑の池」とし、すなわち秦代、禁苑内部の池は民に貸し出すものであると解釈したことである。筆者はこの説に対して簡1号の「池」は禁苑のものでなく、それは**雲夢沢官**の管理した国有池だろうと反論した。筆者は秦代における禁苑の池を民間人へ貸し出す例を認めることができない。漢代にはたしかに禁苑池を庶民に貸した例があるが、それは明らかに特例である。ゆえに、龍崗秦簡に見る「禁苑」に関わる律令とはならないはずである。[4] 筆者は簡1号に見る「池」は禁苑の「禦池」ではないと判断したが、その池はいったい禁苑とどのような関係を持っていたかという問題は、まだ残したままであった。その問題を抱えて現場である楚王城に行き、楚王城の濠が二〇〇〇年を経て今もまだ生きている様子を見て、筆者は『孟子』にある「城池」という言葉[5]を思い出し、「池」は禁苑内部のものではなく城の濠であるという判断ができた。

また龍崗秦簡に見る「**耎**（堧）」ついて、胡氏の城壁を囲った警備地帯という判断は正しいと思うが、胡氏は、

　它（堧―引用者注）同内垣及宮殿・宗廟・禁苑一様、也是「神聖不可侵犯的」。

　それ（堧）は内垣・宮殿・宗廟・禁苑と同じく、神聖的侵犯する可からずものである。

と述べた。[6] 筆者は、本当に「禁苑と同じく、神聖的侵犯する可からずものである」のか、という疑問を持って実地調査を行なった。現場に立って古城のそばの広範囲な天然の湖や田圃を見て、また、現場の人、例えば楊文清氏など当地の考古学者を訪問して、筆者は、やはり城壁の周りに「耎（堧）」地があった場所には、秦・漢時代にお墓や大沢や耕地などがあったのではないかと考えはじめた。そして書斎に戻ってから「秦代「禁苑耎（堧）」の空間構造とその由来」という論考を書いた。「堧」地の「**城下田**」という意味から、秦代「禁苑耎（堧）」における公田・山沢・牧場・道路・狩猟場・墓地など構造的な存在および「禁苑耎（堧）」の由来について考証し、龍崗秦簡に載せた「禁中耎（堧）」の性格を明らかにしたのである。

（2）「台」址の証明

実地調査の魅力はいろいろあるが、最も感激するのは、毎回、想像もつかない発見が必ずあることだ。例えば、龍崗秦簡の発掘報告書に、「簡的上部字跡一般較清晰、下部多漫漶甚或朽穿而無法弁認[7]」とあるが、筆者はその文章の

持つ特別な意味を知らなかった。現場を発掘した楊氏の話を聞いてわかったことだが、竹簡の下部文字に「多漫湛甚或朽穿而無法弁認」とある原因は、お墓に埋まった状態の保存が悪かったのではなく、実は発掘したとき人為的なミスがあったことが本当の原因だったのである。真相を知って、筆者は自分の研究計画において、さらに、この竹簡の復元を行なおうと考えた。

実地調査のもう一つの魅力は、竹簡の文字に見当たらないが発掘調査の報告書には出ている事柄を、確認できることである。例えば、楚王城の発掘報告書には何回も「**台**」の存在があると記されたが、簡文には「台」の文字は見当たらない。二〇〇五年の夏に筆者が二回目の楚王城踏査に行ったとき、幸いにも一九九四年に楚王城を発掘した現場責任者の李桃元氏に会えた。彼の発掘で、楚王城における城壁の構成や変遷年代などが明らかになったのである。その発掘成果は、楚王城が龍崗秦簡に見る「**禁苑**」に当たるという筆者の説を支える有力な証拠となった。彼の引率によって筆者は楚王城遺跡にある「台」址を確認した。その翌年、考古学専門の三重大学の山中章氏を同伴して、もう一度楚王城を踏査し、改めて「台」を調べた結果、やはりそれは禁苑にある離宮の建築遺跡だろうと判断できた。また、前述した張捉棟氏の調査報告書に、楚王城遺跡に「**角楼**」があると記されているが、これも簡文には見られない物であった。現場に行って実物を見たが、それは城壁の外側に位置するものであり、城壁の一部かどうかは、まだはっきりわかっていない。

さらに、現場の考古学者の彭斌武氏の話から、一九八九年楚王城遺跡範囲内のデパートの工事現場で周王朝時代城壁が見つかったことがわかった。報告書はまだできていないので詳細は不明であるが、秦時代の楚王城は戦国時代に楚国が**雲夢沢**に造った離宮であるという説[8]を支える考古学的な証拠となる可能性を否定できないだろう。

一方で、相反する例もある。すなわち簡文にあっても現場に見られないことである。例えば簡文に見える「関」「道」「橋」等も禁苑空間構造の一部であるが、いまはまだ現場で見つかっていない。

おわりに

つまり、龍崗秦簡を研究してすでに一〇年を経て、筆者が最も言いたいのは、「〝足〟で論文を書く」という方法の大切さである。論文は、手だけで書くものでなく、実は多く「足」で書くものだということ、すなわち、数多くの論文は、実地調査によってこそ書けるということである。もし本研究の方法は何かと聞かれれば、筆者は我々がよく言う「紙上」資料と「地下」資料とを照らし合わせる研究は、もっぱら書斎で実現するわけではなく、実地考察が、その両者をつぐ有効的な媒介となると答える。これが私のやってきた簡牘研究、また史学研究の**三重証拠法**である。

注

(1) 王国維が「二重証拠法」を提出したことは学界に多大な影響を与え、学者たちはいくつかの「三重証拠法」を提出した。例えば、＋甲骨文の材料（饒宗頤）、＋民俗学の材料（顧頡剛）、＋人類学の材料（葉舒憲）などがある。
(2) 羅振玉『海寧王忠愨公伝』（『清代碑傳全集』上海古籍出版社、一九八七年、一七八〇頁）を参照。
(3) 拙著「論王國維〈簡牘檢署考〉之史學貢獻」（『山口大学文学会志』第五五巻、二〇〇六年）を参照。
(4) 本書第二章第4節「龍崗秦簡簡1号の解釈と性格」を参照。
(5) 『孟子』公孫丑下に「城非不高也、池非不深也、兵革非不堅利也」とある。
(6) 『龍崗秦簡』中華書局、二〇〇一年、一七一頁。
(7) 劉信芳・梁柱『雲夢龍崗秦簡』科学出版社、一九九七年、一一頁。
(8) 『長江古城址』第二章第二節の七「雲夢楚王城」湖北教育出版社、二〇〇四年。

第二章　研究史上における問題

本章第3節では、龍崗秦簡に見る「禁中」の本義を明らかにした。つまり「禁中」＝「宮中」という二〇〇〇年来の誤解を指摘し、古代における皇室の禁区はみな「禁中」と表したことを論述した。

第4節では、龍崗秦簡の注釈におけるこれまでの問題を指摘したうえで、「両雲夢」とは両「雲夢官」であることを論じ、「禁中」と「禁苑」の意味について考察した。

第3節　龍崗秦簡に見る「禁中」の真義
――「禁中」は「宮中」のみにとどまるものではない――

はじめに

龍崗秦簡には秦朝の「**禁苑**」に関する**律令**が大量にあり、これまでの古典文献史料の空白を埋めるほどの史料価値があるといえる。とくに「**禁中**」という言葉が、出土文字、しかも律文として初めて確認できたことは、きわめて重要であると思う。

また、「禁中」以外に「**禁苑中**」という言葉が、龍崗秦簡にはよく見られる。ゆえに「禁中」とは「禁苑中」の省略語であるという可能性が考えられる。

中国文物研究所・湖北省文物考古所編『龍崗秦簡』(1)の注釈者は、簡1号に、「本簡之「禁中」似為「禁苑中」之省」と注釈した。もし、この説が正しいとすれば、従来の「禁中」とは「宮中」であるという解釈とは大分違うことになる。ここで、龍崗秦簡に見る「禁中」が本当に我々が約二〇〇〇年来理解してきた「宮中」の意味に当たるのか、という問題が生じたわけである。

本節は、秦・漢時代における古典文献史料と出土文字史料を照らし合わせて、この問題を考証するものである。

一　古典文献に見る曖昧な「禁中」の意味

『辞源』の「禁中」についての解釈は、「禁中、秦漢制、皇帝宮中称禁中、言門戸有禁、非侍衛及通籍之臣、不得入内」である。『辞源』説の根拠とは、おそらく後漢時代の蔡邕『独断』に言う、「禁中者、門戸有禁、非侍御者不得入、故曰禁中」という史料だろう。

『辞源』が蔡邕の説によって「禁中」とは「宮中」であると解釈するのは、けっして誤りではないが、「禁中」はすなわち「宮中」であるという解釈は、少なくとも蔡邕説の本意とは多少ずれがあると感じる。なぜならば『独断』においてキーワードとなるのは、「門戸有禁」である。門戸とはすなわち戸口・出入り口であり、それは、宮殿の出入り口をも苑囿の出入り口をも指すはずである。したがって、「皇帝宮中称禁中」という説は間違っていなくても、それだけを辞書に挙げて「禁中」を説明するのは適切ではないと思う。例えば、皇帝の苑囿も「門戸有禁」であるので、「禁苑」と称することができるのではないか。単に「宮中」によって「禁中」を説明する従来の解釈には問題があり、また蔡邕説への誤解ともいえる。

つまり、「禁中」とは「宮中」という意味だけにとどまらないのではないかという疑義を提示し、「禁中」の真の意味について考証を加えたい。

二　「宮中」の意味に限定されない「禁中」の用例

（1）離宮を含む「禁中」

『史記』李斯列伝に、

二世用其（趙高）計、乃不坐朝廷見大臣、居禁中。

二世は趙高の建議を聴き入れ、大臣を引見するため朝廷に出ることをやめて禁中におられる。（以下、傍点―引用者）

とある。これも、常に研究者が引用して、「禁中」すなわち「宮中」であるという説の根拠とする史料である。しかし、ここでいう「居禁中」は必ずしも「宮中に居る」ことだとは言いきれない。なぜならば、李斯列伝をよく読めばわかるように、秦二世は趙高の計を用いてから、時に宮城の中に住むが、また時に「**禁苑**」に居ることもあるのは間違いないからである。

例えば、李斯は二世に会わないことに対し、

吾欲言之久矣。今時上不坐朝廷、上居深宮、吾有所言者、不可伝也、欲見無間。

かねがね諫めたいと思っているのだが、近ごろ主上が朝廷に出御されないで、常に宮中奥深くにおられる。申し上げたいことはあるが、取り次いでもらうすべもなく、お目にかかりたくともその機会がない。

と言った。ここでの二世は、たしかに「宮中」に居るといえる。ただ、同じ時期とみられる記事に、

是時二世在甘泉、方作觳抵優俳之観。李斯不得見、因上書言趙高之短。

そのとき二世は甘泉におり、たまたま角抵や俳優の見物をしていて謁見できなかったので、上書して趙高の不都合を言上した。

とある。つまり二世は「甘泉禁苑」に居るときもあることがわかる。たしかに先の「上居深宮」という表現は、二世が「居禁中」することを表すが、「居禁中」に対して「居禁苑中（禁苑中に居る）」という表現は、李斯列伝には見られない。つまり、この史料は、禁苑中に居ることも「居禁中」というと直ちに証明できる史料とは言い難い。

似たような史料で、前漢の文帝に関わるものがある。『史記』袁盎列伝に、

上（文帝）幸上林、皇后・慎夫人從。其在禁中、常同席坐。及坐、郎署長布席、袁盎引卻慎夫人坐。慎夫人怒、不肯坐。上亦怒、起、入禁中。

あるとき主上（文帝）が上林苑に行幸し、皇后や慎夫人を同伴した。この二人は、禁中では、席を同じゅうし、対等に着座するのが常であった。このときも苑の衛署の長は、宮中の例にならって同列に席を設けると、袁盎は慎夫人の座席をうしろに引き下げた。慎夫人は怒って、席につこうとせず、主上もまた怒り、玉座を起って禁中に入った。

とある。この史料には「禁中」という言葉が二回出てくるが、**上林苑**にある**離宮**を指すことは明らかだろう。ゆえに、「禁中」は、朝廷内の宮殿とは限らず、禁苑の離宮内も「禁中」と呼ぶことが証明できる。

しかし、「禁中」は「禁苑」をも指すのかという問題は依然として残る。

（2）帝の居所を指す「禁中」

荀悦の『申鑑』という史料を見てみると、

先帝故事、有『起居注』。動静之節必書焉。

先帝のときの故事を記す、『起居注』という本がある。（先帝の）いかなる動静も、必ずその本に記した。

とある。つまり、漢時代の皇帝は、出かけることも留まることも、すべてのことは必ず『起居注』に記された。例えば、漢武帝は朝廷に居ることや上林苑に行くことや甘泉宮等の禁苑で遊ぶことなど、すべての動きや滞在などは『起居注』に載せたはずである。しかも彼の『起居注』の正式な名前は『禁中起居注』であるらしい。

葛洪『抱朴子』内篇には、「漢『禁中起居注』云「少君之将去也、武帝夢与之共登嵩山」」とあり、『隋書』経籍志には「漢武帝有『禁中起居注』」とあり、『史通』巻十一には「至漢武帝時有『禁中起居注』」とある。

もしこれらの古典文献史料に信憑性があるならば、少なくとも漢代の「禁中」には「宮中」という住居を指す狭義だけではなく、皇帝が居るところを指す広義もあるはずである。「**禁苑**」は当然、広義の「**禁中**」という概念に入るべきだろう。しかし『抱朴子』『隋書』経籍志『通典』『史通』などの著作は、漢代当時のものではないので、その信憑性は検証しなければならない。

三　龍崗秦簡に見る「禁苑」と「禁中」

上述したように、「禁中」とはいったいどこの「中」を指すかという問題は、古典文献によっては非常に判断が難しい。しかし幸いにも、龍崗秦簡の出土により、その一〇〇〇年の難問題を解くことができる史料が現れた。

（1）「禁中」が「禁苑中」を指す用例

少なくとも、「禁中」とは従来の「宮中」という意味以外に、「**禁苑中**」を指す意味があることは確実である。龍崗秦簡には「禁苑中」という言葉は七回見られる。

簡7号

諸有事禁苑中者、□□伝書県・道官、□郷（?）〼

およそ用事があり禁苑の中に入らなければならない者は、通関する伝・書は県・道の官署から……

簡11号

〼于禁苑中者【発】、与参辨（辨）券〼

禁苑の中で勤務する者（吏と徒）は（故郷へ帰葬のため棺櫝を）発送する。（死者の氏名・身分・出身地を書く）参弁券を与え……

簡15号

従皇帝而行、及舎禁苑中者、皆（?）□□□□□〼

皇帝に従いて行き、禁苑の中に舎《やど》る者は、皆……

簡23号
毆入禁苑中、勿敢擅殺。擅殺、▨
撃して（畜産獣が）禁苑の中に入れば、けっして勝手に殺してはならない。勝手に殺した者は……

簡38号
諸取禁苑中柞・棫・橎・楢・産葉及皮▨
およそ禁苑の中にある柞・棫・橎・楢・産葉及び皮などを取ると……

簡46号
衟（衝）道行禁苑中□▨
衝道で、禁苑の中に行き……

簡77号
黔首犬入禁苑中而不追獣及捕▨
百姓の犬は、禁苑の中に入っても禁苑の禽獣に迫ったり捕えたりしなければ……

これらの「禁苑中」という用例は、いずれも「禁苑の中に」という意味である。例えば簡15号は、皇帝に従っていくとき禁苑の中に泊まったならば皆がどのようにすべきか、という律令である。また簡77号は、百姓の犬は、禁苑の中に入っても「禁苑」の禽獣に迫ったり捕えたりしなければ、あえて殺してはならないという律令である。比べてみると、皇帝に連れられた人間なら「舎禁苑中」というのは「禁苑」の離宮に宿泊するという意味に読み取れるが、黔首の犬が「禁苑中」に入って獣を追うのは「宮中」に入って、とは解釈できないだろう。つまり、龍崗秦簡に見る「禁苑中」は、まず「宮中」だけを意味するとは解釈できない。

（2）「禁中」が「禁苑」を指す用例

では、「禁中」をはっきりと「宮中」ではない意味に取ることができる史料はあるのか、という問題が残る。これを考証しよう。「禁中」という言葉は、龍崗秦簡には以下のように五回見られる。

簡1号

諸叚（假）両雲夢池魚（漁）及有到雲夢禁中者、得取灌（?）□□□〼

およそ両雲夢官の池を借りて漁業を行い、および雲夢の禁中に到る者であれば、……灌……を取ることができる。

簡6号

禁苑吏・苑人及黔首有事禁中、或取其□□□〼

禁苑吏や苑人および黔首が禁苑中に用事があれば、その……を取り……

簡17号

亡人挾弓・弩・矢、居禁中者、棄市。〼

亡命者が、弓・弩・矢を所持し、禁苑内に居れば棄市する。

簡27号

諸禁苑為耎（堧）、去苑卌里禁、毋敢取耎（堧）中獣、取者其罪与盗禁中［同］〼

およそ禁苑には耎（堧）を置き苑から四〇里の範囲を禁じ耎（堧）中ではあえて獣の捕獲を行なってはいけない。捕獲を行なえばその罪は「盗禁中」と（同じく罰する）……

簡32号

諸取禁中豺狼者、毋（無）罪。

禁苑で豺・狼を捕獲しても罪としない。

これらの五枚の簡文を比べてみると、「禁中」という言葉だけの場合と「禁中」と「禁苑」という言葉が同時に使われている場合との、二組に分けることができる。

「禁中」だけが使われた簡文

まず、「禁中」という言葉だけ使用している場合の三簡を分析してみよう。

簡1号

有到雲夢禁中者（雲夢の禁中に到る者）

簡17号

亡人挟弓・弩・矢、居禁中者（亡命者が、弓・弩・矢を所持し、禁苑中に居れば）

簡32号

諸取禁中豺狼者（禁苑で豺・狼を捕獲し）

という律文に見る「禁中」は、簡文の意味によって「**禁苑中**」と書き替えても内容的には差し障りはないが、もし「宮中」と替えたなら、意味がわかなくなってしまうだろう。

例えば、もし簡32号の文言の「諸取禁中豺狼者」を「諸取**宮中**豺狼者」と書き替えれば、律令の意味全体を覆さなければならなくなる。もし宮殿の中で豺・狼を捕獲したなら、罪としないどころか褒賞を与えることになるはずである。したがって、簡32号の「諸取禁中豺狼者、毋（無）罪」をそのように読み取ることは、非常に無理がある。

「禁中」「禁苑」が同時に使われた簡文

次に、「禁中」と「禁苑」という言葉が同時に一枚の簡に使われる場合を分析しよう。

簡6号

禁苑吏・苑人及黔首有事禁中（禁苑吏や苑人および黔首が禁苑中で）

簡27号

諸禁苑為耎（堧）、（禁苑には、耎（堧）を置く）……取者其罪与盗禁中［同］☐（捕獲を行なえばその罪は「盗禁中」と同じ）

簡6号は、「禁苑吏」「苑人」「黔首」という三種類の人間が同時に登場しているので、「黔首」は「禁苑中」で用務すると理解すれば、「禁中」を「宮中」と取れないわけではないが、かなり不自然に感じられる。

簡27号には禁苑に関わる二つの空間構造が見られ、一つは禁苑を囲む城壁の外側に設置する「耎（堧）」という隔離地帯である。「耎」という字については胡平生氏が詳しく考証を加え、次のように言う(2)。

「去□卌里」、似可理解為禁苑外囲的隔離縦深四十里。律令規定、不得猟取此隔離地帯内的野獣、如有猟取者、要按照盗猟禁苑中野獣的法律論罪

「去□卌里」とはおそらく禁苑の外側にある隔離地帯としての幅四十里の土地である。律令の規定によってこの隔離地帯の中で野獣を狩猟して捕らえられない。もし狩猟して捕らえたならば、法律に従って、密かに禁苑中の獣を取った罪を問われる。

この二簡に見る「**禁苑**」「**禁中**」の用例は、ニュアンスの差はあっても同じ空間を指すのは間違いないだろう。とくに簡27号に見る量刑基準は、禁苑の外側に設置する隔離地帯でも禁苑の中でも、罪を犯せば同罪になると強調している。換言すれば、簡６号や簡27号の簡文によって、龍崗秦簡に見る「禁中」を「禁苑中」と読み替えても問題がないと考えられる。

四　秦・漢皇室の禁区にてみな「禁中」となす

秦律における一つの特徴は、現代人である我々をも驚かせるその厳密性であり、とくに龍崗秦簡にあるような、皇家の「禁苑」に関する禁律には、その特徴がよく見られる。

禁苑内部に関する内側禁律もあれば、禁苑の外側に当てはまる禁律もあるし、禁苑を囲む垣に関わる律もある。これらの諸律によって、筆者はとくに「禁中」と「禁苑」それぞれにおける「禁中」について考証を加えたい。

禁苑の内部に対する禁律

例えば上述したように、簡23号には、もし動物が追われて禁苑に入ってしまっても、あえて殺してはならないとあり、簡38号には、禁苑の中で木や木の葉などを取ってはいけないという律文がある。また、簡15号の律文は、これも

上述のとおり、皇帝に連れられた官僚や役人たちが、どのように禁苑中で宿泊するかについて定めたものである。

禁苑の外側に対する禁律

禁苑外の禁律は、上述した簡27号の禁苑外に設置する「**堧**」という隔離地帯に関する律令が、詳しく示している。簡28号は、

諸禁苑有耎（堧）者、□去耎（堧）廿里毋敢毎殺□……敢毎殺……☒

と、禁苑は堧地を置き、堧から外二〇里では軽率に獣を殺してはいけないという律令である。しかし簡30号に、

時来鳥、黔首其欲弋射耎（堧）獣者勿禁。☒

と、渡り鳥が飛来する季節には、**黔首**が禁苑周辺の堧地で弋によって鳥獣を射ようとしても禁じてはならないという律令がある。また、簡18号に、次のようにいう。

城旦舂其追盗賊・亡人、追盗賊・亡人出入禁苑耎（?）者得辶□☒

城旦舂の盗賊・亡人を追跡する者は、盗賊・亡人を追うため禁苑の堧地に進出したなら（～をし）得る。

禁苑の出入りに対する禁律

禁苑の**防衛律**には**城壁**に関するものが最も多くある。例えば簡2号は、

竇（瀆）出入及毋（無）符伝而闌入門者、斬其男子左趾、□女【子】☒

城壁の水道で出入、および割り符を持たずに門に闌入すれば、その男子は左趾を切り、女子は……

という律令である。簡39号には、

禁苑嗇夫・吏数循行、垣有壊決獣道出、及見獣出在外、亟告県

禁苑嗇夫や吏はしばしば禁苑を見回り、垣柵が壊れて禁苑の動物が苑外に出ているのを見つけた場合は急いで県に知らせなさい。

とある。また、禁苑の城門を出入りするための「**符伝**」（**割り符**）に関わる律令も多く見られる。例えば簡4号は、

詐（詐）偽・仮人符伝及譲人符伝者、皆与闌入門同罪

詐偽をして人に割符を貸してもらう、および他人に割符を譲ったりすれば、みな門に闌入したのと同罪とするという律令である。

つまり、「禁苑」を囲む城壁に対する警備やパトロール、また禁苑の出入口での符伝検問制などの複雑な律令によって、「禁苑」を守るために、複数の空間警備施設を設けていたことがわかった。

換言すれば、秦朝における「禁苑」の空箇構造の複雑さに応じて、律令の概念上、「禁苑」と「禁中」を厳密に区別したうえで量刑する必要があったことを考えたらなら、当時の律令になぜ「禁苑」とは別に「禁中」という概念が生じたのか、その理由が明らかになったのではないだろうか。

おわりに

龍崗秦簡に見る「**禁苑中**」がすなわち「禁中」である出土文字史料の発見は、単なる「宮中」によって「禁中」を説明した歴代の研究者の偏見を是正することができるばかりでなく、もう一つ学問史上に、我々は重要な啓発を得ることができる。それは『史記』袁盎列伝や李斯列伝、蔡邕『独断』、『抱朴子』、『隋書』経籍志、『通典』、『史通』などの古典文献における「禁中」に関する記載は、みな根拠のある誠実な記録であり、しかも「禁中」は「禁苑中」の略称ではないことが明らかになったことである。

つまり、「禁中」とは律令用語としての独立の単語である。ゆえに、秦だけではなく漢時代にも、皇帝のために立ち入り禁止となるすべての範囲が「禁中」と呼ばれるはずである。

以上のように、龍崗秦簡の出土文字と従来の古典文献を照らし合わせ、秦・漢時代における「禁中」という言葉の考証から、少なくとも以下三点の結論を結びたい。

1　従来の研究者が、ただ「**宮中**」のみによって「**禁中**」を説明することは、古人の「門戸有禁」という注釈への誤解でしかないといえる。

2　龍崗秦簡に見る「禁中」は、文字学の立場からは「禁苑中」の省略と考えられるが、法律史の立場からみると、「禁中」という言葉は当時すでに法律的な概念となっており、それは秦朝の法律の厳密性を表す具体例でもある。

3　秦・漢時代には皇帝の「動（出かけ）」と「静（泊まり）」に従い、皇帝が居る場所なら必ず立入禁止となり、その警戒線で囲まれる範囲内のすべてが「禁中」と考えられたといえる。

注

（1）中華書局、二〇〇一年。

（2）胡平生氏の「雲夢龍崗秦簡『禁苑律』中的「耎」（壖）字及相関制度」『江漢考古』一九九一年第二期、のち中国文物研究所・湖北省文物考古研究所『龍崗秦簡』（中華書局、一七一頁）所収。

第４節　龍崗秦簡簡１号の解釈と性格

はじめに

龍崗秦簡は一九八九年年末に、中国湖北省文物考古研究所、孝感地区博物館、雲夢縣博物館により雲夢城郊外の龍崗に、九つの古墓のなかのＭ６号墓（図４-１）より発見された。

一九九四年年末には湖北省文物考古研究所の整理小組により『考古学集刊』第八輯に釈読・解釈が発表されたが、その解釈について不満な声が少なくなかったので、一九九五年九月から一年間、中国文物研究所と整理小組が赤外線装置を用いて「再整理」したあと、二〇〇一年八月に龍崗秦簡の再解釈と写真版の『龍崗秦簡』が出版された(1)。これによって、龍崗秦簡について本格的に研究することが可能になった。

この簡の特徴をまとめると次のようになる。

① これは秦代における「**雲夢**」や「**禁苑**」に関する最も貴重な資料である。

② 一九七〇年代に発見された**雲夢睡虎地秦簡**とは、史料の年代も出土した場所も近いので、両簡の比較研究はかなり有益と考えられる。

③ 写真版が発表されているが欠字が多すぎるので、この簡についての研究はまだまだ十分ではないといえるであろう。

本節では、龍崗秦簡の簡１号の解釈とその性格について述べたい。

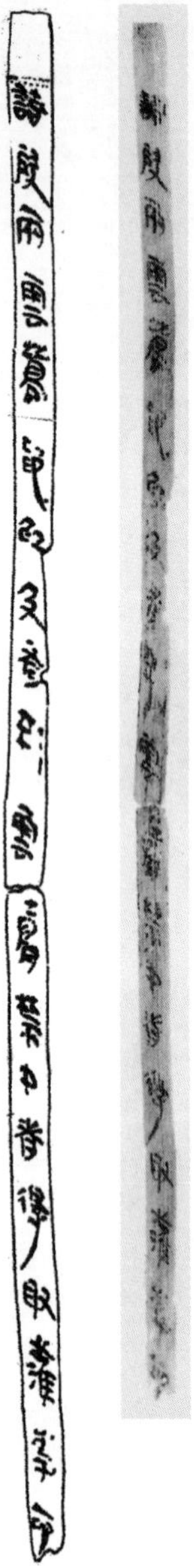

図 4–1　簡 1 号の写真と複製版
右は実物の写真，左は模写した複製版である。

一　簡1号の釈読・解釈についての疑問

再整理小組（以下、本書では『龍崗秦簡』の著者を「再整理小組」と呼ぶ）は再整理により簡1号について、左のように釈読した。

【釈読】

諸叚両雲夢池魚（籞）及有到雲夢禁中者、得取灌（?）□□□⧄

【書き下し】

諸両雲夢池魚（籞）を仮り、及び雲夢禁中に到る者有り、□□取り得る。灌（?）□□⧄

【意味】

凡在両雲夢苑租借官有的池塘、田地以及到雲夢禁苑中去的人、可以取□□⧄

【和訳】

およそ二つの雲夢苑に官有の池や田地を借り、および雲夢禁苑に立ち入る人は、□□を取るのができる□□⧄

筆者は、この釈文における、いくつかのキーワードに関する解釈について疑問を抱いているので、以下に提出したい。

A 「魚」は「籞」と釈読できるのか?

簡1号にある「魚」字について、再整理小組が、雲夢睡虎地秦簡にある「魚」を、すなわち「漁」とは解釈せず、独自の考えによって「籞」と解釈したのは、大胆に新しい説を作り出したともいえる。

もちろんこの釈読は、声《せい》に因って義を求める声訓の原則に拠り、「魚」は「籞」と同音なので同義であると考えたのであろう。しかし証左はなく、声訓は必ずしも信憑性が高いとはいえないと筆者は思う[2]。ましてや、声訓を使う基本的な原則は、「疑於義者以声求之、疑於声者以義求之」（義に疑問があれば声を以て之を求め、声に疑問があれば義を以て之を求める[3]）ということである。換言すれば、再整理小組は、「魚」を「籞」と釈読する前に、まず秦簡と漢簡に出た「魚」が常套的に「漁」と解釈できるのか、という質疑を示してから私見を出すべきだ。そうしなければ、自分の都合のよいように釈読してしまうおそれがあるだろう。

「魚」を「籞」に釈読してしまったこと以外にも、再整理小組は簡1号の内容に対する解釈のなかには再検討するべき疑問点が少なくないと思う。

B 『漢書』地理志の「雲夢官」を「雲夢禁苑」と解釈できるのか?

既定の「池籞」という表現についても、再整理小組は「官有的池湖、苑囿」と釈すると同時に「雲夢禁苑」と説明した。しかし、皇家禁苑は「官有苑囿」と理解できるのかという問題が生じる。

C 簡1号の「禁中」は「禁苑中」の略称か?

略称というと、本来は元の言葉に復されるはずだ。しかし再整理小組が根拠として引用した『史記』李斯列伝の「二世用其計、乃不坐朝廷見大臣、居禁中」という史料の「居禁中」は、本当に本来は「居禁苑中」なのかどうか、筆者は疑問を持っている。以上の疑問点を表4-1にまとめた。

右の疑問を解くため、筆者は、簡1号の原文を改めて釈読、解釈したうえで、内容を再検討する必要があると思う。

表4-1　再整理小組の簡1号におけるキーワード解釈についての疑問点

原文	雲夢	池魚		禁中	
解釈	皇家雲夢禁苑	魚即ち籞	官有池湖苑囿雲夢禁苑	皇家禁区	「禁苑中」の省略
根拠	『漢書』地理志二つの「雲夢官」	声訓（証左なし）	『漢書』宣帝紀「池籞未御幸者仮与貧民」	『独断』皇帝「所居曰禁中」『史記』李斯伝秦二世「居禁中」	なし
疑問	雲夢官＝雲夢禁苑？	魚＝籞？	官有苑＝皇家禁苑？	居禁中＝居禁苑中？	

二　「池魚」は「池漁」である

再整理小組は「池魚」は「池籞」すなわち「禁苑」と解釈し、ゆえに「雲夢池魚」を「雲夢苑」と解釈してしまったのである。その理由は、次のような史料である。

『説文』

篽、禁苑也。

篽、禁苑となり。

段『注』

『宣帝紀』詔「池未御幸者、仮与貧民」

『宣帝紀』詔「池御の未御幸せざるは、貧民に仮与せしめよ」

蘇林曰く

折竹以縄綿連禁籞、使人不得往来。律名為籞。

折竹縄を以て禁籞を綿連し、人して往来を得ざらしむ。律名は籞となり。

応劭曰く

籞、禁苑也。『元帝紀』詔「罷厳籞池田、仮与貧民」

籞、禁苑となり。『元帝紀』詔「厳籞の池田を罷め、貧民に仮与せしめよ」

しかし、以上の史料からは「池籞」すなわち「禁苑」であることは説明できるが、「魚」が「籞」であることを説明できないと思う。これに対して、筆者は、「池魚」は「池漁」と解釈すべきだという考えを提出したいので、次のように簡牘資料と文献史料をあわせて考察する。

（1）簡牘と文法上における証左

筆者が「魚」は「籞」と釈読できることの信憑性を疑う主な理由は、「魚」字を常に「漁」の通仮字とする例は、秦簡にも漢簡にも「孤証」ではないほど見つかるので、とくに理由がなければ疑問とする必要がないと思うからである。例えば秦簡の場合は、**雲夢睡虎地秦簡**にある「魚邋」すなわち「漁獵」であることや、漢簡の場合は、**銀雀山漢墓竹簡**にある「田魚」すなわち「畋漁」であることも、その証左である。

次のような言葉がある。

睡虎地秦墓竹簡「**日書**」**乙種**[59]

可魚（漁）邋（獵）不可攻、可取不可鼠（予）。

魚（漁）邋（獵）は可、攻は不可、取るは可、鼠（予）えるは不可。

銀雀山漢墓竹簡（**壹**）「**尉繚子**」[484]

（前略）小魚（漁）魚（漁）淵而禽（擒）其魚、

中魚（漁）魚（漁）国而禽（擒）其士大夫、
大魚（漁）魚（漁）天下而禽（擒）其万国諸侯。
小魚（漁）は淵に魚（漁）して其の魚を禽（擒）ふ、／中魚（漁）は国に魚（漁）して其の士大夫を禽（擒）ふ、／大魚（漁）は天下に魚（漁）し其の万国諸侯を禽（擒）ふ。[4]

銀雀山漢墓竹簡（壹）「晏子」（565）

毋敢多田（畋）魚（漁）、以毋伓（偪）川睪（沢）。
敢えて田（畋）魚（漁）を多くする毋かれ、以て川睪（沢）を（偪）する毋し。[5]

また言語と文法の面から考案してみると、簡1号における「魚」字は動詞として読むべきであり、「魚」は「漁」の通仮字として釈読できる。簡1号における前半の「諸叚（假）両雲夢池魚（漁）」という文は、文型でいうと、「動詞」＋「場所」＋「動詞」という形である。すなわち、

「叚（假）」（動詞）＋「両雲夢池」（場所）＋「魚（漁）」（動詞）

と書き表すことができる。

簡1号のこの文に内容も文型も類似する用例は、『後漢書』和帝本紀に載せられた永元十二年二月の詔令である。

詔貸被災諸郡民種糧。賜下貧、鰥、寡、孤、独、不能自存者、及郡国流民、聴入陂池漁采、以助蔬食。（傍点―引用者）

この詔令の中の「入**陂池**漁采」という文型は、すなわち「動詞」＋「場所」＋「動詞」の構造である。簡1号と対比させると、次のようになる。

【詔　令】「入」（動詞）　＋「陂池」（場所）　＋「漁采」（動詞）
【簡1号】「叚（假）」（動詞）＋「両雲夢池」（場所）＋「魚（漁）」（動詞）

従来の文献用語と比較したうえで、「魚」を「漁」と釈読しても文法上には無理のない証左があることは、間違いない。ゆえに、簡牘学と言語学の両面において証明できるので、「池魚」は「池漁」とすべきだと考える。

（2）雲夢沢の「多陂池」考

簡1号の「池」字はどのように理解すればよいのかについて、筆者は、雲夢沢には「陂池が多い」という史料によって、この「池」字は普通の漁業ができる池沢の意味そのままに取った方がよいと考えている。

『漢書』地理志に、班固は「南郡、華容（県）」について言う。

　雲夢沢在南、荊州藪

　雲夢沢は南に在り、荊州の藪なり

また、次のようにも言う。

　沱、灊既道、雲夢土作乂

　沱、灊既に道なり、雲夢土乂《おさめ》（刈）と作す

顔師古はこれに注して、

沱、灊二水名自江出為沱、自漢出為灊。雲夢、沢名。言二水既従其道、則雲夢之土可為畎畝之治也。

沱、灊二水名なり、江より出て沱と為り、漢より出て灊と為り。雲夢、沢名なり。二水既に其の道に従う言い、則ち雲夢の土を畎畝の治と為るべきなり。

と言い、師古の注について、王先謙はさらに次のように解釈している。

蓋雲夢為地至広、其中有沢有土。当洪水汎濫、皆在巨浸中。至是而水潴於沢、其土乃可治。

蓋し雲夢地と為り、広に至り、其の中沢有り土有り。当に洪水汎濫し、皆巨浸の中に在り。是に至り水沢に潴《みずたま》り、其の土乃ち治すべきなり。[6]

以上列挙した漢の班固、唐の顔師古、清の王先謙の文意をまとめると、おおよそわかったのは、

① 雲夢は広大的な沼沢であり、それは「沱」と「灊」という二つ川の汎濫からできたものである。

② 洪水が汎濫したとき、ここは見渡す限り水に浸かり、洪水が退去した後、一部の沢底は露出される。ゆえに、

広大な**雲夢沢**には沢もあり地面もある。

ということである。では、雲夢沢には、いったい池はあるのかという問題がまだ残っている。この問題について、酈道元は『水経注』に次のように記した。

「夏水出江津于江陵県東南。又東過華容県南。」注曰く「夏水又東逕監利県南。晉武帝太康五年立県。土卑下、沢多陂池。西南自州陵東界、逕于雲杜沔陽為雲夢之藪矣。韋昭曰：雲夢在華容県」。

「夏水は江陵県の東南の江津より出ず。又東し華容県の南を過ぎる。」注曰く「夏水又東し監利県の南を逕ぎる。晉の武帝太康五年に県を立つ。土は卑下にして、沢は陂池多し。西南州の陵東界より、雲杜沔陽に逕るを雲夢の藪を為すなり。韋昭曰く「雲夢、華容県に在り」。

この史料によって、雲夢沢は土地が低下しているので、たしかに**陂池**が多かったことがわかった。

また、少府より管理される「池」の意味をどのように理解するかについて、山田勝芳氏は、次のように言う。

「池」は、ただ池があるというだけではなく、具体的には、その池で魚や蓮根等を生産し一定の収益をあげて経営されているものが対象となったであろうし、このような園池に課された税が園池の税なのである。(7)

山田氏が指摘した「池」は「園池」という財政的な概念であることは、簡1号の「両雲夢池」の「池」をどのように解釈するかを考えるうえで、けっして無視できないほど重要なポイントであるといえる。

（3）雲夢沢と「有水池及漁利多者」

『後漢書』百官志にいう。

凡郡県（中略）有水池及漁利多者、置水官、主平水収漁税。

凡ての郡県は（中略）水池が有り及び漁利が多くある者には、水官を置き、平水や漁税を収めることを主にする。

この史料について、加藤繁氏は次のように言う。

これは後漢の制として記されたものではあるが、後漢は大抵前漢の制度を踏襲したのだから、これも前漢以来の制度と見て差支あるまい[8]。

実は、秦が全国を統一して以降、秦・漢ともに朝廷が全国の「水池および漁利」を重視してきたのは間違いなく、秦代から前漢へ、さらに後漢に至るまで、絶え間なく「山海池沢の税を掌す」(『漢書』百官公卿表）少府を置いてきたのは、その証明であろう。では、秦・漢における「水池および漁利」に関連する史料について、いったいどのように捉えればよいかという課題は、これまで研究者たちによく考察されてきたことであるが、ここでは二人の説だけを以下に引用しておこう。

まず、加藤繁氏の説を紹介する。彼はこのように言う。

『漢書』百官公卿表には「少府掌山海池沢之税」とあり、『漢書』元帝紀初元元年四月詔には

江海陂湖園池属少府者云云。

の語がある。江海陂湖等総て水の聚った場所は少府に隷属し、少府は之に対して租税を取ったものと思われる。その租税は何の業者から征収されたかと言えば、主として漁業者であろう[9]。

また、馬大英氏は言う。

総ての江海陂海は水産品があり、主として魚類であるが、当然に貝類も含める。そこに、水禽や鴨や雁などを捕獲することも、浅水の区域は水面に菱を植え、水の下に蓮藕等を植えることもできる。江海陂湖には水産品がとて豊富であるので、江湖陂池を管理する専門の官職を設けた[10]。

二人の研究者の論述から、秦・漢代には朝廷の大きな財政源となる水池および漁利は、いつもきわめて重視されてきたことがわかる。このように考えると、簡1号の雲夢の池を仮（借）りて漁業をするという内容は、まさに上述したこの地の背景を如実に反映したものだと言っても、過言ではないだろう。

つまり、雲夢沢には「沢も有り地面も有り」「土地が低下し、陂池が多かった」ので、たしかに「水池が有り、および漁利が多い者」であった。筆者が以上の一連の理由によって簡1号の「池魚」は「池漁」であると判断したのは、まさに史料に従って出てきた結論と言ってよいのではないだろうか。

もう一つ指摘しておきたいことがある。

実は、秦代には、いったい漁税があったかどうかという、これまで学問的懸案とされてきている問題がある。たしかに大量の文献資料から漢代に漁税があったことを説明でき、またその税を収集する少府は「秦官」であったこともわかっているが、一方で直接の根拠となる史料がなかなか見つけられないことも現実である。(11) しかし、龍崗秦簡の「叚(假)両雲夢池魚(漁)」という新史料は、直接に、秦代にはすでに漁税があったことを証明する根拠ともなるだろう。

三　「両雲夢」は両「雲夢官」を表す

簡1号の「**両雲夢**」という表現について、再整理小組は以下のように解釈した。

両雲夢、皇家設在雲夢中的両処苑囿。

両雲夢とは、皇家により雲夢の中に設けた二ヵ所の苑囿である。

しかも『**漢書**』地理志に載せる「**雲夢官**」とは、

応当是管理禁苑的官府、官吏。

禁苑を管理する官府や官吏などであるべきだ。

とある。しかし、再整理小組が「両雲夢とは、皇家により雲夢の中に設けた二ヵ所の苑囿である」と論断を下したのは、かなり史料を曲解した解釈であるから、史料の真実を明らかにしなければならないと思う。彼らが何の理由も挙げず、簡1号の「両雲夢」とはすなわち『漢志』に記す二つの「雲夢官」であると判断したやり方は、あまり適当と思わないので、「両雲夢」は二つの「雲夢官」を表すという考えを証明すべく考察したいのである。

(1)「両雲夢」は「禁苑」ではない

簡1号の「叚(假)両雲夢」という明確な表現によって、ここに、いわゆる「両雲夢」は、民間人との間で貸借可能な二つの雲夢沢あるいは雲夢沢を貸借する仕事に従事する両雲夢官であると説明できる。また同時に、「両雲夢」はけっして「禁苑」ではないとも考えられる。

秦・漢時代における土地は、農耕地と都市居宅地だけは人民所有のものであったが、それ以外はすべて皇帝の所有地となったのである。この二種類の土地所有制が並んで存在したうえ、朝廷の財政関係も国家の財政と帝室の財政は区別された。[12] すなわち国家財政とする府中（すなわち国府）の収支もあり、別収支となる皇家帝室の宮中財政もあったのである。**雲夢沢**のような山沢地域は、その所有権が帝室にあったので、土地からの収入は皇帝の個人的な財政に属して「**私奉養**」と称する。それについては、『漢書』食貨志に次のように言う。

而山川園池市肆租税之入、自天子以至封君湯沐邑、皆各為私奉養、不領於天子之経費。

山川園池市肆の租税の入は、天子より以て封君の湯沐邑に至り、皆各私の奉養と為し、天子の経費と領せず。

「為民請苑」事件

秦・漢代の「山川園池」は、だいたい以下の二種類に分かれる。

① 帝室・王侯たち[13]の私的な専用禁苑園池

② 人民に借すことのできる山林川沢など（非禁苑の山沢と言ってもよい）

「禁苑」は原則として借りられないものとなっていたが、特別な条件が揃ったなら借りられるという例外も、たしかにあった。しかし、その例外ができたのは漢初のとき**蕭何**の「**為民請苑**」という事件が起こった後のことであり、秦代にはそのような例外は全くなかったと考えられ、その理由は以下の史料をもって説明できると思う。

いわゆる「為民請苑」事件は、『史記』蕭相国世家に、以下のように記されている。

相国因為民請曰「長安地狭、上林中多空地、棄、願令民得入田、毋収稾為禽獣食」上大怒曰「相国多受賈人財物、乃為請吾苑」乃下相国廷尉、械繫之。

相国因って民のため請いて曰く、「長安は地狭し、上林の中には空地の棄たれたるもの多し。願はくは民をして入りて田するを得しめ、稾を収むること毋く、禽獣の食と為さん」上大に怒り曰く「相国は多く賈人の財物を受け、乃ち為めに我が苑を請う」と。乃ち相国を廷尉に下し、之を械繋す。

後に、王衛尉の諫を受けて、高帝が反省して言うには、

相国為民請苑、吾不許、我不過為桀紂主、而相国為賢相。吾故繋相国、欲令百姓聞吾過也。

相国、民の為に苑を請い、吾、許さざりき。我は、桀紂の主たるに過ぎずして、相国は賢相たり。吾ゆえに相国を繋ぎ、百姓をして吾が過を聞かせしなり。

と。この史料で劉邦に称された「吾苑」とは漢の**上林**であり、すなわち秦の上林である。上林とは秦始皇帝の「禁苑」であった。[14]「禁苑」とは帝室の関係者以外の人々は立ち入り禁止とされる皇帝専用の私苑であるので、百姓に貸せないのは当然である。

たしかに漢代の文献には「禁苑」を借りる史料が少なくないが、よく考えてみると、それはみな、ここに記した蕭何の「為民請苑」事件が発生した後のことである。この大事な事件の歴史的な意義を無視したなら、張冠李戴、本末倒置と史料を曲解してしまうだろう。

この史料によってわかるのは、漢高帝の劉邦の漢初まで、皇帝は帝室の「禁苑」は「吾苑」であり、貸し出すことは考えられないと思われていたことである。そのため、漢朝を創り出した功臣の第一人者である丞相の蕭何でさえ、上林禁苑であっても貸し出せるようにと提案しただけで投獄されたほど、許されない、かなり深刻な事件となったのである。

筆者は、この事件について、以下のように考えた。秦朝は全国を統一したばかりのとき、これから急速度に増加して行く国家財政と帝室財政に対応させるために、新しく**少府**という財政機関を設置し、すべての国有（すなわち皇帝所有）山海池沢の税務を管理しはじめた。[15]当時その山海池沢の一部は帝室専用の財源とし、しかもそれは貸し出せないものだから、国の税収とはならないと規定されたのである。創立したばかりの少府は、厳密な秦律によって「禁苑」と「非禁苑」にきちんと分けて管理してきたが、その少府から国有の山海池沢を借りることで巨万の富を得た「**素封**」と呼ばれる商人たちが、秦朝の滅亡という好機を利用して、広大な皇家の「禁苑」にまで手を伸ばそうと考えた。

彼らは、そのためには、丞相の蕭何に表に立ってこの件で融通が利くようにしてもらいたかったのである。漢は秦制を受け継ぎ、秦の少府制度も引き継がれたが、蕭何は、やはり平素から過酷な秦律を緩和するよう主張している丞相であり、ゆえに彼は「為民請苑」という行動によって、秦朝の法律に融通を利かせたうえで劉邦に受け継がせたいという気持ちがあっただろう。換言すれば、漢初の「為民請苑」事件は、たしかに「秦官」の少府の役目は変えさせなかったが、「禁苑」であっても借りることができる先例を作った。

逆に言えば、この史料により、まさしく秦代には「禁苑」までも民間人に貸し出した先例はなかったことを証明できるだろう。さらに言うと、簡1号の「叚(假)両雲夢池」の内容のうち「両雲夢」の「池」は仮借できるものだからこそ、この「池」は間違いなく非禁苑の「山川園池」に属すものであり、けっして仮借できない「禁苑」の池ではないはずである。

(2)「両雲夢」すなわち二つの「雲夢官」

「両雲夢」は二つの雲夢官か

簡1号の「両雲夢」が、『漢書』地理志に収載された二つの「雲夢官」であるのかどうかという問題について、再整理小組も筆者も、二者は同じ意味であると考えているが、この結論を説明するのは簡単ではないと思う。筆者は次のように考証したいのである。たしかに簡1号の「両雲夢」は、『漢書』地理志に見る二つの「雲夢官」と同じである可能性がきわめて高く、筆者もそうであると思う。

『漢書』地理志は「南郡、編(県)」の下に「雲夢官有り」と記し、また「江夏郡、西陵(県)」の下にも「雲夢官有り」と記す。しかし、班固の言った「雲夢官有り」とは、漢代の当地に「雲夢官有り」ということは説明できるが、秦代にも「雲夢官有り」といえることを裏打ちするものではない。もちろん、班固の言うように、南郡にも江夏にも各一つの「雲夢官有り」と、計二つの雲夢官があるのは、少なくとも数字上、簡1号の「両雲夢」と食い違わないことは間違いないが、やはり、この数が同じであるという理由だけで結論とするのは難しいと思う。

「雲夢」は『漢書』の「雲夢官」か

では「両雲夢」の「雲夢」は、いったい「雲夢官」であるかどうかという問題も、まだ残っている。さらに簡1号の「叚（假）両雲夢池魚（漁）」の内容を検討すれば、この疑問を解けるだろう。

ここでのキーワードは「**叚（假）**」（仮）という字であると考えられる。「叚」が、すなわち「假」の通仮字であることは、『睡虎地秦簡』**秦律十八種**の「**金布律**」にある、

百姓叚（假）公器

百姓は公器を叚（假）り

という表現により証明できる。

いうまでもなく、「假」「税」「賦」とも、秦・漢財政史における重要な概念[16]であるが、ただし「假」についてどのように解釈しても、「百姓叚（假）公器」のような「仮借する」という元の意味は変わらないだろう。ゆえに、もし簡1号の「叚（假）両雲夢池」を、

假借両雲夢沢之陂池

両雲夢沢の**陂池**を仮借する

と釈読しても無理ではないと思う。

しかし、ここには一つ無視できない現実の問題として、国有池沢や公器を仮借する「假」は、やはり日常生活における「借り」とは違う法律上の債務や税務という概念であるということが挙げられる。

上述したように、秦・漢代には山川池沢はすべて国有のものであり、国有の山川池沢を仮借するには、国へ「仮税」という税金を払わなければならないことになっていた。[17] この山沢を貸し出したり、「仮税」を収集したりする官府が、すなわち「少府」である。簡1号に関する「方九百里」[18]（周囲九百里）とも称した雲夢沢が、以上に述べたような国有山沢に属したのは間違いないだろう。

（3）「雲夢官」は別置官

雲夢官と中央政府の隷属関係も、言及しなければならない課題であると思う。実は、遅くとも宋代から、学者たちはすでに、この課題に興味深い研究を残していた。その有力説の一つと言ってよいのは、雲夢官の「**別置官**」**説**である。

例えば宋の徐天麟『西漢会要』巻三三「職官」の中に、「列郡別置官」という項目が設けられ、『漢書』の各篇にばらばらに出てくる郡県に設置した官職をまとめて列出した、三〇項もの官職が挙げられている。そこには「武庫令」「船司空」「馬官」「牧師官」「庫令」「発弩官」「楼船官」「陂官」「湖官」「銅官」「金官」「木官」「圃羞官」「洭浦官」「羞官」「田官」以外に、二つの「橘官」、二つの「服官」、八つの「工官」と、ここに述べた二つの「雲夢官」などがある。

筆者は、徐天麟により収集された三〇項の「列郡別置官」をさらに分析し、一つの特徴を見つけた。すなわち二つの「雲夢官」と並べてあるのは、ほとんど政府よって各郡県に「別置」された「山海池沢を掌す」る官職である。例えば、「陂官」「湖官」「洭浦官」は海池沢を掌し、「馬官」「牧師官」「銅官」「金官」「木官」「橘官」「圃羞官」「羞官」「田官」は山地を掌するものである。換言すれば、徐天麟も、『漢書』の二つの「雲夢官」を、**雲夢沢**に設置された、当地の池沢管理と税金収集を行なう官職であると考えたのであろう。[19]

清代に至って、周寿昌も『地理志』にある「雲夢官」は、

亦如南海郡洭浦官、九江郡陂官、湖官之類。

亦た南海郡の洭浦官・九江郡の陂官・湖官の類の如きなり。[20]

と考えた。

宋代から清代までの学者たちも、よく雲夢官は中央政府より地方に設けられた雲夢沢の税収管理に関する職官であると考えていたが、誰も、それを「禁苑」の官職であるとは言っていないことがわかった。さらに言うと、簡1号の「叚（假）両雲夢池」を「假借両雲夢官所管理陂池」と読むことは、史料上の根拠を持つばかりでなく、歴代学者の研

究成果とも一致しているのである。

つまり、以上のように考察してきて、龍崗秦簡簡1号の「両雲夢」は、すなわち『漢書』地理志に載る二つの「雲夢官」であるだけでなく、その職能は、秦朝より地方に特別設置されて雲夢池沢の税收を管理した役所であることがわかった。

筆者は、この「両雲夢」という役所が、当地にある「禁苑」を兼官して管理した可能性はあるけれども、けっして、「両雲夢とは、皇家より雲夢の中に設けた二ヵ所の苑囿である」あるいは「禁苑を管理する官府や官吏などであるべきだ」とは考えられないと思う。

四　「雲夢禁中」すなわち雲夢「禁苑」の考察

簡1号の「雲夢禁中」は雲夢「禁苑」と考えられるかどうかという問題は、かなり難問であると思う。たしかに内容を読めば、龍崗秦簡の中に使用される「禁苑」と「禁中」という二つの表現には、本当に大きな差があると認められない。しかし、これまでの文献の中に見られる用例およびその註釈によって、「禁中」のほうは内宮を指し、「禁苑」のほうは外苑を指して、この二つの言葉が常に別々の、違う概念であると考えられるようになってきたのである。

このような出土文字資料と現存する文献とが食い違う場合は、最も解釈しにくいかもしれないが、最も魅力的なチャレンジともいえると思う。

再整理小組も、簡1号の「禁中」はすなわち「禁苑」であろうと考えていたが、なかなか二者が同じ意味と判断できる根拠が見つけられないので、やむをえず今のあいまいな解釈を出したのだろう。

彼らは、簡1号の「禁中」について解釈したとき、

本簡之「禁中」似為「禁苑中」之省。

この簡の「禁中」は「禁苑の中」が省略されたのであろう。

と述べている。換言すれば、再整理小組の言いたいのは、簡1号に使用された「禁中」は、常に文献に見られる「禁中」ではなく、龍崗秦簡執筆者の書き方の癖によってできた省略表現だということである。

もちろん、このような解釈によってこの簡文を読めないわけではないが、なぜ新出土文字資料と現存する文献の表記との間に食い違いがあるのかという疑問は、まだ残るだろう。

筆者は身の程知らずにも、この問題について以下のように論述したい。

(1)「禁苑」についての誤解

『辞源』では「禁中」について以下のように解釈している。

禁中、秦漢制。皇帝宮中称禁中、言門戸有禁、非侍衛及通籍之臣、不得入内。

禁中とは秦漢制であり、皇帝の宮中は禁中と称し、門戸は禁があり、侍衛及び通籍の臣でなれば、内に入れないことを言う。


いうまでもなく『辞源』の釈は、後漢の蔡邕『独断』にある説より採ったものである。それは、「禁中者、門戸有禁、非侍御者不得入、故曰禁中」とあり、『辞源』は蔡邕の説によって「禁中」を「宮中」と説明している(これまでの学者はほとんど同じように考えてきたと思う)。

この解釈は間違いではないが、厳密ともいえないと考えられる。蔡邕の説のキーワードは「**言門戸有禁**」という言葉である。「門戸」はすなわち「かどぐち」(出入り口)であって、宮殿の「かどぐち」も苑囿の「かどぐち」も、「門戸」といえるだろう。皇帝の苑囿も「門戸有禁」という場所だから「禁苑」と呼ばれるはずである。

やはり「禁苑」と「宮中」とはかなり違う概念だといえる。ゆえに、これまで研究者たちが「禁中」は「宮中」であると説明しているのは、初めから**蔡邕の説**を誤解してしまったのではないか。筆者はこのように思っている。

（2）「禁中」と「禁苑」の曖昧さ

『史記』李斯列伝にある、

二世用其計、乃不坐朝廷見大臣、居禁中。

二世その計を用い、乃ち朝廷に坐し大臣に見せず、禁中に居す。

という史料は、よく研究者に引用されて、「禁中」はすなわち「**宮中**」であることの証拠とされるものである。実は、「**李斯列伝**」の内容から、秦二世は「居禁中」の何年かの間に内宮に居することはあったが、ほとんど「禁苑」に居したのは間違いない。そこから考えれば、「禁中」は「宮中」ばかりではなく「**禁苑**」も含むはずである。

とはいえ、この史料は、やはり直接には「禁中」は「宮中」であることを説明できるものであり（例えば、李斯には「今時上不坐朝廷、上居深宮」の「**深宮**」という言葉がある）、「禁中」が「禁苑」であることを直接説明できる史料は、「李斯列伝」にはなかなか見つけられなのである。

類似の史料は、また『史記』**袁盎列伝**に、

上（文帝）幸上林、皇后、慎夫人従。其在禁中、常同席坐。及坐、郎署長布席袁盎引卻慎夫人坐慎夫人怒、不肯坐。上亦怒、起、入禁中。

上（文帝）は上林に幸し、皇后、慎夫人従う。其れ禁中に在り、常に同席して坐す。坐に及び、郎署長は席を布し、袁盎慎夫人の坐を引卻し、慎夫人怒り、坐を肯ぜず。上も亦怒り、起して、禁中に入る。

とある。この史料も「禁中」については曖昧な表現であるが、少なくとも**上林苑**にある**離宮**も「禁中」と呼ばれたらしきことがわかる。

換言すれば、「禁中」が「宮中」である場合は、朝廷の**内宮**を指すばかりでなく、「禁苑」の宮中をも指すのである。しかし、この史料にも、「禁中」が「禁苑」を指すことを示す直接の史料といえるか、という問題は残っている。

（3）「禁中」は「禁苑」をも指す

荀悦は『申鑒』に言う。

先帝故事、有「起居注」。動静之節必書焉。

先帝の故事、「起居注」有り。動静の節を必ず書くなり。

漢の皇帝は、出かけるのも泊るのも、大事も小事も、すべて『起居注』に記録されたということである。漢武帝の例で見ると、彼は宮廷に居ても、または上林や甘泉などの「禁苑」に遊んでも、すべての動きは「起居注」に記録されているはずである。当時の「起居注」にはどんな書名がつけられていたかというと。実は『禁中起居注』という題名だったようである。

例えば、葛洪の『抱朴子内篇』巻一に、

漢『禁中起居注』云「少君之将去也、武帝夢与之共登嵩山」。

漢の『禁中起居注』に云う、「少君の将に去らんとするや、武帝夢に之と共に嵩山を登る」。

とあり、『隋書』経籍志には、

漢武帝有『禁中起居注』。

漢武帝『禁中起居注』有り。

とあり、『史通』巻一一にも、

至漢武帝時有『禁中起居注』。

漢武帝の時に至り、『禁中起居注』有り。

とある。

もし以上の文献の記載が間違っていなければ、少なくとも「禁中」は「宮中」という御所を指す狭義もあるが、また皇帝が出かけて至る場所をすべて指す広義もあると判断できるはずである。

これが筆者の考えであるが、『抱朴子』、『隋書』経籍志、『通典』は、みな秦・漢人の著作ではないので、やはりその信憑性がどの程度あるかという問題は、まだ残っている。

(4)「禁中」と「禁苑」の新史料

現存する文献史料によっては判断しにくい「禁中」と「禁苑」という二つの固有名詞に関連した問題について、今回出土した龍崗秦簡は、絶好の新史料であるといえるだろう。とりわけ「禁中」と「禁苑」が同じ一枚の簡の中に出ている簡6号と簡27号は、「雲夢禁中」はすなわち雲夢「禁苑」であることを説明できる、きわめて有力な根拠であると思う。

簡6号

【釈読】

禁苑吏、苑人及黔首有事禁中、或取其□□□▨

【書き下し】

禁苑の吏、苑人及黔首禁中に事する有り、或は其の□□を取る□▨

【意味】

禁苑的官吏、禁苑中的役人以及百姓、凡在禁苑中有事者

【和訳】

禁苑の吏、禁苑中の役人及百姓は、凡て禁苑中で働く事が有る、或は其の□□を取る□▨

簡27号

【釈読】

諸禁苑為耎(堧)、去苑卌里禁、毋敢取耎(堧)中獣、取者其罪与盗禁中【同】

【書き下し】

およそ禁苑に耎（堧）と為すは、苑を去ること卌里を禁ず、敢えて耎（堧）中の獣を取るなかれ、取る者は其の罪「盗禁中」と（同）じ。

【意味】

諸禁苑設堧地、距苑四十里設禁、不得猟取堧中之獣、若有擅自猟取者与盗窃禁中同罪。

【和訳】

およそ禁苑には堧地を置き、苑から四十里の範囲で、堧中ではあえて獣の捕獲を行なってはいけない。捕獲を行なえばその罪は「盗禁中」と（同じく罰する）……の獣を取ることはできず、もし勝手に取る者がいれば、それは禁中の物を盗むと同罪である。

この二つの簡の「禁苑」と「禁中」の用例には微妙なニュアンスの違いがあるかもしれないが、二つの言葉によって指しているものは同一であることは、おそらく間違いないだろう。

換言すれば、龍崗秦簡に出ている「**雲夢禁中**」はすなわち**雲夢禁苑**であることは、簡6号と簡27号だけからでも判断できると考えられる。

要するに、以上のように龍崗秦簡の出土文字と現存する文献史料を照合すると、秦・漢時代における「禁中」と「禁苑」という二つの固有名詞の関係について、少なくとも次の三つの結論を下せると、筆者は確信している。

1　「禁中」と「禁苑」とは二つの違う皇家禁区であるという、これまでの解釈は、古人の説を誤解した見方であることがわかる。

2　「禁中」と「禁苑」とは互いを含む概念であって、すなわち「禁苑」は「禁中」に含まれていることがわかる。

3　秦時代には律令においても、具体的なものを指すので絶対に誤解されるおそれがないという場合であれば、「禁中」と「禁苑」との二つの表現は互いに通用できる言葉である。

おわりに

再整理小組の簡1号についての釈読に対して、筆者の考えは「魚」は「籞」ではなくて「漁」であると考える。わずか一字の差ではあるが、簡1号の内容とその性格への解釈はかなり違ってくるであろう。表4－2は、筆者の、簡1号について釈読と解釈および結論をまとめたものである。

表4－2　簡1号のキーワード・解釈および結論

原文	雲夢	池魚	禁中
解釈	雲夢沢の管理職	魚すなわち漁（動詞）	皇家の禁区
根拠	『漢志』二つの「雲夢官」 『西漢会要』「列郡別置官」	睡虎秦墓竹簡「日書」乙種 銀雀山漢墓竹簡 「尉繚子」「晏子」	『独断』皇帝「所居曰禁中」 『隋志』 「漢武帝有『禁中起居注』」 龍崗秦簡の簡6号、簡27号
結論	朝廷に別置された雲夢沢の管理職	水池を借り漁猟する	狭義＝内宮 広義＝皇家禁区、時に通用可

つまり、簡1号は、やはり二つの「**雲夢官**」の職責の範囲についての律令であり、具体的には「**雲夢池沢**」の管理と「**雲夢禁苑**」の管理に関する内容を持つことを明らかにできたと思う。

簡1号

【釈読】

諸叚（假）両雲夢池魚（漁）及有到雲夢禁中者、得取灌（？）□□⊿

【書き下し】

諸そ両雲夢の池を假りて魚（漁）し、及び雲夢禁中に到る者有れば、□□取り得る。灌（?）□□▨

【意味】

凡仮借両雲夢官之池沢以従事漁業、以及有事到雲夢禁苑中去的人、可以取□□▨

【和訳】

凡ての両雲夢官の池沢を仮借して漁業を行い、及び雲夢禁中に到る者有り、□□取り得る。灌（?）

注

（1）中国文物研究所、湖北省文物考古研究所『龍崗秦簡』中華書局、二〇〇一年。本文に使われたすべての写真や図などはこの本より引用したものである。

（2）黄侃は言う。

同音者雖有同義、但不可以言凡。

同音の者は同義有ると雖も、但し以て凡てを言うべからず。

（黄侃述、黄焯編『文字聲韻訓詁筆記』上海古籍出版社、一九八三年）

（3）戴震『戴東原集』巻四『転語二十章序』。

（4）『太平御覧』巻八三四

『六韜』「呂尚坐茅以漁、文王労而問焉、呂尚曰、魚求於餌乃牽其緡、人食其禄乃服於君、故以餌取魚魚可殺、以禄取人人可竭、以小釣釣川而擒其魚、中釣釣国而擒其万国諸侯。

（5）『晏子春秋』「無多畋漁以無偪川沢」。

（6）王先謙『漢書補注』地理志。

（7）山田勝芳『秦漢財政収入研究』汲古書院、一九九三年。

（8）加藤繁「漢代における国家の財政と帝室の財政との区別並に帝室財政の一斑」第二「帝室財政の収入」二「江海陂湖の税」、

『支那経済史考証』上巻、一九一八・一九一九年初出、東洋文庫、一九五二年、所収。

（9）同上。

（10）馬大英『漢代財政史』「山川園池收入」、中国財政経済出版社、一九八三年。

（11）黄今言氏が言うには、

文献資料中、常常提到的「漁塩之利」「山海池沢之税」、似乎包括了漁税在内。但漁税起於何時、秦代是否有漁税？目前未見直接有力的材料。（『秦漢賦役制度研究』江西教育出版社、一九八八年）

（12）加藤繁『支那経済史考証』上巻「漢代における国家の財政と帝室の財政との区別並に帝室財政の一斑」第一「国家の財政と帝室の財政との区別」（一九一八・一九一九年初出、東洋文庫、一九五二年、所収。

（13）もちろん秦から漢にかけていくつの変化があったのである。すなわち吉田虎雄氏は次のようにまとめた。

秦、山海池沢の税を徴収し、漢もまた山沢園池の税を徴収した。而してその収入は前漢に於ては之れを帝室に帰せしめ、諸侯王列侯もその采地における該税の収入は皆その私用に供したが、後漢は光武帝の時より総べて之を政府の収入となし、司農に属せしめることとした。（『両漢租税の研究』第五節「山沢園池の税」大阪屋号書店、一九四二年。大安、一九六六年再版）

（14）『三輔黄図』に言う「漢上林苑、即秦之旧苑也」。

（15）『漢書』百官公卿表に、「少府、秦官。掌山海池沢之税。以給供養」顔師古曰く「大司農供軍国之用、少府以養天子也」とある。

（16）宮崎市定『古代中国税務制度』（一九三三年初出。『宮崎市定全集』三、岩波書店、一九九一年、所収）、馬大英『漢代財政史』（中国財政経済出版社、一九八三年）、山田勝芳『秦漢財政収入研究』（汲古書院、一九九三年）を参照。

（17）『後漢書』和帝紀、永元五年詔「其官有陂池、令得采取、勿收仮税二歳」。

（18）『史記』司馬相如列伝。

（19）宋代の学者は徐天麟の考えと似た観点を持つ人が少なくない。彼らの考えを知りたければ、洪邁『容斎随筆』「続筆」巻一の「漢郡国諸官」や章如愚『群書考索』巻六六「地理門」の「水利類」を参照。

（20）王先謙『漢書補注』。

第三章　龍崗秦簡が出土した楚王城

本章第5節では、龍崗秦簡研究において現在ブームとなっている法律の研究のみではなく、「禁苑」という秦代都城研究の視点から城址・墓地・出土品・出土文字によって龍崗秦簡の出土地となった**楚王城**の構造を考証することにより、定説となっている**郡県治的性格**を否定した。

第6節では、楚王城においては「**禁苑**」と「**沢官**」という二重の性格が存在するという説を提出した。

第5節　楚王城の非郡県治的性格
——城址と墓葬——

はじめに

雲夢楚王城(1)は中国湖北省の江漢平原東北部（約北緯三一度、東経一一三・四五度）、古雲夢沢地域内(2)に位置する古城跡である（図5−1）。

一九七五年十二月、この古城の郊外で史学界を驚かせた**睡虎地秦墓竹簡**が発見された。以来、学界では、睡虎地秦墓竹簡についての豊富な研究成果(3)をあげると同時に、この古城遺跡の性格についても探究してきたが、古城遺跡は住宅地内にあり大規模な発掘ができないため、今日に至っても雲夢楚王城の性格については明らかにされていない。

しかし、この古城跡の性格をはっきりさせなければ、当然、そのすぐ近くで発見された睡虎地秦墓竹簡の性格もはっきりわからないであろう。例えば、研究者たちは、睡虎地秦墓竹簡の「**秦律十八種**」は厖大な**秦律**のなかのごく一部でしかないことを知ってはいるが、これがどの秦律であるのか、誰もはっきりとは言えない。換言すれば、今いわゆる「顕学」となっている睡虎地秦墓竹簡研究でも、この秦簡がいったいどのような性格のものであるかわからない、という現状である。

したがって、雲夢楚王城の性格を明らかにするための研究が、都城学だけでなく簡牘学においても必要であると思われる。

本節は、三〇余年の「定論」とされている**楚王城郡県治説**を紹介し、その説の問題点を指摘しつつ、楚王城の城址と墓葬によって該当遺跡の**非郡県治的性格**を提示しようとするものである。

一　楚王城郡県治説とその問題点

楚王城遺跡の性格に関しては、秦代においては**安陸県県治説**が、漢代においては**江夏郡郡治説**がある。この二説には、多くの研究者によって独自の視点から提出された様々な見解が存在する。以下、それらの見解を研究者ごとに整理しつつ、そ

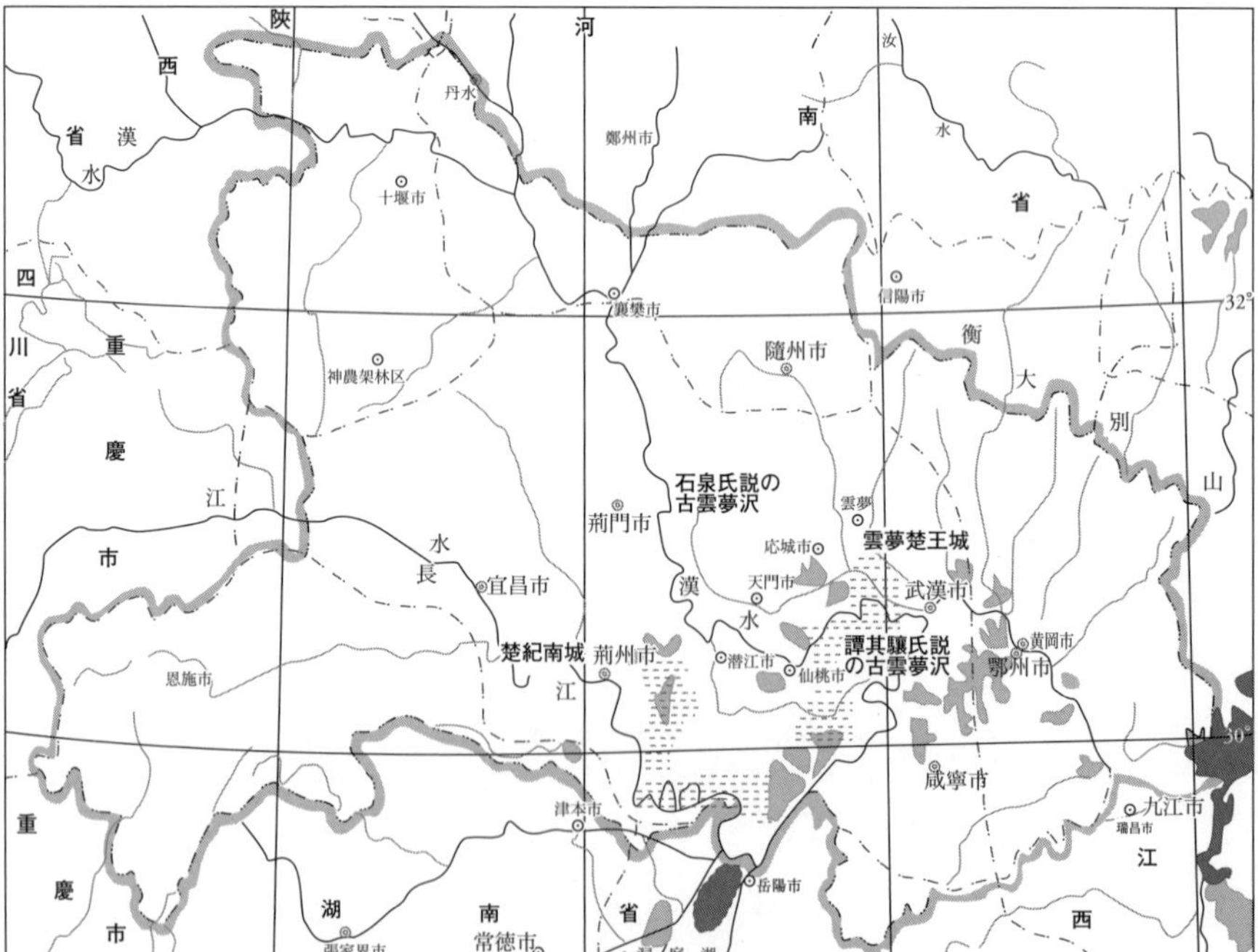

図 5–1　雲夢楚王城と古雲夢沢の位置図（『中国文物地図集』湖北分冊「秦時期地図」に基づく）

れぞれの問題点を指摘したい。

（1）宋煥文氏の説「安陸邑城は現在の雲夢県城[4]」

宋氏が安陸邑城は現在の雲夢県城であるとする論拠は、三つある。

A　文献の記録

①　杜預『左伝』の「鄖」の注

在江夏安陸《ママ》、県東南有雲夢城

江夏安陸《ママ》に在り、県の東南に雲夢城有り

②『漢書』地理志の漢の高祖のとき

（南郡の地を分けて）江夏郡を置く。安陸県を設く。

③　唐の杜佑『通典』安州安陸郡「雲夢」条の注

江夏郡は故城今の県の東南にあり。

④　唐の『元和郡県志』巻二七「安州」総序

故漢所理江夏郡、前書多言在安陸、其雲夢県東南四里、涓水之北、有江夏古城、［北］周所理、據山川言之、此城南近夏水、余址寛大、則前江夏郡所理也。

故の漢の理《おさ》むる所の江夏郡は、前書多くは安陸にありと言う。其れ雲夢県東南の四里、涓水の北に、江夏古城あり、［北］周の理むる所、山川によりて之を言えば、此の城、南は夏水に近し、余址は寛大にして、則ち前江夏郡の理むる所なり

⑤『太平寰宇記』安州・雲夢県

江夏故城、漢為郡城、在今県東南也。

江夏の故城は漢郡城と為す、今の県の東南にあるなり

宋氏の結論は、「すなわち現在の雲夢城、あるいはその付近は、戦国のとき鄖国であったが、秦に至って安陸県治になり、漢に至って江夏郡治になった」というものである。しかし筆者が考えるに、たしかに以上の文献の記載によって秦の安陸県治の所在地が現在の安陸県城ではないことは証明できるが、今の**雲夢楚王城**がすなわち秦の安陸県治であることは証明できそうもない。したがって、宋氏は結論に「あるいはその付近」のような曖昧な言葉を使わざるを得なかったのではないか。

B　現在の雲夢城付近での大量の秦墓といくつかの戦国墓葬の発見（考古資料）

遺物には「咸陽」という文字を刻んだ漆器や、「安陸市亭」の印章を押した跡のある陶器がある。また秦文化を代表する「蒜頭壺」や「蚕形壺」もある。これによってこの城は秦人の政治と軍事要地であったことが証明される。また、睡虎地11号墓の主人の「喜」という人物には安陸令史の履歴があり、死後、今の安陸城ではなく、ここで埋葬されていることにより、この地が秦の安陸県治の所在地に当たるということが証明される。

そこで宋氏は、「逆に考えると、今の安陸城周辺でその時期における墓葬や文物がほとんど発見されないのは、必ずしも偶然とは考えられない」と指摘した。しかし筆者は、睡虎地秦墓葬の出土遺物によって、**楚王城**がかつて秦の占拠期間における城であったことは確かであるが、この城が当時の安陸県治であると証明できる証左とはならないだろうと考える。

C　歴史地理の視点

宋氏は、次のように指摘している。

現在の雲夢県の周辺は地勢が低い丘陵地域であって、南は平野（＝古雲夢沢）であり、東北は鄂東や豫南に至る要道である。ここを占拠すると、南には江漢流域を、北には三関（すなわち古の冥阨・大隧・直轅という関）を抑えることとなるので、まさに秦人の戦略的な要地であろう。

たしかにこの地は古**雲夢沢**を占めていて、中原や関中へ行く交通上の重要な要衝ではあるが、それは楚王城の性格に直接には関係がないのではないだろうか。

（2）黄盛璋氏の説「（睡虎地）秦墓のあった雲夢古城は楚・秦・漢代における安陸[5]」

黄氏の考えは、三つの出土木牘資料に基づいたものである。

A　睡虎地秦墓4号墓から出土した6号木牘（すなわち第二の書簡）中の「新地城」は楚王城を指す

黄氏の判断の理由は、木牘に記された、

聞新地城多空不實者、且令故民有爲不如令者實。

新地城空多く実《み》たざるを聞けば、且《しばら》く故の民の為すこと令の如くせざる者をして実たしむ。

新地入盜、衷唯母方行新地、急急。

新地に盗が入り、衷（人名は引用者注）、唯だ母方、新地より行《はな》（離）れよ。急急。

という記述である。黄氏は、この「行」という字は「離れる」の意と解釈でき、「衷」は手紙で自分の「母に新地から離れるように」と勧告したと解した。当時、近くで埋葬する習俗があったことを考えると、今の**睡虎地古墓**の隣に位置する雲夢古城は、まさに秦の「新地城」であったであろうと述べている。

B　7号墓の秦墓は、秦昭襄王二十九年の安陸古拠から二三年後のもの

睡虎地秦墓7号墓の**槨室**の門楣に刻まれた「五十一年曲陽士五邾」の文字によって、黄氏は、このように考えれば、「今の雲夢古城城址は楚の安陸が秦に入ってから新しく建てたか、または改建した新地城だろう」と言う。

C　秦墓からの「安陸」の文字の見られる木牘や陶器の発見

4号秦墓の11号木牘（第一の書簡）に、

母視安陸絲布賤母

安陸の絲布の賤《やす》きを視る

という部分があり、また11号墓と14号秦墓からも「安陸市亭」の印章を捺した木牘が発見されたので、黄氏は、「ゆえにこの雲夢古城はまさに秦の安陸県城であろう」としている。しかし、根拠とした11号木牘の「毋」字を「母」と

誤読している点を、黄氏は批判されている。(6)

（3）劉玉堂氏の説「秦の安陸県城は今の雲夢古城」

劉氏は、次のように判断している。

秦簡『編年紀』に記載されている「二十八年、今安陸を過ぎる」とは、秦始皇二十八年の巡行の途中、安陸を経過したことを指す。しかも墓主の喜は当時安陸にいた。目撃者としてそのことを記事にしたのは間違いない。墓主は死後、安陸境内に埋葬されたはずで、その11号墓を含めた睡虎地墓地が雲夢古城の東側に位置するのも偶然ではないであろう。

（4）漢代の江夏郡治説

これはむしろ秦代の**安陸県治説**の延長ともいえる。

例えば、上述した宋煥文氏は言う。

すなち現在の雲夢城、あるいはその付近で、戦国時代の鄖国は秦に至って安陸県治となって、漢に至って江夏郡治となった。(7)

張沢棟氏も「漢初江夏郡説(8)」を提出した。彼の根拠とする文献も、『史記』高祖本紀に記載された「漢高祖六年、江夏郡を立つ、安陸県を置く」と『元和郡県志』に記される「雲夢県の東南四里、涓水の北に江夏古城あり」という史料である。張氏が挙げた考古発掘資料には以下の三つがある。

①　楚王城西城で発掘された大型建築台遺跡の資料および大型建築材料の紅砂石柱礎（直経四五㎝、厚さ二二㎝）等。

②　西城内で発見された厚さ一　mの前漢代の整地層によって「楚王城の西城区の年代の下限は前漢代に至る」ことが証明できること。

③　楚王城の西の郊外にある大墳頭と睡虎地墓葬の埋葬年代が楚王城西城区の遺跡の整地層の年代と一致すること。

そこで、張氏は、「これらの資料により、今の雲夢楚王城の西城は江夏郡の郡治となったのだろう」と結論づけた。しかし、筆者は、ただ楚王城西城の年代下限が前漢に当たることや、大型建築材料の発見だけでは、**楚王城**が『史記』にいう漢高祖六年に建てた江夏郡の郡治であることを証明できないと考える。黄盛璋氏も、次のように述べる[9]。

秦および漢初の安陸は南郡に属し、江陵鳳凰山９号墓で出土した安陸守丞の綰の三つの木牘は南郡（太守）に上呈した文書であるので、文帝十六年まで安陸は依然として南郡に属したことが証明できる。南郡の一部（安陸を含め）を分離して江夏郡を成立させ、しかも安陸を郡治となしたのはそれ以後のことであろう。

もう一つ、やや特異な考え方があるので、ここで紹介しておきたい。それは、

鄂東北地区を考古調査して、数多くの戦国時代における楚文化の特徴を持つ古城址を発見した。それらの古城址は**武勝関・九里関・大勝関**を結ぶ線の南に分布していて、鄂東北地域における一つの強大な**軍事防禦システム**をなしている[10]。

という、熊卜発氏の**軍事施設説**である。しかもこの「強大な軍事防禦システム」の第一位とされる施設が雲夢楚王城であるというのである。

（５）郡県治説の問題点

以上の諸説は、いうまでもなく、郡県治所在地説を基本とする認識がほぼ動かない定論として基盤となっていると思われ、最新考古発見の龍崗秦墓をめぐる観点としては、非常に魅力的だと感じられる。

各々の観点に残されている課題を以下の二点にまとめよう。

A　墓主と楚王城との関係の証明

大多数の論者は「死んだ現地で埋葬される習俗」という理由から、**墓主**は生前に楚王城に住んでいたと考えている。筆者も基本的にはそのように考えているが、特例がないわけではないので、具体例によって個々に分析する必要があるのではないかと思う。

例えば、睡虎地11号墓の墓主の「喜」はたしかに楚王城の城外に埋葬されたが、「編年記」には彼がこの城で過ごしたことは全く記されていない。ゆえに、彼は没後その遺体は故郷に送られ、「帰葬」したとする説もある。[11]

研究者が**墓葬**の類型や**出土文物**によって墓主の身分を考証することは、もちろん非常に有効な方法であると思われる。例えば、典型的な秦文化特色の「蒜頭壺」「蚕形壺」などによって、楚王城の住民は秦人だろうと判断できる。しかし反論として、当時ここは秦の占領地であったから秦化された楚人の秦式墓葬である可能性も否定できないだろうという見方もできる。[12]

また、研究者が墓から出土した文字によって墓主の身分を研究するのは、最も確実な方法だろうと思うが、実際にはそんなに簡単なことではない。例えば遺物に刻んだ「咸陽」「安陸市亭」という文字について正反対の意見が出されたこともある。

B　楚王城の郡県治所在地以外の可能性

たしかに、古代都城の一つのきわめて重要な性格は、いわゆる「**衛君守民**」であるので、研究者たちが都城の性格についてまず考えるのは、その政治的・軍事的な空間存在の意義である。大多数の研究者は、楚王城は秦代の安陸県治所在地や漢代江夏郡治所在地だろうと推定する。ただ、この方法論には多少とも先入観の色が濃厚ではないかという気がする。

また、結果からみると、諸説の結論にはそれぞれに問題が指摘できる。例えば龍崗秦簡の内容によれば、秦の始皇帝は当時、巡行の途中でこの城に泊まっている。これが事実とすれば、典籍に記載された始皇帝が、そのとき、ここで「望祭」したことと関連させて追究しなければならなくなる。

つまり、一般論の「衛君守民」以外に、古代における最も大事な**祭祀機能**と都城の性格のつながりについても考えるべきだろう。

二　楚王城遺蹟の非郡県治的性格

楚王城遺跡の調査と部分的な発掘は何回も行なわれた。一九五八年、当時の文物調査によって、ここは一つの古城遺跡であることがわかった[13]。一九七八年、武漢大学考古班は睡虎地秦墓の発掘の延長として楚王城を調査し、一九八四年に孝感地区博物館も再調査した[14]。一九八六年十一月から一九八七年四月、改線工事のために漢孟公路が楚王城遺跡の中を横断した。その際に孝感地区博物館と雲夢県博物館とが連携して、工事現場だけでなく、北城垣の東段まで発掘し[15]、この古城の平面および城内の構造を明らかにした。

また一九九二年六月に、湖北省文物考古研究所・孝感地区博物館・雲夢県博物館の合同調査によって、雲夢城遺跡の中垣と南垣およびその結合部の発掘が行なわれ、さらに城垣の初建・改造・廃棄の年代が明らかとなった[16]。この複数の遺跡調査の発掘報告資料により、楚王城遺跡の特徴を以下のようにまとめることができる。

（1）防衛性の高い堅固な城址構造

楚王城の城址は「日」字が横になった形で、総面積は約一・九km^2である。東西の長さは約一九〇〇m、南北の幅は約一〇〇〇mである。南北に走る中垣で城址は西大城と東小城に分けられている。版築の城壁は全部で九七〇〇mの長さがある[17]。東城遺跡は、今はほとんど農田となっているが、西城遺跡はすべて現在の雲夢県城の下にある[18]（図5-2参照）。

東城壁と北・南城城壁の東段はよく残っており、北城の城壁の西段と西城城壁の北段も形がよく見え、その南段と南城城壁の西段の痕跡が残されている。北城壁は長さ一八八〇mで、南城壁は二段に分けられ、東段の長さは一〇五〇mで、西段は八五〇mである。中垣の長さは一一〇〇mある。城壁の残りの部分の現在の高さは二～四mで、幅は三五mである。城壁の内外とも護坡（固めた斜面）があって城壁に接しており、断面から見るとこの護坡は三角形となっている。[19]

城門跡：四面とも各一門を設ける。門跡の位置としては東門跡がT字路にあたり、南・西・北の三門の外側には各一つずつの小丘があった（今日、珍珠坡・季堵坡・黄土坡と呼ばれる）と考えられる。[20] しかし、北の門跡を除いて確かな遺構はほとんど残されていない。北の城門跡の外壕の中には長さ三〇m・幅五mの一つの台址があって、北城門外にあった吊り橋の基礎であろうと推測されている。[21]

見張台：城址の東南角・西南角・東北角・西北角には、みな高台建築跡が残されている。ただ東北角の一つはわりあいよく姿をとどめていて、今の円柱形土台は高さが六mある。[22]

壕：北側の壕がよく残っており、南側の壕は溳水という川につながっており、それは現在でも雲夢県城の排水路として使われている。現存している壕は幅三〇～三五mで、深さは二～五mである。南壕は城壁の跡から約八m離れている。[23]

注目すべきは、城壁の内側に発掘者に「内壕」と呼ばれている一つの地帯である。平面図で確認すると、その場所は北城壁の中段の内側に当たるところで、「発掘簡

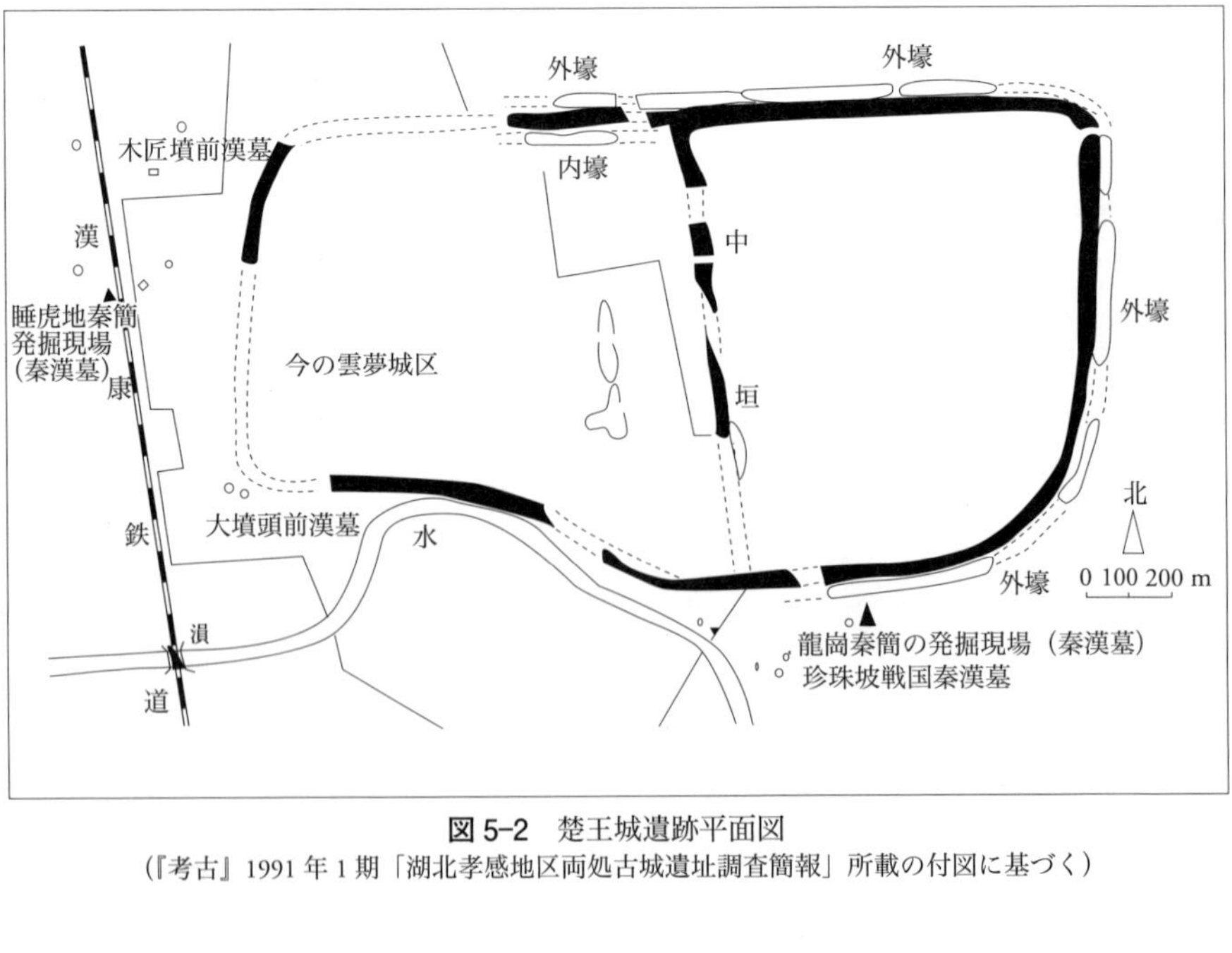

図 5–2　楚王城遺跡平面図
（『考古』1991 年 1 期「湖北孝感地区両処古城遺址調査簡報」所載の付図に基づく）

報」には、

内壕はすでに平地となっているが、他の地面と比べてみると幅約三三mである。しかし具体的な構造は不明である。

と記されている[24]。

（2）戦国末から前漢における城壁

発掘によって城壁の年代が明らかとなった。南垣を造った時代は中垣より早く、南垣は大城全体の造営年代と同じであるので、大城は中垣より古い。また、南垣の下に戦国中晩期の**整地層**が発見された。南垣で見つかった遺物の中には戦国より後の時代のものがないことから、城壁を造った年代は、戦国中期より早くはなく戦国末期より遅くないことが判明した。

中垣の造営年代については、中垣が南垣の上に組み立てられた跡地があることから、けっして戦国末より早くはないと思われるが、中垣の下と南垣の上にある第五整地層の中から、戦国中晩期の罐・盆・豆・長頸壺と前漢初期の盆が発見され、加えて漢初より遅い遺物がいっさいないことから、中垣の造営年代が前漢の初期であることが確定した。

城壁の廃棄年代については、中垣の上の後漢早期の墓の発見により、城壁全体の廃棄年代は後漢早期か、それより少し早かったかもしれない。つまり、楚王城は戦国の中晩期から造られはじめ、前漢初年には中城垣が加えられ、後漢の早期、あるいはそれより早い時期に廃棄されたと思われる[25]。

（3）大型の土台がある城内遺址

これまで楚王城の発掘の多くは城壁を対象としたものだったが、一九八六年十一月から一九八七年四月、道路工事のために、城内遺跡で城内の中区と南区において五m^2の試掘区域が八つ掘られた。それは中区の七つ（F1～F7）と南区の一つ（F8）である。発掘面積は二〇〇m^2[26]、整地層の特徴は、最下層は東周、中層は秦代、最上層は漢代である。[27]

出土遺物の情況[28]は以下のとおりである。

戦国時代の遺物：主に陶器（鬲・罐・甕・豆・盆・盂形器・蓋器・錐形器・陶紡錘・陶網墜・筒瓦など）であるが、少量の銅器（鏃一つと蟻鼻銭五〇枚余り）もある。

秦漢時代の遺物：すべては陶器で、主に罐・甕・盆等。盆が最も多い。

城内で発見された土台の遺跡については、次の三つの説がある。

① 城内に、もとは三つの大型土台があったが、一九四九年以来の数回の大規模土木工事によって、土台はわずか一部しか残っていない。[29]

② 東・西城址には二ヵ所の土台が残っており、土台は地面から約五ｍも高くなっていて、面積は約五〇〇〇m^2である。[30]

③ 西城で秦漢時代の大型建築土台が発見されて、紅砂石の柱礎などの建築遺物を発掘した。その下には東周時代の整地層がある。[31]

排水給水設備：Ｆ３で二つの陶製排水管が発見されている。一端の直径は四〇㎝、もう一端の直径は三〇㎝である。[32]現在城内の新しい漢孟道路の西側南段では、六つの井戸が集中する**井戸群**も発見された。[33]

三　墓葬の分布とその非郡県治的性格

城があれば必ず墓葬がある。雲夢楚王城の周辺には複数の大型古代墓地が分布しており、城西には**睡虎地秦漢墓**・**木匠墳秦墓**・**大墳頭前漢墓**が、城南には**珍珠坡戦国秦漢墓**・**龍崗秦漢墓**が、城東・城北には**後漢墓**などがある。これらの墓葬が城壁からあまり離れていないのは、墓葬が楚王城が使われていた間にできたものであることを示すと考えられることから、この墓葬も楚王城遺跡の性格を研究する絶好の資料になるであろう。

（1）城址と一致する墓葬の年代

発掘者の一人、張沢棟氏が言うように、楚王城周辺にある**墓葬**は、すべて城壁から一㎞の範囲内に分布している[34]。発掘の順番としては、一九七二年十二月に楚王城の西南城外で大墳頭1号漢墓[35]、一九七五年十二月に城西の睡虎地で戦国末期から漢の文景時代における墓葬[36]、一九七五年十二月に西北城外で木匠墳秦墓[37]、一九七八年二月に南の城外珍珠坡で戦国早中期の楚墓[38]、一九八九年十〜十二月に南城外の垣から四五〇m離れたところで龍崗秦漢墓葬を、それぞれ発見した[39]。

墓葬の数は城址の西南・西・西北城外で五〇基を発掘したが、そのなかに一二基の戦国墓と三〇基の秦墓と八基の前漢初期墓がある。南の城外では三五基を発掘し、そのうち二〇基は戦国墓で、一六基は秦・漢の墓葬である。年代順にいうと、珍珠坡は戦国の墓葬、睡虎地は基本的に秦代の墓葬、大墳頭と木匠墳は漢代の墓葬で、廃棄された楚王城の城址東部には後漢時代の墓葬がある。

（2）小型で単純型式の墓葬

上述した楚王城周辺の墓葬のなかで、珍珠坡の戦国初中期の楚墓のほか、戦国後期・秦・漢初のいくつかの**墓葬群**には、すべて小型で**単一型式**という特徴がある。

例えば、睡虎地秦漢墓葬は三回の発掘調査で明らかになった四七基の墓葬のうち、発掘したものは三六基に至った（図5-3参照）。一九七五年十二月に発掘した最も有名なM11に続いて、一九七七年十月に一〇基を発掘した。「発掘簡報」には以下のように記されている。

「この一〇基の墓葬はみんな竪穴土坑墓であって」、そのなかの「八基はみな一棺一槨であって、しかも棺槨の構造はだいたい同じである」。「今回発掘した一〇基の墓葬の墓葬形式と副葬品の組み合わせや形の特徴は、M1とM2以外の八基は以前発掘した**睡虎地秦墓**・**大墳頭漢墓**に、ほぼ類似している[40]」。

また、一九七八年十一～十二月に行なった睡虎地の二五基秦漢墓と大墳頭M2・M3の二基の前漢墓の発掘についての「発掘報告」にも、各墓葬の類似性を以下のように指摘している。「二七基の墓葬はみな長方形の竪穴坑墓であって、墓道がなく、封土堆も見当たらないが、形式は基本的に同じであり、小型の秦漢墓葬である」。また「今回発掘した二七基墓葬は、過去に発掘した秦漢墓と基本的に類似している」という。さらに墓葬の形式上の類似点は、以下の五点にまとめられる。

① 墓の向きは大半が東を向いている。
② すべて小型の長方形竪穴土坑墓であって、封土堆も墓道もない。
③ 葬具は単槨単棺と単棺の二種類しかない。
④ 死体の多くは仰身直肢の埋葬方法である。
⑤ 一般の副葬品は陶釜・小口甕・甑・盂・小罐など陶器のワン・セットであるが、陶製の礼器がない。一部の単槨単棺墓には銅鼎・蒜頭壺・鈁・鍪などの銅器の副葬品が少しあるが、大多数の墓葬は漆器の副葬品であり、兵器が副葬されたものはわずかである。(41)

実は、このような特徴は、睡虎地・大墳頭秦漢墓にあるだけではなく、木匠墳秦墓(42)や龍崗秦漢墓(43)や大墳頭M1前漢

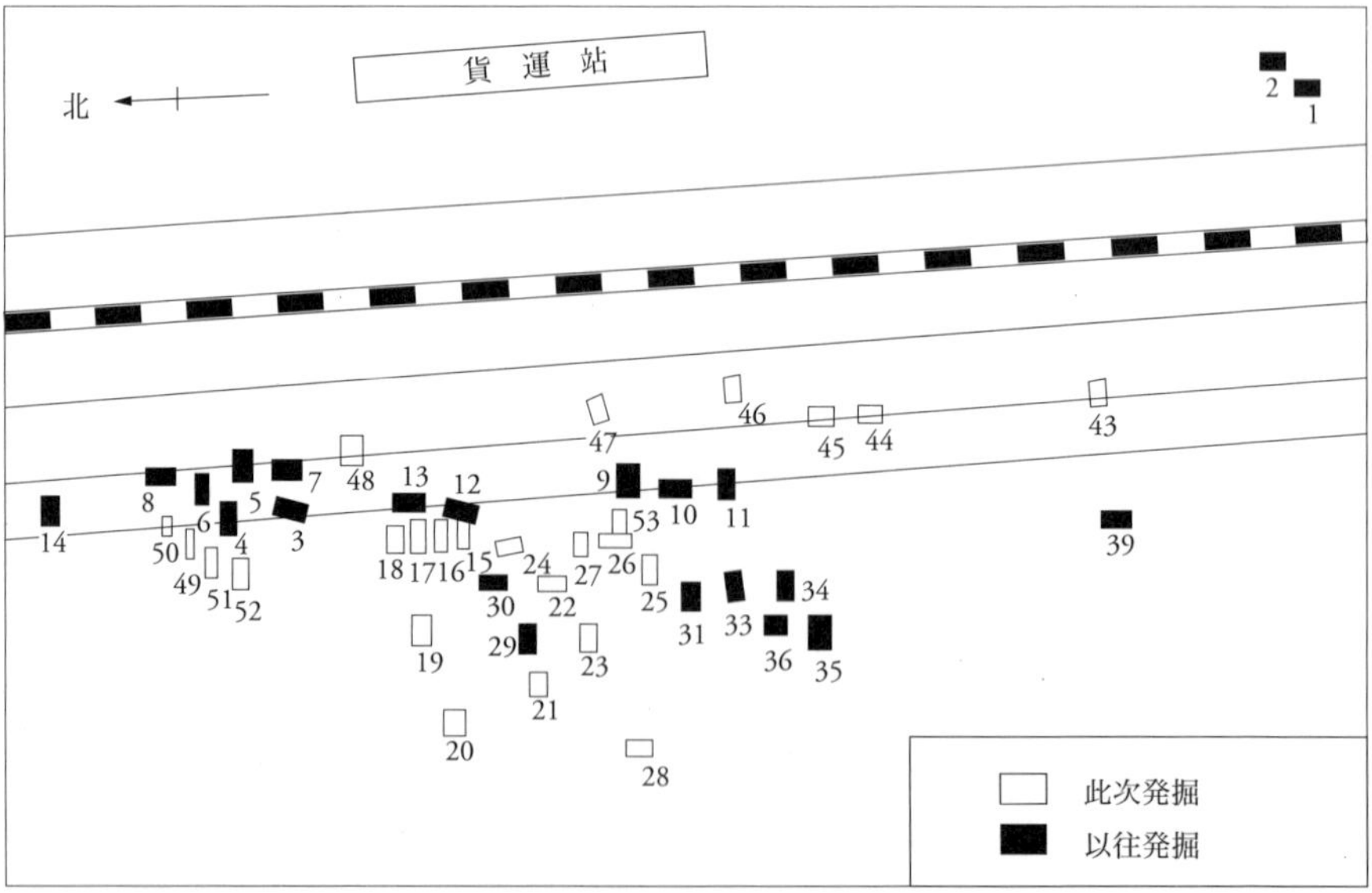

図 5-3　雲夢睡虎地秦漢墓坑位置（『考古学報』1986 年第 4 期）

墓[44]でも同じである。例えば、龍崗秦漢墓の第二次発掘で発見された六基中、四基にある副葬品の陶器もすべて同じ状態を示している。発掘者は、次のように言っている。

以前、雲夢楚王城の周辺にいくつかの秦墓を発掘し、時代の差はあるが、その陶器の基本的な組み合わせは上述した四墓と同じである[45]

（3）墓主の身分は文職小吏

楚王城周辺墓葬の**墓主**については、睡虎地11号、龍崗6号墓とも竹簡や木牘が副葬されているので、その身分は確実にわかる。

睡虎地11号墓の墓主は、副葬された秦簡「編年記」から「喜」という人物であるとされる。この人物は秦の始皇帝の時代における安陸御史・安陸令史・鄢令史などの履歴を持っているので、墓主と同一人物だと推測されている[46]。龍崗秦墓の墓主の身分は、睡虎地11号墓の県令史より低く、前述したように雲梦禁苑の小吏である。

また、11号墓以外の睡虎地墓葬の一〇人の墓主の身分については、発掘者は、「我々はこの八基墓の主人は生前の社会的地位はだいたい中小地主に相当する」、また他の二基の「墓主は生前、だいたい平民に属していた」と推定している[47]。つまり、中小官吏くらいの身分であったのだろう。

さらにもう一つ注目すべき現象がある。それは睡虎地11号秦墓の「発掘簡報」において、副葬品にわざわざ「文書工具」という項目を設けて「棺内に筆（筆入れ付き）二本・頭箱にも筆（筆入れ付き）一本と銅削一つ」と記されているものである[48]。これだけでなく、睡虎地M31秦墓にも**鉄削**一つが出土した[49]。また、大墳頭1号漢墓からは一六本で一束の簭が出土している。筆者は、これはおそらく算木であろうと考える。

墓葬から大量の**文書簡牘**の発見されたのも、きわめて珍しいことであろう。睡虎地11号秦墓から出土した一一五五枚の竹簡文書は「編年記」「語書」「**秦律十八種**」「效律」「秦律雑抄」「法律答問」「封診式」「為吏之道」「日書」（甲種）「日書」（乙種）など一〇部の秦国の法律と文書である。また、龍崗六号秦墓からも竹簡二九三枚が発見された。その内容の大部分は「**禁苑**」に関する法律文である。

楚王城周辺で発見された戦国末から秦漢の墓葬における墓主の身分の特徴の第一は、身分が低く大半以上は基層行政機関の小吏や大吏のレベルであること。第二は、官職は全く武職であったことを示すものがなく、むしろ文職としての色彩が濃厚である。

四　雲夢楚王城と宜城楚皇城の比較

前述したように、楚王城の性格についての諸説のなかで主流となっているのは、**郡県治所在地**と、**政治的・経済的な中心地**であるという見方である。しかし、この城址と墓葬の発掘結果からみると、どう考えてもその意見が正しいとは認められない。ここでは、楚王城と同時代同地域の**湖北宜城楚皇城**との比較によって、筆者の考えを提出しておきたい。

宜城楚皇城は、考古発掘と典籍記載が一致する戦国・秦漢時代の古城遺跡である。しかも研究者たちは、その城址の性格については異議がなく、それは戦国時代の楚国の別都である鄢であり、秦の南郡の属県で、漢に至って改めて宜城県と称した宜城県治の所在地であると明確に判断されている。[50] そこで宜城楚皇城の県治所在地という性格を基準として比較してみれば、雲夢楚王城が郡県治の所在地に当たるのかどうかが判別できるはずである（図5-1参照）。

（1）両城における構造や内包の相違点

論述の便宜のために、発掘報告書[51]によって、湖北宜城楚皇城遺址の諸特徴の一覧表を作ってみた（表5-1）。

上述した雲夢楚王城址の特徴について、この表で示す宜城楚皇城址の諸特徴と比較して判明したことが三つかある。

A　両城とも戦国時代に初めて作られ、秦漢代まで使われていた点

両方とも楚城↓秦城↓漢城という発展の沿革がある。両者とも漢水流域に位置する古城址で、しかも規模は約二km^2

と、当時の中等程度の都城であった。

B　両城址の構造的な相違点

たしかに両城とも堅固な城壁と見張り台があるが、面積の小さい雲夢楚王城のほうが警備はより厳重であったと考えられる。例えば、楚皇城にはただ壕が存在した可能性があるだけだが、楚王城には明らかに壕遺跡がある。また、前者は内壕がなく、後者には一般都城には見られない内壕がある。前者には城門が八ヵ所もあるが、後者には四つの城門があるだけでなく城門の外側に吊り橋の遺址がある。

C　城内の遺跡・遺物の相違点

楚皇城内には計画的に作られた道路跡があるが、楚王城内には道路跡が見当たらない。前者には大量の銅鏃と一つの「中左偏将軍」の印章が発見されており、城内に常備軍があった証拠となるが、後者には銅鏃一枚以外に兵器は全くないので、ここはふだん軍隊が必要なかったようである。前者には手工業工場遺跡があるが、後者には工場が見当たらない。楚皇城内で発見された三種類の軍政長官の印章によって、その県治の所在地に各種の管理機関が存在したと考えられるが、楚王城にはそのような痕跡がない。また前者の城内には**大型墓葬**があるが、後者にはない。

（2）両城周辺墓葬の共通点と相違点

雲夢楚王城と湖北宜城の墓葬（表5-2）とを比べてみると、以下の三つのことが判明する。

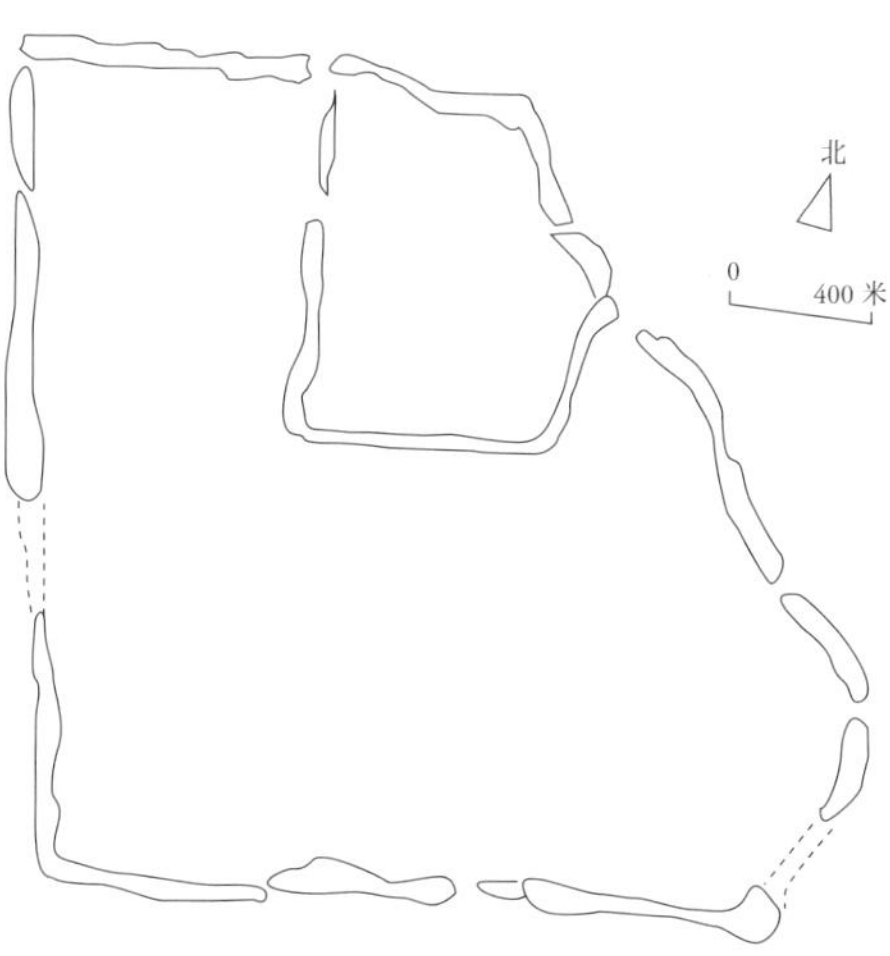

図5-4　湖北宜城楚皇城遺跡平面図
（『考古』1980年2期）

表 5-1　湖北宜城楚皇城遺跡の諸特徴一覧

名称	年代	位置	城址の構造	城内遺跡・遺物	性格
湖北宜城楚皇城	戦国から秦漢	漢水上流の夷水畔	不規則の矩形。面積 $2.2km^2$。城垣の周長は 6440m。東西南北の長さは，各 2000，1500，1800，1080m である。城壁は壁の本体・壁の基礎・内外の固め斜面を含む。4 つの見張台が 3 つ残っている。四面の城壁に各 2 つ（計 8）の城門跡があり，道路の遺跡が発見された。城外に部分的な古い川の遺址と壕の可能性がある場所が一カ所。	「金城」という小城が 1 つあり，年代は大城よりずいぶん遅い。8 つの城門址につながる道は城の中心部で「井」の形で交差している。城内址で何回も「郢爰」という貨幣が見つかった。前漢墓葬の大型封土堆がある。西南部で製陶手工業工場があり，城内外ともに陶製井戸がある。城内出土の遺物：春秋戦国時代の大型銅方壷・銅鼎・銅壺・帯鉤・大型銅車轂など。銅鏃（一度に数百本出土）・鉄鏃があり，秦漢時代の「邑君」「将軍」「邑長」の銅印と秦半両・漢半両・両漢の五銖・新莽「大布黄千」などの貨幣があり，瓦当・陶器などがある。	戦国時代の楚国の別都である鄢であり，のちに秦の南郡の属県となり，のちに漢の宜城県治の所在地となった。

出典：「湖北宜城楚皇城勘査簡報」『考古』1980 年第 2 期

表 5-2　湖北宜城楚皇城戦国秦漢墓葬の諸特徴一覧

名称	年代	位置	形制	副葬器	墓主
湖北宜城楚皇戦国秦漢墓	戦国 8 基中，6 基が発掘された。	西の城外に 400m 離れた場所。	みな単棺単槨であるが，そのうち 3 つに墓道がある。	陶鼎・敦・壺・豆・盤・銅剣・戈・矛，鏃。匕首・矢・勾・蓋弓帽・LM1 車馬器・鏡・漆器・玉璧・料珠があり，主に陶器である。唯一 LM1 墓葬に車馬器数件がある。	児童墓が 1 つある。城西にある大封土堆は時代が古く，楚の貴族のものと推測されている。
	秦の 6 基，漢の 3 基が発掘された。	同上。	不明。	多くの銅（鉄）器がある。戈・矛・鼎・鍪・壺など。銅鏡・金方・芍・�・燈・蒜頭壺・鉄釜。陶器・豆・盂・甑。玉器・秦半両銭。銅器の副葬品の多い墓が 1 つある。	

出展：「湖北宜城楚皇城戦国秦漢墓」『考古』1980 年第 2 期

A　造られた時代

時代から見ると、両城の周りの墓葬は、みな戦国中期から秦漢時代のものであって、発掘者も墓中の副葬品は雲夢秦墓および大墳頭Ｍ１などの漢初墓葬と一致していると断定した[52]。

B　埋葬方法の相違

楚皇城墓葬はいくつかのランクに分けられる。例えば封土堆の有無、墓道の有無、規模の大小である。これに対して、楚王城墓葬の埋葬方法は非常に単純であるだけでなく、封土堆や墓道が見られない。

C　副葬品の相違

楚皇城墓葬の副葬品は墓によってかなりの差があり、ごく一部の墓葬には玉器があるが、一般的にはない。**青銅器**の副葬品にも多少がある。また、車馬器の出土した墓葬や児童の墓葬など類別が明確なことは一つの特徴である。それに対して、楚王城墓葬の副葬品は青銅器がかなり少なく、ほとんどが単純な様式の生活用陶器の組み合わせである。前者は兵器が多く副葬されているが、後者には兵器の副葬品は全く見られない。前者には文具と文書が全くないが、後者にはきわめて精巧な文具と大量の文書が発見されている。

（３）両者の相違から見た楚王城の非郡県治的文官役所の性格

A　城壁およびその関連施設や道路の構造

楚王城には出入の便のよい賑やかな地方政府所在地の条件がほとんど見られず、むしろ立ち入り禁止のような警戒の物々しい情景が感じ取れる。非常に堅固な城壁と、ほとんど兵器が出土していないという二つの現象を合わせて考えれば、この都城は一般郡県治の所在地のように軍隊によって日々守られる場所ではなく、もちろん軍事施設ともいえないであろう。まさに厳重に警備された、一般民衆は立ち入り禁止の「**禁苑**」のような場所ではなかっただろうか。

B　存在しない管理施設

城内には工場も道路も残っておらず、大型の土台と給水排水路以外、楚皇城にある道路網や中央区域、また工場や大量兵器の出土するような軍事区域や墓葬地など、機能区域の分布はいっさい見当たらない。ここは一般住民を管理する施設は必要ではなく、城と市の計画も必要がない特別な場所ではなかっただろうか。

大型の土台と給水排水路とが密集している**井戸群の遺構**を合わせて考えてみると、必ず多くの官僚と軍隊を率いて来る秦漢代の皇帝のための、地方にある**禁苑の宿泊所**、つまり一時的な駐屯地の施設だったと考えられる。

C　文職官吏の墓主

兵器がほとんど副葬されない一方で、文具・文書が多く副葬されていることは、墓主たちの多くが**文職官吏**の身分であったことが推測できる。また単純すぎる墓葬の形式によっても、ここが貴族や平民の住む多様性のある一般都城であったとはとうてい考えられず、むしろランクの高くない行政機関の所在地のようなところであったのだろうと思われる。

おわりに

つまり、**楚王城**の城址および**墓葬**による総合的な考察に加え、同時代同地域にある、性格の明らかな宜城県治の所在地である**楚皇城**と比較することにより、筆者は雲夢楚王城がけっして郡県治所在地ではないと断定するに至ったのである。

注

（1）　楚王城はまた「雲夢古城」とも称する。宋の『輿地紀勝』巻七七に「楚王城。在雲夢県東一里」、宋の『太平寰宇記』巻一三二に「雲夢県、本漢安陸県地。後魏大統末於雲夢古城置雲夢県、因以為名」とある。

（2）　古雲夢沢の位置については、譚其驤氏の「江陵以東江漢之間」という説もある（「雲夢与雲夢沢」『長水集』（下）、人民出版社一九八七年、所収）。『中国歴史地図集』第一冊「秦淮漢以南諸郡」の歴史地図を参照。ゆえに、雲夢楚王城は正にその古雲夢沢の北縁に位置する。また、石泉氏の研究によれば春秋・戦国時代における江漢平原には二つの雲夢沢があったはずである。その最も古く最も有名なものは今の鐘祥と京山の間にあった「雲杜夢」であり、後、漢初に消滅した（『古雲夢沢研究』湖北教育出版社、一九九六年）。ゆえに、雲夢楚王城は「雲杜夢」の東から少し離れた所に位置するという説もある（図5-1参照）。

（3）筆者の統計によると約二〇〇余りの論文があり、また中国の学者の論文も約一四〇余り（同上）に至っている。拙著「日本雲夢睡秦簡研究文献目録（一九七七—二〇〇四）」（雲夢秦漢文化研究会『雲夢睡虎地秦竹簡出土三十周年紀念文集』二〇〇五年）を参照。

（4）「安陸考源」『江漢考古』一九八〇年第二期。

（5）「雲夢秦墓両封家信中有関歴史地理的問題」『文物』一九八〇年第八期。

（6）「秦漢之安陸並非新地城」『文物』一九八二年第三期。

（7）「安陸考源」『江漢考古』一九八〇年第二期。

（8）「雲夢楚王城古城址初探」『江漢考古』一九九〇年第二期。

（9）「雲夢秦墓両封家信中有関歴史地理的問題」『文物』一九八〇年第八期。

（10）「鄂東北地区古城址考古調査」『鄂東北地区文物考古』湖北科学技術出版社、一九九五年。

（11）籾山明『秦の始皇帝』（白帝社、一九九四年）、工藤元男『睡虎地秦簡よりみた秦代国家と社会』（創文社、一九九八年）。

（12）松崎つね子「湖北における秦墓の被葬者について」『駿台史学』第七三号、一九八八年。

（13）「雲夢楚王城遺址発掘和城垣解剖」（一九八六～八七年の発掘簡報）『鄂東北地区文物考古』湖北科学技術出版社、一九九五年。

（14）「湖北孝感地区両処古城遺址調査簡報」（一九八四年の発掘簡報）『考古』一九九一年第一期。

（15）「雲夢楚王城遺址発掘和城垣解剖」（一九八六～八七年の発掘簡報）『鄂東北地区文物考古』湖北科学技術出版社、一九九五年。

（16）「'92雲夢楚王城発掘簡報」『文物』一九九四年第四期。

（17）同前。

（18）「湖北孝感地区両処古城遺址調査簡報」（一九八四年の発掘簡報）『考古』一九九一年第一期。

（19）同前。

（20）「雲夢楚王城遺址簡記」『江漢考古』一九八三年第二期。

（21）「湖北孝感地区両処古城遺址調査簡報」（一九八四年の発掘簡報）『考古』一九九一年第一期。

（22）同前。
（23）同前。
（24）「雲夢楚王城遺址発掘和城垣解剖」（一九八六～八七年の発掘簡報）『鄂東北地区文物考古』湖北科学技術出版社、一九九五年。
（25）「'92雲夢楚王城発掘簡報」『文物』一九八四年第四期。
（26）「雲夢楚王城遺址発掘和城垣解剖」（一九八六～八七年の発掘簡報）『鄂東北地区文物考古』湖北科学技術出版社、一九九五年。
（27）「鄂東北地区古城址考古調査」『鄂東北地区文物考古』湖北科学技術出版社、一九九五年。
（28）「雲夢楚王城遺址発掘和城垣解剖」（一九八六～八七年の発掘簡報）『鄂東北地区文物考古』湖北科学技術出版社、一九九五年。
（29）「雲夢楚王城遺址簡記」『江漢考古』一九八三年第二期。
（30）「鄂東北地区古城址考古調査」『鄂東北地区文物考古』湖北科学技術出版社、一九九五年。
（31）『長江古城址』第二章第二節の七「雲夢楚王城」湖北教育出版社、二〇〇四年。
（32）「雲夢楚王城遺址発掘和城垣解剖」（一九八六～八七年の発掘簡報）『鄂東北地区文物考古』湖北科学技術出版社、一九九五年。
（33）「湖北孝感地区両処古城遺址調査簡報」（一九八四年の発掘簡報）『考古』一九九一年第一期。
（34）「雲夢楚王城遺址簡記」『江漢考古』一九八三年第二期。
（35）「雲夢大墳頭一号漢墓」『文物資料叢刊』四、文物出版社、一九八一年。
（36）「湖北雲夢睡虎地十一号秦墓発掘簡報」（『文物』一九七六年第六期）、「湖北雲夢睡虎地秦漢墓発掘簡報」（『考古』一九八一年第一期）。
（37）「湖北雲夢木匠墳秦墓発掘簡報」『江漢考古』一九八七年第四期。
（38）「湖北雲夢県珍珠坡一号楚墓」『考古学集刊』一九八一年第一期。
（39）「雲夢龍崗秦漢墓地第一次発掘報告」（『江漢考古』一九九〇年第三期）、「雲夢龍崗秦漢墓地第二次発掘報告」（『江漢考古』一九九三年第一期）。
（40）「湖北雲夢睡虎地秦漢墓発掘簡報」『考古』一九八一年第一期。
（41）「一九七八年雲夢秦漢墓発掘報告」『考古学報』一九八六年第四期。
（42）「湖北雲夢木匠墳秦墓発掘簡報」『江漢考古』一九八七年第四期。
（43）「雲夢龍崗秦漢墓地第一次発掘簡報」『江漢考古』一九九〇年第三期。

(44)「雲夢大墳頭一号漢墓」『文物資料叢刊』四、文物出版社、一九八一年。
(45)「湖北雲夢龍崗秦漢墓地第二次発掘報告」『江漢考古』一九九三年第一期。
(46)『睡虎地秦墓竹簡』文物出社、一九七八年。
(47)「湖北雲夢睡虎地秦漢墓発掘簡報」『考古』一九八一年第一期。
(48)「湖北雲夢睡虎地十一号秦墓発掘簡報」『文物』一九七六年第六期。
(49)「湖北雲夢睡虎地秦漢墓発掘簡報」『考古』一九八一年第一期。
(50)「湖北宜城楚皇城勘査簡報」『考古』一九八〇年第二期。
(51)同前。
(52)「湖北宜城楚皇城戦国秦漢墓」『考古』一九八〇年第二期。

第6節　雲夢楚王城の二重の性格
― 禁苑と沢官 ―

はじめに

秦代の律令制度では、官吏たちは自分の職責を負うため、職務に応じた律文の抜粋は県廷が行ない、県内の各機関に配布されていた。例えば、**睡虎地秦墓竹簡**の「**秦律十八種**」に、

県各告都官在其県者、写其官之用律（内史雑一八六）

県は各々都官の其の県に在る者に告げ、其の官の用律を写せ。

とある。当時の官吏らの所持していた律令文書の内容には、当然、彼らの職責が反映されているはずなので、本論はこの秦律制度の原則に基づきつつ、龍崗秦簡における「禁苑」に関する律令と睡虎地秦簡「秦律十八種」における「禁苑」や中央政府からの地方派出機関に関する内容に照らしながら、楚王城の「禁苑」と「沢官」的二重の性格を追究したいと思う。

また、楚王城の性格をめぐって、少数派説ともいわれている**雲夢離宮禁苑説**を紹介することにより、問題の所在を明らかにしたい。

一　楚王城雲夢離宮禁苑説の曖昧さ(1)

（1）曲英傑氏の離宮説

曲英傑氏は、雲夢**城**は戦国から前漢初期までずっと一つの**離宮**であったという説を提起した。彼は、二つの意見を

述べている。

A　この雲夢城は戦国時代に造られた楚王の離宮であり、また「**雲夢之台**」である可能性がきわめて高い。

理由は「考古発掘上で推定された雲夢城の建築年代とも一致する」ことにある。文献上には、宋玉の「高唐賦」に、

　昔者楚襄王与宋玉遊於雲夢之台

　昔は楚の襄王が宋玉と雲夢の台で遊んだ。

とある。また『戦国策』楚策一に、

　楚王遊雲夢、結駟千乗、旌旗蔽日、野火之起也若雲霓、兕虎嘷之声若雷霆

　楚王雲夢に遊び、駟千乗を結び、旌旗日を蔽い、野火の起るや雲霓の若く、兕虎嘷の声雷霆の若し。

とある史料を引いて、「その雲夢での出遊は、随行員も多いし、場面も盛大であり、宿泊はこの城でしかできないだろう」と指摘している。

B　春秋戦国時代、毎年楚王はここに来て雲夢沢に臨んで祭祀をした。そのとき行宮を造ったと考えるべきだ。

根拠となる文献としては、『墨子』明鬼下に、

　燕之有祖、当斉之社稷、宋之有桑林、楚之有雲夢也。此男女之所属而観也

　燕の祖有るは、斉の社稷有り、宋の桑林有り、楚の雲夢有るが当《ごと》きなり。此れ男女の属《つらな》りて観る所なり。

とある。孫詒譲『墨子間詁』にある注によって「祖」「社」「桑林」「雲夢」のような場所で毎年、定期的に大規模な祭祀を行なって、国君が祭に出席し、臣民が従って観る伝統行事があったことがわかる。また、考古発掘資料には「雲夢城址の場内における春秋および戦国早期の文化的要素は、もしかしたらこれに関連するかもしれない」とある。

曲氏は結論として、秦の昭襄王十九年（紀元前二七八）に秦が「安陸を攻め」て雲夢の地を占拠した後にも「雲夢城はもとの姿を保って」おり、秦始皇二十八年（紀元前二一九）、始皇が「安陸を過ぎた」（雲夢睡虎地秦簡「編年記」）ときと、同三十七年、始皇が「行至雲夢、望祭虞舜於九疑山」（雲夢に行って、九疑山に虞舜を望祭した〈『史記』秦始皇本紀〉）とき、いずれも「この城に宿泊したのだろう」とし、また、漢高祖六年（紀元前二〇一）に高祖が「偽って雲夢に

遊んだ」(『史記』高祖本紀)ことも、「ここに来たのだろう」としている。[2] 曲氏の考えにはいくつかの推測があるとしても、**郡県治所在地説**と全く違う**離宮説**を提出したのは、卓抜な考察だと思う。

(2) 雲夢城付近に「禁苑」がある

一九八九年、雲夢楚王城南郊外に**龍崗秦漢墓群**が発見されたことにより、龍崗秦墓6号墓の墓主の身分をめぐって討論が行なわれ、そこで雲夢城付近に「禁苑」があったのではないか、という不確定な説が生まれた。

A　現場発掘者の劉信芳と梁祝二氏

墓主は犯罪によって刖刑を受けてから、囿人の類の職を担当させられて禁苑の守備役となった。その禁苑は今の龍崗付近であるので、死後その場で埋葬された。[3]

と判断した。

B　胡平生氏

墓主は元の小官吏で、刑を受けてから雲夢禁苑で門吏の役をして、身分が一般の刑徒より高く、一定の財産を持っている。刑役期間内に世を去り、そしてその場で埋葬された。[4]

C　劉国勝氏

墓主の「辟死」は南郡の沙羨県廷で申訴して判決されてから、罷免によって庶人になった。その後、何らかの理由で許可されて南郡の安陸県の今の雲夢楚王城周辺で過ごしていて、死後その場に埋葬された。[5]

以上の諸説には一つの共通点があり、いずれも「その禁苑は今の龍崗付近である」、「今の雲夢楚王城の周辺」、「死後その場で埋葬された」と言うだけで、誰も直接には雲夢楚王城は禁苑であったかどうかの問題には触れていないのである。

鶴間和幸氏は、秦の始皇帝の**巡狩**経路の視点から、**雲夢禁苑**はすなわち**離宮**であるとの見解を述べている。楚の荘王は雲夢で狩りをして、雉を射たというから(『説苑』)、楚王の遊猟区となっていた。前二一〇(始皇三十七)

年、始皇帝最後の巡行では都咸陽からまっすぐ雲夢に向い、ここで虞舜が祭られている九疑山方向を望祀している。祭祀をする以上、ここにも離宮が置かれているはずであり、離宮内の建物ので祭祀を行ったのであろう。龍崗秦簡にはやはり雲夢に禁苑があったことを示す竹簡が発見されている(6)。鶴間氏はここで、「雲夢に禁苑があったこと」が雲夢楚王城に当たるかどうかの問題に触れてはいないが、その楚の離宮と龍崗秦簡に出た雲夢禁苑とをつなげて論述したことは、きわめて啓発的である。

(3) 彭斌武氏の折衷案

彭斌武氏は、楚王城は**県治所在地**であるうえに、また「禁苑」でもあるという折衷案を提起した。彼は、雲夢禁苑の役所はどこに設けたのか。論理上考えると、やはり交通が便利で、商賈の集まる、安全な県治所在地だろう。(中略)出土文物によれば、当時の雲夢城はまさにそのような条件がすべて揃っていた(7)。としている。これは、いわば単純な推論ではあるが、たしかに**雲夢楚王城**と**雲夢禁苑**との関係について、一つの大きな課題を提出したことは無視できないであろう。

つまり、雲夢楚王城はいったい、郡県治の所在地であるのか雲夢禁苑であるのか、それとも両者の合一体であるのか、という問題は、もう避けて通れない課題になっているのだろう。

(4) 離宮説・禁苑説の再考

筆者は、基本的に**離宮禁苑説**に賛成で、**県治所在地説**や**折衷説**や**軍事施設説**には、いずれにも反対である。理由は以下の諸点である。

1　これまでに楚王城が県治所在地であることを直接に証明できる文献史料や出土資料は皆無である。逆に、楚王城が「**禁苑**」であることは出土文字から証明できる。

2　もし楚王城が県治所在地であると考えれば、いくつかの疑問が生じる。例えば、県治の行政システムと禁苑の管理とは全く別系統であるのに、二者はいかに合一して運営できたのか。具体的にいえば、「禁苑」は一般人に立ち入りを禁止している場所であるが、県治所在地はそのような地域に設置できるのか。また逆に、始皇帝の暗殺未遂事件が多発した当時、始皇帝の巡行先での宿泊地は、賑やかな県治所在地でよいのか。

3　楚王城には堅固な城壁があり、これは**軍事堡塁**と考えられるかもしれないが、それはまた十分に、皇家の「禁苑」であったとも考えられるのではなかろうか。

筆者は楚王城が「禁苑」であったであろうという現在までの説に対しては、大いに疑問を持っており、とくにその考えの曖昧さと折衷性という問題点にはメスが入れられるべきだと考えている。そのために、先行研究者の成果を尊重しながら、楚王城遺跡構内で発掘された**雲夢睡虎地秦簡**と**雲夢龍崗秦簡**という出土文字資料の研究を基礎にして、楚王城の性格を徹底的に解明したいと思う。

二　龍崗秦簡に見る楚王城の禁苑的性格

一般論からいえば、楚王城周辺における墓葬の墓主たちは、この城内に住んでいたと考えられる。ただ、もし墓葬の墓主に関する出土文字があれば、その文字の内容と本人が生前住んでいた場所とが合致しなければならないはずである。以下、龍崗秦墓6号墓の墓主の「**辟死**」が持っていた龍崗秦簡[8]の内容と楚王城遺跡との一致性を考証したい。

(1) 墓主の職責と門番の仕事

これまで6号墓の墓主「**辟死**」の職責についての討論はいくつもあったが、明確にはなっていない。討論の焦点となったのは、墓主の死体に本当に下半身がない場合、それを刑罰を受けた結果と確定してよいかどうかの問題である。筆者もそれを確認するために、現場に行って発掘者の一人である楊文清にも聞いたが、やはり死体はあまりにも腐敗しており、断定できない[9](図6-1参照)。ただ、墓主の所持する秦簡には、門番の仕事に関する内容が多いのは確か

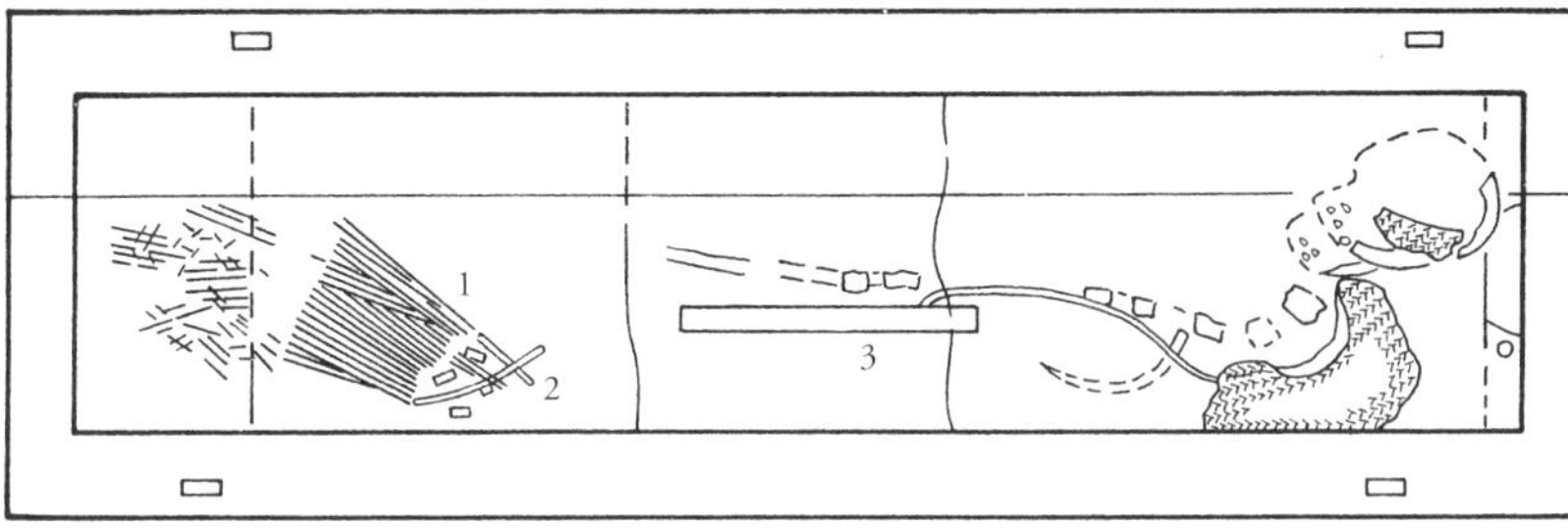

図 6-1　M6 棺内の人骨および副葬品の分布平面図（劉信芳・梁柱『雲夢龍崗秦簡』科学出版社，1997 年より）
1：竹簡　2：六博棋子および博棍　3：木牘 M6 棺内にわずかに残っている人骨があり，それによって墓主の死体に下半身がないという結論があったが，説得力があるとは思われない。

写真 6-1　戦国から秦・漢の楚王城遺跡（中国・湖北省雲夢県）北垣とその両側（東から撮影）
右（外）側にある池は濠の遺構であり，さらに外側の地域は「堧」であったと考えられる。左（内）側の TJ10 は発見された十数基の大型土台の第 10 基である。（著者撮影）

である。

龍崗秦簡によると、実は、「禁苑」の門に関する禁律は、きわめて厳しいものである。ゆえに、出入用の「**伝符**」に関する律令が多いのである。

例えば簡2号、3号、4号、5号、11号、12号、14号などである。簡4号には、

詐(詐)偽・仮人符伝及譲人符伝者、皆与闌入門同罪。

詐(詐)偽す・人に符伝を仮りる及び人に符伝を譲るは、皆門に闌入すると同罪なり。

とあり、また簡5号の律文には、

関。関合符、及以伝書閲入之(後略)

関。関にて符を合はす、及び伝書を以て閲して之を入らせしむ(後略)

とあり、関門を通るときは、関吏が**合符**して検査し、**伝書**によって通関者を審査した後に、通過できる。

楚王城遺跡の城門にはたいそう目立った特徴がある。一般に県治所在地となる城址にあるような便利な八門でなく、**四門構造**で、しかも吊り橋の設備も存在していたようであり、また謎の三門の外に三つの丘があることも含めて考えれば、やはり「辟死」という墓主は、門番の職責に当たっていたとみても、おかしくはないように思われる。

(2) 城垣・遺跡・簡文から見た「禁苑」

楚王城の城壁は内外とも**護坡**(固めた斜面)があって、四隅すべてに見張台があり、幅三〇~三五m、深さ二~五mの**城壕**は、現在に至っても使われているが、いったい何の必要があって築かれたのかとの疑問が生ずる。そこから、一部の研究者の間では、楚王城を**軍事施設**と考える説が生まれた。

実は、龍崗秦簡にも、城垣に関わる内容は少なくないのである。例えば簡39号に、

禁苑嗇夫・吏数循行、垣有壞決獣道出、及見獣出在外、亟告県。

禁苑嗇夫・吏、数々循行し、垣壞決する有りて獣道に出で、及び獣出でて外に在るを見れば、亟やかに県に告ぐ。

とある。龍崗秦簡には城壁の穴からの侵入を禁じる律文もあり、例えば、簡2号には、次の律文がある。

竇出入及毋（無）符伝而闌入門者、斬其男子左趾、□女［子］☑

竇にて出入す及び符伝毋（無）くして門に闌入する者は、斬するに其の男子は左趾、□女【子】は……

（3）秦簡の「堧」と城址の「内濠」

「龍崗秦簡」において最も興味深く、最も難題となっているのは、「禁苑」の一部に存在する、立ち入り禁止施設の「**堧**」という**分離帯**のことである。簡27号には、

諸禁苑為耎（堧）、去苑卌里、禁毋敢取耎（堧）中獣、取者其罪与盗禁中【同】☑

諸そ禁苑に耎を為り、苑を去ること卌里、禁じて敢て耎中の獣を取ること毋かれ、取る者の罪は盗禁中と同じくす。

とある。本簡にある「耎」とい文字については、胡平生氏が詳しく論述したことがある。[10]胡氏は、

耎は「堧」と通じ、または「壖」と書く。壖は本来、城辺或いは河辺の空地を指し、後に特に宮殿・宗廟・禁苑等の皇家禁地の塀外に設けた一帯の空地を指す。これは一つの「分離帯」（隔離地帯）として、壖地の周辺には或いは垣が建てられる。

と述べている。[11]胡平生氏の結論の大筋は正しく、ことに「**分離帯**」という判断は優れた見解であると思う。[12]

このような幅数十㎞の「堧」を設けた理由は「龍崗秦簡」に書かれていないが、それを濠の外側に設置した「分離帯」としての役割は、楚王城を防衛する目的だろうと推定できる。もし、一部の研究者が判断したように楚王城が本当に当時の県治所在地だとすれば、当時、なぜ他の県治所在地（例えば宜城県治の楚皇城）における都城が、この「堧」という「分離帯」を設置しなかったかという問題が生じる。

ゆえに、筆者は「**堧**」を設けた都城は、皇帝が滞在する「**禁苑**」であるとしか考えられない。

三　雲夢禁苑を兼管する雲夢沢官

上述したように、龍崗秦簡から楚王城の「禁苑」としての性格が証明できるのは確かである。しかし、では、誰がこの「禁苑」を管理するのかという問題に答えなければならない。

実は、この問題の答えは、同じ龍崗秦簡の簡1号にあると考えられる。まずはその簡1号の内容を確認しよう。

(1)「両雲夢」(官)に所属する「雲夢禁中」

簡1号に次のようにある。

諸叚(假)両雲夢池魚(漁)及有到雲夢禁中者、得取灌(?)□□▨

諸そ両雲夢の池を叚(假)りて魚(漁)し、及び雲夢の禁中に到る者有れば、灌……を取ることを得。

ここでの「池」とは濠のこと。『詩』陳風の「東門之池」の「池」については、『毛詩』に「池、城池也」とある。清代の馬端辰『毛詩伝箋通釈』には、

古者有城必有池。孟子「鑿斯池也、築斯城也」是也。池皆設於城外、所以護城。

古者、城有れば必ず池有る。孟子「斯の池を鑿つ也、斯の城を築く也」是れ也。池、皆城外に設け、以て城を護る所。

とある。「到雲夢禁中者」とは「黔首」(民間人)である。簡6号の、

禁苑吏・苑人及黔首有事禁中……

禁苑吏・苑人及び黔首の禁中に事有るは……

によく似た文言であるので、「到雲夢禁中者」とは「禁苑」の中で仕事をする黔首であると判断できる。その理由は、簡6号に見られる「**禁苑吏**」「**苑人**」「**黔首**」という三種類の人間のうち、「禁苑吏」と「苑人」は「禁苑」内部の役人

であり、彼らがそこにいるのは当然のことであるが、「黔首」（民間人）は、通常、「禁苑」に入ってはいけない者であり、例外として「禁苑」で徭役に服す「黔首」がいるからである。

つまり、簡1号の文字の意味は、

およそ両雲夢官の池を借りて漁業を行い、および雲夢の禁中に到る者があり、灌……を取ることができる。

である。ここから考えられることが、少なくとも三つある。

①「雲夢」には**雲夢沢**と**雲夢官署**という異なる二つの意味があるであろう。「雲夢の禁中に到る」の雲夢は**沢**であって、「両雲夢の池を假りて漁し」の雲夢は、やはり『漢書』地理志に出てくる「雲夢官」であろう。その理由は、「叚」とはすなわち「假」の仮借字であり、[13]「假」は「税」「賦」とともに秦・漢財政史における重要な概念[14]であるので、ここで雲夢官署の城池を仮（借）り漁業を行なう意味である。

②同じ簡1号に見える二つの「雲夢」の意味が違うとすれば、この簡文の内容は門の通過規則ではないかと考えられる。つまり同じ城門に入る者でも、「禁苑」へ行く者も雲夢官署へ行く者もいるはずである、ということである。

③同じ場所でも雲夢禁苑もあれば、雲夢官署もあり、「**雲夢禁苑**」は雲夢官署に所属する可能性が十分あるといえるであろう。

ここではっきりしないのは、なぜ「両」なのか、ということである。これには、当時二つの雲夢官署があったのではないか、ということが考えられる。上述したように、譚其驤説の「江漢之間」雲夢沢と石泉説の「雲杜夢」雲夢沢という両方があることからすると、「両」雲夢官署を設けたのかもしれない。

（2）「府中」「宮中」という二つの朝廷「私奉養」

なぜ**雲夢官署**と**雲夢禁中**とが共存できるのかというと、両者とも「**私奉養**」と呼ばれる秦・漢朝廷（政府）の財政源だからである。

秦・漢時代の土地は、農耕地の一部と都市の居住地に限り人民所有のものであったが、それ以外はすべて国や皇帝の所有地であった。このような二種類の土地所有制が並存しただけでなく、朝廷（政府）の財政関係についても「国家の財政と帝室の財政が区別され」ていた[15]。すなわち国家財政として府中の収支もあれば、皇家帝室の別収支としての宮中財政もあったのである。雲夢沢のような山沢地域の所有権は帝室にあったので、土地からの収入は皇帝の個人的な財政に属し、「私奉養」と称された。すなわち、『漢書』食貨志に、

而山川園池市肆租稅之入、自天子以至封君湯沐邑、皆各為私奉養、不領於天子之經費。

而るに山川園池市肆の租税の入は、天子より以て封君の湯沐の邑に至るまで、皆な各々私の奉養と為し、天子の経費に領せず。

とあるとおりである。

秦・漢代の「**山川園池**」は、おおよそ以下の二種類に分かれていた。まず一つは、帝室・王侯たち[16]の私的な専用禁苑園池である。そしてもう一つは、人民に貸すことのできる山林川沢などであり、これは非禁苑の山沢と言ってもよい。「禁苑」は原則として借りることができないが、特別な条件が揃えば借りることができるという特例もあった。しかし、そのような特例ができたのは漢初の**蕭何**の「**為民請苑**」という事件が起こった後のことであり、秦代にはこのような特例は全くなかったと考えられる。

（3）朝廷が地方に特設した「雲夢官」

雲夢官と中央政府との隷属関係についても言及しなければなるまい。この課題については、遅くとも宋以降、学者たちが興味深い研究を行なっている。それらのうちで有力説というべきものに「**別置官**」説がある。

例えば、宋代の徐天麟『西漢会要』巻三三「職官」には「列郡別置官」という項目が設けられている。その項目には、『漢書』の各篇に散見する郡県に設置された官職がまとめて列挙されており、全部で三〇ある。すなわち、「武庫令」「船司空」「馬官」「牧師官」「庫令」「発弩官」「楼船官」「陂官」「湖官」「銅官」「金官」「木官」「圃羞官」「滙浦官」「羞

官」「田官」のほか、二つの「橘官」、二つの「服官」、八つの「工官」、および、ここで述べる二つの「**雲夢官**」などである。

徐天麟氏が収集した三〇の「列郡別置官」をさらに分析すると、二つの「雲夢官」とともに列挙されているのは、そのほとんどが朝廷よって各郡県に「別置」された「山海池沢を掌る」官職であることがわかる。例えば、「陂官」「湖官」「涯浦官」は**海池沢**を司り、「馬官」「牧師官」「銅官」「金官」「木官」「橘官」「圃羞官」「羞官」「田官」は山地を司る。換言すれば、徐天麟も『漢志』の二つの「雲夢官」を、雲夢沢に設置された当地の池沢の管理と税金の徴収を司る官職と考えたのであろう[17]。

清代になると、周寿昌も『地理志』の「雲夢官」について、

亦如南海郡涯浦官、九江郡陂官、湖官之類。

亦た南海郡の涯浦官・九江郡の陂官・湖官の類の如し。

と述べている。さらに言うと、簡1号の「叚(假)両雲夢池」は「假借両雲夢官所管理陂池」と読めば、その史料上の根拠となり、歴代の学者の研究成果とも一致することになる。

以上の考察から、龍崗秦簡簡1号の「両雲夢」は、『漢志』に見える二つの「雲夢官」であるのみならず、秦朝によって特別に地方に設置され、雲夢池沢の税収を管理する役所であることが明らかになった。もっとも、この「両雲夢」という役所は、当地の「禁苑」の管理を兼務していた可能性が十分考えられるが、業務の性質は別々であったことは間違いない。

四　「秦律十八種」に見る楚王城の官署的性格

以上に述べたように、**雲夢官署**と**雲夢禁苑**はたしかに業務上の違いがあるが、両者とも朝廷の「**私奉養**」という役割や、中央から地方へ別置される派出機関である立場から、両者はお互いに連携して共存していたのは当然であろう。

しかし、一つ解決しなければならない課題がある。すなわち、出土文字資料から楚王城の雲夢禁苑の性格を証明したように、その雲夢官署の性格も証明できるのかということである。そこで睡虎地秦簡の「**秦律十八種**」の内容を検討したい。

（1）「秦律十八種」の典型的意義

「秦律十八種」は、内容からみると、副葬された文書のなかで最も字数が多いだけではなく、他の法律問答集や治獄案例や占い書などと違って、一〇冊の「比較的律の体裁を伝えるとされる[18]」ものである。またこの「秦律十八種」は、同時に出土した他の法律文書のうち「禁苑」や城壁に最も関連するものともいえる。

睡虎地秦墓竹簡整理小組は「秦律十八種」についての説明を行なっており、

「十八種」の各項目は該当律文の全部を挙げたものではなく、みな律文を書き写した人が自分の必要によって十八種の秦律の一部だけを摘録したものである。[19]

と述べている。ゆえに、この「秦律十八種」の内容を分析することにより、書き写した者がこの内容を摘録した目的と必要性がいったい何であったかが、わかるはずである。さらに、**墓主**の職務も明らかになるのではないだろうか。

（2）官営諸事業に関する「秦律十八種」

これについては、睡虎地秦墓竹簡整理小組や池田雄一氏が適切にまとめているので、ここではそれに基づいて、さらに分析したい。

「秦律十八種」には「**田律**」「**廏苑律**」があり、それは耕地や水利や山林や公の牛馬の管理に関するものである。また、「**倉律**」「**金布律**」は国家の倉庫と貯蔵される穀物の管理や貯蔵物の用途や官蔵の貨銭に関わる諸事、「**繇律**」「**司空律**」は公役や服役者などの管理、「**軍爵律**」「**置吏律**」は吏の任免、「**効律**」は官蔵品の管理、「**内史雑**」は官吏の職務規定や軍功爵などに関するものである。

池田氏はさらに、再整理小組のまとめたものにより、この一連の法律は「官営諸事業や官吏の職務規定となっている」[20]と指摘している。ただ池田氏の言う「官営諸事業」は、ほとんど上述の朝廷から地方に特別に置かれた**雲夢沢官署**の仕事であり、「官吏の職務規定」も、だいたい「**別置官**」におけるケースが多いのではないかと考えられる。

（3）沢官と禁苑の関係

「禁苑」の土地と公田の関係の問題については、これまでの研究者たちの観点[21]を十分尊重したいが、やはり上述したように「**別置官**」の財政と「禁苑」の財政は別なので、両者の管理範囲をどのように区別するかは確かに難しい。ただ、「秦律十八種」に現れた「禁苑」の例で「別置官」の立場に立って考えてみれば、これまでの考えは多少修正できるかもしれない。

例えば、よく引用される以下の「田律」の禁苑の史料には、

百姓犬入禁苑中而不迫獣及捕獣者、勿敢殺、其迫獣及捕獣者、殺之。河禁所殺犬、皆完入公、其它禁苑殺者、食其肉而入皮。（律7）

百姓の犬、禁苑中に入り而して獣に迫り及び獣を捕えざる者は、敢へて殺すこと勿れ。其の獣を迫《お》ひ及び獣を捕ふる者は、之を殺せ。河禁で殺した犬の所は、皆完《す》べて公に入れる。其他の禁苑で殺した者は、其の肉を食べ而して皮を入れる。

とある。ほぼ同じような史料は龍崗秦簡の簡77号にも出ており、

黔首犬入禁苑中而不追獣及捕▨。

黔首の犬、禁苑中に入り而して獣を追はずして、▨を捕ふに及ぶ。

とある。史料は全く同じであるが、禁苑吏の立場に立って言うと「犬を殺すかどうか」についての律文であり、「別置官」の立場から考えると「どのようにして犬が禁苑に入らないようにするか」についての律文となるのではないだろうか。

つまり、「禁苑」と「別置官」の立場を分けて考えれば、**楚王城**の性格としては、雲夢「禁苑」と「雲夢沢官署」という二重の性格を持つことについて検討しなければならないと思われる。

おわりに

本節は、まだまだ論述が不十分な点が少なくないが、楚王城の性格について以下の考えを提出して締めくくりとする。

1　これまで主流となっていた楚王城の郡県治所在地説は、成立しないであろう。
2　従来曖昧であった禁苑説については、秦簡と城址の両方の資料を照合することで、その合理性を証明できる。
3　楚王城は、けっして単純な「禁苑」ではなく、空間構造としては「禁苑」であるが、行政管理の機関としては**「雲夢沢官署」**である。

注

（1）「離宮」と「禁苑」という二つの概念の間には微妙な関連性がある。だいたいにおいて、離宮は「禁苑」の中にあるはずである。
（2）『長江古城址』第二章第二節の七「雲夢楚王城」湖北教育出版社、二〇〇四年。
（3）「雲夢龍崗6号秦墓及出土簡牘」『考古学集刊』第八輯、一九九四年。
（4）「雲夢龍崗六号秦墓墓主考」『文物』一九九六年第八期。
（5）「雲夢龍崗簡牘考釈補正及其相関問題的探討」『江漢考古』一九九七年第一期。
（6）「秦始皇帝長城伝説とその舞台」『東洋文化研究』第一号、一九九九年。
（7）「秦代文物説雲夢」、雲夢秦漢文化研究会『雲夢睡虎地秦竹簡出土三十周年紀念文集』二〇〇五年。
（8）『龍崗秦簡』（中華書局、二〇〇一年）は最も新しいので、本文ではこれを資料としてさらに考証したい。
（9）本書第一章第1節「龍崗秦簡の実態調査からの課題」を参照。

(10) 胡平生「雲夢龍崗秦簡「禁苑律」中的「耎」(壖)字及相関制度」『江漢考古』一九九一年第二期。
(11) 中国文物研究所・湖北省文物考古研究所『龍崗秦簡』、中華書局、二〇〇一年、三三頁。
(12) 本書第二章第３節「龍崗秦簡に見る「禁中」の真義」。
(13)『睡虎地秦墓竹簡』秦律十八種の「金布律」にある。
　百姓叚(假)公器
　百姓は公器を叚(假)り
という表現より証明できる。
(14) 宮崎市定『古代中国税務制度』(『宮崎市定全集』三、岩波書店、一九九一年所収〈一九九三年初出〉)、馬大英『漢代財政史』(中国財政経済出版社、一九八三年)、山田勝芳『秦漢財政収入の研究』(汲古書院、一九九三年)。
(15) 加藤繁「漢代における国家の財政と帝室の財政との区別並に帝室財政の一斑」第一「国家の財政と帝室の財政との区別」『支那経済史考證』上巻、東洋文庫、一九五二年、所収(一九一八・一九一九年初出)。
(16) もちろん、秦から漢にかけて、いくらか変化があった。すなわち、吉田虎雄氏は、
　秦は山海池沢の税を徴収し、漢もまた山沢園池の税を徴収した。而してその収入は前漢に於ては之を帝室に帰せしめ、諸侯王列侯もその采地における該税の収入は皆その私用に供したが、後漢は光武帝の時より総べて之を政府の収入となし、司農に属せしめることとした。

とまとめている(『両漢租税の研究』第五節「山沢園池の税」大阪屋号書店、一九四二年。大安、一九六六年再版)。
(17) 宋代の学者には、徐天麟の考えと似たような観点に立っている者が少なくない。彼らの考えについては、洪邁『容斎随筆』続筆巻一の「漢郡国諸官」や章如愚『群書考索』巻六六地理門の「水利類」を参照されたい。
(18) 池田雄一「湖北雲夢睡虎地秦墓管見」、中央大学文学部『紀要』(史学科)第二六号。
(19)『睡虎地秦墓竹簡』文物出版社、一九七八年。
(20) 池田雄一「湖北雲夢睡虎地秦墓管見」、中央大学文学部『紀要』(史学科)第二六号。
(21) 例えば、もともと禁苑には離宮が設けられ、遊園として存在していたであろうが、広大な禁苑中には、それとは別に、牧場や狩猟地のほか公田が存在していたことも十分考えられるのである(増淵竜夫「先秦時代の山林藪沢と秦の公田」『中国古代の社会と国家』第三編第一章、弘文堂、一九六〇年)。

第四章　龍崗秦簡に見る禁苑の構造と皇帝の巡幸道

本章第7節では、龍崗秦簡の文字によって、秦代の「**禁苑**」とは、中心部の禁苑中↓城壁↓濠↓**堧地**（図7－2を参照）↓民間土地という多層の空間構造とその機能や由来を解明した。

第8節では、全国各地方に設置した禁苑と禁苑との間につながる「**馳道**」を考察して、龍崗秦簡の「**奴（駑）道**」「**甬道**」「**馳道**」をめぐって、二〇〇〇年来の謎とされてきた馳道の構造について、「馳道」と呼ばれる皇帝専用の高速道である中央道の両側は、「奴（駑）道」と呼ばれる低速一般道であったという構造説を新たに提出した。

第7節　「禁苑耎（堧）」[1]の空間構造とその由来
――秦朝「禁苑」独特の空間構造――

はじめに

龍崗秦簡に見られる秦代における「禁苑」に関する**律令**[2]として、簡18号・27号・28号・29号・30号・121号[3]など六枚の簡に、「**禁苑耎（堧）**」という土地に関する律文の存在を見出した。

簡18号　城旦舂其追盗賊・亡人、追盗賊・亡人出入禁苑耎（?）者得辶□〼

簡27号　諸禁苑為耎（堧）、去苑卌里禁、毋敢取耎（堧）中獣、取者其罪与盗禁中【同】〼

簡28号　諸禁苑有耎（堧）者、□去耎（堧）廿里毋敢毎殺□……敢毎殺……〼

簡29号　射耎（堧）中□□□之□有□□殹（也）□□□其□〼

簡30号　時来鳥、黔首其欲弋射耎（堧）獣者勿禁。〼

簡121号　盗徙封、侵食冢廬、贖耐。□□宗廟耎（堧）〼

これらは、これまでの文献資料には見受けられない、秦朝における「禁苑」独特の空間構造に関わる、非常に貴重な出土文字資料である。

この「**耎**」という字を、出土資料の最初の整理者は「耎」であると解釈したが、この誤りは後に胡平生氏によって訂正され、「耎」は「**堧**」という特別な土地であることがわかった。

胡氏説[4]の功績は、まず、「耎」という字は「堧」や「壖」の仮借字であると解明したことである。そしてもう一つは、龍崗秦簡に見られる「耎」は文献にある「宮堧」「廟堧」という「堧地」に近い意味を持ち、「**隔離地帯**」のことであるという説を提出したことである。

また、「耎（堧）」の役割については「防衛の範囲を拡大し、皇室の建築あるいは領地の安全を確保する」ものであり、しかも「それ（堧）は内垣・宮殿・宗廟・禁苑と同じく、神聖的侵犯する可からずものである」と述べ

図7–1　胡平生説のイメージ図

た。[5] これを図示すれば、禁苑→四十里幅の堧地→二十里幅の民間地帯の同心構造（図7-1参照）となる。

しかし、この胡氏説に対しては、一つの疑問が生まれ、一つの課題が残されたと思う。疑問というのは、「堧地」は、「禁苑と同じく、神聖的侵犯する可からずもの」であるか、本当にそうであれば、なぜ「毋（無）符伝而闌入門者、斬其男子左趾」（簡2号）のような律（令）は「堧」に適用されていないのか、ということである。

また、課題としては、「堧」の構造（中身）とその由来について、胡氏説では全く触れられていないので、本説では、堧地の「**城下田**」という意味から、秦代「禁苑耎（堧）」における公田・山沢・牧場・道路・狩猟場・墓地などの構造的な存在および「禁苑耎（堧）」の由来について考証し、龍崗秦簡に載せられた「禁中耎（堧）」の性格を明らかにしたい。

一　「城下田」となる公田

「堧」は『説文解字』に「曍」として、

曍、城下田也。一曰、曍、郤地。从田耎声。

とあり、段玉裁の『説文解字注』には、

所謂附郭之田也。張晏云、城旁地也。

郤当作隙。古隙、郤字相仮借。「曲礼」郤地、即隙地也。

とある。いわゆる「曍」とは、「城下田」と「郤（隙）地」という二種類の余地である。「城下田」という「曍」は、「壖」「**堧**」とも書く。

顔師古は、「壖、余也。宮壖地、謂外垣之内、内垣之外也」（『漢書』食貨志の注）とした。『前書音義』には「壖、城郭旁地」（『後漢書』孝桓帝紀、李賢の注）とある。『漢書』翟方進伝には「税城郭堧」とあり、張晏の注に「堧、城郭旁地」とする。つまり、その「堧」は、『説文解字』の「曍」と龍崗秦簡「禁苑耎（堧）」の「耎（堧）」[6]、いずれも「城下田」「**城郭旁地**」という意味である。

「城下田」「城郭旁地」の「**田**」「**地**」というのは、もちろん農耕地になる田地である。『漢書』食貨志に武帝末年、騪(捜)粟都尉の趙過が代田法を行うために、

試以離宮卒田其宮壖地、課得穀皆多其旁田畝一斛以上。令命家田三輔公田、又教辺郡及居延城。

とある。「**壖地**」とは「堧地」のことである。

師古の注に「守離宮卒、閑而無事、因令於壖地為田也」、李奇の注に「令離宮卒教其家田公田也」、韋昭の注に「命謂爵命者。命家、謂受爵命一爵為公士以上、令得田公田、優之也」、顧炎武の注に「蓋壖地乃久不耕之地、地力有余、其収必多。所以作代田之法也」(『日知録』巻二七)とある。

これらの史料によってわかるのは、一つは、**離宮**(すなわち禁苑)の「堧地」は農耕地として使用されたこと、もう一つは、離宮堧地は「**久不耕之地**」であり、「三輔公田」や「辺郡及居延城」の荒地のような国有「公田」とされたことである。

秦代における「禁苑」の「城下田」「城郭旁地」も耕地となったかどうかを追究すると、龍崗秦簡簡39号に、

禁苑嗇夫・吏数循行、垣有壊決獣道出、及見獣出在外、亟告県。

禁苑嗇夫や吏は、しばしば禁苑の垣を見回る。その垣が壊れて禁苑の獣が苑外に出ているのを見つけた場合、急いで県に知らせる。

とある。これと似たような律は、「**睡虎地秦律**」の「繇(傜)律」にもある。

県葆禁苑・公馬牛苑、興徒以斬(塹)・垣・離(籬)・散(柵)及補繕之、輒以效苑吏、苑吏循之。(中略)其近田恐獣及馬牛出食稼者、県嗇夫材興有田其旁者、無貴賤、以田少多出人、以垣繕之、不得爲繇(傜)。

県が禁苑・公馬牛苑を修理するとき、傜役の徒を徴発し、苑の濠・垣・籬・柵を作り、または補繕すれば、すなわち苑吏に計られ、苑吏はそれを巡邏する。(中略)其の田に近づく獣と馬牛が稼を出食するおそれある処は、県嗇夫はその傍らに田がある者に、貴賤なく、田の少多を以て裁量したうえに人力を出させ、そのように垣を脩繕

しても、徭役とならない。

禁苑垣のそばにも「有田其旁者」であるので、その「田」は間違いなく「禁苑」の「城下田」「城郭旁地」である。龍崗秦簡27号にあるように、「禁苑」から「卌里」を去っても「耎（堧）」の範囲内であり、「**禁苑耎（堧）**」は非常に大きな面積を持つ「**城下田**」であることがわかったが、その「有田其旁者」の人間が耕作した広い土地はどのように管理したか、という問題が生じる。龍崗秦簡に見る土地管理を担った官吏について検討しよう。

簡150号に、

租者且出以律、告典・田典、典・田典令黔首皆䊮（知）之、及▨

とあり、張金光氏は「**典田**」の下にある「典」とは衍文だろうという読み方によって、この簡文を「租者且出以律告典田、典田令黔首皆䊮（知）之」と読んだ。(7) しかし、「典田」という職名は文献には見つからない。「典」は里典、里正である。睡虎地秦簡「封診式」に、「某里典甲詣里人士五（伍）丙」（簡52号）がある。「田典」は秦朝における公田事務を管理する官吏である。睡虎地秦簡の**秦律十八種**の「**廏苑律**」に、

其以牛田、牛減絜、笞主者寸十。有（又）里課之、最者、賜田典日旬。殿、治（笞）卅。

其（廏苑）の牛を以て田をし、牛の腰回りが一寸痩せると、責任者に十回の笞をする。また、里で考査を行い、成績優秀となれば田典に十日の功労を賜い、最も成績悪ければ笞三十回となる。

とある。つまり、公的な「**廏苑**」の牛を使って「田す」（耕作する）土地は、公田しか考えられず、また、その土地の管理役である「田典」は、公田を管理する官吏のことであるのは間違いない。「田典」の所属については、研究者たちからわずかに異議が出されているが、この律を土地と田租の管理に関するものであるとみる点では意見が一致している。(8)

また、簡144号に、

租者・監者、詣受匿租所□

とあり、租者と監者はそれぞれ田租を隠蔽するという意味である。「**監者**」とは監督者であることは、睡虎地秦簡「法

律答問」の、

　空倉中有薦、薦下有稼一石以上、廷行【事】貲一甲、令史・監者一盾。

という律文からわかった。

　龍崗秦簡に登場した土地管理役は「田典」「監者」しかないことには注目するべきだ。筆者は、「田典」「監者」こそ、「堧地」における公田の管理役であると考える。なぜなら、そう理解しなければ龍崗秦簡では「田典」「監者」が管理する土地はどこに存在するのかわからなくなってしまうからである。

　「田典」「監者」の仕事に関する律令は、龍崗秦簡には多く見られる。彼らの仕事は、楊振紅氏の考証によって、簡180号に見る秦朝の「**行田**」（「**授田**」ともいう）制を実行することであるとわかった。

　すなわち彼らは、政府所用の公田を**黔首**に貸し出して、その授田の土地と租税の計算や徴収などを行なう管理者である。具体的にいえば、これらの官吏は基層社会の郷政府の役人として、毎年、政府の公田についての税収基準を黔首に伝えて、農耕地の測量や租税の徴収、また黔首の「盗田」罪の懲罰などを担当する。彼らが仕事の中で行なう「**匿田**」「**遺程**」「**敗程**」など汚職への処罰も、法律によって厳しく取り締まられている。[9]

　ただ、残念ながら、楊氏の論では「城下田」の存在が全く無視されている。筆者の考えは、秦国は**商鞅の変法**以来、**軍功爵**によって土地を与え、例えば『商君書』境内に兵士、「能得甲首一者、賞爵一級、益田一頃、益宅九畝」とあるように、軍功爵の多少によって人間の「貴賤」が生じ、「田の少多」が出たと考える。睡虎地秦簡の「**田律**」には「入頃芻藁、以其受田之數、無豤（墾）不豤（墾）、頃入芻三石、藁二石」とあり、「有田其旁者」の「城下田」もその国からの「受田」だろう。

　また、統一秦の前には、**禁苑垣**の外側にあった土地はまだ「**堧**」と名づけられていなかった可能性が高いが、その場所は龍崗秦簡に見る「耎（堧）」と全く同じ土地であるので、後の漢代にも引き続いて使用された「宮堧」の源であっただけでなく、『漢書』翟方進伝に見る「**税城郭堧**」という提案は、すでに秦時代にも前例があったことを示しているといえよう。

二　自然の沼沢につながる禁苑の「池」

上述したように、「禁苑」の周りには「城下田」という公田が存在したことがわかったが、続いて論じたいのは、「**堧地**」には公田以外の存在はなかったのか、もしほかに存在するなら、どのような場所か、ということである。

簡1号には、次のようにいう。

諸叚（假）両雲夢池魚（漁）及有到雲夢禁中者、得取灌（?）□□□▨

凡ての両雲夢官の池沢を仮借して漁業を行い、及び雲夢禁中に到る者有れば、灌……を取ることを得。

まず、簡文「雲夢池」の「**池**」[10]について考証しよう。「池」とは、『説文解字』には「陂《いけ》なり」（段注本）、「堀池をいう」（段注本）とあり、「**堀池**」の意味とする。『西都の賦』李善の注に引く『説文』には「城に水有るを池と曰ふ」と「**城池**」の意とする。また同じく、『説文解字』の「沼」には、「池なり」（段注本）とある。「沼」と「池」との区別については、『風俗通』山沢に「円なるを池と曰ひ、曲なるを沼と曰ふ」とする。つまり、城池、沼ともに「池」といえるが、「沼沢は自然のもの、池は掘鑿になるものであろう」（白川静『字通』）という。

ゆえに、簡1号に見る「池」は、雲夢禁苑の人工の城池のみならず、その城池につながる自然の沼沢をも指すと考えられる。したがって、簡1号の「池魚（漁）」とは、雲夢禁苑の「城池」とつながる**雲夢沼沢**で漁するという意味であるとしたい。これを考証しよう。

まず、雲夢睡虎地秦簡「**徭律**」に、「禁苑」または「公馬牛苑」に「堀・垣・籬・柵」（「**塹垣籬散**」）があると明記されているので、雲夢禁苑に堀池があった証拠となるが[11]、その堀池が沼沢とつながっていたかどうかについて検証しなければならない。

雲夢地域には古来の名沢があって、『漢書』地理志において、班固は、「南郡、華容（県）」について、

雲夢沢在南、荊州藪。

雲夢沢は南に在り、荊州の藪なり。(12)

沱、灊既道、雲夢土作乂。

沱、灊既に道なり、雲夢土乂《おさめ》と作す。

と言った。顔師古はさらに、
沱、灊二水名、自江出為沱、自漢出為灊。雲夢、沢名。言二水既従其道、則雲夢之土可為畎畝之治也。

「沱」と「灊」は二つの川の名前である。長江から出たのが沱であり、漢水から出たのが灊とある。『雲夢』は沢の名前である。二つの川はすでにその水道によって流れるので、雲夢の土地も田間になったはずだ。

と言う。師古の注について、王先謙は、
蓋雲夢為地至広、其中有沢有土。当洪水汎濫、皆在巨浸中。至是而水豬於沢、其土乃可治。

雲夢は土地となるときわめて広大であり、その中に池沢もあれば地面もある。洪水の汎濫に当たれば、みな大沢の中にある。これ（今日）に至って、水は沢にたまるので、その土地は治すべき（耕地）となった。

と解釈している。(13)

以上列挙した漢の班固・唐の顔師古・清の王先謙の例から、おおよそわかったのは、
①　雲夢は広大な沼沢であり、沱と灊という二つの川の氾濫からできたものである。
②　洪水で川が氾濫したとき、そこは見渡す限り水に浸かり、洪水が去った後、一部の沢底は露出される。ゆえに、広大な雲夢沢には沢もあり、地面もある。
ということである。では**雲夢沢**には池はあるのだろうか、という問題がまだ残っている。この問題について、酈道元は『水経注』に下記のように記した。

「夏水出江津于江陵県東南。又東過華容県南。」注曰「夏水又東逕監利県南。晉武帝太康五年立県。土卑下、沢多陂池。西南自州陵東界、逕于雲杜沌陽為雲夢之藪矣。韋昭曰：雲夢在華容県」。

「夏水は江陵県の東南の江津より出ず。又東し華容県の南を過ぎる。」注曰く「夏水又東し監利県の南を径ぎる。

晋の武帝太康五年に県を立つ。土は卑下にして、沢は陂池多し。西南州の陵東界より、雲杜沌陽に径るを雲夢の藪を為すなり。韋昭曰く『雲夢、華容県に在り』」。

この史料によって、雲夢沢は土地が低下しているので、たしかに池が多かったことがわかる。そして、譚其驤氏の研究によって、「雲夢には林あり、平野あり、池沢はただその一部を占めた」[14]ことも明らかになった。簡1号の「池」は、雲夢沢における沼沢のような存在であると考えられる。また、雲夢禁苑が雲夢地域に位置したことは、秦の始皇帝や漢高祖がそこへ行った文献記録[15]という根拠があるので、確実である。

これらを基に、簡1の「池」は「**城池（堀池）**」か沼沢かという問題を考えたとき、筆者は雲夢禁苑の「城池（堀池）」につながった雲夢地域の沼沢であると解釈したい。なぜなら、発掘調査によると、長江流域における古代都城のほとんどに、**臨水建築**という特徴が見られるからである。

曲英傑氏が、長江流域の古代都城に関する詳しい研究おいて、それら都城のほとんどが自然の河に臨んで造られたことを論じ、長江流域の古代都城を「居高臨水」「倚山傍水」「臨江築城」「環水築城」「夾水築城」「跨水築城」などに分類したのは正しいと思う。[16]筆者は、雲夢禁苑のような長江流域の都城も例外ではないと思っている。

曲氏の研究成果に基づいて、筆者は、長江流域における都城の堀池は、ほとんど自然の沼沢や河川が利用され、それを改造してできていたことから、城池（堀池）には、自然の沼沢とつながっているという特徴があると考えている。

曲氏によれば、例えば六〇〇〇年前の**澧県城頭山城遺跡**では、

城外の堀は幅三〇～五〇m、東に向かって澹水につながっていた。[17]

春秋時代の武進淹城は、

淹城の城址は今の江蘇武進市湖塘郷に位置し、北西約七〇〇〇mのところに常州市、北約三〇〇〇mのところに長江、東にすぐ大運河、南西約一万mのところに滆湖という湖がある（中略）城址は内・中・外の三つの堀が互いにつながって、ともに城外の河川につながった。[18]

という。また、龍崗秦簡が出土した楚王城遺跡の調査者の報告によって、城址北側の堀がよく残っていて、南側の堀

は淯水という川につながっており、それは現在でも雲夢県城の排水路として使われていることがわかった[19]。

要するに、「禁苑」における城池のほとんどが天然沼沢を利用したり、あるいは、人工の堀池は天然の沼沢へとつながっていたことを考えると、「両雲夢池」とは「禁苑」の堀池を含む**雲夢池沢**であるといえる。したがって、少なくとも禁苑堀へつながる池沢は、禁苑を囲った四〇里幅の「**堧地**」にあったことは間違いないと思う。

三　「堧地」における放牧

上述した睡虎地秦簡「**徭律**」において、「**公馬牛苑**」と「**禁苑**」が並列の表現であることから、空間的に言うと「公馬牛苑」は「禁苑」とは別の場所に置かれていたことは確かである。また、「公馬牛苑」は必ず国有土地に設置されるはずなので、「禁苑」の外側に位置する「**城下田**」や**国有山沢**、すなわち龍崗秦簡に見る「**堧地**」には「公馬牛苑」があったといえるが、残念ながら確実に証明できる史料はまだ発見されていない。

しかし、「堧地」に関して「**行馬**」と記された文献史料があり、『史記』の五宗世家『索隠』では、「堧」について、服虔の「宮外之余地」説と顧野王の「墻外行馬内田（垣外において行馬する宮田である）」説を引いて解釈している。「堧地」では馬などの畜産が行なわれていたのは間違いない。出土文字には公馬牛を放牧する場所に関する史料がある。その場所の性格について、以下のように論じたい。

睡虎地秦簡「**廏苑律**」に、

将牧公馬牛、馬［牛］死者、亟謁死所県、県亟診而入之、其入之其弗亟而令敗者、令以其未敗直（値）賞（償）之。其小隷臣疾死者、告其□□之、其非疾死者、以其診書告官論之。其大廏、中廏、宮廏馬牛殹（也）、以其筋、革、角及其賈（價）錢錢效、其人詣其官。

公馬牛を放牧するとき、馬牛が死んだ場合は、放牧するところが所属する県の官府に急いで報告し、県は速やかに死んだ馬牛を診察してから官府にそれを納入する。急がず（速やかに処理することなく）死馬牛を腐敗させたなら、腐敗する前の値段で賠償せよ。大廏・中廏・官廏の馬牛が死んだなら、その筋・革・角および肉の売値の金を持って、放牧者は主管官に納入する。

とある。この律文によって、国営の「大廏」「中廏」「官廏」[20]を含む「公馬牛苑」の馬・牛は、各地方で遊牧されていたことがわかった。遊牧する場所は当然、耕地ではない。各県（道）境内における**公田**と**国有山沢**である。禁苑の周りにある「**城下田**」も例外ではないだろう。

このように考えれば、冒頭に引用した龍崗秦簡の「**禁苑耎（堧）**」に関する六枚の簡の律文のうち四枚が、なぜ禽獣に関わる内容を持つのか、という疑問が解決されると思う。

さて、簡27号に、

諸禁苑為耎（堧）、去苑卌里禁、毋敢取耎（堧）中獣、取者其罪与盗禁中【同】

禁苑は耎（堧）を置き、苑から四〇里の範囲を禁じ、耎（堧）中ではあえて獣の捕獲を行ってはいけない。捕獲を行えば、その罪は「盗禁中」と（同じく）罰する。

とある。この律文について検討したい点がいくつかある。

まず、「禁苑」の周りに設置する「**堧地**」では、なぜ**禁猟**にする必要があるのか。

上述した睡虎地秦簡「**徭律**」には、「禁苑」と「公馬牛苑」から「獣および馬牛の出ること」とあって、周辺堧地の農作物の被害防止を配慮するばかりではなく、何より「禁苑」の禽獣馬牛は帝室の財産なので、それらの安全保障も大切なことであっただろう。

また、「禁苑」においては、禽獣は飼養されているものなので獲ってはいけないのは当然であるが、例外もある。例えば簡32号に、

諸取禁中豺・狼者、毋（無）罪

禁苑で豺・狼を捕獲しても罪としてはならない。

とある。これは、「禁苑」で飼われている禽獣の天敵である豺と狼を獲ることは例外とするという、補足的な説明で

ある。このように主となる律文に対し補足する律（令）も存在することを考えると、簡34号の「取其豺、狼、豲、貈、狐、貍、㲉、□、雉、兔者、毋（無）罪」という簡文は、簡27号の「禁毋敢取耎（堧）中獣」という律（令）を補足する律であることが十分に考えられる。理由は、簡34号と簡32号を比べてみると、簡34号の豺・狼以外に、さらに八種の禽獣を獲っても「毋（無）罪」の場所は、簡32号の豺・狼だけは獲ってもよい「禁苑」とは、違う場所であると考えられるからである。それは「禁苑」以外の「堧地」しか考えられない。この考えは、「耎（堧）中獣」に関する簡文が多い点にも合致している。

つまり、「堧地」では基本的に禽獣を獲ってはいけないが、豺・狼・豲・貈・狐・貍・㲉・□・雉・兔などを獲っても罪にはならない。しかし、豺や狼は危険な獣で人間を襲う恐れがあるので、「禁苑」や「堧地」では安全のために獲っても罪にならないのは当然であるが、なぜ「堧地」だけは特例として、豺・狼以外にも数多くの禽獣を獲ることを許されるのかという疑問もある。

その疑問を解決するために、簡32号に挙げられた禽獣各々の特性を追究しなければならないと思う。それらの禽獣について、胡平生氏と池田雄一氏が詳しく実証を加えた研究があるので、ここで引用しておこう。

A　胡平生氏

豲、『説文』豕部に「豲、豕属也。从豕原声、読若桓。『逸周書』曰「豲有爪而不敢以撅。」」として、朱駿聲『説文通訓定聲』の説によると、恐らく「貛」の類で、あるいは「貛」の異体字だろう。貈、或いは「貉」と為す。『説文』豕部に「貈、似狐、善睡獣也。『論語』曰「狐貈之厚以居。」」とする。」また「㲉、『説文』犬部に「㲉、犬属、腰以上黒、腰以下黒、食母猴。」とする。(21)

B　池田雄一氏

「狐」「狸」はともにイヌ科で肉食性がある。馬牛羊の分娩時には外敵と見なされたかもしれない。「兔」も、大なるは「如狸而毛褐」と。李時珍『本草綱目』獣之二では『事類合璧』を引いている。大型の野ウサギの場合、地下茎を食し、植物（あるいは作物）を大きく損なう虞はある。「雉」は、『説文解字』によると一四種を数えるという。播種を損なう虞はあろうが、その端正な容姿の故か「不失其節」（『周礼』大宗伯、鄭玄注）ともいわれる。また細長さを感じさせる容姿のためか、李時珍『本草綱目』禽之二は、「陸禋続水経云、蛇雑遺卵于地、千年而為蛟龍之属、似蛇四足、能害人、［任昉述異記云］冬則為雉、春復為蛇、晋時武庫有雉、張華曰、必蛇化也」と、雉と蛇とが一体化することによるマイナスイメージの説話も引く。いつ頃まで遡り得る説話かは不明である。ただ「雉兔」は、「彭蒙曰、雉兔在野、衆人逐之、分未定也、鶏豕満市、莫有志者、分定故也、物奢則仁智相屈、分定則貧鄙不争」（『尹文子』）ともあり、庶人が狩猟に戯れる際の代表的禽獣である。[22]

両氏の考証から、少なくとも以下の二つの結論を引き出せるだろう。

①「豻」「㲉」「狐」「狸」などイヌ科の肉食獣は、馬牛羊などの畜産に害を加える可能性があるので、獲っても許す。

②「豲」「雉」「兔」などは植物（作物）を傷つけるので、獲ってもよい。

この結論は龍崗秦律の簡211号の「盗牧者」という言葉とあわせて考えれば、「**盗牧**」という言葉が示すように、やはり許可を得ずに放牧をしてはいけない牧場が存在したことは間違いない。すなわち、植物（作物）と畜産獣を損なう禽獣は獲ってもよいという律（令）は、「禁苑」のすぐ外側に公（官）の馬・牛の牧場があったので、植物と畜産獣を守るために設けられた規定であると思う。

実は、このように考えれば、なぜ龍崗秦簡に禽獣に関する律（令）が数多く存在するのかも、わかるはずである。例えば、簡100号に「県官馬牛羊盗□之、弗□□☐」とあるが、「県官」とは天子や朝廷の意味である。『史記』絳侯周勃世家には「盗買県官器」とあり、『索隠』の注は、

県官謂天子也。所以謂国家為県官者、『夏官』王畿内県即国都也。王者官天下、故曰県官也。

としている。したがって、「壖地」に設けられた公馬牛の牧場に、朝廷の馬や牛、羊など畜産獣が飼われていたことがわかる。

また、簡112号の、馬・牛・駒・犢・羔を死亡させた場合、死亡した馬・牛・駒・犢・羔の皮革および□を、禁苑の係に納入することを記した、

亡馬・牛・駒・犢・【羔】、馬・牛・駒・犢・【羔】皮及□皆入禁□□（官）□▨。

という律文と、簡102号の、個人の馬・牛・羊・駒・犢・羔を県道官府に没収される、

没入私馬・牛・【羊】・【駒】・犢・羔県道官。

という律の内容を見ると、前者は、公的所有の馬・牛・羊やその仔が亡くなった場合は、その革などを「禁苑」の官吏(23)に納入するというものであり、後者は、民間人の馬・牛・羊やその仔などを没収する場合は、県道官府に送るとするもので、その牧場では民間人の「**私馬牛**」放牧が禁止され、禁止を破れば「**盗牧者**」となることもわかる。

四　「堧」の道・猟場・墓

「**堧地**」の構成要素として、**公田・山沢・牧場**以外に、**馳道・狩猟場・墓地**なども存在したであろうことを示す史料が、龍崗秦簡においても発見されているので、それらの史料について検討したいと思う。

（1）馳道・旁道・甬道

龍崗秦簡における「馳道」に関わる律（令）はいくつかある。簡60号に、

及奴（駑）道絶馳道、馳道与奴（駑）道同門、橋及限（?）▨

奴（駑）道に至って馳道を渡り、馳道と奴（駑）道は門や橋や……を同じくす。

とある。文脈から、人が「**馳道**」を渡ろうとする場合は必ず「**奴（駑）道**」を経由することだけでなく、「馳道」も「奴（駑）道」という旁道も、共用の門や橋などを通らなければならないということがわかる。

龍崗秦簡の簡31号に、

諸弋射甬道・禁苑外卅（?）里（?）毄（繫）、去甬道・禁苑▨　（傍点―引用者）

およそ甬道を弋射したものは、禁苑外三十里内で行えば拘束し、甬道を離れて、禁苑……

とあり、また、『史記』秦始皇本紀に、

（秦始皇二十七年）作信宮渭南、已更命信宮為極廟、象天極。自極廟道通酈山、作甘泉前殿。築甬道、自咸陽属之。

とある。『史記』秦始皇本紀の「**甬道**」についての注に、応劭は、「謂於馳道外築牆、天子於中行、外人不見」（『史記』正義）とする。つまり、「甬道」とは「馳道」に壁を設けることができる**中央道路**であることがわかる。

（2）禁苑を取り巻く「堧地」

『史記』秦始皇本紀の文は、「甬道」が「**弋射**」された場合、どのように対応するかという内容であることは確かであり、「甬道」の中を走行する要人の身の安全を守る機能を持つ「馳道」に関する律（令）文である。本節の冒頭に挙げた簡30号の「時来鳥、黔首其欲弋射耎獣者勿禁」（渡り鳥が飛来し、黔首が、禁苑周辺の堧地で鳥獣を弋射しようとしても、禁じてはならない）という文と比べてみると、「**堧地**」で鳥獣を弋射してもよいが、「馳道」の「甬道」に弋射すれば有罪であると読み取れる。龍崗秦簡の簡15号には、

従皇帝而行、及舎禁苑中者、皆（?）□□□□

皇帝に従いて行き、禁苑中に舎る者は、皆……

と、秦朝の皇帝が「禁苑」へ行くことに関する律（令）もあり、皇帝が専用道路の「馳道」を通って「禁苑」へ行くには、必ず禁苑の周りに設置された「堧地」を経由するはずである。簡31号の「卌里」という文字は、はっきりとは見えない（「冊里」の可能性もある）が、「禁苑」から「卌里」（冊里）のあたりを通る「馳道」は、まさに「堧地」の範囲内であり、簡31号の律（令）は「禁苑外卅（卌）里」の「堧地」において「弋射甬道」を禁止するという律（令）[24]であると考えられる。

簡119号に、

而輿軌（?）疾敺（驅）入之、其未能祧（逃）、亟散離（?）之、唯毋令獣□☐

輿は速く駆けさせてこれに追い入れ、逃げられないうちに禽獣を速やかに分離して、決して禽獣に□□させては

ならない。

とある。胡平生氏が、この簡の内容を睡虎地秦簡の「**公車司馬猟律**」（皇帝の狩猟に関する律）の「射虎車二乗為曹。虎未越泛蘚、従之、虎環（還）、貲一甲。虎失（佚）、不得、車貲一甲。虎欲犯、徒出射之、弗得、貲一甲」という律文と比べて、「似乎内容与此比較接近」[25]（内容はよく似ている）と指摘した。

また、陳治国、于孟洲の二氏[26]は「公車司馬猟律」の釈文を改めて検討し、

在虎還沒有遠離山林之前就加以追逐、使虎逃回山林、罰一甲。虎逃走、沒有猟獲、毎車罰一甲。

虎がまだ山林より遠く離れないうちに虎を追いはじめ、虎に山林に逃げられたら一甲を罰する。虎に逃げられて獲取しなければ、狩車ごとに一甲を罰する。

と解釈した。したがって、龍崗秦簡にこの「皇帝狩猟律」のような律文が載っているところから、当時、皇帝が狩猟した場所はどこと考えられるか ― すなわち、「禁苑」内部なのか、それとも民間人地域と判断すべきか、という問題は避けられない。

この問題について漢武帝の狩猟の例を挙げてみたい。『漢書』東方朔伝に、武帝が「**微行**」し、

以夜漏下十刻乃出、常称平陽侯。旦明、入山下（すなわち南山麓―引用者注）馳射鹿豕狐兎、手格熊羆、馳騖禾稼稲杭之地。民皆号呼罵詈（中略）於是上以為道遠労苦、又為百姓所患、乃使太中大夫吾丘寿王与待詔能用算者二人、挙籍阿城以南、盩厔以東、宜春以西、提封頃畝、及其賈直、欲除以爲上林苑、属之南山。

とある。これは武帝が南山麓に行って狩猟した話であり、狩猟中に隣接する民間人の農耕地を侵害して民の不満を招いたので、結局、**上林苑**を南山まで拡大した、というものである。

この例から、当時武帝が狩猟した場所は「禁苑」ではなく、民間地域に接する朝廷所有の山間地域[27]であることがわかった。ゆえに、龍崗秦簡の簡119号に見られる皇帝狩猟の場所は、「禁苑」から離れた国有山間地であったことはほぼ間違いないが、「禁苑」を囲った幅四〇里の**環状堧地**を狩場にした可能性も否定できないだろう。

（3）堧地と墓葬

ところで、『漢書』李広伝には、

（李蔡）盗取神道外壖地一畝葬其中

とあり、『後漢書』孝桓帝紀に載る建和三年の詔令には、

（連続震災のために）今京師厮舍、死者相枕、郡県阡陌、処処有之（中略）若無親属、可於官壖地葬之、表識姓名、為設祠祭。

とある。これらの文献史料によって、漢代における「**神道外壖地**」や「**官壖地**」には貴族あるいは庶民の墓地があったのは間違いないと思うが、秦代の「**禁苑堧地**」には墓地があったのかという問題についても追究したい。

龍崗秦簡の簡121号に、

盗徙封、侵食冢廬、贖耐。□□宗廟耎（堧）

田畑の堺を移動させたりし、墓や田畑の小屋を掠め取ったりすれば、耐刑に当たる罰金を贖う。……宗廟堧（を掠め取れば）……

とある。また、簡124号には、

人冢、与盗田同灋（法）。

他人の墓（を破壊すれば）、他人の田を盗むと同法によって処罰する。

とある。中華書局版『龍崗秦簡』の注釈者が、

簡121号に、

侵食冢廬、指侵占他人墳地。（一一二頁）

簡124号に、

本簡前句内容着重在破壊他人墳墓、拡充自己的土地。

『史記・淮南衡山列伝』所説的「壊人冢以為田」、而不是盗窃冢墓、因此論罪「与盗田同法」。（一一四頁）

と注釈を加えた判断は正しいと思う。

『唐律疏義』戸婚律に「諸盗耕人墓田、杖一百。傷墳者、徒一年」と、似たような律文があるので参考となる。

当然、簡121号も簡124号も、墓地は必ず「**堧地**」にあったとは言っていないが、これまで長い年月をかけて行なわれてきた睡虎地秦簡と龍崗秦簡の出土地に当たる楚王城遺跡の考古調査によれば、「**雲夢禁苑**」と見られる楚王城遺跡の周りには大量の**秦・漢墓葬**といくつかの**戦国墓葬**が発見されている。さらに、その周辺には複数の大型古代墓地が分布しており、城西には**睡虎地秦漢墓・木匠墳秦墓・大墳頭前漢墓**が、城南には**珍珠坡戦国秦漢墓・龍崗秦漢墓**が、城東・城北には**後漢墓**などがある。

これらの墓葬は、みな城壁からあまり離れていないのである。何らかの意味で、それらの墓葬は雲夢楚王城と一定の関連があるはず、換言すれば、これらの墓葬のほとんどは楚王城を使用していた間にできたはずである。発掘者の一人、張沢棟氏が言うように、楚王城周辺にある**墓葬**は、すべて城壁から一㎞の範囲内に分布している。[28]この範囲ならば、まさに上述してきた「禁苑堧地」内であることは確実であろう。

龍崗秦簡の出土地である雲夢楚王城が「禁苑」であるなら、簡文、考古発掘資料ともに、その周りに設置した「堧地」に墓地があったことを証明するものとなる。また、すでに引用した『漢書』『後漢書』に見られる「**神道外壖地**」や「**官壖地**」の墓地を異例と見たなら、秦・漢時代における「禁苑堧地」に設けた墓地は、**堧地制度**の一環の通常例と考えることができる。

文献史料には「漢内史府在太廟堧中」（『続資治通鑑』宋紀四二）とあり、上述した龍崗秦簡簡121の「宗廟堧」もあることから、「堧地」にはまた、役所や宗廟なども存在したと思われる。すでに引用した『漢書』食貨志の「（趙）過試以離宮卒田其宮壖地」という史料に見られる「**離宮卒**」からは、まだはっきりとわからないが、「堧地」に駐屯地があった可能性がないとは言い難いであろう。

つまり、以上の考証によって、龍崗秦簡に見られる秦代の「**禁苑耎（堧）**」は、たしかに本節の冒頭に紹介した先行研究者がすでに指摘していた「防衛の範囲を拡大し、皇室の建築あるいは領地の安全を確保する」ための「隔離地帯」であるが、「それ（堧）は内垣・宮殿・宗廟・禁苑と同じく、神聖的侵犯す可からざるものである」というような**聖地**ではなく、単に、いくつかの特別な律（令）が設けられた、禁苑垣を囲う「**城下田**」である。そして、その「田」では、律（令）を守れば、耕作・狩猟・通過・祭祀などもできるはずである。

また、統一秦の**龍崗秦律**と統一前の**睡虎地秦律**を比べてみると、秦朝になると**禁苑管理**が発達するとともに、「**禁苑耎（堧）**」**制**も律令化したのではないかと考えられる。

五　「禁苑堧地」構造の沿革

以上のように、龍崗秦簡と睡虎地秦簡に基づき「**禁苑堧地**」の空間構造について考察し、すべてではないが、可能な限りそれを「復元」した。しかし、龍崗秦簡は統一秦朝が実行した律令であるので、その史料を中心としてできた「禁苑堧地」には、いったいどのような由来があるかという疑問が生じたと思う。換言すれば、統一秦における「禁苑堧地」の沿革がわからなければ、その構造的な特徴も証明できないので、「禁苑堧地」の由来について探究したい。

（1）始皇帝による旧離宮の「禁苑」化

まず、「禁苑堧地」は、秦が全国を統一して初めて成立したのではないかという筆者の考えを提出したい。

なぜ筆者がそう考えるかというと、同じ出土地で発見された睡虎地秦簡には、本論にもしばしば引用するとおり、「禁苑」に関する律令が多くあり、「**廏苑律**」の律名も見つかるが、「**堧**」という用語は全く見当たらないからである。それだけでなく、上述したように、「公馬牛苑」や「塹・垣・籬・散（柵）」や「有田其旁者」など本来なら「堧地」内外に存在したものの関連律文にも「堧」の存在はいっさい見られない。なぜ「堧」が見当たらないかといえば、理由として最も考えられるのは、秦の統一以前には「禁苑堧地」はまだ成立していなかったため、睡虎地秦簡のような秦統一前の律令や文書に「堧」が登場しないということである。

そうなると、「禁苑」の成立より「堧地」の成立は遅かったと考えられる。とくに、「禁苑」と民間土地の間に設けられた幅六〇里の分離地帯に関する律令を考えると、それは個別な「禁苑」に付されたものではなく、簡27号の「諸禁苑為耎（堧）、去苑卌里禁」と簡28号の「諸禁苑有耎（堧）者、□去耎（堧）廿里」での語句の使われ方から、「堧」があるすべての「禁苑」についての規約であることがわかる。

また、上述した、幅六〇里の分離地帯は、秦朝が「数以六為紀」という新制度を立ち上げた後にできた禁苑制度であるという判断に従うと、秦は、東方六国を統一したあと各国の**離宮別館**を秦朝における各地方の「禁苑」とし、警備を強化して、始皇帝が全国へ巡幸したときの行在所としたのであり、「禁苑堧地」の設置はそのときに行なったと考えられる。

文献記録はもちろん、龍崗秦簡だけでも「沙丘苑」（簡35号）・「河禁」（簡32号）・「雲夢禁中」（簡１号）などに、始皇帝の時代にあった「禁苑」の名前が現れる。当時どれほど「禁苑」に「堧地」があったかはわからないが、少なくとも龍崗秦簡に見る「堧地」は、出土地の雲夢地域にあった「雲夢禁中」と無関係とはいえないだろう。

（2）「雲夢遊猟区」から「禁苑堧地」へ

次に、雲夢睡虎秦簡と雲夢龍崗秦簡の出土地にあたる**楚王城遺跡**を具体例として、統一秦朝における「禁苑堧地」の由来を論じたい。

龍崗秦簡と睡虎地秦簡の出土地である雲夢楚王城遺跡について、曲英傑氏は、それが「**離宮別苑**」(29)であり、始皇帝が「過安陸」や「行至雲夢」したとき、「まさにこの城に泊まったはずである」(30)と判断した。筆者は、曲英傑氏と異なる視点から、墓葬と出土文字により雲夢楚王城遺跡は龍崗秦簡に現れた「**雲夢禁中**」に当たると考えた(31)。では、楚王城は、秦の「禁苑」となる前は、どのような存在だったのか。それがわかったなら、龍崗秦簡に現れた秦の統一後の「夢雲禁中」と比べることで、「**堧地**」**成立**の検討に大いに役立つと思う。

曲英傑氏は、**雲夢禁苑**になる前の雲夢楚王城について以下のように論じた。

其（雲夢楚王城―引用者注）称「雲夢」、当承伝於古。晋杜預所言「江夏安陸県城東南有雲夢城」（『左伝』宣公四年の注）、当指此城。又、宋玉『高唐賦』云「昔者楚襄王与宋玉遊於雲夢之台。」『戦国策』楚策一載：「楚王遊於雲夢（中略）」其出遊雲夢、随従衆多、場面浩大、所居似非此城莫属。由此類推、此雲夢城可能即興築於戦国之世、為楚王離宮、或称「雲夢之台」、与「章華之台」相類。這与考古発掘所推断的修築年代亦正相合。[32]

曲氏は文献と発掘の二重史料の研究によって「此雲夢城可能即興築於戦国之世、為楚王離宮」という結論を出した。では、当時、この「楚王離宮」の周りはどのような自然環境であったか、それは秦の領土になってからどのように変わったか、という問題については、譚其驤氏が以下のように述べたことがある。

這一地区本是一個自新石器時代以来早已得到相当開発的区域、其所以遅至春秋戦国時代還保留着大片大片的雲夢区、那当然是由於楚国統治者長期覇占了這些土地作為他們的遊楽之地―苑囿、阻撓了它的開発之故。（中略）雲夢遊猟区的歴史大致到公元前278年基本結束。這一年、秦将白起攻下楚郢都、楚被迫放棄江漢地区、挙国東遷於陳。従此秦代替楚統治了這片土地。秦都関中、統治者不需要跑到楚地来遊猟、於是原来作為楚国禁地的雲夢被開放了、其中的可耕地才逐歩為労働人民所墾辟、山林中的珍禽猛獣日漸絶跡。到了半世紀後秦始皇帝建成統一的封建王朝時、估計已有靠十個県建立在旧日的雲夢区。[33]

譚氏の論述した春秋・戦国時代の「**雲夢遊猟区**」から紀元前二七八年以後の「可耕地才逐歩為労働人民所墾辟」まで、そして秦が統一したあと「已有靠十個県建立在旧日的雲夢区」までの雲夢地域の自然環境の変遷は、まさに龍崗秦簡に見る「雲夢禁苑の」周辺地域における環境の変化と呼応する。還元すると、秦朝の「禁苑」を囲った「堧地」は、このように変遷した土地で成立したのである。

譚氏の論述を踏まえて具体的に「堧地」の成立過程をまとめると、次のようになるだろう。

秦の「禁苑」が成立する前には、楚王の**離宮**だけではなく離宮の周りの広い範囲も、立ち入り禁止の「**雲夢遊猟区**」だった。その後、この楚国王室専用の「雲夢遊猟区」は秦の占領地域となって「開放」され、人民はその土地を「墾辟」して「山林」を開発したりした。つまり、もとは王室所有の古い雲夢地域が、国の公田や山林池沢として人民に貸し出され、開発されたのである。もとの楚王の離宮は変わらなくても（名前も変わらなかったのだろう）、周りの環境は大分変わったが、やはり昔の「雲夢遊猟区」ではあったので、一部の狩猟区は残され、一部の地域は秦の牧場や「**公馬牛苑**」に変身した。これらはかなり大きな変化といえるが、上述したような全国統一後の「**禁苑堧地**」は、おそらくまだ登場していなかっただろう。

しかし、秦が全国を統一したあと、東方六国の旧**離宮別館**も秦朝の「禁苑」として統一する必要が生じた。それは始皇帝が朝廷のほぼ半数の官僚を連れて各地方へ巡幸する計画ができたことがきっかけである。暗殺が多かった当時、始皇帝が巡幸先で宿所とする六国の旧離宮別館すべてに警備が必要になった。この六国の旧離宮別館を「禁苑」と呼び改め、その一部には、警備対策の一環として民間人居住地域との間に分離帯を設けることになり、その分離帯の幅も「数以六為紀」制によって全国一律に幅六〇里（堧地四〇里と準堧地二〇里）とした律令を公表した。こうして龍崗秦簡に見える「禁苑堧地」が成立したと考えられる。

図7-2　筆者の考える「禁苑堧地」のイメージ図

おわりに

本節では、龍崗秦簡に見る「**禁苑耎（堧）**」に関する先行研究の貢献と問題点を意識して、「禁苑耎（堧）」の空間構造や機能と歴史的沿革について考証を加えた。その結果、

1 先行研究の「それ（堧）は内垣・宮殿・宗廟・禁苑と同じく、神聖的、侵犯す可からずものである」という結論と違い、「**堧地**」とは、公田・山沢・牧場・馳道・狩猟場・墓地など実質的な内容を持つ空間構造であることを明らかにした。

2 また、統一秦以前における「禁苑」外側地域の歴史地理についても考察して、「禁苑耎（堧）」は山沢と開墾地が変身を遂げたものであることがわかった。

3 そして最後に、秦の始皇帝が全国を統一した後、戦国時代から残っている各国の**離宮**を各地方へ巡行した際、宿泊所とするため、それらをすべて「禁苑」として統制し、その外側に四〇里幅の「堧地」と二〇里幅の「準堧地」として安全地帯を設けたことについて述べた。

このような考えに基づいて、再び冒頭に挙げた「禁苑耎（堧）」に関わる律（令）に戻って考えれば、「**禁毋敢取**」「**毋敢毎殺**」という禁止令には、「禁苑」から逃げ出す禽獣の安全を守るためだけではなく、「**弋射甬道**」を禁止する律（令）のような、皇帝を含め「禁苑」に出入りする人間の安全保障という目的もあったといえよう。

しかし、「禁苑耎（堧）」は、立ち入り禁止の「禁苑」ほど厳重に警備された場所ではなく、むしろ非常に柔軟性のある律（令）で守られた、民間地域と「禁苑」の間に設置された**過渡地帯**であると考えられる。

これは、後の時代にあった小規模な宮殿堧・禁苑堧・神道堧などの「堧」とは異なる性格であり、「禁苑耎（堧）」の誕生期における初期的特徴ともいえる。

注

（1）「禁苑」の堧地は日本にあったかどうかまだわからないが、平安宮城の周りに壖（堧）があったことを『延喜式』左右京職京程条に載せている。その位置は網伸也氏「平安京の造営計画とその実態」（『考古学雑誌』第八四巻第三号、平成十一年三月）の宮城周囲や南羅城外の壖（堧）地についての内容を参照。同氏は筆者への手紙で「京内離宮である神泉苑の周囲は壖地として犬行きを広くしているようである」と指摘した。また、『大唐西域記』巻八の「菩提樹垣」には「壖垣内地、聖跡相隣」とあった。ゆえに、中国古代における禁苑の堧の構造と変遷がわかれば日本の宮城堧や古代インドにおける廟堧の起源に関わる研究も価値があると思う。

（2）中国文物研究所・湖北省文物考古研究所『龍崗秦簡』（中華書局、二〇〇一年）の「竹簡内容簡論」五頁に、

我們認為龍崗簡其実只有一個中心、那就是「禁苑」。

と紹介するとおり、当該簡の内容は秦朝の禁苑に関する律文である。

（3）「龍崗秦簡」の簡番号は、出土した際に作った出土番号と劉信芳・梁柱編著『雲夢龍崗秦簡』（科学出版社版、一九九七年）に掲載された整理番号と中華書局版『龍崗秦簡』の著者が作った「新編号」の三種類あるが、本論で使った番号は中華書局版『龍崗秦簡』の「新編号」である。

（4）胡平生氏の「雲夢龍崗秦簡『禁苑律』中的「耎」（壖）字及相関制度」『江漢考古』一九九一年第二期、のち中国文物研究所・湖北省文物考古研究所編『龍崗秦簡』（中華書局、二〇〇一年）所収。

（5）原文は、『龍崗秦簡』（中華書局、二〇〇一年）、一七一頁の次の文である。

它（堧―引用者注）同内垣及宮殿・宗廟・禁苑一様、也是「神聖不可侵犯的」。

（6）『史記』『漢書』標点本に「堧」とした字は、百納本にすべて「壖」とした。『資治通鑑』一六に「壖、與堧同」（胡三省の注より）として、『段注説文解字』に「『玉海』云「堧正、壖俗。」是也」とする。ゆえに、本文には「堧」を用いる。

（7）張金光氏は、

我以為原簡之第二典字並其重文符号乃涉前『典=』而衍。除其所衍、則原文当作『租者且出以律告典=田=令黔首皆知之』。其義可釈作『租者且出以律告典田、典田令黔首皆知之』。（中略）律文之義是主租者以律告典田、而典田再告令黔首皆知之、此係将律文逐級向下伝達、最後伝達到黔首們、令其皆知之。

とする。張金光氏『秦制研究』（上海古籍出版社、二〇〇四年）六四頁を参照。

（8）「田典」という官吏の所属についていくつかの観点があり、高敏氏は「（秦国）設置各種『官嗇夫』以管理国有土地、耕牛、農具、種籽以及大車的製作与維修、僕役的徴集与奨懲等等的需要、於是就有田嗇夫、苑嗇夫、倉嗇夫、皂嗇夫及司空嗇夫等等的設置」（「論『秦簡』中的『嗇夫』一官」『雲夢秦簡初探』河南人民出版社、一九七九年、一九九頁）、また「田嗇夫之下、也有田典、牛長等官」（同上、一九五頁）とする。

裘錫圭氏は「田典大概也是田嗇夫的下属」とし、「従秦律看、当時国家控制着大量土地以及其他生産資料（中略）土地的収授分配当然是田嗇夫的主要任務」とする（「嗇夫初探」『雲夢秦簡研究』中華書局、一九八一年、二五〇頁）。

山田勝芳氏は龍崗秦簡簡150号の律（令）を「これは黔首に対して「典田」と「里典」とを通じて租納入の律を告知させ、それについて周知させているものとみられ、租徴収担当官であるとみなすことができよう」（山田勝芳『秦漢財政収入の研究』汲古書院、一九九三年、五四頁）とした。山田氏の読み方は「田典」を「典田」と読んだが、この役人が「租徴収担当官」という公田管理官吏であることを認めていると思う。

（9）楊振紅「龍崗秦簡諸『田』、『租』簡釈義補正―結合張家山漢簡看名田宅制的土地管理和田租徴収―」（『簡帛研究　二〇〇四』広西師範大学出版社、二〇〇六年）を参照。

（10）『龍崗秦簡』（中華書局、二〇〇一年）の著者が簡1号の「池魚」を「池籞」（六九頁）と読んで、それを禁苑内部に設置した御池であると解釈したことは、おそらく正しくない。少なくとも「魚」を「籞」の仮借字とする前例はなく、また秦代には禁苑の御池を民間人に貸し出した証拠もない。詳しくは筆者の「龍崗秦簡簡一の解釈及びその性格について」（『早稲田大学長江流域文化研究所年報』第二号、二〇〇三年）を参照。

（11）濠池と堧地との構造的関係とその機能は、日本の藤原宮の例で説明すればよりわかりやすい。藤原宮の周りにも「外濠」と「空閑地」と呼ばれる地帯があった。その地帯に何があったのかはまだはっきりとはわからないが、外濠のように民間人の住む条坊と隔絶した地割りであることが認められた。それだけでも古代中国における禁苑・離宮の堧地と似たような機能があるといえる。林部鈞氏は「藤原宮の周囲には、約七〇メートル前後の空閑地がとりまいていた」、「また、外濠の存在も、条坊の中で宮をより隔絶した存在にみせるための装置であったと思われる」と言う（『古代宮都形成過程の研究』青木書店、二〇〇一年、二六三・二四四頁）。

（12）「藪」は『説文』に「大沢なり」とあり、湿原の意とする。

（13）王先謙『漢書補注』地理志。
（14）譚其驤「雲夢與雲夢沢」『復旦学報』一九八〇年、のち『歴史地理専輯』（『長水粋編』河北教育出版社、二〇〇〇年）所収。
（15）『史記』秦始皇帝本紀に「三十七年十月癸丑、始皇出遊（中略）十一月、行至雲夢、望祀虞舜於九疑山」があり、『史記』高祖本紀に「用陳平計、乃偽遊雲夢」がある。皇帝が「遊雲夢」のとき禁苑に泊まった記録は龍崗秦簡に現れ、簡263号に「従皇帝而行及舎禁苑中者皆（？）□□□」がある。簡文の「行」は巡行の意であり、「舎禁苑中」は禁苑の中に宿泊するという意味である。ゆえに、雲夢禁苑は雲夢地域にあったことと皇帝が宿たところであるのは間違いない。
（16）曲英傑氏は長江流域古代都城の詳しい研究に加え、以下のように、それらの都城がほとんど自然の河に臨んで造られたことを強調した。
　古人対城邑選址是相当用心的、而対其所臨水系尤為看重。長江流域河網密布、更是如此、且有巧用。就考古発現諸城址而論、有居高臨水・倚山傍水・臨江築城・環水築城・夾水築城及跨水築城等。（曲英傑『長江城址』湖北教育出版社、二〇〇四年、三九一頁）。
（17）六〇〇〇年前の澧県城頭山城遺跡では「城外護城河寛三五～五〇米、東与澹水連通」（同前、二四〇頁）とある。
（18）「淹城城址位於今江蘇武進市湖塘郷境、西北距常州市区約七千米、北距長江約三〇千米、東近運河、西南約一〇千米有滆湖（中略）内・中・外三条護城河相連通、並接城外河道」（同前、三七〇～三七一頁）とある。
（19）「湖北孝感地区両処古城遺址調査簡報」（一九八四年の発掘簡報）『考古』一九九一年第一期。
（20）『漢書』百官公卿表に「太僕、秦官、掌輿馬、有両丞。属官有大廄・未央・家馬三令、各五丞一尉」とある。「未央」「家馬」は前漢から設けたが、「大廄」は秦簡に見る「大廄」のままであると考えられる。
（21）中国文物研究所・湖北省文物考古研究所『龍崗秦簡』（中華書局、二〇〇一年）三六頁。
（22）池田雄一「呂后『二年律令』をめぐる諸問題」『中国古代の律令と社会』（汲古書院）【Ⅱ】第五章、四五四頁。
（23）簡210号「皮及□皆入禁□□」は「禁」の下の文字ははっきり見えないが、おそらく中華書局版『龍崗秦簡』の「皮和□都上繳給苑官」という訳のとおりだろう。
（24）『唐律疏義』において宮殿や御在所の垣に箭射する罪に関する律文が参照できる。例えば「衛禁律」に、次のようにいう。諸向宮殿内射、謂箭力所及者。宮垣、徒二年。殿垣、加一等。箭入者、各加一等。即箭入上閤内者、絞。御在所者、斬。
（25）中華書局版『龍崗秦簡』六頁。

(26)「睡虎地秦簡中『泛蘚』及公車司馬獵律新解」『中国歴史文物』二〇〇六年第五期。
(27)『漢書』食貨志に「至秦則不然、用商鞅之法（中略）顓川沢之利、管山林之饒」とある。秦・漢時代において南山麓のような「山林」は、みな朝廷（国家）が所有するものである。
(28)「雲夢楚王城遺址簡記」（『江漢考古』一九九三年第二期）。
(29)曲英傑『長江城址』湖北教育出版社、二〇〇四年、三九七頁。
(30)「当均留居此城」同前、二三三頁。
(31)拙作「城址と墓葬に見る楚王城の禁苑及び雲夢官の性格」『都市と環境の歴史学』第三輯を参照。
(32)曲英傑註（29）前掲書、二三一～二三二頁。
(33)「雲夢与雲夢沢」『復旦学報』（歴史地理専輯）一九八〇年、のち『長水粋編』（河北教育出版社、二〇〇〇年、五八一頁）所収。

第8節　出土文字による馳道の考察
―龍崗秦簡の「奴（駑）道」「甬道」「馳道」をめぐって―

はじめに

龍崗秦簡には道に関するいくつかの律令が見え、とくに「**奴道**」「**甬道**」「**馳道**」などの名詞の存在は、秦と前漢時代における「馳道」についての一次史料として貴重である。

これらの史料に対して、これまでに、劉信芳・梁柱『雲夢龍崗秦簡』（科学出版社、一九九七年）や中国文物研究所・湖北省文物考古研究所編『龍崗秦簡』（中華書局、二〇〇一年）、王貴元「秦簡字詞考釋四則」（『中国語文』二〇〇一年第四期〈総第二八三期〉）、曹旅寧『秦律新探』（中国社会科学出版社、二〇〇二年）など、先行研究が多数ある。それらの研究者たちは、考古学・言語学・歴史学の多分野・多視点から検討を行なって、多大の成果をあげている。

本節は、それらの研究成果を踏まえて、秦時代の「馳道」の構造と管理について考証し、また歴代学者、研究者の観点に対して検討を加えるものである。

一　馳道の「奴（駑）道」

（1）「弩道」説

龍崗秦簡には「**奴道**」という言葉が記された簡文が複数ある。例えば、次の三簡がある（傍点―引用者）。

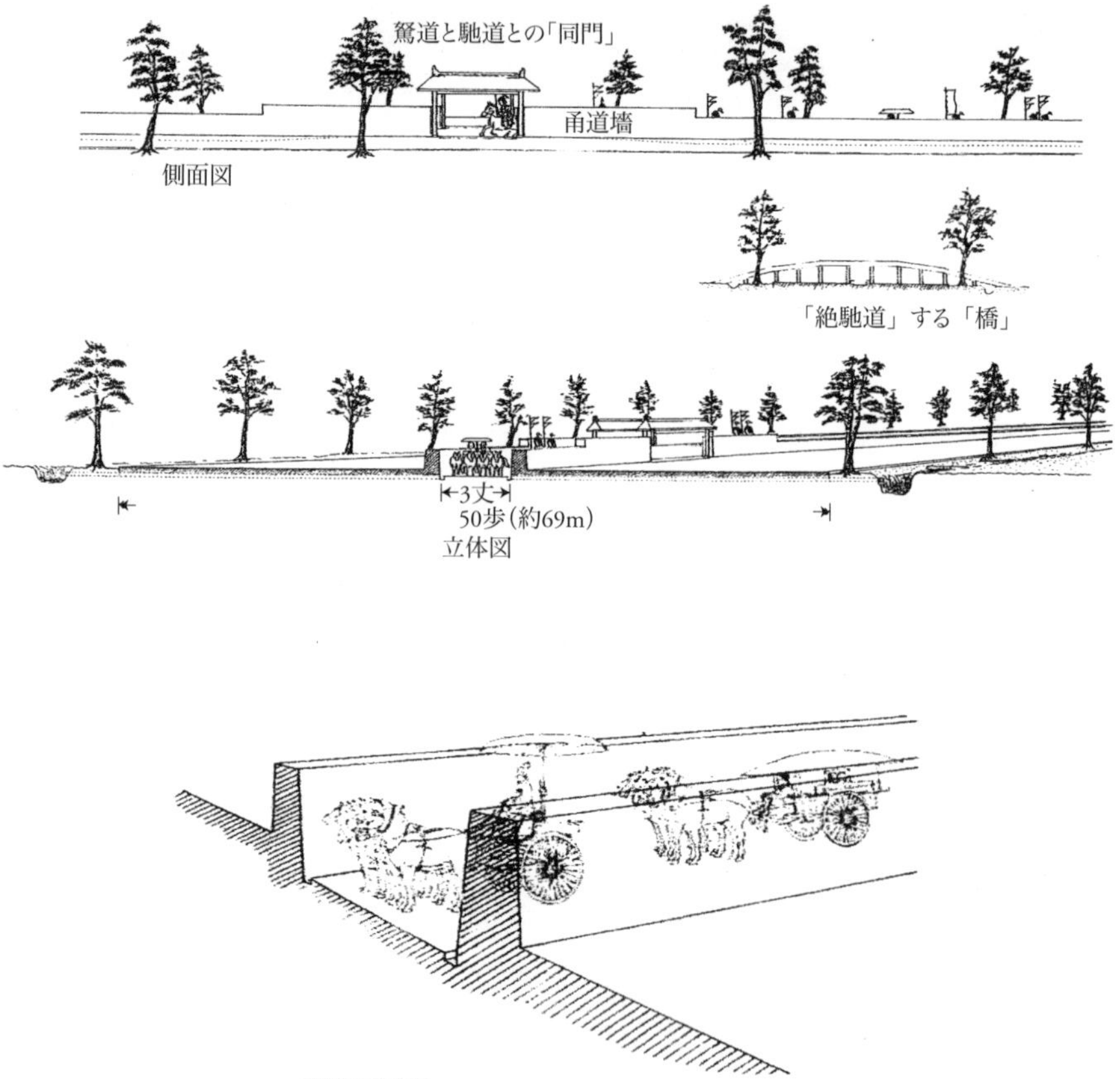

図 8-1　馳道のイメージ図（原田輝代雄　絵）

簡60号

中、及奴道絶馳道、馳道与奴道同門・橋及限（？）☒

簡61号

徹（徹）奴道、其故与徹（徹）（？）□□（奴）□（道）行之、不従（？）□☒

簡62号

☒馬奴道☒

これらの簡文の「奴道」についての先行研究をまとめると、以下のとおりである。

A　劉信芳・梁柱二氏

奴道、未詳。疑即下文「弋射甬道」[1]

B　曹旅寧氏

禁苑中修築「弋射甬道」、有可能就是奴道、以其保証射猟的安全是有可能的。[2]

C　胡平生氏

奴道、疑為射放弩箭之工事。馬王堆三号墓出土『駐軍図』中有一三角形的建築、当中写「箭道」二字。（中略）今拠龍崗簡「弩道」資料与『駐軍圖』之「箭道」相参証、疑弩道・箭道、皆為一種軍事設施、『駐軍図』中所絵三角形建築即箭道、它似乎也可以是一種与甬道相似的、築有掩蔽自己且有射放弩箭孔穴的、類似長城墻垣的設施、具体形制尚待進一歩考証。

これらの研究はみな「奴道」を「**弩道**」とし、その道は一種の**軍事施設**であると主張する。しかし、それとは違う「駑道」説も提出された。

（2）「駑道」説

「駑道」を主張した王貴元氏は、上記の三簡に見られる「奴道」について「弩道」説を批判し、以下のように解釈した。

按、以上三簡中四个弩字皆為奴字誤釈、四字原形作、此為奴字異体、下加飾符「ヘ」。『馬王堆帛書』戦国縦横家書四四行：「以奴自信、可。」与此同形。戦国縦横家書三二行：「王怒而不敢強。」又一三七行：「楚、趙怒而与王争秦、秦必受之。」怒字上部所従亦此形。雲夢龍崗秦簡中、弩字出現両次、句例如下：

亡人挾弓弩矢居禁中者（269簡、即ち「新編号」の簡17号―引用者注）

☐弩矢故☐☐（135簡、即ち、「新編号」の簡92号―引用者注）

二弩字皆作、従奴従弓、与奴道之奴区別明顕。

奴即駑的古字、『馬王堆帛書』称：「両虎相争、奴犬制其余。」奴犬即駑犬、『戦国策』秦策四作「両虎相闘、而駑犬受其弊」。『墨子』魯問：「今有固車良馬於此、又有奴馬四隅之輪於此、使子択焉、子将何乗？」孫詒譲『墨子間詁』引畢沅：「駑、古字只作奴。一本作駑。『説文』無駑字。」龍崗秦簡残1②（即ち「新編号」の簡62号―引用者注）号簡之「馬奴」即「馬駑」。秦簡以「奴道」与「馳道」相対，「馳」指疾行、『広雅』釈宮：「馳、犇也。」「駑」則以慢為特徴、故有「駑緩」一詞。馳道在古代特指君王車馬行走的道路、也泛指供車馬馳行的大道、奴道指路況不好的劣質道路。[3]

王貴元氏が、簡17号と簡92号の「弩矢」の「弩」を、冒頭に示した三簡にある「奴道」の「奴」と比べ、その字形の違いを指摘して「弩道」説に反対した意見は、説得力を持つ説明であるだけではなく、簡60号に「奴道」と一緒に登場した「**馳道**」に関連させて「奴道」の意味を考えた点は、他の先行研究には言及されていないことで、筆者に多大な啓発を与えた。

たしかに、簡265号の簡文には「奴道」という言葉が二回見え、二回とも「馳道」に関わる内容であることから考えると、「奴（駑）道」と「馳道」との関連性は明白である。しかし、「奴（駑）道」はいったい「馳道」とどのような位置関係になっているのかについては、残念ながら王貴元氏は全く言及していない。

（3）馳道の両側にある「旁道」

そこで、筆者は、「奴（駑）道」を「馳道」の両側に設置された「**旁道**」とする説を主張したい。なぜならば、簡265号には「及奴（駑）道絶馳道」とあり、馳道を横断するためには必ず「奴（駑）道」に「及ば」なければ（経由しなければ）ならないということがわかるからである。つまり、「奴（駑）道」を通れば、馳道の両側いずれからも馳道を横断できたのであろうと判断できる。しかも、その両側の道が「旁道」と呼ばれる道であることは、以下の史料によって証明できる。

『漢書』鮑宣伝の注に如淳が言うには、

「令」、諸使有制得行馳道中者、行旁道、無得行中央三丈也。

とあり、同じ令文は『三輔黄図』に、さらに詳しく、次のように記載されている。

「漢令」、諸侯有制得行馳道中者、行旁道、無得行中央三丈也。不如令、没入其車馬。

武威漢簡にも「行馳道旁道」（「王杖十簡」）とあり、それは「漢令」の内容と合致している。後漢時代になると、秦・前漢における「馳道」はなくなったが、その「**中道**」と「旁道」という制度はまだ残されていた。陸機の『洛陽記』（『太平御覧』巻一九五に引用される）に記された「**御道**」に関する史料は注目すべきである。

宮門及城中大道皆分作三。中央御道、両辺築土墻、高四尺余、外分之。唯公卿・尚書・章服道従中道、凡人皆行左右、左入右出、夾道種楡槐樹、此三道四通五達也。

この史料では、洛陽城中の**大道**は、「**中央御道**」すなわち「中道」と、その「左右」両側の道という「三道」に分かれ、「中道」は皇帝のほか「公卿・尚書・章服」が通ることができ、「凡人」はみな両側の道を使うことになっていたという。

この「**三道**」**制**における「中道」という道が秦代における馳道に相当することは、後漢代の応劭が「馳道、天子道也。道若今之中道」（『史記』集解に引用される）と指摘している。また同じ後漢時代の蔡邕も、「馳道、天子所行道也、道若今之中道然」（『独断』）と述べている。

応劭・蔡邕は後漢時代の人物であり、実際に「馳道」を使用した秦と前漢に最も近いので、この二人の馳道に関する話には信憑性があると思う。

つまり、簡265号に現れる「**奴（駑）道**」と「馳道」とは、秦代の馳道の「**旁道**」と「中道」という構造であり、それは「漢令」にあった馳道の「**中央三丈**」**道**と「旁道」の前身である。やがて後漢時代に「**馳道**」がなくなったが、皇帝と官僚たちしか使用できない「中道」と「凡人」が通れる「左右」両側の道である「三道」制として存続したと考えられる。

以上により、歴代学者のように文献記録によって馳道構造を推測するのではなく、初めて、出土文字の「馳道」に関わる「及奴（駑）道絶馳道」という一次史料によって、秦朝の馳道にはたしかに中央道と両側道を備えていたという構造を解明したといえる。

二　馳道の「甬道」

（1）「作壁如甬道」と「不為甬壁」

「馳道」に「甬道」を備えたかどうかの問題は、一〇〇〇年以上にわたる中国史上の難問題ともいえる。龍崗秦簡に見える「馳道」に関わる新史料により、その難問題を解くことができるかもしれないので、考証したい。

「馳道」の外側には「甬道」を築くという考えは、後漢時代にもいくつかあった。例えば、『史記』秦始皇本紀の秦始皇二十七年に、

作信宮渭南、已更命信宮為極廟、象天極。自極廟道通酈山、作甘泉前殿。築甬道、自咸陽属之。

とあり、その「甬道」についての注に、応劭は、

築垣牆如街巷。（『史記』集解）

謂於馳道外築牆、天子於中行、外人不見。（『史記』正義）

と言う。また、『漢書』賈山伝には、

秦為馳道於天下、東窮燕斉、南極呉楚、江湖之上、浜海之観畢至。道広五十歩、三丈而樹、厚築其外、隠以金椎、樹以青松。

とあり、その「厚築其外、隠以金椎」について、服虔は注に、

作壁如甬道。隠築也、以鉄椎築之。

と言う。しかし、顔師古は「築令堅実而使隆高耳、不為甬壁也」（『漢書』賈山伝の注）と反論した（傍点―ともに引用者）。

このように、遅くとも唐時代から、馳道には「**作壁如甬道**」と「**不為甬壁**」という対立する意見があって、この問題の是非については、なかなか決着のつかない状態になっていた。

ここで、再び龍崗秦簡簡60号を検討しよう。

及奴（駑）道絶馳道、馳道与奴（駑）道同門・橋及限（?）□

駑道に至って馳道を渡り、馳道と駑道は門や橋や……を同じくす。

ここでは、「馳道」と「駑道」との位置関係を詳しく考証する余地があると思う。この簡60号の文脈からわかることは、人が「馳道」を渡るには必ず「駑道」を経由するということだけではなく、「駑道」は「馳道」と共用する門や橋などを通らなければならないということである。そのような事実を踏まえれば、「馳道」と「駑道」との構造を解明するためには、簡文に見える「**門**」や「**橋**」の位置を確定する必要がある。

（2）「馳道」と門

ここでのヒントは「同門・橋」なので、まず「同門」について考証したいと思う。

上述したように「馳道」と「奴（駑）道」は並行する中央道路とその両側にある旁道という関係であることがわ

かったが、中央道と旁道の間にどのように境界を引いたのか不明である。

実は、この問題についても対立する二つの考えがある。それは、賈山の『至言』にある「馳道」に関する「道広五十歩、三丈而樹、厚築其外、隠以金椎、樹以青松」の「**三丈而樹**」についての異なる解釈である。

清代の王先慎は、『漢書補注』に、

> 三丈、中央之地、惟皇帝得行、樹之以為界也。『三輔黄図』云、「漢令、諸侯有制得行馳道中者行旁道、無得行中央三丈也。不如令、没入其車馬。」蓋沿秦制。

と解釈している。その説に対し楊樹達氏は反論して、『漢書窺管』巻六[4]に、

> 三丈而樹、謂道之両旁毎三丈植一樹。王説附会『黄図』、非是。

としている。さらに、この二つの観点について、蘇誠鑑氏が、「馳道」に関する文献史料を考証したうえで、

> 上引四例都属違犯馳道禁令、従中可以看出両点、(一)権貴人物有特殊詔令得行馳道中、即中央三丈。(二)其他属従只準通行旁道。

と言い、その**中央三丈**の道について、

> 為保持皇帝御道神聖不可侵犯的尊厳、就必須樹立鮮明的界標。「三丈而樹」「樹以青松」、応該説就是這種界標的特殊規制。[5]

と指摘した。蘇氏は楊氏説を直接的には批判していないが、「三丈而樹」の「三丈」を中央三丈の「**御道**」であると強調するので、明らかに王説を支持しているといえる。

三人の研究者はたしかに二つの対立する考えを持っており、その最大の相違点は、「**三丈**」が中央御道の幅を指すか、植木の間隔を指すかの判断である。

しかし、三人とも中央御道の両側に壁を備えたこと、すなわち上述した「馳道」に「**甬道**」を設けた説を否定している点で共通しているのは間違いない。とくに、蘇誠鑑氏は服虔の「作壁如甬道」と顔師古の「不為甬壁」という対立する観点について、顔師古の説が正しい(「顔注是」)と指摘している。その理由としては、『史記』秦始皇帝本紀に

はたしかに「作甘泉前殿、築甬道、自咸陽属之」と記しているが、

但「甬道」只限于咸陽・甘泉之間、不可能在通向全国各地的馳道両側都築上垣墻。[6]

と述べている。蘇氏は、中道の両側に植木したか作壁したかという矛盾する二つの選択肢の間に折衷案を出したいため苦心したようだが、**植木説**と**作壁説**との矛盾点をクリアしたとはいえない。

さて、「甬道」が実在したかどうかの問題は、発掘調査によって解決できるのではないだろうか。一九八四年十月から一九八五年八月に、胡徳経氏らが洛陽と西安の間に古道についての発掘調査を行なった。胡徳経氏は「両京古道考弁」に次のように記している。

在考察中我們発現已露出地面的秦馳道原始路面余寛還有四五米以上、可見「賈山伝」所説「道広五十歩」、不是過分之辞。（中略）拠『三輔黄図』和班固的『西都賦』記述、漢代対両京大馳道又進行了大規模的修建。秦末馳道被破壊、漢統一後、又進行了大規模的修復工作。我們在考察中発現、歴史上曾有過三次巨大的修路活動。根拠路層中出土的秦漢瓦片和漢五銖銭等文物分析、第一次是秦代、第二次便是漢代、最後一次是隋唐。漢代修復秦道時、在秦道上鋪墊了一米左右的厚土。値得研究的是、上述両書説漢馳道「道中分三涂、中央為御道、両側築土墻、高四尺。」拠考察、築土墻似不可能、而是中央的御道為車轍、風吹、雨洗之後、形成一条自然路槽、車行其下、両側儼如「墻壁」。漢馳道的路面層距槽頂平均一・五米左右、与上述「高四尺」不相上下。[7]

これは発掘報告書ではないが、発掘調査をした人が書いた論文であり、数少ない「馳道」に関する考古学的成果である。とくに、現存の四五m以上幅がある路面[8]の中央には「**路槽**」と両側にある「**墻壁**」のような**土塁**が見つかり、またその土塁は、当時の路面から平均約一・五mの高さがあるという内容は、貴重な第一級史料といえる。

これによってわかったことは大きく分けて、三点ある。

①「馳道」は、今日のような上り道と下り道という上下二道構造ではなく、中央道と両側旁道がある**三道構造**である。これは上述した文献と出土文字に現れた中央道と旁道である資料と一致する。

②「馳道」の幅については、発掘者の「秦馳道原始路面余寛還有四五米以上、可見「賈山伝」所説「道広五十歩」

不是過分之辞」という判断が正しいと思う。

また中央道の幅もその両側にある土塁の幅も明確に記されていないが、秦の始皇帝御陵に副葬された実物の二分の一サイズになる銅馬車の墓室（図8-2）の三・一m幅[9]によって計算すると、実物の馬車と駟馬であれば、通過できる道路は六m（三・一m×二倍）以上幅の道があったはずであると換算できる。それは、上述した**中央三丈**（約六・九m）[10]の幅と合致する。

③　いわゆる「墻壁」は、「漢馳道的路面層距槽頂平均一・五米左右」という報告があり、その「墻壁」の最も高いところの高さは示していないが、一尺＝二三・一cm漢尺の長さで計算すれば、平均の高さは約六・五漢尺であり、最も高いところは上述した陸機の『洛陽記』の「中央御道、両辺築土墻、高四尺余」よりかなり高かったと、十分考えられる。

ゆえに筆者は、この「墻壁」の発見は服虔の「**作壁如甬道**」説に有利になると考えている。とはいえ、やはり発掘した当時は、文献史料からその「墻壁」が人工のものかどうか判断しにくいので、発掘者も、おそらく土墻を築くのは不可能だった（「築土墻似不可能」）と結論したのだろう。

しかし、龍崗秦簡簡265号「馳道与奴（駑）道同門・橋」の新史料は、この問題を解く一助になると思う。なぜならば、「**馳道**」と「**旁道**」とが並行する道という前提に立てば、両道の間には必ず境があるはずであり、その境に植木したのか作壁したのかという二つの選択肢に絞れば、簡265号に見る「門」は、「**甬道**」の壁に設けられた可能性がより高いので、この新史料は馳「道」に「作壁如甬道」説の信憑性を改めて証明することになるからである。

つまり、「馳道」に「甬道」があったと考えれば、甬道の壁に門があって、門の内側に中道が、門の外側に「旁道」があるので「同門」となるという意味である。新史料によると植木説よりも作壁説が有力であるのは間違いない。

また当然、この雲夢地域で出土した秦代の新史料のみによって当時全国各地方の「馳道」にも「甬道」があったかどうかを確実に証明することはできないが、少なくとも「甬道」は咸陽・甘泉の間だけに設置したわけではないことは断言できる。

ここで改めて問題になった『至言』の「道広五十歩、三丈而樹、厚築其外、隠以金椎、樹以青松」という史料に戻って考えれば、筆者は「三丈」よりむしろ「**樹**」の解釈に注目すべきではないかと思う。この史料では「樹」という言葉は二回出てくるが、これまでの解釈はいずれも「樹木する」の意と読み取ったので植木説が生じた。しかし、作壁説の立場によって考えると、「樹以青松」の「樹」は植木と解するべきだが、「三丈而樹」の「樹」は壁を作る意と解することができる。というのも、次のような例があるからである。

『爾雅』釈宮に「屏謂之樹」とあり、『礼記』郊特牲には「台門而旅樹」とあって、鄭玄の注に「屏謂之樹、樹所以蔽行道」とする。「樹」は屏であり、障壁を立て行道を遮るという意味である。したがって『至言』の史料は、以下のように読み取れる。

馳道、幅五十歩（約六九m）、幅三丈（約六・九m）の道に障壁を立て、其の路面の表を厚く築き、鉄の胴突きを用いて路面を突き固め(11)、また青松を植える。

このように読めば、「馳道」の構造とは、**中央三丈**の両側に壁を立ててその「**御道**」を屏蔽する「甬道」として、すべての路面のおもては厚く造り、鉄の胴突きを用いて路面を突き固め、幅五〇歩の馳道の両側にはまた青松を植えることである(12)。それは、『洛陽記』に「中央御道、両辺築土墻」と「凡人皆行左右、左入右出、夾道種楡槐樹」と記した**三道制**という構造と完全に合致している。この結論を図にすると、図8-3になる。

（3）「馳道」と橋

最後に、簡265号「馳道与奴（駑）道同門・橋」の「**橋**」と「馳道」との位置関係について少し論じたい。これに関する文献史料の一つに、『史記』滑稽列伝の褚先生補述の史料がある。

西門豹即発民鑿十二渠、引河水潅民田、田皆溉。（中略）至今（漢武帝の時—引用者注）皆得水利、民人以給足富。十二渠経絶馳道、到漢之立、而長吏以為十二渠橋絶馳道、相比近、不可。欲合渠水、且至馳道合三渠為一橋。鄴民人父老不肯聴長吏、以為西門君所為也、賢君之法式不可更也。長吏終聴置之。

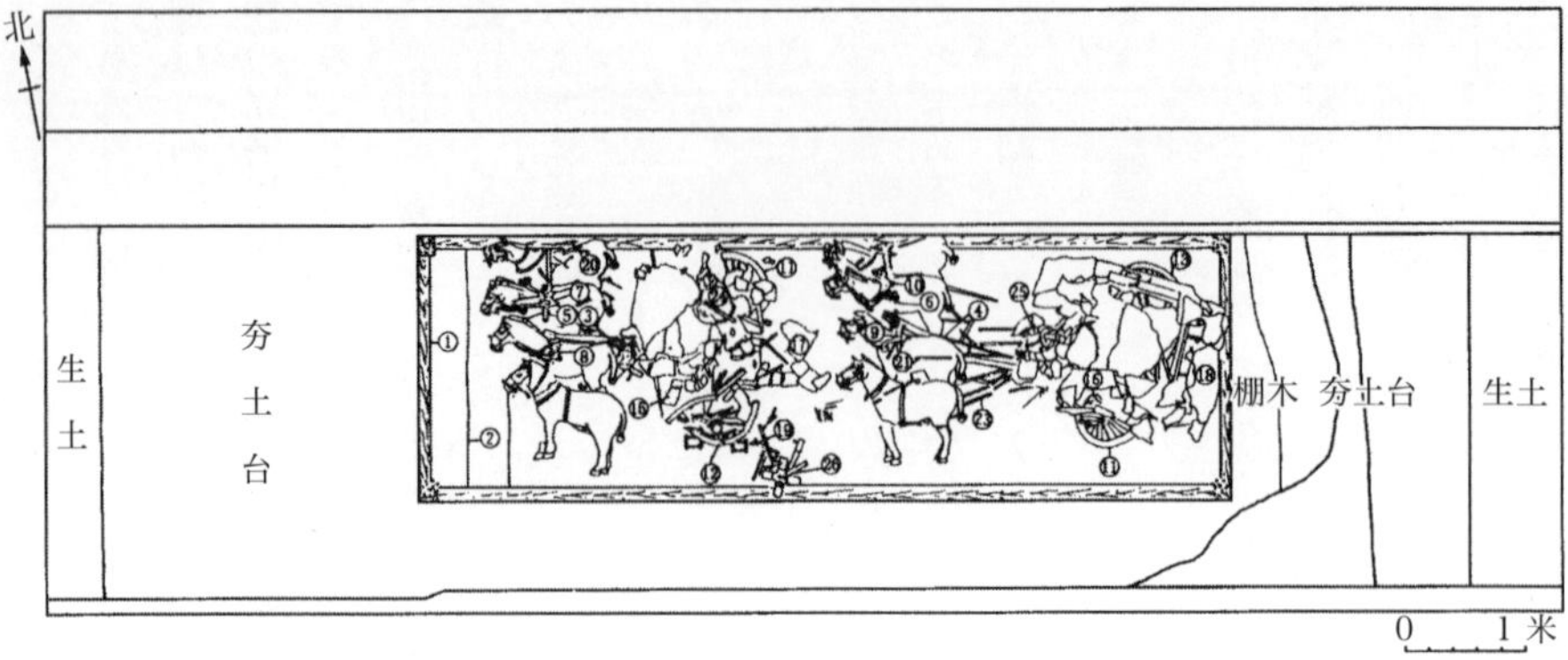

図 8-2　銅車馬坑試掘方出土状況平面図
（袁仲一『秦始皇陵的考古発現与研究』陝西人民出版社，2002 年，p120）

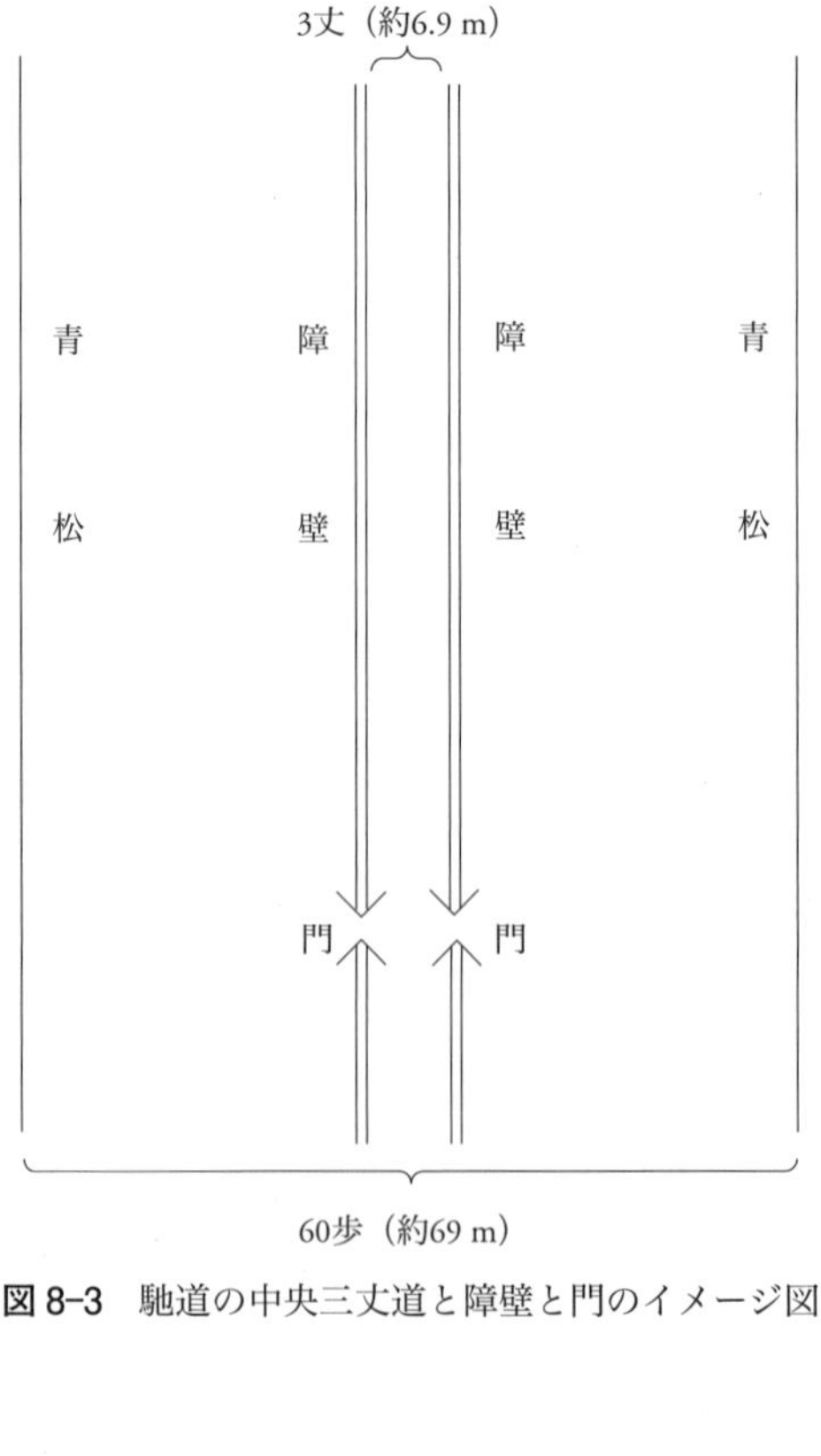

図 8-3　馳道の中央三丈道と障壁と門のイメージ図

この史料は、武帝期、鄴県の地方官が、秦以来「十二渠」は「馳道」を横切っていたため、この十二溝渠が馳道を横切って、たがいに接近しているのはよくないと思う。そこで溝渠の水を合流させ、馳道の地点で「三渠」を合わせて一「橋」を造ろうとした、という内容である。

当時、この建設案は「民人父老」の反対によって実現しなかった。しかし、「十二渠経絶馳道」という記録によって、秦・漢代に溝が「馳道」を横断したケースがあったことは確認できる。

実は、川と馳道と交差した史料は『水経注』にも見られる。例えば『水経注』巻八に、

有馳道、自城属於長垣、濮渠東絶馳道、東逕長垣県故城北。

とあり、『水経注』巻五にも、

漯水又北、逕聊城県故城西。城内有金城、周帀有水、南門有馳道、絶水南出。

とある。馳道が「絶水」するとは、橋が川を渡る（川に架けられる）ように道路が水面（上）を通るとイメージできるが、「渠橋」が「絶馳道」するとは、古代ローマ城の水道橋（写8-1）のような橋を設けたと考えられるが、現時点では「馳道」の橋に関する史料が少ないので、それらの位

写真8-1　今日も道を渡っている古代ローマ城の水道橋遺跡（イタリア・ローマ市内　著者撮影）

置関係はよくわからないと言わざるを得ない。

三　「馳道」の機能と管理

（1）「甬道」の防衛機能

「甬」字は桶の初文であり、「**甬道**」は両側に垣のある道である。
『史記』秦始皇本紀に、盧生が、

人主所居而人臣知之、則害於神。（中略）願上所居宮毋令人知、然后不死之薬殆可得也。

と言ったゆえに、始皇帝が、

乃令咸陽之旁二百里内宮観二百七十復道甬道相連、帷帳鍾鼓美人充之、各案署不移徙。行所幸、有言其処者、罪死。

とあり、一般には「馳道」の「甬道」も「天子於中行、外人不見」（前に引用した応劭の語）のように解釈したが、実は『史記』秦始皇本紀にあるように、盧生が「願上所居宮毋令人知」という提案を出したのは始皇帝三十七年に当たり、これに対し咸陽・甘泉の間における「**築甬道**」および「**治馳道**」などは、みな始皇帝二十七年に行なったことである。ゆえに、「馳道」に「甬道」を築いたことは、盧生には関係ないといえる。

それでは、「馳道」に「甬道」を設けた理由はいったい何であろうか。龍崗秦簡簡31号の律令にその答えがある。そこには、次のように記されている。

諸弋射甬道、禁苑外卅（?）里（?）毄（繫）、去甬道、禁苑☐

およそ甬道を弋射したものは、禁苑外三十里内で行えば拘束し、甬道を離れて、禁苑……

簡文中の「卅里」という文字ははっきり見えないが、「甬道」が「弋射」された場合はどのように対応するかという内容であるに違いなく、少なくとも「甬道」にはその中を走行する要人の身の安全を守る機能[13]があることが証明できる。この「甬道」における**防衛機能**を考えると、当時そういう防衛施設を設置する必要があったといえる。

始皇帝二十九年の「秦皇帝東游、(張)良与客狙撃秦皇帝博浪沙中、誤中副車」(『史記』留侯世家)という有名な**暗殺未遂事件**は、その一例である。[14] 三十一年にも「始皇為微行咸陽、与武士四人倶、夜出逢盗蘭池、見窘、武士撃殺盗、関中大索二十日」(『史記』秦始皇本紀)とある。いずれも始皇帝が出幸した際の暗殺事件であり、始皇帝の身の安全のため、出幸のときに使う「馳道」に「甬道」を設ける必要があったことは十分考えられるだけではなく、龍崗秦簡簡31号の「**諸弋射甬道**」という律令にも一致する。

秦時代における「馳道」の管理システムに関する文献記録はきわめて少ないので、これまでに、この問題についてのまとまった研究は見当たらない。ここでは、考証のために、まず漢時代における「馳道」を管理する関連史料を「**三輔馳道**」と「**当馳道県**」との二つに分類してまとめてみよう。

(2)「三輔馳道」の管理

まず、「三輔馳道」という表現は『漢書』平帝紀の元始元年六月に、「罷明光宮及三輔馳道」とある。「三輔馳道」に関わる管理例は、

『漢書』翟方進伝

従上甘泉、行馳道中、司隷校尉陳慶劾奏(翟)方進、没入車馬。

『漢書』江充伝

(武帝の直指繡衣使者江)充出、逢館陶長公主行馳道中。充呵問之、公主曰「有太后詔。」充曰「独公主得行、車騎皆不得。」尽劾没入官。

後充従上甘泉、逢太子家使乗車馬行馳道中、充以属吏。太子聞之、使人謝充曰「非愛車馬、誠不欲令上聞之、以教敕亡素者。唯江君寛之。」充不聴、遂白奏。上曰「人臣当如是矣。」大見信用、威震京師。

『漢書』鮑宣伝
　丞相孔光四時行園陵、官属以令行馳道中、（鮑）宣出逢之、使吏鉤止丞相掾史、没入其車馬、摧辱宰相。
『漢書』王訢伝
　徴為右輔都尉、守右扶風。上数出幸安定・北地、過扶風、宮館馳道脩治、供張弁。武帝嘉之。
『漢書』黄覇伝
　徴守京兆尹、秩二千石。坐発民治馳道不先以聞、又発騎士詣北軍馬不適士、劾乏軍興、連貶秩。
『漢書』酷吏伝
　上（武帝）幸鼎湖、病久、已而卒起幸甘泉、道不治。上怒曰、「（右内史義）縦以我為不行此道乎。」銜之。

などがある。

「三輔」とは「**西京**」ともいい、例えば『三輔黄図』はまた『西京黄図』ともいう。「三輔馳道」とは秦の咸陽あるいは前漢の長安付近、すなわち近畿地域における「**馳道**」である。その地域には馳道の本数が多く、管理も厳しかったことは、以上の史料によってわかる。『三輔黄図』の「秦宮」という皇帝の御在所を記す一節に「馳道」条が付録されたことも、歴代の学者がどれほど三輔地域にある馳道を重視してきたかを物語る。

なぜ「三輔馳道」の管理がとくに厳しいかについて、史念海氏は、

　畿輔之地、殆因車駕頻出、故禁止吏穿行。若其他各地方則不聞有此、是吏民亦可行其上矣。(15)

と言った。この、「車駕頻出」という理由によって「畿輔之地」の馳道管理は「其他各地方」よりなお一層厳しいという判断は正しいと思う。漢の平帝時代に「三輔馳道」を廃した理由は『漢書』平帝紀に書かれていないが、上述した史料によると、「馳道」に関する厳しい管理制度には問題があったのではないかと考えられる。

その厳しい管理制度に対しての不満と抵抗に関わる資料も見える。例えば、前漢昭帝のときの『塩鉄論』刑徳に、
　大夫曰「文学言王者立法、曠若大路。今馳道不小也、而民公犯之、以其罰罪之軽也。（中略）文学曰「詩云『周道如砥、其直如矢。』言其易也。『君子所履、小人所視。』言其明也。故徳明而易従、法約而易行。今馳道経営陵陸、

紂周天下、是以万里為民阱也。

とある。大夫も文学も比喩的な言葉であるが、馳道管理律令の「民公犯之」に対する正反対の意見であり、民間人は馳道管理制度への強い不満を抱いていたに違いない。大夫と文学の話は全国馳道に対する普遍の問題であり、前述したように、管理制度の一層厳しい「三輔馳道」なら問題はさらに深刻であったろうと考えると、漢平帝の時代に「三輔馳道」を廃した対策は、むしろ秦以来の馳道管理制度が、少なくとも三輔地域では維持できなくなった結果であるともいえる。

（3）「当馳道県」の管理

いわゆる「当馳道県」の語は、『史記』平準書（『漢書』食貨志に同じ）に次のように見える。

（武帝）既得宝鼎、立后土・泰一祠、公卿議封禅事、而天下郡国皆豫治道橋、繕故宮、及当馳道県、県治官儲、設供具、而望以待幸。

地方の「馳道」に関する記載は、『水経注』に上述した二つ以外にもいくつかある。例えば「陰溝水」に苦県「城之四門列築馳道」、「肥水」には「為玄康南路馳道」とある。しかし地方の馳道に関わる管理例は、おそらくこの一つしかない。

文献史料に現れる「馳道」に関する例は以上のようであり、地方馳道より「三輔馳道」に関する実例が圧倒的に多いことがその特徴であるのは明らかである。例えば、馳道を管理する官吏は、司隷校尉（陳慶・鮑宣）・京兆尹（黄覇）・右輔都尉（王訢）・特使（江充）・右内史（義縦）など、具体的な官職名を見ると、みな「三輔」地方のものであり、違法者のほとんどが近畿地域の貴族や大官である。おそらくこの理由によって、これまでほとんどの研究者は、馳道管理システムが機能していたのは「三輔馳道」だけであろうと考えてきた。上述した蘇誠鑑氏の、「甬道」只限于咸陽・甘泉之間、不可能在通向全国各地的馳道両側都築上垣墻。

も、そうであるが、何清谷氏もまた、

三丈而樹：馳道中央三丈寛専供皇帝通行。（中略）這種制度只能在咸陽及其周囲実行、関外在皇帝出巡時実行、平時恐不可能在全国馳道中実行。[16]

と述べている。しかし、龍崗秦簡に見る馳道管理システムに関する新史料は、従来の研究者の考え方に反しているのである。例えば次のようなものがある。

簡54・55・56・57・58号[17]

敢行馳道中者、皆遷（遷）之、其騎及以乗車・軺車▨牛牛▨車□▨輓車▨行之、有（又）没入其車・馬・牛、県・道【官】、県・道▨

みだりに馳道中を行く者は、皆これを流刑にし、騎乗及び乗車・軺車・牛・牛車・輓車で馳道を行けば、また、その車馬牛を県・道の官に没収する。県・道の官……

簡59号

騎作乗輿御、騎馬於它馳道、若吏【徒】▨

騎馬用の馬が乗輿用の馬として使用され、他の馳道で騎馬すれば、吏と徒のように……

簡63号・64号

有行馳□▨▨道中而弗得、貲官嗇▨

馳道に（侵入者）入ったことに気付かなければ官の嗇夫を貲刑とする。

簡87号

▨□絶行【馳】▨

馳道を横断する

これらの簡文は、すべて地方の「馳道」にも適用される秦代の法律であって、「**地方馳道**」を管理する人物や違法行為や刑罰などの内容が見られる。上述したように『史記』平準書に記された「当馳道県」のところでは、「県ごとに天子のために物質を貯蔵し、接待の道具を設け、行幸を望んで待ちもうけた」とだけ書かれていて、「馳道」を管理する具体的な内容はいっさい見えないので、龍崗秦簡に見られるような「馳道」に関する地方管理の内容は、文献史料の不足を補うきわめて重要なものであると思う。

例えば、地方における馳道管理の責任者は、「県・道（官）」（簡58号）と「官嗇（夫）」（簡64号）であり、罪と見なされるのは「敢行馳道中」（簡54号）だけでなく、「弗得」（簡64号）という責任者の職務過失も罪として問われることや、刑罰には文献記録の「没入其車馬」と同じような「没入其車馬牛」（簡58号）があるほか、また「罨（遷）」（簡54号）や「貲」（簡64号）など、これまで知られていなかったこともわかる。

当然なことであるが、龍崗秦簡にある「馳道」に関する律令は、もっぱら地方に対するものではなく、簡59号の「它馳道」という表現によって考えれば、むしろ、主に「三輔馳道」に関する律令であり、そのなかに地方馳道にも当てはまるものがあるということだと思う。すなわち「**三輔馳道**」のみの法律ではなく「**它馳道**」にも適用する、というものであると考えられる。

最後に、龍崗秦簡に見える「馳道」に関する律令の性格について少し論じたいと思う。

まず、如淳の言及した「漢令」（『漢書』江充伝注）と龍崗秦簡簡54号・55号・56号・57号・58号の内容を比較しよう。

簡文

敢行馳道中者、皆罨（遷）之、其騎及以乗車・軺車▨牛牛▨車□▨輓車▨行之、有（又）没入其車馬牛、県・道【官】、県・道▨

漢令

「令乙」、騎乗車馬行馳道中、已論者、没入車馬被具。

「漢令」と簡文の表現にはたしかにいくつかの違いがあるが、「行馳道中」と「没入其車馬」という同じ表現によって考えると、龍崗秦簡における「馳道」についての内容は、「漢令」の前身であることは明白である。換言すれば、龍崗秦簡にある内容は、秦の律より秦の令である可能性が高いといえよう。

では、龍崗秦簡に見える「馳道」に関する簡文がいかなる秦令であるかという問題は、その簡文の性格に関わるの

で、少し検討する。上述した如淳の言った漢の「令」について、清代の沈家本氏は『漢律摭遺』巻一六に、

「令」云「已論」、則「没入車馬」之外自有当論之罪、未知漢時之用法何如也[18]。

と述べる。沈家本氏は、法律史の専門家の目で、「漢令」に表す「已論」（すでに罪を決定した）という表現によって、如淳が「没入車馬」以外に自ずから論ずるべき罪があると断言したが、文献史料で見るかぎり、それがいったいどんな罪を「已論」したか知ることができないと言っている。ただ、沈氏のあと約一〇〇年経って、龍崗秦簡の出土文字史料によって沈氏の断言の正しさが証明されたばかりではなく、その「没入車馬」以外に当たる罪は「遷」（流刑）であることも明白になった。

また、沈氏がその「馳道」に関する「令」を「闌入宮門殿門」「失闌」などと並べて「越宮律」に入れたことから考えれば、沈氏は馳道に侵入することを「**闌入**」**罪**と認めたのだろう。しかし、「越宮律」は漢代に初めて作られた律であり、秦代にはまだなかったので、馳道闌入罪は当時の「闌令」の対象に当たったのではないかと考えられる。

おわりに

「馳道」の広義と狭義

以上のように、龍崗秦簡の出土文字に見る「奴（駑）道」「甬道」「馳道」をめぐって考証してきたが、もう一つ避けて通れない問題がある。それは「**馳道**」という表現の広義の意味と狭義の意味という問題である。すなわち、同じ「馳道」という言葉でも、場合によって指す範囲は違うことがあるのだ。

具体的に言うと、文献史料に見る同じ「行馳道中」という表現であるが、上述した『漢書』の諸伝の「行馳道中」に当たる者は、みな罰する対象になるので、その「馳道」とは明らかに「**中道**」を指す狭義である。それに対して、「漢令」の「諸侯有制得行馳道中者、行旁道、無得行中央三丈也。不如令、没入其車馬」における「行馳道中」の「馳道」とは、「行旁道」と「行中央三丈」の二種類に分けているので、その「馳道」は「中道」も「**旁道**」も含む広義である

ことは間違いない。また、武威漢簡にある出土文字も、本始二年詔令簡に王杖の持ち主であれば「得出入官府節第、行馳道中[19]」とあり、同じ意味であるが、「王杖十簡」には「得出入官府即（節）第、行馳道旁道[20]」となる。前者の「馳道」は後者のいう「馳道旁道」であるので、両者の「馳道」とも広義である。

龍崗秦簡に見る「馳道」も同じように考えられる。例えば簡54号「敢行馳道中者、皆䙴（遷）之」の「馳道」は「䙴（遷）」される場所であるので、中央道という狭義であるが、簡59号「騎馬於它馳道」の「馳道」は、簡文に欠字があり、はっきりは断定できないが、上述した「三輔馳道」に対する地方馳道を意味すれば広義の用法である。もちろん、簡60号「及奴（駑）道絶馳道、馳道与奴（駑）道同門・橋及限（?）〼」の「馳道」も「奴（駑）道」（旁道）に対する言葉であるので、狭義の「馳道」であるといえる。

出土史料に基づく「馳道」の分析

さて、本節では、龍崗秦簡の出土文字に見る「**奴道**」を「奴（駑）道」すなわち「**旁道**」と解釈する説を主張した。これを出発点として、後漢代の応劭・蔡邕などの馳道を「中道」と「旁道」に分ける構造への推測説を一次史料によって証明したうえ、これまで一〇〇〇年以上不明であった「馳道」に関する二つの謎、すなわち馳道に「**甬道**」を備えていたかどうかの問題と中道の両側に植木したか作壁したかの問題を考証し、さらに馳道の管理システムに関する考察や文献・出土史料に見る「馳道」という用語の広狭両義の分析も行なった。この結果を次にまとめる。

1　龍崗秦簡の出土文字に見る「奴道」とは、先行研究の結論となった「**弩道**」説に反対して「**駑道**」説に賛成し、さらに龍崗秦簡の新史料によって「**奴（駑）道**」と「**馳道**」との位置関係を追究して、「奴（駑）道」の空間位置は馳道の両側にある「**旁道**」であることを立証した。これにより、馳道が中道と旁道を分けるという三道構造であることを初めて一次史料により証明できたのである。

2　簡60号「馳道与奴（駑）道同門」の新史料に基づいて、歴代学者の「三丈而樹」（『至言』）の「樹」を「植木する」とする解釈は、「壁を作る」意味の誤りであると指摘し、龍崗秦簡に見える「**甬道**」について、先行研究においては馳道との関係を無視した立場をとっているが、ここでは、馳道の中央道に備えるものであることを確認した。

3 龍崗秦簡の「**諸弋射甬道**」についての律文を用いて、馳道機能に関する歴代の「天子於中行、外人不見」という説の不適切さを分析し、馳道における「甬道」の**防衛機能**を強調した。

4 馳道管理システムの機能を持ったのは「**三輔馳道**」だけであろうという説が生まれた原因は、限られた文献史料に拠っていた時代背景にあると思われる。龍崗秦簡に見える地方馳道に関する律令によって、出土文字の「**它馳道**」とは秦朝の地方馳道だと結論した。

5 沈家本氏は、「馳道」に侵入することを「**闌入**」罪とする結論に基づいて、龍崗秦簡における地方馳道に関する規定の性格とは「**闌令**」であろうという考えを提出した。

6 文献史料と出土文字史料における「馳道中」や「馳道」という表現には、場合に応じて広義と狭義の意味があることを指摘した。

ここでは、「馳道」に関するいくつかの研究課題を解決したと考えるが、まだ残されている課題があることも確かである。例えば龍崗秦簡の出土文字に見られる馳道に関する史料は「地方馳道」の史料であるが、その史料はみな「地方禁苑」の周辺における馳道に関わる内容であり、地方の馳道のすべてが「**禁苑**」のある特別地域にあるとは限らないので、その史料によってだけでは、すべての**地方馳道管理システム**を説明できない部分があり、今後も検討の余地がある。

また、龍崗秦簡に見る「馳道」の「**橋**」や「**它馳道**」などには史料としての重要性が感じられるが、一層深く研究できるよう他の史料が出現するのを待たなければならない。

注

（1）『雲夢龍崗秦簡』科学出版社、一九九七年、三四頁。

（2）『秦律新探』「従秦簡看秦的道路法」、一六八頁。

（3）「秦簡字詞考釈四則」『中国語文』二〇〇一年第四期（総第二八三期）。

（4）上海古籍出版社、一九八四年、三八九頁。

（5）「「馳道」的修築与規制」『安徽史学』、一九八六年二期、七〇〜七一頁。

（6）同前、七一頁。

（7）『史学月刊』一九八六年第二期、三頁。

（8）秦漢代における道路の幅が五〇m以上になることは別の発掘調査からも証明できる。始皇帝の直道と見られる遺跡の幅は五〇〜六〇mあり、咸陽付近発掘した漢代古道の幅は五〇mである（王子今『秦漢交通史稿』中共中央党校出版社、一九九四年、三三頁、参照）。

（9）『秦始皇陵銅車馬発掘報告』文物出版社、一九九八年、参照。

（10）丘光明等『中国科学技術史（度量衡巻）』（科学出版社、二〇〇一年版）によって、秦・漢代における一尺は約二三・一㎝であることがわかる。換算すれば「中央三丈」は約六・九m、「幅五十歩」は三〇丈＝約六九mである。

（11）王子今氏は、

秦時修築馳道、「隠以金椎」、即以金属工具夯撃使路基堅実隠固。漢高祖長陵園門跡寛達二三米、又有路土残存、出土有直径七釐米的鉄質夯頭、或許即当時所謂「金椎」的実物遺存。

と論じた（『秦漢交通史稿』中共中央党校出版社、一九九四年、五五頁）。

（12）王子今氏は『史記』景帝本紀の六年に「後九月、伐馳道樹、殖蘭池」および『古詩十九首』『楽府詩集』『隷釈』『水経注』等の史料の研究によって、

馳道両側除賈山所謂「樹以青松」外、又有楊柳一類易於扦插繁殖的樹種、用作行道樹者、当時還有柏、梓、槐、檜、檀、楡等等

と指摘した（同前）。

（13）『唐律疏義』に宮殿や御在所の垣に箭射する罪に関する律文があり、参照できる。例えば、「衛禁律」に、

諸向宮殿内射、謂箭力所及者。宮垣、徒二年。殿垣、加一等。箭入者、各加一等。即箭入上閤内者、絞。御在所者、斬。

とある。

(14)『史記』秦始皇本紀に「二十九年、始皇東游。至陽武博狼沙中、為盗所驚。求弗得、乃令天下大索十日」とある。
(15)「秦漢時代国内之交通路線」『文史雑誌』三巻一・二期。
(16)『三輔黄図校注』三秦出版社、一九九五年、五三頁。
(17) 簡54・55・56・57・58号の内容はつながっているものと考える。中国文物研究所・湖北省文物考古研究所『龍崗秦簡』(中華書局、二〇〇一年)九五頁を参照。
(18) 清代の沈家本『歴代刑法考』三(中華書局、一九八五年)一六七八頁を参照。
(19) 考古研究所「武威磨咀子漢墓出土王杖十簡釈文」『考古』一九六〇年九期。
(20) 武威県博物館「武威新出土王杖詔令冊」『漢簡研究文集』甘粛人民出版社、一九八四年。

第五章　龍崗秦簡における「闌入」律令の考察

「禁苑」管理についての律令は、これまでほとんど史料がなかったので研究できない分野であったが、龍崗秦簡に見る**禁苑闌入律令**は、その研究を可能にした。

本章第九節では、禁苑闌入律令簡の分類研究をはじめ「禁苑」を含む「禁中」に関わる「禁」律に詳しく考証を加え、第十節では、その「**禁律**」の厳しさを具体的に証明した。

第9節　龍崗秦簡に見る禁苑闌入律簡の分類
――『唐律疏義』衛禁律との比較研究――

はじめに

一九七五年の雲夢楚王城跡発掘で出土した**睡虎地秦簡**により、在来の文献史料では不明確であった秦代の事象を補うことができるようになってきた。「禁苑」に関しても例外ではなく、「禁苑」という表現のある簡が六枚発見された。これだけでも重要な発見であることは違いないが、さらに一九八九年には、同じ地域で**龍崗秦簡**が発見された。この龍崗秦簡では「禁苑」という表現のある簡が二六枚にも上った。これが秦代における「禁苑」についての絶好の新資料となることは明らかであろう。

そこで、本節では、龍崗秦簡において「禁苑」あるいは「**禁中**」や「**入禁**」という言葉が見られる二六枚の竹簡を「**禁**

苑」と呼ぶことにし、そのなかでも半数以上を占める一四枚の「禁苑」への出入りに関する律を命名、注釈、考証し、それらの簡の性格および秦時代の**禁苑管理制度**について追究したい。

一　禁苑闌入律簡

今日までに知られている、「禁苑」に関する律の最も古い文献資料は、『唐律疏義』の「衛禁律」に含まれるものであり、その「衛禁律」の冒頭には、

疏義に曰く、「衛禁律」は、秦漢及び魏には未だ此の篇有らず。晋の太宰賈充等、漢魏の律を酌み、事に随ひて増損し、創めて此の篇を制し、名づけて「宮衛律」と為す。宋より後周に洎《およ》び、此の名並びに改むる所無し。北斉に至り、関禁を将つてこれに附し、更めて「禁衛律」と名づく。隋の開皇は改めて「衛禁律」と為す。衛とは、警衛の法を言ひ、禁とは関禁を以て名と為す。但《およ》そ上を敬ひて非を防ぐは、事に於いて尤も重し。故に「名例」の下に次し、諸篇の首に居らしむ。

とある。この『唐律疏義』の説明によって、二つのことが判明した。

①「**衛禁律**」や「禁衛律」の元になった「**宮衛律**」は、秦漢および魏にはなく、晋の太宰賈充等が「漢魏の律」の内容に従って「創制」したものである。つまり、彼らは秦時代にも「警衛の法」があったことを知らなかった。

②隋唐時代には、この「禁衛律」が最も重視されたので、国家律令の諸篇のはじめに置かれた。

換言すれば、**龍崗秦簡**に現れる秦時代の「**禁苑**」**律**は、実際は最も重視される「禁衛律」の中の大切な一部であるにもかかわらず、残念ながら、少なくとも晋時代に至ると、すでにその存在を知る者はいなかった。さらに言えば、この龍崗秦簡における「禁苑」律は晋の太宰賈充等が利用した「漢魏の律」の源であり、非常に貴重な衛禁律の史料なのである。

『唐律疏義』「衛禁律」の特徴の一つは、「**闌入**」**律**に関わる内容が多いことである。例えば「衛禁律」の最初の三

条は「闌入太廟門」「闌入宮門」「闌入踰闕為限」に関する律文があり、また「衛禁律」一二の「闌入非御在所」や二〇の「闌入行宮營門」もある。これだけではなく、「衛禁律」二に、

御膳所に闌入すれば流三千里、禁苑に入れば徒一年とす。

とあり、「闌入」の表現はまた「入」と略されることがわかる。

しかし龍崗秦簡によると、晋代以降内容がわからなくなっていた秦の「禁苑」律に「**闌入**」という表現はすでに存在した。例えば、

簡２号

竇出入及毋（無）符伝而闌入門者、斬其男子左趾、□女【子】

竇にて出入し及び符伝毋（無）くして門に闌入する者は、斬するに其の男子は左趾、□女【子】は……

簡４号

詐（詐）偽叚（假）人符伝及譲人符伝者、皆与闌入門同罪。

詐（詐）偽して人に符伝を仮りる及び人に符伝を譲るは、皆門に闌入すると罪を同じくす。

簡12号

有不当入而闌入及以它詐（詐）偽入□□□□□⍁

当に入るべからずして闌入し及び它の詐（詐）偽を以て入る……

とある。これだけでなく、下記のように、本節の検討対象となっている一四枚の禁苑簡は、すべて「闌入」罪に関する内容であるので、本論では「**禁苑闌入律簡**」と命名し、また各々の簡文の内容によって、

ａ持伝律　ｂ侵入律　ｃ滞在律　ｄ畜入律　ｅ不明

と分類した五つのグループに分けることとする（表９-１）。

このように、一四枚の「闌入律」簡は、禁苑簡の半数を占めており、きわめて重要な意味が示唆されていると思われる。そこで、表９-１のグループごとに、その内容の解釈と考証を行なうことで、秦代における禁苑「闌入」罪に

表9-1　龍崗秦簡「禁苑闌入律」の命名

分類	命名	簡番号	主旨	枚数
闌入律（出入りと滞在に関する律）	a 持伝律	7 11 25	禁苑の出入についての伝制	14
	b 侵入律	13 17 18	侵入者や侵入者を追放する人間に対する律	
	c 滞在律	15 19 20	滞在に対する可否に関する律	
	d 畜入律	23 77	畜産の禁苑中の侵入に対する律	
	e 不明	94	不明	

関する「禁苑」の伝制・侵入罪への判断・出入の管理・禽獣誤入への対応などの具体像を明らかにしたい。

二　「持伝律」に見る禁苑の「符伝」制

筆者は、「**持伝律**」の三枚の簡の内容に鑑みて、簡7号を「**伝書**」簡、簡11号を「**参弁券**」簡、簡25号を「**田伝**」と命名する。本節では各簡に注釈を加え、これまで研究されてこなかった「禁苑」の**伝制度**について考証していきたい。

簡7号　諸有事禁苑中者、□□伝書県・道官、□郷（?）〼

【書き下し】諸そ禁苑中に事有る者、伝書を県・道官にて……、郷にて……

【和訳】禁苑中に用事がある人は、県・道官のところで伝書を……、郷（?）で……

【注】

①「**禁苑**」という表現の従来の解釈は、伝統的な解釈の「宮中の苑」[1]や「宮中の園」[2]という意味とは異なり、**離宮**[3]の意味である。これは未曾有の新史料である。

②「伝」は、関所の役人に示す通行手形、漢代から「過所」ともいい、今日の**通行許可証**のようなものである。『漢書』文帝紀には「関を除きて伝を用いること無し」とあり、顔師古の注に張晏の言を引いて「伝、信なり。今の過所の如きなり」とある。この「過所」とは『釈名』に「過所、津関に至りて以て之を示すなり。或いは伝と曰ふ」とある。「伝」のもとの意味は『説文』に「遽《きょ》なり」とあり、伝遽、すなわち駅伝形式で運ぶことをいう。『段注』に「伝は今の駅馬の如し。駅馬に必ず舎有り、故に伝舎と曰ふ。又た文書も亦た之を伝と謂ふ。「司関」の注、『伝は今の過所に移すの文書の如し』と云ふは是れなり」(『伝如今移過所文書』是也)[4]とある。

③「県・道官」は、県や道の主管官府である。道は、少数民族が集って住んでいる県である。『漢旧儀』に「内郡は県と為し、三辺は道と為す」とあり、また『漢書』百官公卿表には「蠻夷有るは道と曰ふ」とある。

簡11号　☐于禁苑中者、吏与参弁券☐

【書き下し】……禁苑中に……する者は、吏は参弁券を与へ……

【和訳】禁苑の中で(……する)者は、吏が三分の一の券を発給し……

【注】

「参弁券」は「**三弁券**」ともいう。「弁」は「分かつ」の意で、『説文』に「判かつなり」とあり、睡虎地秦簡「**秦律十八種**」の「**金布律**」にも、

嗇夫即以其直銭分負其官長及冗吏、而人与参弁券、以效少内、少内以収責之。其入嬴者、亦官与弁券、入之。

嗇夫即ち其の直(値)銭を以って其の官長及び冗吏に分負せしめ、而して人ごとに参弁券を与へ、以て少内に效し、少内は以て之を収責せよ。其の嬴を入る者にも、亦た官は弁券を与へ、之を入れよ。

と「参弁券」の字が見られ、注釈は「三つに分れる木券である」としている。つまり、当事者によって別々に保存されることであろうと考えられる。『張家山漢簡〈二年律令〉』の簡334号~335号の「**戸律**」にも、

民欲先令相分田宅・奴婢・財物、郷部嗇夫身聴其令、皆参弁券書之、輒上如戸籍。有争者、以券書従事、毋券書、勿聴。

民、先令にて相《とも》に田宅・奴婢・財物を分けんことを欲せば、郷部嗇夫、自《みずか》ら其の令を聴し、皆な参弁券に之を書き、輒ち上すること戸籍の如くせしむ。争有れば、券書を以て従事す。券書毋ければ、聴す勿かれ。

とある。しかし、本簡に現れる「禁苑」に関する券制の資料は、上述した債務や財産についての券制資料とは共通点も相違点もあるので、きわめて重要な新史料である。

簡25号　禁苑田伝☐

【書き下し】……禁苑の田伝……

【和訳】……禁苑の田伝……

【注】

「田伝」は伝来文献には見られず、おそらく「禁苑」にある田圃に入るための「伝」であろう。

「禁苑」伝制の考証

秦・漢時代の「伝制」は、これまでの出土資料と文献記録によってほぼ明らかになったと思われるが、「禁苑」に関する「伝制」は、この龍崗秦簡の史料が発見されるまで全くわからなかった。

簡7号

諸有事禁苑中者、□□伝・書県・道官、□郷（？）☐

諸そ禁苑中に事有る者、伝と書を県・道官にて……、郷にて……

の「諸有事禁苑中者」という律文は、

簡1号

諸叚（假）両雲夢池魚（漁）及有到雲夢禁中者、得取灌（？）□□☐

諸そ両雲夢の池を叚（假）りて魚（漁）し、及び雲夢の禁中に到る者有れば、灌……を取ることを得。

簡6号

禁苑吏・苑人及黔首有事禁中

　禁苑吏・苑人及び黔首の禁中に事有るは……

によく似た文言であるので、「諸有事禁苑中者」とは「禁苑」の中で仕事をする黔首であると判断できる。

　その理由は簡６号に見られる「**禁苑吏**」「**苑人**」「**黔首**」という三種の呼び方のうち「禁苑吏」と「苑人」は禁苑内部の役人であり、彼らが「禁苑」にいるのは当然のことであるが、「黔首」（民間人）は通常、禁苑に入ってはいけない者であり、例外として禁苑で徭役に服する「黔首」がいる。つまり「黔首有事禁中」の者だけ「禁苑吏」と「苑人」とともに「禁苑」に入れるのである。

　しかし、黔首は、**徭役**を行うのであれば無条件で禁苑に入ることが可能かというと、けっしてそうではなかった。簡７号の後半の「□□伝・書県・道官、□郷（？）〼」を見ると、いくつかの欠字があるものの、地方の「**黔首**」と呼ばれる民間人は、地方にある中央朝廷直属の派出機関である「禁苑」に入って徭役をするためには、県・道官あるいは郷の政府機関で「**伝書**」を取る手続きが必要であることがわかる。[5]

「伝書」という言葉は伝来文献には見られず、「伝」と「書」は別物であろう（詳しくは本書第六章第11節を参照）。『周礼』司関の鄭玄の注に「伝は今の過所に移すの文書の如きなり」とある。[6] ここで、鄭玄の言う「過所」とは旅の人が過ぎる関所であって、「文書」とは旅の人が関所の役人に示す通行手形である。そう考えれば、『周礼』司関の「凡所達貨賄者、則以節伝出之」にある「節伝」という表現を、次に述べる龍崗秦簡簡５号の「符」「伝」「書」という言葉を比較すると、「符」は「節」であり「伝」と「書」は「過所に移すの文署」であると判断できる。

　龍崗秦簡の簡５号の、

　関。関合符、及以伝・書閲入之。（後略）

　関。関にて符を合し、及び伝と書を以て閲して之を入らしむ。（後略）（傍点―引用者）

という律文には、「禁苑」へ行く途中の門関に入るには「**符**」「**伝**」「**書**」ともに必要であることが記されている。つまり、入苑者は必ず「符」「伝」「書」三つを持っているのである。ゆえに、簡４号の中には「**符伝**」という表現が見られるのである。[7]

「符」と「伝」「書」の違いはというと、簡5号によると「符」は関吏の持っているものと「合符」し、「伝」「書」は関吏に閲覧されるものということがわかる。いわば「伝」「書」は入関者自らが持ち、「符」は「**割り符**」として関吏と本人とが必ず別々に持っているということである。

つまり「伝」は**身分証明書**であり、所有者の身分と入苑の目的などを書くのは「書」といい、関吏がその書いている内容を「閲」んで、その人を「入」らせるかどうか判断するということである。

「符」は**通過許可書**であり、割り符であるので、入苑の際に「合符」しなければならない。この門や関所での「合符」に関する律は『唐律疏義』衛禁一四にもある。

　諸そ敕を奉じ合符を以て夜に宮・殿の門を開くに、符合すと雖も勘せずして開く者は徒三年。若し符を勘するに合せずして開を為す者は、流二千里。

しかし、「符」はまた「符券」や「券」とも呼び、『唐律疏義』衛禁二五に「駅使は符券を験す」とあり[8]、龍崗秦簡の簡11号には「禁苑中に……する者は、吏は参弁券を与へ」とある。これを考えると「券」も割り符であるので、徭役に服する民間人は「禁苑中」に入ると、簡3号の

　伝者入門、必行其所当行之道、□□【不】行其所当行☐」

　伝者、門に入り、必ず当に行くべき所の道を行き、□□其の行くに当たる所の道を行かざるは……

の律文に従って、禁苑中の行くべき場所への道を行かなければならないことがわかった。

「**禁苑田伝**」は、伝来文献には見られないものであるが、簡3号によると、「伝」・「符」を持って禁苑に「入門」したあと、必ず決められた道を通らなければならなかった。ここで入門者がどこに行くかという指示は「伝」と「書」のどちらに書いているかはっきりわからないが、この簡25号の「☐禁苑田伝☐」から考えられるのは、禁苑に出入りするための「伝」はいくつかの種類に分かれているものであり、そのうち「禁苑田伝」という「伝」は、某黔首が禁苑の田圃で徭役に服するための「伝」であるかどうか、史料の限りがあるので、はっきりわからない。

三　「侵入律」の「有不当入而闌入」罪

ここでは、「**侵入律**」における簡13号を「盗入」簡、簡17号を「挾弓・弩・矢」簡、簡18号を「出入禁苑耎」簡と呼ぶこととする。

簡13号　盗入禁苑□☒

【書き下し】盗は禁苑に入る……

【和訳】盗賊は禁苑に入る……

【注】

「盗」は「私《ひそか》に」であり、『説文』に「厶《ひそか》（私）に物を利するなり」とあり、『漢書』陳平伝の顔師古の注にも「盗、猶ほ私のごときなり」とある。また、睡虎地秦簡の「繇律」に「或は盗《ひそか》に道を（決）て出入する」とある。

簡17号　亡人挾弓・弩・矢居禁中者、棄市。☒

【書き下し】亡人、弓・弩・矢を挾みて禁中に居れば、棄市とす。

【和訳】亡命者が弓・弩・矢を持って禁中に居れば、棄市の罪である。

【注】

①「亡人」は亡命者である。『説文』に「逃ぐるなり」とあり、『史記』亀策列伝に「謁を請い、亡人を追ふも得ず」とある。

②「挟」は持つ、携えるという意味である。『説文』に「俾《たす》け持つなり」とある。「挟書」は書を携えることであり、『漢書』恵帝紀に「挟書の律を除く」とある。また『漢書』王莽伝に「民、挟弩を得ず」とあり、武器を持って禁内に侵入するのは、さらに罪が重い。

③「**棄市**」は斬首してその屍を市にさらすことである。『史記』秦始皇本紀に「敢て詩書を偶語する者有らば、棄

市せん」とあり、『漢書』景帝紀の顔師古の注に「棄市、之を市に殺すなり」とある。

また『周礼』秋官・掌戮に「賊を斬・殺し、謀りて之を搏つを掌る」とあり、鄭玄の注は「斬、斧鉞を以てし、今の要（腰）斬の若きなり。殺、刀刃を以てし、今の棄市の若きなり」とする。孫詒譲『正義』には「「殺以刀刃」と云ふは、即ち『釈名』の所謂「斫頭」なり。之を通言すれば亦た之を斬と謂ふ」とある。

簡18号　城旦舂其追盗賊・亡人、追盗賊・亡人出入禁苑耎者得辶□〼

【書き下し】城旦舂其の盗賊・亡人を追ふは、盗賊・亡人を追ふに禁苑の耎に出入すれば……得……

【和訳】城旦舂の盗賊・亡人を追跡する者は、盗賊・亡人を追うため、禁苑の耎に進出すれば（〜をし）得る。

【注】

①「城旦舂」の城旦・舂とは、もともと労役名であり、『漢旧儀』に「城旦、城を治むるなり。女、舂を為す。舂は、米を治むるなり」とあるが、この簡では労刑に服す者や刑徒のことを指す。『漢書』恵帝紀に「上造以上、及び内外公孫耳孫の罪有りて刑に当る及び城旦舂を爲すに当る者は、（後略）」とあり、睡虎地秦簡の「司空律」には、次のようにいう。

城旦舂衣赤衣、冒赤𢅏（氈）、拘櫝欙杕之。仗城旦勿将司、其名将司者、将司之。舂城旦出繇（徭）者、毋敢之市及留舍闠外、当行市中者、回、勿行。

城旦舂は赤衣を衣、赤氈を冒《おお》ひ、之に拘櫝欙杕す。仗城旦は将司せらること勿く、其の将司に名ぜられし者、之を将司す。舂城旦の徭に出ずれば、敢へて市に之かしむるなく及び闠外に留舍せしむ、当に市中を行くべきものは、回して、行くこと勿かれ。

②「**禁苑耎**」とは、「禁苑」の「**堧地**」のことである。「**耎**」については、『広雅』釈詁一に「弱なり」とある。ここで使っている「耎」を仮借字だと考えれば、「耎」は「堧」という字であり、すなわちある種の土地だと思われる。

禁苑耎侵入簡の考証

これらの三つの**禁苑耎侵入簡**からわかることは、「禁苑」への侵入者には、その目的によって少なくとも「盗」と

「亡人」とがある。「盗」の盗は、『左伝』襄公十年の「盗、入於北宮」の盗と同じ盗賊という不審者であり、「亡人」は、『説文』に「逃ぐるなり」とあることから逃亡者であり、身を隠すために「禁苑」に侵入する者のことである。

これらの侵入者は、あくまで無断で侵入しているので、簡12号の「有不当入而闌入、及以它詐（詐）偽入」に従って、通常は「**闌入**」罪とする。[9] しかし、簡17号の「挟弓・弩・矢」簡を見ると、同じ目的で「闌入」した者でも、武器の所持の有無により罪が異なることがわかる。「弓・弩・矢を挟みて禁中に居れば、棄市とす」というのは、もし弓・弩・矢のような武器を所持して「禁苑」に入れば、死刑の中で最も重い「**棄市**」に当たるということである。逆に、武器を持っていなければ死罪にならない例もある。

例えば、『史記』李斯列伝に、「行人の上林苑に入る有りて、二世自ら之を射殺す」とあり、そのことについて趙高は、「天子、故無く不辜の人を賊殺するは、此れ上帝の禁なり」と諫めている。このように武器の有無によって罪の軽重が異なる例は、唐律にも見られる。『唐律疏義』衛禁五九「闌入宮門」には、

諸そ宮門に闌入するは、徒二年。宮城門に闌入するも、亦た同じ。（中略）仗を持つは、各の二等を加ふ。

とある。

さらに「挟弓・弩・矢」律には、弓・弩と矢は併せ持たないと武器にならないという問題がある。『唐律疏義』「衛律」八には、

問ひて曰く誤ちて弩弓を遺して箭無く、或は箭を遺して弩無し、或は楯あり矛無し。各の何れの罪をか得ん。答へて曰く、弓箭相ひ須《もち》ゐるは乃ち坐す。弩箭の弓無きは常箭と別たず。弩弓有りて箭無きも、亦た兵仗の限に非ず。楯は則ち独にては得るも用無し。亦た弓有りて箭無きと義同じ。

とある。このような法律問題は、龍崗秦簡の「闌入」律において、すでに考慮されていたといえる。

簡18号の「出入禁苑耎」簡は「龍崗秦簡」において最も興味深いものの一つであり、「**堧**」という土地には進入することが可能か、について記されている。この「**耎**」という字は、『龍崗秦簡』には五ヵ所も出ており、いずれも「堧」の仮借字で、ある種の土地のことである。[10] では、この耎（堧）地という地帯はいったいどのような場所なのか。

歴代の文献記録には、この耎（堧）地の解釈が存在するが、不明な点が少なくない。堧は壖ともいう。『漢書』食貨志上に「其の宮壖地を田す」とある。注には、

壖、余なり。宮壖地、外垣の内、内垣の外を謂ふなり。諸そ縁河の壖地、廟垣の壖地、其の義は皆な同じ。

とある。ここでは「宮壖地」「縁河の壖地」「廟垣の壖地」などという、いくつかの表現があるが、「**壖地**」がどのような理由で置かれたのかは不明である。このことに関して、胡平生氏は、「耎（壖）」地は、一つの「分離帯」を形成しており、城壁の周辺にこの「壖地」が作られたと述べている。[11]「壖」は「堧」とも書き、「堧」は正字。

つまり、禁苑に設置された「耎（堧）」は、防衛のための「分離帯」と考えられる。そして「盗賊・亡人を追うため、禁苑の耎（堧）に進入する」という律文に従って、仕事のためには、このような「分離帯」に進入可能であったことがわかる。以上、**禁苑耎侵入律簡**を見てきた。

秦代においては、窃盗や逃亡のために「伝」を持たないで「禁苑」に入った場合は侵入者と見なされ、通常は「闌入」罪となり、武器を所持していた場合には死罪となった。武器の所持の有無によって罪の軽重が判断されたのである。また、例外として、仕事のためであれば（「伝」は持っているはずである）、禁苑の中の立ち入り禁止区域でも入ることが可能であった。

四　「滞留律」と「当出」而「不出」の罪

まず「三　「侵入律」の「有不当入而闌入」罪」と同様に、簡15号に「舍禁苑中」簡、簡19号に「当出」簡、簡20号に「不出」簡と命名する。

簡15号　従皇帝而行及舍禁苑中者、皆（?）□□□□□▨

【書き下し】皇帝に従ひて行き及び禁苑中に舍《やど》る者は、皆……

【和訳】皇帝に随行して巡行し及び禁苑の中に泊まる者、皆（?）

【注】

①「皇帝」は『史記』秦始皇本紀の紀元前二二一年に、「上古の帝位の号を採って皇帝と号す」とある。出土文字としての「皇帝」という言葉は、これが最古のものである。

②「行」は巡行・巡視の意味。『礼記』楽記に「箕子の囚を釈し、之をして商に行かしむ」とあり、鄭玄の注に「行、猶ほ視のごときなり」とある。また『管子』立政に「郷里に行き、宮室を視、樹芸を観、六畜を简《み》る」とある。

③「舍」はやどる、軍が宿泊するという意味である。「信」または「次」ともいう。『左伝』荘公三年に「凡そ師、一宿を舍と為し、再宿を信と為し、信を過ぐるを次と為す。」とあり、『唐律疏義』「衛禁律」には「宿次」とある。

簡19号　□追捕之、追事已、其在（?）禁（?）□□当出者将出之〼

【書き下し】……之を追捕し、追ふ事已みて、其れ禁に在り……当に出るべき者は之を将出し……

【和訳】……これを追捕し、追う事が終わって、禁におり……出るべき者は、（出るべき人を）引率して出て……

【注】

①「追捕」は追い捕らえることである。『漢書』盧延寿伝に「吏に追捕の苦無く、民に箠楚の憂ひ無し」とある。

②「当出」は「当に出るべし」と読む。『唐律疏義』衛禁八に「応出」とあり、「若し闌仗して應に出るべき者有らば、並べて即ち須く出すべし。出でざる者有らば、罪を得ること御在所と同じ」とある。

簡20号　〼□不出者、以盗入禁

【書き下し】……出でざる者は、盗入禁……を以て……

【和訳】出《いで》ざる者はひそかに禁苑に入ることを以て……

【注】

「不出」は罪名である。宮殿・禁苑での仕事が終わって速やかに出るべきなのに、出ないことである。『唐律疏義』衛禁に「宮殿作罷不出」という律がある。

「当出」而「不出」罪の考証

注釈からもわかるように、簡15号の「禁苑の中に舍る」と簡19号の「当に出すべし」というのは相反する律文である。そこで『唐律疏義』「衛禁律」と比較することによって、その内容を詳しく考証したい。

まず龍崗秦簡の「舍《やど》る」という表現は『唐律疏義』「衛禁律」ではよく「宿す」「留まる」となっている。例えば、衛禁六の「因事入宮輒宿」条に、

諸そ事に因りて宮・殿に入るを得るも、輒く宿る及び容れ止めし者は、各の闌入より二等を減ず。

とあり、

【疏】議曰く、『事に因りて宮・殿に入るを得る』者は、朝参・辞見・迎輸・造作の類の合に宿すべからざる者を謂う。而るに輒く宿る及び容れ止めて宿す所の人は、各の闌入の罪より二等を減ず。宮内に在らば徒一年、殿内は徒一年半とす。

とある。ここでの「宿す」とは宮・殿内や禁中で宿泊することである。また、衛禁一一の「応出宮殿輒留」条に、

諸そ応に宮・殿を出るべくして、門籍已に除かるるに、輒く留まりて出でず及び告劾を被り、已に公文の禁止有りて、籍未だ除かれずと雖も、輒く宮・殿に入るを得ざるに、犯す者は、各の闌入を以て論ず。【疏】議曰く、『宮・殿を出るべき』は、改任・行使・仮患・番下・事故等を謂ひ、令の「門籍は当日即ち除く」に依る。門籍已に除かるるに、其の人輒く留まりて出ず、仮患等の事無きと雖も告劾を被るに及び、已に文牒有りて禁止せしめ、籍は未だ除かれざると雖も、皆な輒く宮・殿に入るを得ず。如し犯す者有らば、各の闌入を以て論ず

とあり、ここでの「留まる」とは「宿す」と同じ意味である。

この衛禁六に記されている、宿泊する者のうち「朝参・辞見・迎輸・造作の類」とは、朝廷で参拝・拝謁・辞去する官僚や禁中の内外へ物を輸送する人や物を作る人などである。また衛禁一一に記されている「改任・行使・仮患・番下・事故等」の者は、外官に赴任する人や使者、休暇と病気の人や非番の衛士や事故に会った人などである。龍崗秦簡の「禁苑」に「舍る」対象者は、「舍禁苑中」簡にいう「皇帝に従て巡行する」者である。当時秦の始皇帝の巡

行に従った者は、『史記』秦始皇本紀によると、少なくとも皇子・大臣(12)・宦者・群臣(13)・武士(14)・儒生(15)・博士(16)などである。また、上述した『唐律疏義』「衛禁律」にある「朝参・辞見・迎輸・造作の類」や「改任・行使・仮患・番下・事故等」の者と比べてみると、簡６号の「禁苑吏、苑人及黔首有事禁中」という者の中にも、禁苑内に泊まることができる者が必ずいると考えられる。

さらに、禁中内で「泊まること」と対になるものが「出るべき」という律であり、例えば『唐律疏義』衛禁一一の「応出宮殿輒留」の「応出」という言葉は、明らかに「輒留」と対応する表現である。やはり『唐律疏義』衛禁律も龍崗秦簡も、禁中に泊まる規定より、留まれない場合の律の方が厳密に定められている。

例えば『唐律疏義』衛禁八「宮殿作罷不出」条に、次のようにある。

諸そ宮・殿内に在りて作罷むも出ざる者は、宮内は徒一年、殿内は徒二年、御在所の者は絞（闌仗し、応に出るべくして出ざる者も亦た同じ）。【疏】議曰く、「宮・殿内に在りて作罷む」とは、丁夫・雑匠の徒の作了るなり。其れ応に出るべくして出ざる者有らば、宮内は徒一年、殿内は徒二年、御在所の者は絞とす。若し闌仗して出るべき者有らば、並べて即ち須く出るべし。出ざる者あらば罪を得ること御在所と同じ。問ひて曰く、宮・殿内及び御在所に在りて作罷みて出ざるは、律に正文有り。若し上閤内に出ずんば律に既に文無し。若為に処断するや。答へて曰く、上閤の内は、例は闌仗の所と同じ。応に出るべくして出ざるに此の条に文無きは、上文の注に「闌仗し出るべくして出ざる者も亦た同じ」と云ふが為なり。上閤内に宮人有らば、御在所に同じく、合に絞とすべきなりて、御不在、又た宮人無くんば、二等を減ず。

五　「畜入律」と「畜産闌入禁苑」への対応

ここでいう「畜入律」とは、簡23号の「毆入」簡と簡77号の「犬入」簡を指すものである。

簡23号　敺（毆）入禁苑中、勿敢擅殺。擅殺者、☑

【書き下し】毆して禁苑中に入るは、敢へて擅に殺す勿かれ。擅へて殺す者は……

【和訳】捶撃して（畜産が）禁苑の中に入れば、決して専殺してはならない。専殺した者は……

【注】

①「毆」[17]とは『説文』に「物を捶轂するなり」とある。また『漢書』梁王襄伝に「後数ば復た毆して郎を傷す」とあり、顔師古の注に「毆、捶撃なり」とある。

②「擅」とは『説文』に「専らにするなり」とあり、専断の意である。「擅殺」とは「専殺」することである。睡虎地秦簡の『法律答問』に、「擅殺子、黥為城旦・舂」（擅《ほしいまま》に子を殺さば、黥して城旦・舂と為す）とある。

③簡23号において「擅殺」する対象が人間か動物かは、簡文の欠落があるのではっきりわからないが、『唐律疏義』衛禁一七に、「「畜産唐突するに」とは、走逸して宮門に入るを謂ふ」とある律文に従って、「畜産」とした。

簡77号　黔首犬入禁苑中而不追獣及捕☑

【書き下し】黔首の犬、禁苑中に入り而して獣を追はずして、☑を捕ふに及ぶ

【和訳】黔首の犬が禁苑中に入っても、もし（獣）を追わず・捕らえなければ……

【注】

①「黔首」とは民である。『史記』秦始皇本紀に「秦始皇二十六年、「更名民曰『黔首』」」とある。

②睡虎地秦簡の『田律』に、

百姓犬入禁苑中而不追獣及捕獣者、勿敢殺、其追獣及捕獣者、殺之。

百姓の犬、禁苑中に入り而して獣に迫り及び獣を捕えざる者は、敢へて殺すこと勿れ。其の獣を迫ひ及び獣を捕ふる者は、之を殺せ。

とある。これによって『雲夢龍崗秦簡』（科学出版社、一九九七年）と『龍崗秦簡』（中華書局、二〇〇一年）の編者はともに、龍崗秦簡の簡77号・78号・79号・80号・81号・82号・83号の7枚の断片を合わせて、内容がつながる

二枚の簡とした。筆者もこれには賛成である。

「畜入律」の考証

『唐律疏義』衛禁一七「車駕行衝隊」に、

諸そ車駕行くに、隊を衝く者は徒一年、三衛の仗を衝く者は徒二年（仗隊の間に入る者を謂ふ）。【疏】議曰く、車駕行幸するに、皆な隊仗を作す。若し人の衝きて隊間に入る者有らば徒一年。衝きて仗間に入らば徒二年。其れ仗衛の主司は上例に依り、故らに縦さば与に同罪、覚らずんば二等を減ず。

誤つ者は各の二等を減ず。【疏】議曰く若し人の誤ちて入隊間に入る有らば、杖九十を得。誤ちて仗間に入らば徒一年を得。

若し畜産唐突するに、守衛備へず、宮門に入らば杖一百、仗衛を衝かば杖八十。【疏】議曰く「『畜産唐突するに』とは、走逸して宮門に入るを謂ふ。守衛の備へざる者は、杖一百。宮城門に入らば、罪も亦た同じ。若し殿門に入らば、律に更に文無きも、亦た宮門の坐に同じ。仗衛を衝かば杖八十。仗衛の者は宮・殿及び駕行の所に在り、罪を得ること並びに同じ」。

とある。この「車駕行衝隊」の前半は、人間が皇帝の車駕が隊を衝くことであり、後半は畜産獣が突然暴れて宮門に入ることである。一見すると無関係な二つの行為であるが、実は「**闌入**」罪を犯すことである。つまり、畜産獣が暴れて人間に害することを防ぐのは上述の二つの律に共通することといえる。『史記』張釈之列伝に、

頃之、上行きて中渭橋に出づ。一人あり、橋下より走り出づ。乗輿の馬驚く。是に於て騎をして捕らへしめ、之を廷尉に属す。釈之治問す。曰く、「県人なり。来るとき蹕を聞きて橋下に匿る。之を久しくして、以為へらく行已に過ぐ。即ち出づれば、乗輿の車騎を見る、即ち走るのみ」と。廷尉、当を奏す「一人、蹕を犯す、罰金に当る」と。文帝怒りて曰く「此人、親ら吾が馬を驚かす。吾が馬頼に柔和なり。他馬ならしめば，固より我を敗傷せしめざらんや。而るに廷尉乃ち之を罰金に当つ」と。

とあり、『集解』には、「如淳曰く「蹕、行人を止めるなり」と」とある。これによって「行人を止める」**衛禁**は単に

刺客を防ぐことだけではなく、また畜産獣を驚かせて皇帝に害を及ぼすことも防ぐ意味があると考えられる。つまり、もし突然暴れ出した畜産獣が「禁苑」に侵入したならば、不審な人物でなくても加害者となりうるので、それに対応する律があったとしても不思議ではない。ゆえに、龍崗秦簡に見られる「捶撃して（畜産獣が）禁苑の中に入る」律と「黔首の犬が禁苑中に入る」律は、両方とも「禁苑」に侵入するものに対する一つの「**闌入**」**律**であるといえる。

おわりに

以上、龍崗秦簡の**禁苑闌入律簡**を『唐律疏義』と比較しながら見てきたわけであるが、秦代の「**禁苑**」の「**伝制**」は、他の伝制とは異なり、「闌入」律を実行する前提として用いられていたと考えられる。

そして、この「闌入」律の二大要素は「**不当入而闌入**」と「**当出**」そして「**不出**」という罪であった。また「闌入」律の補足として「犬入禁苑」のような、畜産の禁苑闌入に関する律もあった。

注

（1）白川静『字通』平凡社。

（2）『大漢和辞典』。

（3）鶴間和幸氏は、

秦代離宮遺跡の発見と同時に、湖北省雲夢県龍崗秦墓発見の秦代竹簡法制史料は離宮と馳道、禁苑の関係を明らかにし、もう一つの方向から秦代離宮研究の道が開かれた。」（「秦始皇帝長城伝説とその舞台―秦碣石宮と孟姜女伝説をつなぐもの―」『東洋文化研究』第一号、一九九九年）

と言う。

（4）『周礼』司関に「凡所達貨賄者、則以節伝出之」とあり、鄭玄の注に「商或取男貨於民間、無璽節者、至関、関為之璽節及伝出之、其有璽節亦為之伝、伝如今移過所文書」とある。

（5）簡10号の「取伝書郷部稗官」という内容によって「伝書」を得ることは「郷部」にも関わることがわかる。

（6）『釈名』釈書契に「過所、至関津以示之也」とある。

（7）漢代にも「符伝」という表現がある。陳直氏は「符伝通考」にこの表現を考証して、

符伝二字、在漢代雖然聯称、然在過所文中、言伝不言符。蓋符有時用於当地、為検査工作時之証拠。（中略）有時用於遠方、為旅程往返時之信約、故《東観漢記》記郭丹有封符買符之記載。伝則僅用於行旅、故過所在申請文中、言取伝不言取符。

という（『居延漢簡研究』天津古籍出版社、一九八六年）。

（8）『唐律拾遺』公式令に「諸給駅馬、給銅龍伝符、無伝符処、為紙券、量事緩急、注駅数於符契上」とある。このような「券」をもって「伝符」とする例がある。

（9）『唐律疏義』巻七「衛禁律二闌入宮門」に「闌入」罪に関する律を詳しく載せている。

諸そ宮門に闌入すれば、徒二年とす。宮城門に闌入するも、亦た同じくす。余条の応に坐すべき者も、亦た此に準ず。殿門、徒二年半とす。仗を持たば、各二等を加ふ。上閤の内に入る者は、絞とす。

とある。また、

御膳所に闌入すれば流三千里、禁苑に入れば徒一年とす。

とあることから、「禁苑」に闌入すれば、徒刑一年であることがわかる。つまり、入った場所によっても「闌入」罪の重さが違う。仁井田陞『中国法制史研究　刑法』（東京大学出版会）を参照。

（10）詳細は拙著「「算数書」租誤券への再検討」（『山口大学文学会志』第五七巻、二〇〇七年三月）を参照のこと。

（11）「雲夢龍崗秦簡「禁苑律」中的「耎」（壖）字及相関制度」（『江漢考古』一九九一年第二期）

（12）三十七年十月癸丑、始皇出游。左丞相斯従、右丞相去疾守。少子胡亥愛慕請従、上許之。十一月、行至雲夢、望祀虞舜於九疑山。

（13）至平原津而病。始皇悪言死、群臣莫敢言死事。（中略）七月丙寅、始皇崩於沙丘平台。丞相斯為上崩在外、恐諸公子及天下有変、乃秘之、不発喪。棺載轀涼車中、故幸宦者参乗、所至上食。百官奏事如故、宦者輒従轀涼車中可其奏事。独子胡亥・趙高及所幸宦者五六人知上死。

（14）始皇為微行咸陽、与武士四人倶、夜出逢盗蘭池、見窘、武士撃殺盗、関中大索二十日。

（15）二十八年、始皇東行郡県、上鄒嶧山。立石、与魯諸儒生議、刻石頌秦徳、議封禅望祭山川之事。

（16）浮江、至湘山祠。逢大風、幾不得渡。上問博士曰「湘君何神」博士対曰「聞之、尭女、舜之妻、而葬此」。

（17）簡23号の第一字めのという字は『雲夢龍崗秦簡』（科学出版社、一九九七年）と『龍崗秦簡』（中華書局、二〇〇一年）とも「歐」と釈写したが、本稿では「毆（毆）」とする。

第10節　龍崗秦簡に見る「闌入」罪と関連律令

はじめに

「闌」とは、『説文解字』に「門の遮《さへぎ》りなり」とあり、門に渡して、出入りを遮る木をいう。ゆえに、「**闌入**」は出入の禁を犯す罪を指す。『唐律疏義』は、

○闌入者、謂闌入宮殿及応禁之所（名例）。

○不応入而入、為「闌入」（衛禁）。

と定義している。『漢書』成帝紀には「尚方掖門に闌入す」とあり、応劭は、

無符籍妄入宮曰闌。

符籍無き宮に妄《みだり》に入るは闌という。

と言う（顔師古の注より）。漢代の典籍史料によると、「闌入」とは罪であり、とくに皇室の禁地に「闌入」すれば、死刑を科される罪となった。賈誼『新書』等斉に、

天子宮門曰司馬、闌入者為城旦。諸侯宮門曰司馬、闌入者為城旦、殿門倶為殿門、闌入之罪亦倶棄市。

天子の宮門を司馬と曰い、闌入する者は城旦と為す。諸侯の宮門を司馬と曰い、闌入する者は城旦と為し、殿門は倶に殿門と為し、闌入する罪、亦倶に棄市す。

とある。『史記』『漢書』の史料を見ると、宮殿に許可なく侵入するのはもちろんのこと、上林苑という「**禁苑**」に闌入したことが重罪となった例もしばしば見られる。例えば、『史記』恵景間侯者年表に、

（山都）侯当坐与奴闌入上林苑、国除。

（山都）侯当は奴と上林苑に闌入するに坐し、国除かる。

とあり、『漢書』酷吏、咸宣伝に、

(咸)宣使郿令将吏卒、闌入上林中蠶室門攻亭格殺信、射中苑門、宣下吏、為大逆当族、自殺。

(咸)宣は郿の令に吏卒を率いられ、上林中の蠶室門に闌入し、亭を攻め信を格殺し、射し苑の門に中って、宣は吏に下され、大逆を為し族(刑)に当てられ、自殺す。

とある。唐代の律には「闌入」罪についての詳しい規定があり、『唐律疏義』衛禁に、

諸闌入太廟門及山陵兆域門者、徒二年。闌、謂不応入而入者。

諸そ太廟の門、及び山陵兆域の門に闌入する者は、徒(刑)二年。

即闌入御膳所者、流三千里。入禁苑者、徒一年。

御膳所に闌入する者は、流(刑)三千里、禁苑に入る者は、徒(刑)一年。

とある。典籍史料上では、漢から唐までの「**闌入**」罪に関わる記載は明白であるが、残念ながら秦時代における「**闌入**」**罪**に関わる律令はいっさい見られない。ゆえに一九八九年に出土した龍崗秦簡に、いくつかの皇室禁地、とくに「禁苑」の「闌入」罪に関する律令が発見された意義は大きいと思う。

龍崗秦簡中には、「**禁苑**」あるいは「禁中」や「入禁」という言葉がある二〇枚以上の竹簡があり、そこでとくに注目すべきことは「闌入」罪を含む半数以上の律令は、「禁苑」への出入りに関する律令であることである。例えば簡2～7号、12～19号、22・23号、77～83号簡など(原文の引用と解釈は各節に譲る)、みな「**禁苑闌入**」についての律令である。

本節では、龍崗秦簡に見る、禁苑への「不当入而闌入」罪・「詐(詐)偽入」罪・「当出」而「不出」罪・馳道闌入罪・畜産獣の禁苑闌入罪などによって、秦時代における禁地、とくに禁苑に「闌入」する罪とその関連律令の性格について追究したい。

一　「竇出入」「毋符伝」という「闌入門」罪

龍崗秦簡によると、秦時代に「禁苑」に「**闌入門**」の律令はすでに存在していた。例えば、簡2号に、

　竇（瀆）出入及毋（無）符伝而闌入門者、斬其男子左趾、□女【子】（瀆《みぞ》にて出入し及び符伝毋（無）くして門に闌入する者は、斬するに其の男子は左趾、□女【子】は……

とある。簡文に見る「闌入門」の「門」は簡5号における「佩〈佩〉入司馬門久」の「**司馬門**」と同意に読み取るのがよい。司馬門とは、武官の司馬により守る皇宮（離宮を含む）や御陵の門である。顔師古は、

　凡言司馬門者、宮垣之内兵衞所在、四面皆有司馬。司馬主武事、故総謂宮之外門爲司馬門。（『漢書』項籍伝の注）

と言う。応劭も「外門爲司馬門、殿門在内也」（『漢書』揚雄伝の注）とした。

　つまり、司馬門とは「宮垣」の「四面」にある「宮之外門」である。換言すれば、すべての宮殿門の最も外側にある門は司馬門である。**離宮**と呼ばれる「禁苑」も例外ではなく司馬門がある。『漢書』揚雄伝に「甘泉本因秦離宮、既奢泰、而武帝復増通天・高光・迎風」とあり、「甘泉」は有名な秦漢時代の禁苑である。『三輔黄図』には「漢未央・長楽・甘泉宮、四面皆有公車」とあり、ここでいう「公車」とは「公車司馬の官」である。陳直氏は「『漢書』百官公卿表、衛尉属官、有公車司馬令。建章・甘泉各有衛尉(1)、故亦皆設公車司馬之官(2)」とし、「禁苑」にも司馬門があるのは確かだという。ゆえに、都咸陽の宮城に司馬門があるように、「禁苑」にも司馬門があると言ってよい。

　いわば、簡2号の簡文は咸陽宮城の司馬門だけではなく、地方禁苑の司馬門にも適用できる律（令）文であり、本節冒頭に引用した『新書』『史記』『漢書』に見える「闌入」罪の宮殿闌入と**上林苑闌入**の内容に合致する。

　簡2号の律（令）文では、いわゆる「闌入門」という罪は、「**竇出入**」と「**毋**（無）**符伝而闌入門**」の二項目に分かれている。

竇出入

先行研究者は、『礼記』の鄭玄注における「竇、孔穴なり」により「此処可能用為動詞、指打洞、鑽洞[3]」とした。しかし、『周礼』考工記に「竇其崇三尺」とあり、その「竇」について、鄭玄の注には「宮中水道」とある。同じ用例は『左伝』襄公二十六年に「有大雨、自其竇入」があり、杜預の注に「雨、故水竇開」とある。『唐律疏義』「**衛禁律**」には「従溝瀆出入者、与越罪同」（溝瀆によって出入ものは、越罪と同じ）とある。ゆえに、ここでの「竇出入」とは、「宮中水道」によって出入することと解釈するのがよい。

龍崗秦簡簡2号の、

竇（瀆）出入及毋（無）符伝而闌入門者、斬其男子左趾、□女【子】

という律（令）は、唐律「衛禁律」の「従溝瀆出入著、与越罪同」という律の源ともいえる。

毋（無）符伝而闌入門

冒頭に引用した応劭の言う「無符籍妄入宮曰闌」と同じで、やはり宮城の門などの禁地に「**符**」「**伝**」なく入ってはいけないという意味である。この「**闌入門**」**律**（**令**）が、遅くとも統一秦の時代にはすでにあったことを、改めて証明する。

「闌入門」という罪の項目は、漢代には「越宮律」に入っていた。例えば、沈家本の『漢律摭遺』では「闌入宮殿門」を「越宮律」の冒頭に置いている[4]。その「越宮律」がいつ成立したかについて、『晋書』刑法志には、「張湯『越宮律』二十七篇なり」と記されている。

沈氏は、『史記』樊噲伝の、（樊）噲乃排闥直入」（樊噲は小門推し開けて入り）によって、

可以見宮禁之寛。張湯『越宮律』殆就後来情形所増設者[5]

と言った。つまり、漢の高祖の時、「宮禁之寛」という状況であったが、武帝の時代にかけて事情は大分変わったというのである。

沈氏は、張湯が漢高祖から武帝までの間に変わったという「情形」によって『越宮律』を「増設」したと考えるの

で、『越宮律』は高祖以前の秦律に関係があるとは考えなかったのだろう。しかし、龍崗秦簡における「闌入門」律の発見により、張湯『越宮律』によく当てはまる律(令)が秦時代にもあったことがわかったので、『越宮律』は漢の高祖以前とはほとんど無関係であると判断した沈氏の説は、新史料によって見直されるべきである。

「斬趾」刑

簡2号の律には一部欠字があり、残した文字だけでみると、「**闌入門**」罪に対しての刑罰は、「竇出入」「毋(無)符伝而闌入門」ともに趾を斬ること、すなわち「**斬趾**」という刑となる。「斬趾」とは秦・漢時代の肉刑で[6]、睡虎地秦簡「法律答問」に「五人盜、臧(贓)一錢以上、斬左止(趾)」とあり、張家山漢簡「二年律令」に「故勮者斬左止(趾)、斬左止(趾)者斬右止(趾)、斬右止(趾)者府(腐)之」(具律)とある。

要するに、「竇出入」とは門衛を避けて不法侵入したわけなので、その罪は「毋(無)符伝而闌入門」と同罪だとわかった。つまり、簡2号の律(令)は、「城壁の水道によって出入し、または符伝を持たらず門に闌入する者は、其の男子は左足を斬り、□女【子】は(右足を斬る)……」という意味である。

二　「符伝」の偽造・仮藉・譲渡の「闌入門同罪」

(1)「符伝」の偽造

龍崗秦簡に見られる「闌入」罪は、だいたい上述した「闌入門」という罪を基準として量刑することになる。例えば、「符伝」の不正行為をして闌入すれば、「闌入門同罪」とする律令が見られる。

まず、「符伝」の偽造・仮藉・譲渡に関する律令については、これまで研究が進んできた、津・関や駅伝に関わる符伝制とは別に、「禁苑」のような禁地に出入する**符伝制**があるので、その実態と性格を明らかにしたい。例えば、4号簡には、

　詐(詐)偽・仮人符伝及譲人符伝者、皆与闌入門同罪。

とある。

詐（詐）偽して人に符伝を仮りる及び人に符伝を譲るは、皆門に闌入すると罪を同じくす。

「（詐（詐）偽・仮人符伝」とは、符伝の詐偽と「符伝」の仮藉ということである。符伝の詐偽とはパスポートを偽造することを指す。

『漢書』酷吏列伝に、寧成は「詐刻伝出関」（詐りて伝を刻して関を出づ）と記している。顔師古の注には「伝、所以出関之符也」とあり、『漢書』劉屈氂伝には「節有詐、勿聴也」（節、詐り有り、聴くこと勿かれなり）とある。『後漢書』郭丹伝にも「買符入函谷関」とあり、李賢の注に「買符、非真符也」とある。

符伝を偽る罪に関する律は、睡虎地秦簡にも見られる。例えば、「法律答問」に、

令咸陽発偽伝、弗智（知）、即復封伝它県、它県亦伝其県次、到関而得、今当独咸陽坐以貲、且它県当尽貲。咸陽及它県発弗智（知）者当皆貲。

今、咸陽、偽伝を発すも、智（知）らず。すなわち復、封して它県に伝う、它県も亦、其の県次に伝え、関に到り而し得えらる。今、独り咸陽のみ坐すに貲を以てすに当つや。且は、它県も尽く貲に当つや。咸陽及び它県の発して智（知）らざりし者、皆、貲に当つ。

とある。これは偽造したパスポートを見分けられなかった者も同じ罪になった例である。

「**詐偽**」の律について、『晋書』刑法志に載せる『魏律』序略に「旧律因秦『法経』、就増三篇（中略）『賊律』有欺謾・詐偽」とある。これによって秦と漢の時代における「伝」「符」「節」をいつわることは『賊律』にある「詐偽」という罪に当たったことが判明した。

出土史料としては。上記の睡虎地秦簡の律文があるだけではなく、**張家界古人堤漢簡**にも「賊律曰詐偽券書」という律文がある。

また漢簡の史料の張家山漢簡『賊律』に「偽写皇帝信璽・皇帝行璽、要（腰）斬以〼匀（徇）」とある。「**偽写**」とは偽造する意味であり、その「写」については、『唐律疏義』詐偽に「写謂倣效而作」との注釈がある。

上記の史料によって、通関に使う符伝や印璽・券書をいつわる罪は明らかになった。しかし、宮殿や禁苑のような「禁中」という、「符伝」がなければ入れない場所についての「詐偽」律の正体はまだ不明である。龍崗秦簡の簡4号は「詐偽」に関する律が秦朝にすでにあったことを明らかにする貴重な新史料となった。しかもそれは、以下の「詐偽」に関する唐律の源ともいえる。

『唐律疏義』詐偽に、

諸偽写宮殿門符・発兵符・伝符者、絞。使節及皇城・京城門符者、流二千里。余符、徒二年。（傍点―引用者）

とあり、注には、「余符、謂禁苑門及交巡魚符之類」とある。

（2）「符伝」の仮藉・譲渡

龍崗秦簡の簡4号に見られる、「符伝」を貸し与えたり譲ったりすれば罪となる律があるように、唐律にも似たような律が見られる。例えば『唐律疏義』の「詐偽」には、

以偽造宝・印・符・節及得亡宝・印・符・節、仮与他人、若出売与他人、及所仮所買之人，雖非身自造、写、若将封用：各依偽造、偽写法科之。

偽造した宝・印・符・節及び失った宝・印・符・節を得、それを他人に貸し与え、あるいは他人に売り与え、借りる人や買う人は、自ら造り、写さざると雖も、それを封印として用いるならば、すべて偽造、偽写の法により科す。

とある。そこで、この、借りる人や買う人は、自ら造ったり写したりしなかったとしても、偽物を使えば「偽造、偽写の法により科す」という簡4号の律文を参照し、龍崗秦簡に見る、

仮人符伝及譲人符伝者、皆与闌入門同罪。

他人に符伝を貸し与える者や他人に符伝を譲る者、みな闌入門と同罪である。

という律の意味を一層明らかにした。もちろん、龍崗秦簡の律令は、とくに「**入禁**」に関するものであるので、「符伝」

の偽造・仮藉・譲渡など不正があれば「皆門に闌入すると罪を同じくす」となり、**禁苑の符伝制**を整えたのは、当時の皇帝の御在所に闌入する行為を防ぐためであるのは明らかである。

（3）不当入而闌入

次に、簡12号に見る「不当入而闌入」という罪を検討する。それは、「符伝」を偽ることによって入禁する罪とは異なることであると考えてよい。簡文に、

　有不当入而闌入及以它詐（詐）偽入□□□□〼

　当に入るべからずして闌入し及び它の詐（詐）偽を以て入る……

とある。律（令）文に一部の欠文があるが、「以它詐（詐）偽入□」と並べて述べている文脈によって「不当入而闌入」の「不当入」が「詐（詐）偽入」とは別のことを指すのは確かだろう。

本節の冒頭に引用した賈誼の言葉「宮門に闌入すれば城旦と為し、殿門に闌入すれば棄市す」（『新書』等斉）は、同じ禁地でも刑罰が違う理由は、当然、宮門と殿門との重要度が違うことを意味する。たとえ宮門に入れても、許可なく殿門に入れば「不当入而闌入」という罪に当たる。似たような律は唐律にもあり、例えば『唐律疏義』では、

　仮如西門有籍而従東門入、或側門有籍而従正門入。各又減罪二等、謂減闌入罪七等。（傍点—引用者）

　仮りに西門の籍があっても、東門より入る場合、或は側門の籍があっても正門より入る場合は、さらに（「未著門籍」罪より）二等を減罪するのは、「闌入罪」に七等を減ずるということである。

とあり、唐律にも、宮殿に入れる者が許可された以外の門より入った場合は、「闌入罪」に照らして刑罰を軽くするという律がある。

つまり、「龍崗秦律」に見る「不当入而闌入」罪は、禁地のある場所に入れるとしても、別の許可なくして入ることができない場所に入れば「闌入」罪を犯すことになるである。

三　「盗入」、「当出者」而「不出」の「闌入」罪

(1) 不審者の「盗入」

龍崗秦簡の律文には、「闌入」だけではなく「盗入」という罪もあり、「盗入」に関する律文は簡13号の「盗入禁苑」と簡20号の「不出者、以盗入禁」と書かれている。ここで、「盗入」と「闌入」との関係を追究したいと思う。まず、「盗」の本義から考えてみよう。「盗」は、『説文解字』に「厶《ひそ》(私)かに物を利するなり。次に従ふ。次は皿を欲する者なり」とあるので、ほとんどの研究者は「盗」に物を利する「盗難」と解釈をしている。例えば、中華書局版『龍崗秦簡』に簡13号の「盗入禁苑□」に「以偸盗為目的而進入禁苑」(盗難のため禁苑に入る)とした。[7] しかし、白川静氏は字形によって「盗」の本義は「その本貫を棄てた亡命者である」[8] と解釈した。

この「亡命者」説に基づいて、簡13号の「盗入禁苑□▨」は盗(不審侵入者)は禁苑に入ると解釈してよいと思う。『春秋左氏伝』襄公十年に「盗、入於北宮(盗、北宮に入る)」とあるのは、その用例である。字の本義の問題だけではなく、もしここでの「盗」を「盗難」と解釈するなら、「盗入禁苑」という罪は「盗律」に当たるはずである。しかし、この簡13号は以下の簡20・21・22号[9]と照らし合わせてみると、やはり「盗律」ではなく、「禁苑」の出入に関わる「闌入」律だろうと思う。20・21号に、

▨□不出者、以盗入禁。(簡20号)
苑律論之。伍人弗言者、与同灋(法)。▨。(簡21号)

禁苑から出なければ、盗の禁苑に入る律に以て罪を論ずる。伍人がそれを(更に)言わなければ、ともに同法によって処罰する。

とある。簡文の内容について簡21号が簡20号とつながる可能性を指摘した中華書局版『龍崗秦簡』の著者は、(黔首即使獲準進入禁苑作務、放工後必須按時離開、如果)不離開、按盗入禁苑的相関法律治罪。同伍的人如果不挙報、与犯法者同罪。

と解釈した。このように解釈した理由について、『龍崗秦簡』の著者は以下の『唐律疏義』衛禁律を引用する。

> 諸在宮殿内作罷而不出者、宮内、徒一年。殿内、徒二年。御在所者、絞。（中略）将領主司知者、与同罪。不知者、各減一等。疏議曰：在宮殿内作罷者、丁夫・雑匠之徒作了。其有応出不出者、宮内、徒一年。殿内、徒二年。御在所者、絞。若有闌仗応出者、並即須出、有不出者、得罪与御在所同。（中略）将領主司、謂領人入者。若知有人不出、不即言者、与不出人同罪。其不知有人不出者、各減一等、謂御所・宮殿内各得減一等。

この唐律によって両簡における律文を解釈することは正しいと思う。この唐律は、間違いなく「有応出不出者」という宮殿など禁地の出入に関する法律であるので、やはり簡13号の「盗入禁苑」と簡20号の「盗入禁」の「**盗入**」は、「以偸盗為目的而進入禁苑」（盗難のため禁苑に入る）という、ひとまとまりの動詞として解釈するより、むしろ本節に提出した「盗（不審侵入者）は禁苑に入る」というように「盗」は名詞、「入」は動詞と解釈した方がよいだろう。しかも簡17号には、

> 亡人挟弓・弩・矢、居禁中者、棄市。☐
>
> 亡命者が、弓・弩・矢を所持し、禁苑内に入れば、棄市する

とあり、「**亡人**」とは亡命者である。『史記』呉王濞列伝には「誘天下亡人、謀作乱」とあり、この「亡人」も亡命者の用例と同じである。このような亡命者が「禁苑」に入ると「盗」という不審者となると考えてよい。また、簡18号に、

> 城旦舂其追盗賊・亡人、追盗賊・亡人出入禁苑耎（?）者得〻☐☐（傍点―引用者）
>
> 城旦舂の盗賊・亡人を追跡する者は、盗賊・亡人を追うため、禁苑の堧地に進出すれば（～をし得る）。

とあるが、その「盗賊」や「亡人」も簡20号にある「盗」と同様の者であり、彼らが「禁苑」に入ることはもちろん「闌入」となるので、「盗入」は「**闌入**」罪の一つであると考えられる。

さらに、「禁苑」に闌入した「盗」や「亡命者」への刑罰について、簡17号の「亡人挟弓・弩・矢、居禁中者、棄市。☐」は、兵器を持って闌入したなら、上述した「斬其男子左趾」よりかなり重い「**棄市**」となるが、兵器を持たなければ、「**竇出入**」や「毋符伝」侵入などの「**闌入門**」**者**と同じような「斬趾」刑とされたものと考えられる。[10]

（2）応出不出者

中華書局版「龍崗秦漢」の著者は、簡20号と簡21号の内容を合わせて、簡20号簡文の前半の失われた部分に「黔首即使獲準進入禁苑作務、放工後必須按時離開、如果……」という推測を加えたが、補足した理由には言及していない。

筆者は、基本的にはその補足に賛成するが、別の補足案もあるのではないかと思っている。賛成する理由としては、「不出」者を確認するために、まず「入禁」する者を検討するとよい。龍崗秦簡簡6号の、

禁苑吏・苑人及黔首有事禁中、或取其□□□☒

禁苑吏・苑人及び黔首が禁中に公務があれば、或いはその□□□を取り……

を見ると、「**禁苑吏**」「**苑人**」「**黔首**」という三者とも「禁苑」に出入する律令に関わる者であるが、前二者はそもそも「禁苑」に居る者であり、「黔首」だけが臨時に入禁する者であるので、律令で最も厳しく制約されるのは黔首であろう。しかも、いわゆる「有事禁中」の「有事」とは、睡虎地秦簡「**傜律**」にある、

県葆禁苑・公馬牛苑、興徒以斬(塹)・垣・離(籬)・散(藩)及補繕之、

県官府は本県地における朝廷の禁苑や公の馬牛苑を修繕する義務があり、傜役者を徴発して苑の堀・垣・籬・柵を作って修繕し、

という史料と比べてみると、「禁苑」内の**傜役**と考えられる。ゆえに、簡21号と簡20号の律文は「禁苑」の傜役者としての「**黔首**」が「**応出不出者**」であれば罰するというものである可能性が十分に考えられる。

龍崗秦簡には、この「応出不出者」に関する律が、まだほかにもあることも注目するべきだろうと思う。例えば、簡19号に、

□追捕之、追事已、其在(?)禁(?)□□当出(?)者(?)将(?)出(?)之(?)☒　（傍点—引用者）

それを追捕し、追捕が終わって禁苑から出なければならない者は、出させ……

とある。簡文にいくつかの読みにくい字があるが、これは、臨時の用務で禁地に入った者は、一定の時間が過ぎたら

その場から「当出」（すなわち一定の時間を過ぎても「不出」の場合、罪となる）ということである。したがって、簡20号の前半の欠落した部分を補足すれば、「黔首」だけではなく、「禁苑」での臨時の用務がある追捕者のような者も指す可能性があると考えてよいことになる。

黔首か追捕者か、いずれにせよ、今の時点でははっきりしていないことがあっても、簡20号と簡21号とをあわせて考えてみると、やはり「禁苑」の出入に関する律令であることには違いないだろう。

しかも、このような律は漢代における「**越宮律**」に入るはずであり、唐代に至って「**衛禁律**」となったと考えられる。つまり、「禁苑」などの禁地を「不出の者」が「**盗入禁**」という罪とされるこの律は、唐律における「有応出不出者」に関する「闌入」律の元祖ともいえる。

四　闌関、「馳道」闌入と畜産獣の誤入禁地

（1）「闌関」罪

ここで「**闌関**」という罪について論述したい。

龍崗秦簡の簡5号に、

関。関合符、及以伝・書閲、入之、及言偑〈佩〉入司馬門久☐

……関所の門では、関吏は割り符を合わせて照合し、及び伝・書によって通関者を審査し、関所に通させ、及び言（記？）[11]し司馬門に入れる木久をつけさせる……。

とある。「闌関」は関所で通関者が必ず「**符**」「**伝**」を関吏に渡す手続きをすることであり、関吏が「**合符**」して、「**伝**」「**書**」によって通関者を「閲」する、すなわち検問しながら登録して、さらに「**入司馬門久**」を配布することがわかった。

この律（令）に違反すればどのような罪となるか、いかなる刑罰とされるかということは簡文には書かれていない。しかし、漢代初期における張家山漢簡「**津関令**」に、「闌関」という罪とそれに関連する以下のような令があるので、

対照してみよう。

越塞闌関、論未有□。請闌出入塞之津関黥為城旦舂、越塞、斬左止(趾)為城旦、吏卒主者弗得、贖耐。令・丞・令史罰金四両。智(知)其請(情)而出入之、及假予人符伝、令以闌出入者、与同罪。

塞を越えたり、関所を闌出・闌入することについて、論断には未だ……がない。以下のように申請する。塞の津・関を闌出入すれば黥城旦舂、塞を越えたら斬左趾城旦、吏卒の担当者が捕まえられなかったら贖耐、令・丞・令史は罰金四両。事情を知りながら出入させたり、他人の符・伝を貸し与え、それによって闌出入させた者は、与同罪。

この「津関令」によって、龍崗秦簡簡5号にいう罪は、漢代の初期には「闌関」と呼ばれ、関所に闌出・闌入すれば「黥城旦舂」という刑罰に処せられ、関吏が捕まえられなければ贖耐とされることがわかった。一方で、秦代から漢代にかけての時期には、上述した「**闌入門**」罪に比べて「**闌関**」**罪**に関する令の成立が遅れたこともわかった。つまり、龍崗秦簡簡5号の簡文から**張家山漢簡**「**津関令**」まで、秦から漢へと時代が変わっても「闌関」に関する律令はつながっていたのは間違いない。

(2) 禁地への闌入

次に、民間人の馬車が禁地に闌入する罪について論ずる。

唐律「**衛禁律**」に、禁地への不法侵入とは宮殿・禁苑に限るものではなく、走行中に皇帝の「車駕」や随行する「隊杖」と衝突することもその罪に含まれ、宮殿侵入の場合は人間の不審者はもちろん、百姓の畜産獣が宮門内に突入したりすることも罪となる。このような不法侵入ももちろん「闌入」という罪である。例えば『唐律疏義』衛禁律に、

車駕行幸、皆作隊仗。若有人衝入隊間者、徒一年。

車駕行幸するに、皆な隊仗を作す。若し人の衝きて隊間に入る者有らば徒一年。

とあり、続いて

「畜産唐突」、謂走逸入宮門。守衛不備者、杖一百。入宮城門、罪亦同。

「畜産唐突するに」とは、走逸して宮門に入るを謂ふ。守衛の備へざる者は、杖一百。宮城門に入らば、罪も亦た同じ。

ともある。

この律文の前半は、人間が皇帝の車駕や隊杖に衝突することであり、後半は「畜産」（家畜）が宮門に突入することである。一見すると無関係な二つの出来事であるが、実はいずれも「闌入」罪を犯すことである。

唐律と秦律の「馳道」闌入

まず、この唐律の前半については秦律との関係を論じたい。『唐律疏義』のいう「車駕行幸、皆作隊仗」を詳しく説明できる史料がある。例えば『新唐書』禁軍には、

高宗龍朔二年、始取府兵越騎・歩射置左右羽林軍、大朝会則執仗以衛階陛、行幸則夾馳道為内仗（傍点―引用者）

とある。いわば「朝会」する朝廷だけではなく、「行幸」する「馳道」でも、羽林軍が不審者の侵入を防ぐために、必ず「隊仗」という人間盾を置く。その「隊仗」と衝突してはいけない。

秦の時代は「馳道」造りが始まった時期であり、「馳道」は皇帝の専用道路なので、管理はかなり厳しい。例えば、龍崗秦簡の簡54～58号[12]に、

敢行馳道中者、皆䙴（遷）之、其騎及以乗車・軺車⧄牛牛⧄車□⧄輓車⧄行之、有（又）没入其車・馬・牛、県・道【官】、県・道⧄

みだりに馳道中を行く者は、皆これを流刑にし、騎乗及び乗車・軺車・牛・牛車・輓車で馳道を行けば、また、その車馬牛を県・道の官に没収する。県・道の官……

とある。この簡文によって、「馳道」は、常に庶民が通ることは禁止されていたことがわかった。簡59号に、

騎作乗輿御、騎馬於它馳道、若吏【徒】⧄

騎馬用の馬が乗輿用の馬として使用され、他の馳道で騎馬すれば、吏と徒のように……

とある。簡文にはっきりわからないところがあるが、少なくとも、庶民だけでなく「吏」でも、ルールを守らず「馳道」を走ってはいけないという律（令）文であろう。簡63・64号には、

〼有行馳□〼〼道中而弗得、貲官嗇〼

馳道に（侵入者）入ったことに気付かなければ官の嗇夫を貲刑とする。

とある。これは、「馳道」に闌入した者を捕まえなければ、責任者の官吏を罰するというものである。

以上の龍崗秦簡に見る「馳道」に関する**秦律**は、**唐律**より厳しいものであった。

（3）畜産獣の闌入

次に、家畜が禁地に闌入するとなぜいけないかについて検討したい。

漢時代の似たような実例を挙げよう。『史記』張釈之列伝に、

頃之、上行きて中渭橋に出づ。一人あり、橋下より走り出づ。乗輿の馬驚く。是に於て騎をして捕らへしめ、之を廷尉に属す。釈之治問す。曰く、「県人なり。来るとき蹕を聞きて橋下に匿る。之を久しくして、以為へらく行已に過ぐ。すなわち出づれば、乗輿の車騎を見る、すなわち走るのみ」と。廷尉、当を奏す「一人、蹕を犯す、罰金に当る」と。文帝怒りて曰く「此人、親ら吾が馬を驚かす。吾が馬頼に柔和なり。他馬ならしめば，固より我を敗傷せしめざらんや。而るに廷尉乃ち之を罰金に当つ」と。

とあり、『集解』には、

如淳曰く「蹕、行人を止めるなり」と。

とある。これらの史料によって「行人を止める」**衛禁**は、単に刺客を防ぐことだけではなく、畜産獣を驚かして皇帝に害を及ぼすことも防ぐ意味があると考えられる。

実は、龍崗秦簡にも、家畜の禁苑闌入についての律令が見られる。簡77～82号には、

黔首犬入禁苑中而不追獣及捕〼者勿□〼殺。其追獣〼及捕〼獣者〼殺之。

百姓の犬は、禁苑の中に入っても禁苑の禽獣に迫たり捕えたりしなければ、殺してはいけない。しかし、その犬が禽獣に捕えたりすれば殺してもよい。

とある。また簡23号に、

敺(毆)[13]入禁苑中、勿敢擅殺。擅殺者、☐

撃して（家畜が）禁苑の中に入っても、けっして勝手に殺してはならない。勝手に殺した者は……

とある。簡文には「毆《う》」の対象ははっきり示していないが、上述した唐律における「畜産唐突するに、守衛備へず、宮門に入」と似たような律令であるので、やはり「畜産」（家畜）だろう。

つまり、「禁苑」に闌入した畜産獣がもし突然暴れだしたら、不審者でないとはいえ人や物を傷つけ得るので、それに対応する律令が秦時代にすでにあったのは確実である。

おわりに

従来の典籍では、漢から唐までの**「闌入」罪**に関わる史料はあるが、秦時代における「闌入」罪の記録はいっさい見られない。しかし龍崗秦簡には、いくつかの帝室禁地、とくに「禁苑」の「闌入」罪に関する律令が見つかったので、本節では秦代における禁地に闌入する罪とその関連律令について検討した。結論を以下の五つのポイントにまとめる。

1　龍崗秦簡に見る秦時代の「禁苑」に**「闌入門」**の「門」は、都の咸陽の宮城門と同様の、司馬門である。当時**「竇(瀆)出入」**と**「毋(無)符伝」**の入門は、ともに「闌入門」という罪になり、いずれも趾を斬る刑罰に当たった。

秦代の「闌入門」律令は、漢代また唐代における同じ律令の濫觴ともいえる。「闌入門」という罪は、漢代に作られた「越宮律」にも見える。「越宮律」の内容を見ると、少なくとも秦時代の律令も含んでいることがわかり、「越宮律」にはほとんど漢の高祖以降のことしかないとするこれまでの結論は、再考するべきだと考える。

2　龍崗秦簡に見られるすべての「闌入」罪は、「闌入門」罪を基準として量刑する。不正な「符伝」により闌入すれば「闌入門同罪」となるのは、その一例である。龍崗秦簡に見出した「入禁」する（許可なしに入れない禁地に入る）「符伝」の偽造・仮藉・譲渡に関する律令を検討し、これまで研究が進んできた津関や駅伝に関わる符伝制とは別の**禁苑符伝制**の実態を考証したうえに、禁地への闌入を防ぐその律令の性格を明らかにした。

「不当入而闌入」という罪は、符伝をいつわることによって入禁する罪とは異なり、身分証明書があっても許可されない所に入る犯罪である。

つまり、禁苑に「詐（詐）**偽入**」「**不当入而闌入**」ともに、「闌入門」に準ずる刑罰に相当する罪であることが判明した。

3　「盗」の本義は「ひそかに物を利するなり」という意味ではなく、「亡命者である」ことが判明し、「**盗入**」は「闌入」の一種であることを確認した。したがって「**当出**」**而**「**不出**」**罪**とは「盗入禁を以て」論ずるので、これも闌入罪であると考えられる。

「当出」而「不出」する者とはどのような者かという問題については、龍崗秦簡に欠字があるので不明であるが、別の簡文によると、先行研究者が言う入苑して**徭役**する**黔首**という案だけではなく、**追捕者**である可能性も否定できない。

また、龍崗秦簡における「当出」而「不出」する者についての律令は、漢代の「**越宮律**」を経て、唐代の「**衛禁律**」の「有応出不出者」に関する「闌入」律まで一貫していたことが明らかとなった。

4　龍崗秦簡5号に見る関所での「**符伝**」による検問についての律令と、**張家山漢簡**「**津関令**」に見る「**闌関**」罪およびその令とのつながりを指摘した。

また、龍崗秦簡の**馳道闌入**・畜産獣の**禁苑闌入**などの罪に関する律令の特徴について、唐律と比べ、唐代は皇帝が馳道を通るとき行列と衝突すれば罪となるが、秦代は庶民は馳道に入ってもいけないという律で、秦代の方がかなり厳しい律令であったたったことがわかった。

加えて、秦代の馳道には庶民だけでなく、「吏」でもルールを守らず馳道を通ってはいけない律（令）文もあり、それは漢代の史料にしばしば見られる官吏が馳道法を犯した事例と一致するので、龍崗秦簡に見る**馳道闌入罪**とその刑罰は、漢代の同種の律令の元になったともいえる。

庶民の家畜が禁苑などの禁地に進入すれば、皇帝など要人を害する恐れがあるが、秦代の関連律令いとくに厳しいものは見られない。しかも唐律のように「畜産闌入」に禁衛の刑罰を科す律も見られない。

5　漢代の典籍史料にしばしば見られる「**失闌**」[14]という罪は、なぜ龍崗秦簡には見当たらないかという問題が残っている。それについては、たしかに「失闌」という用語はないが、闌入罪を止められなかった責任者をどのように刑罰するかという律令がある。

例えば、簡22号には、

媏（知）請（情）入之、与同罪。☒

（吏が）事情を知っていたのに、入れるべきでない人を入れた者は、ともに同罪とする。

とある。また、上述した簡63号と簡64号に、

☒有行馳□☒☒道中而弗得、貲官嗇☒

馳道に（侵入者が）入ったことに気づかなければ、官の嗇夫を貲刑とする。

という律文もある。

前者は闌入という事情を知っていたのに止められなかった場合で、闌入者と「同罪」となり、後者は気づかないうちに闌入させてしまうケースで、罰金刑を科すという刑罰に当たる。

1～**5**のいずれも「失闌」とは名づけていないが、事実上、後の時代における「失闌」という罪がすでに存在したことは間違いないといえるだろう。

注

（1）『漢書』百官公卿表に、

衛尉、秦官、掌宮門衛屯兵、有丞。景帝初、更名中大夫令、後元年、復為衛尉。属官有公車司馬・衛士・旅賁三令丞。衛士三丞。又諸屯衛候・司馬二十二官皆属焉。長楽・建章・甘泉衛尉皆掌其宮、職略同、不常置。

とある。

（2）陳直『三輔黄図校証』陝西人民出版社、一九八一年、五〇頁。

（3）中国文物研究所・湖北省文物考古研究所『龍崗秦簡』中華書局、二〇〇一年、六九頁。

（4）清代の沈家本『漢律摭遺』巻一六（沈家本撰、鄧経元・駢宇騫点校『歴代刑法考』中華書局、一九八五年、第二冊、一六六四頁）。

（5）同前、一三七七頁。

（6）『後漢書』崔駰列伝に、

昔高祖令蕭何作九章之律、有夷三族之令、黥・劓・斬趾・断舌・梟首、故謂之具五刑。（傍点―引用者）

とある。

（7）中国文物研究所・湖北省文物考古研究所『龍崗秦簡』中華書局、二〇〇一年、七六頁。

（8）白川静氏が、秦の石鼓文によって「盗の上部は皿を欲する者ではなく、水が二つ加えられている字形である。器上に水をかけるのは、「これをけがす行為とみてよい」と解釈し、「誓いの文書や、血盟に用いる器に水をかけ、これを瀆し呪詛するのは、氏族の紐帯を棄て、氏族の神霊を侮る行為である」、「盗とは秩序の破壊者、少なくともその共同体からの離脱者をいう」としている（『白川静著作集　2』漢字Ⅱ、平凡社、二〇〇一年、二五五～二五六頁）。

（9）簡20・19号・21号のつながりについて、中華書局『龍崗秦簡』に説明があり、

本簡（簡20号を指す―引用者注）可能与上簡綴合、再与下簡比連。也可能僅与下簡比連、而上簡並無関係。（七九頁）

と、簡20号は簡19・21号ともつながることと、簡20号は簡21号だけとつながることとの二つの可能性を指摘したが、著者本人は第二案によって簡21号の中国語訳を作った。筆者も両案を比べ、第二案の方に賛成する。

（10）闌入者の携帯する武器の有無による量刑の差は、後の時代にも見られる。『唐律疏義』衛禁律には、

順天等門為宮城門、闌入得罪並同。（中略）殿門、徒二年半。持仗者、各加二等。仗、謂兵器杵棒之属。

とある。

（11）簡5号の「及」の下にある一字は傷があり、訁しか残してない。先行研究者はこの字を釈してないが、筆者は文脈から「記」とした。すなわち、関所の役人がパスポートと書類によって通関者に検問しながら登録する手順ではないかと考える。そのような登録文書は居延漢簡によく見られる「籍」と似たようなものだろう。

（12）簡54～58号の内容はつながっているものと考える。中国文物研究所・湖北省文物考古研究所編『龍崗秦簡』（中華書局、二〇〇一年）九五頁参照。

（13）簡23号の第一文字のという字を、『雲夢龍崗秦簡』（科学出版社、一九九七年）と『龍崗秦簡』（中華書局、二〇〇一年）はともに毆と釈写したが、本論では「歐（毆）」とする。

（14）『漢書』王嘉伝に「王嘉字公仲、平陵人也。以明経射策甲科為郎、坐戸殿門失闌免。」とあり、顔師古の注には「戸、止也。嘉掌守殿門、止不当入者而失闌入之、故坐免也。」と解釈されている。

第六章　龍崗秦簡における入禁と通関の符伝制

「禁苑」には「黔首」も常に出入りしたことは、睡虎地秦簡、とくに龍崗秦簡によって初めてわかった。その「禁地」への出入に関わるのが、本章第11節の「黔首の通関と入禁の符伝制」、第12節の「龍崗秦簡に見る「参弁(辨)券」」の考証である。ここでは、「**符伝制**」という管理システムをより明らかにした。

第11節　黔首の通関と入禁の符伝制

はじめに

秦朝の「**禁苑**」の出入を管理する「**符伝制**」に関わる典籍史料はほとんど見られないため、その研究もなかったのは当然かもしれない。しかし、龍崗秦簡には、「**符伝**」(簡2号・4号)、「**合符**」(簡5号)、「**伝書**」(簡5号・7号)「取伝書」(簡10号)、「**伝**」(簡14号)といった簡文が数多く見られ、これらは、秦時代の律令における「符伝制」——**黔首**が徭役に服すために移動する際の通関と「禁苑」の出入に関する制度——についての、大変貴重な史料である。

本文では、まず龍崗秦簡の史料を主として、とくに「**関**」「**司馬門**」「**合符**」「**伝書**」「**久**」などのキー・ワードをめぐって、「符伝」の持ち主や「伝書」の使用および「久」の制度などを考証し、秦時代において黔首が「禁苑」で**徭役**に服すための、通関伝と書の取得や関所での「符伝」による検問、「禁苑」の門を入るための「**久**」**符**の配布、「禁苑」の「入門符伝」など、その制度の復元を試みたい。

さらに、「禁苑」の符伝制には、大まかには「禁苑」へ行く途中の通関に関するものと「禁苑」の出入に関するものとの二系統があるので、復元した符伝制に基づき、それぞれの実像や二つの系統の関係性を明らかにしたい。

一　「有事禁苑中者」の黔首徭役徒

（1）「禁苑」に出入りする者

龍崗秦簡の律文には、所用のため「禁苑」へ出入りする者が、いろいろ登場している。例えば「有到雲夢禁中者」（簡1号）、「有事禁苑中者」（簡7号）、「禁苑吏・苑人及黔首有事禁中」（簡6号）、「〼于禁苑中者」（簡11号）「従皇帝而行及舎禁苑中者」（簡15号簡）などである。これらの者の身分がわかるならば、「禁苑」の出入りに関する「符伝制」についての検討は大いに意味があることだと思う。

「**有事**」とは、公務に就くことをいう。睡虎地秦簡「秦律十八種」の「倉律」の簡45号に、

　有事軍及下県者、齎食、毋以伝貣（貸）県。

とあり、睡虎地秦墓竹簡整理小組が、

　到軍中和属県弁事的、応自帯口糧、不得以符伝向所到的県借取。

と訳した。訳文の「到軍中和属県弁事」は「軍と所属県のところで公務に就く」という意である。簡6号には、

　禁苑吏・苑人及黔首有事禁中、或取其□□□〼

　禁苑吏・苑人および黔首が禁中に公務があれば、あるいはその□□□を取り……

とあるため、いわゆる「有事禁中」の者とは、具体的には「**禁苑吏**」「**苑人**」「**黔首**」であることは明らかだろう。

（2）民間人「黔首」の徭役

龍崗秦簡の律文に見る、皇帝に従う者や「禁苑」に舎《やど》る者、また禁苑吏・苑人などは、文字通り皇帝に仕える官僚や召使、また「禁苑」の管理人であるため、「禁苑」において公務に就くのは当然であるが、「**黔首**」とは秦朝の民で

ある。彼らは「禁苑」でどのような公務を行なうのだろうか。実は、「黔首」は「禁苑」で**徭役**を行うことが、以下の睡虎地秦簡の史料により証明できる。「**徭律**」に、

県葆禁苑・公馬牛苑、興徒以斬（塹）・垣・離（籬）・散（藩）及補繕之、輒以効苑吏、苑吏循之。未卒歳或壊陕（決）、令県復興徒為之、而勿計為繇（徭）。卒歳而或陕（決）壊、過三堵以上、県葆者補繕之。三堵以下、及雖未盈卒歳而或盗陕（決）道出入、令苑輒自補繕之。県所葆禁苑之傅山・遠山・其土悪不能雨、夏有壊者、勿稍補繕、至秋毋雨時而以繇（徭）為之。其近田恐獣及馬牛出食稼者、県嗇夫材興有田其旁者、無貴賎、以田少多出人、以垣繕之、不得為繇（徭）。

県官府は本県地における朝廷の禁苑や公の馬牛苑を造り修繕する義務があり、徭役者を徴発して苑の堀・垣・籬を作り修繕し、修繕済みの工事は苑吏に渡し、苑吏は之を回して検査させる。一年未満で欠陥がある場合は、垣の崩れが三平方丈以上ならば県が修理しなければならない。ただ、垣の崩れが三平方丈以下、或いは出入りのために人為的に破壊された場合なら、苑は自らそれを補繕せよ。県官府の修繕すべき禁苑は山へ距離の遠近を問わず、悪土質によって雨に耐えられず夏に崩れてもただちに補繕する必要がなく、秋になって雨のない時に徭役を徴発してする。農田に近い苑は、苑の動物や馬牛が出でて穀物を食う恐れあり、県嗇夫が其の苑のそばに田が有る人間を徴発し、貴賎なく田の多少によって人数を出させ、苑垣を補繕して、徭役とはならない。

とある。この律文によりわかったことは、少なくとも二つある。

① 秦時代、中央朝廷に直属する地方に設置された**派出機関**である「禁苑」において、その苑垣・堀・藩籬に関わる工事などの徭役を徴発することは、禁苑所在地の県・道地方官署の義務である。換言すれば、龍崗秦簡に見る「有事禁苑中者」の「有事」のなかには徭役が含まれるはずである。少なくとも「黔首有事禁苑中者」のほとんどは、「禁苑」で徭役を行なう者であるのは間違いない。

② 秦時代における「徒」は刑徒と徭徒の二つの意味があるが、引用文にある「徒」は「**徭徒**」という徭役をする者をいう。同じ睡虎地秦簡「徭律」に「其不審、以律論度者、而以其実為徭徒計」とあり、「徭徒」が徭役をす

る「徒」であることは間違いない。また、典籍史料の用例では、『韓非子』顕学の「徒役を聚め」の「徒役」も徭役をする者を指す。ゆえに、睡虎地秦簡整理小組は、律文の「興徒」を「徴発徒衆」と訳した。

漢代初期[1]の張家山漢簡「津関令」簡518号に、苑へ「治園者」を派遣する簡文がある。その簡文には次のようにいう。

相国上南郡守書言、雲夢附竇園一所在朐忍界中、任徒治園者出入、故巫為伝、今不得、請以園印為伝、扜関聴（整理者の注釈によると、以下、欠文あり）

相国が奉った南郡守の文書に「雲夢官に附属される竇園の一ヵ所は朐忍県の界内にあります。徭徒に任じる治園する者が扜関の関所を出入するときは、もとは巫県が伝を発行していましたが、今はできません。園の印で伝を発行できるようお願いいたします。扜関は……を受理し……と。[2]

「朐忍」「巫」は地名であり、それらの場所は張家山漢簡の整理者の注釈のとおり、「朐忍、属巴郡。在今四川雲陽西」と「巫、巫県、属南郡。在今四川巫山北」である。

簡文に見る**「雲夢」**とは、秦漢時代の南郡（張家山漢簡が出土した今日の中国湖北省江陵地方は南郡の一部にあたった）に設置した中央朝廷から派遣された**雲夢沢**を管理する**別置官**であ

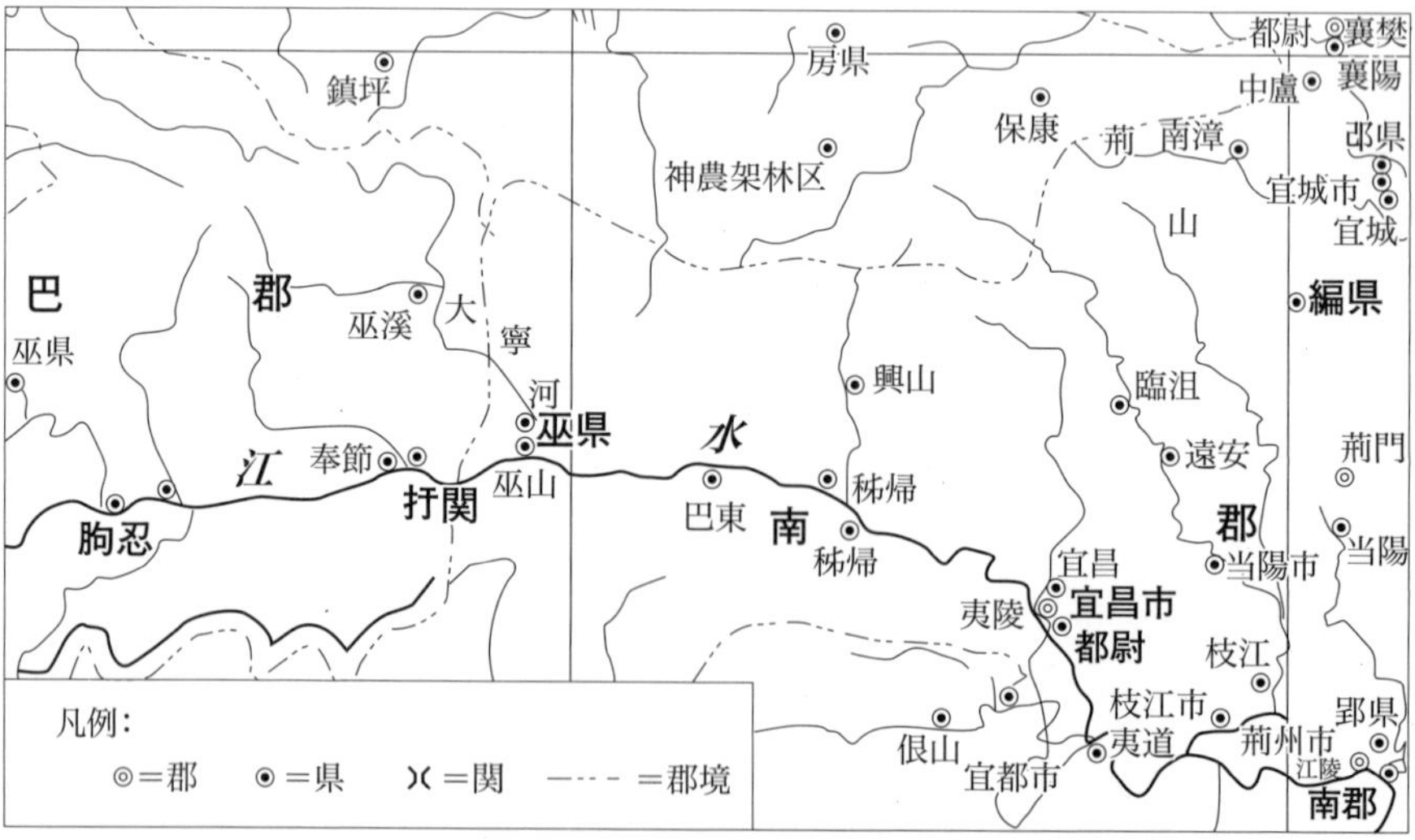

図 11-1　簡518号に示される地名と関所との位置関係
（「湖北省歴史図（二）」〈『中国文物地図集』湖北省分冊，西安地図出版社，2002年〉に基づき筆者が作成）

る[3]。龍崗秦簡にある「雲夢禁中」[4]（簡1号）の簡文によって雲夢官署に管理される「禁苑」があったことも明らかである。「竇園」とは、おそらく「瀆園」であろう。瀆は『説文』に「溝なり」とあり、『釈名』釈水に「天下大水四、謂之四瀆、江・河・淮・済是也」とある。「瀆園」は、やはり長江沿岸にあった「禁苑」の一つと考えられる。

雲夢禁苑は雲夢沢所在の南郡にあり、「**徭律**」によって「禁苑」の徭役を徴発するのは禁苑所在地における県・道地方官署の義務である。『漢書』地理志には二つの「雲夢官有す」が記されていて、西にある方の「雲夢官」は編県に当たった。

したがって、その「雲夢官」に管理される「禁苑」も編県に設置したと考えると、南郡の編県官署は禁苑徭役を担当して、簡518号に見る「竇園」は、地理的には隣の巴郡の朐忍県に設置したが、行政的には南郡にある雲夢禁苑に付属される「園」であるため、禁苑吏は南郡の編県から徭役を出すよう要請をするはずである（簡518号に示される地名と関所の位置関係は図11-1を参照）。

二　「治園」徭役徒の「伝書」

（1）通関のための「伝」と「書」

「**治園者**」は**徭役**に行くのであれば、無条件に「禁苑」へ入ることが可能かというと、けっしてそうではなかった。宮苑に入るには必ず「**符**」あるいは「**伝**」が必要であり、それがなければ「**闌入**」**罪**として罰せられる。龍崗秦簡簡2号にあるのはその律文である。

毋（無）符伝而闌入門者、斬其男子左趾、□女【子】

符伝毋（無）くして門に闌入する者は、斬するに其の男子は左趾、□女【子】は……

上述した張家山漢簡の簡518号における「治園者」の派遣と通関に関わる簡文のうち、とくに注目すべきは、扜関を通るため「もとは巫県が伝を発行していましたが、今はできません」という部分である。その簡文によってわかったのは、通常は**通関伝**は関が所属する県（道）地方の官府が発行するが、何らかの理由で「今はできません」となっていることである。それゆえに、京大班が解説したように「竇園なる禁苑で役務に就く刑徒が、扞関を出入する際、そのための通行証を竇園でも発行できるように求めている。[5]」のである。

「治園者」は「禁苑」へ行くため、まず途中にある関所を通る「伝」が必要である。彼らはどのように通関伝を取得したのか。

南郡から徴発した徭徒は隣の巴郡へ行くためには、南郡と巴郡の堺に設置された関所を通関しなければならない。簡518号の簡文にある「扞関」はその関所であるのは間違いない。[6]「故巫為伝」という簡文によって「扞関」は巫県に所属する関所であることもわかった。

また、簡518号の簡文に見られる通関のための「伝」に関する言葉から、もとは南郡から巴郡の「竇園」へ徭役に行く者が扞関を通関するための「伝」は、扞関所在地の巫県により発行されたのは間違いない。秦末に埋蔵された龍崗秦簡の時代は、この簡518号に示す「故巫為伝」より少し前の時代に当たるため、秦時代において、「禁苑」に向かう途上の通関伝を取得する方法は、時代的に考えると「故巫為伝」と同じ系統に属するものだろう。

漢代の官人や私人の通関伝を取る手続きは、これまでの研究[7]によってほぼわかったが、本節で検討する秦代における徴発された徭役者の「伝」の取得は、どのような段取りだったのか。

龍崗秦簡の史料に、それについて説明できる史料が見られる。例えば、簡7号と簡10号に、

諸有事禁苑中者、□□伝書県・道官、□郷（?）☐（簡7号）

とある。『龍崗秦簡』（中華書局版）の編者は、簡7号の、

……有事須進入禁苑者、……応当用公文報県・道官府……

すなわち「用事があり禁苑に入らなければならない者は、……公文書を用意して県・道の官府へ伝送すべきだ」の如く、「伝書」を「公文書を伝送する」と訳している。その「伝書」についての注釈として、以下のような二つの可能性があると指摘した。

> 伝書、伝送公文書。睡虎地秦簡『秦律十八種』行書：「行伝書・受書、必書其起及到日月夙莫（暮）、以輒相報殹（也）。」一説、依簡一〇文例、「取伝書郷部稗官」、「伝」釈為符伝亦通。（傍点―引用者）

筆者は、簡7号の「伝」は「伝送公文書」という「伝送する」の意味ではなく、「**符伝**」の「伝」のことであり、「**伝書**」の「書」も「公文書を伝送する」の「公文書」ではなく**通関許可書**のような書類であると解釈し、さらに次節で述べるように「伝」と「書」とは別物であると考える。

（2）「伝」「書」は別のもの

簡7号に見る「伝書」のすぐ上の一字について先行研究者は欠字としたが、その字の下半分が残されて、よく見れば「関」字の下半分ではないかと考えられる。「関伝書」というのは「関」を通る「伝」と「書」であろう。**居延漢簡**に「入関伝」（『合校』516・29）や「出入関伝致」（50・26）とあり、それは関所を出入りする「伝」と「**致**」に関わる登録簿であるという解釈があり、(8) 簡文の「致」の性格についてはいろいろな異論があるが、「伝」とは通関するパスポートとなる伝(9)を意味することは間違いない。

簡5号に「関合符、及以伝・書閲入之」とあるように、「伝書」ともに、旅人が通関するとき必ず提出しなければならない書類であることは間違いない。「書」は、**張家山漢簡**「**津関令**」に通関する「引書」(10)（簡502号）や「中大夫・郎中為書告津関」（簡504号）があり、敦煌漢簡にも、例えば「出入関、人畜・車馬・器物、如官書」（羅振玉・王国維『流沙墜簡』屯戍叢残考釈「簿書類」第七簡）、「出入関、人畜・車馬・器物、如関書、移官」（同前、第八簡）とある。ここでの「引書」「為書」「官書」「関書」はすべて通関する人畜・車馬・器物などが記録された書類である。おそらく後の漢代の「**出入関伝致**」の「伝致」と似たような書類だろう。「致」が「通知書」と解釈されること(11)は正しいと思うが、もとは「書を致す」という言葉の略語であると考えられる。

「伝」と「書」とは別のものであると考える別の根拠は、張家山漢簡「賊律」に「亡書・符〈符〉券・入門衛〈衛〉木久・搴（塞）門・城門之籥（鑰）、罰金各二両」（簡52号）と示すように、「符〈符〉券」は「書」とともに入門するための通行証ではあるが、二者は別物であることである。先行研究には「伝」と「書」の区別には旅人の公の身分か、それとも私的な身分に関わるとする説がある(12)。

ここで別のものである「伝」と「書」は必ず同時に用いるのかどうかという問題があるが、龍崗秦簡における簡10号の「取伝書郷部稗官」や簡5号の「以伝書閲入之」という律文をみると、少なくとも「伝」と「書」を同時に取得し、同時に使うことがあると考えられる。つまり、通関のために「伝」だけを用いるケースと、「伝」「書」を併用するケースとがあると判断できる。

(3)「伝」「書」の発行と通関の手続き

簡7号は、「およそ禁苑に用事がある人間は、通関する伝・書は県・道の官署から……」と読める。その「伝」「書」はどのように発行されるかについての史料が簡10号に見られるので、検討しよう。簡10号に、

取伝書郷部稗官。其【田】(?)及□【作】務□☐

とある。この簡文を『龍崗秦簡』(中華書局版)の編者は、次のように訳した。

在郷政府稗官処領取伝書。凡田猟与做工……

郷部の小官のところで伝書を取る。およそ田猟と工事……

簡文の前半にある「郷部の小官のところで伝・書を取る」という内容は「伝」「書」の取得に関する律文であり、また、簡文の後半に当たる「其【田】」「【作】務」などの残文は、上述した「治園」という入苑の目的につなげて考えると、やはり**徭役**の作業事項だろう。

つまり、簡文に傷があって読めない部分があるが、「禁苑」で「**治園**」する徭役者の「取伝書」の手順は、だいたい県・道の官が「有事禁苑中者」の通関伝書を発行し(郷へ渡し)、徭徒は、郷の小官のところで「取伝書」し担当する作業事項を聞くという次第である。すなわち、県・道の官は「禁苑」からの徭役願いを受け、派遣令と**通関**するための伝と書を発行し、郷吏は徭役に徴発した「治園者」当人に仕事の手配をし、通関するための**伝**と**書**を渡すと考えら

れる。

そして、徭役のため「禁苑」に向かう旅人が本拠地の県にもらった通関伝は、彼が他の県境に至ったら、その地の官府に行って所持する伝を認めてもらう手続きをし、改めて当地の県（道）官府の「伝」をもらわなければならない。上述した張家山漢簡簡518号に示すように扞関を通るため、当地の「巫県が伝を発行する」のである。

では、県ごとにその管轄地にある関を通る「伝」を改めて発行するのか、それとも旅人の所持した「伝」を確認するだけか、という問題が生じる。それについては、睡虎地秦簡「法律答問」によって答えられるはずである。すなわち、

令咸陽発偽伝、弗智（知）、即復封伝它県、它県亦伝其県次、到関而得、今当独咸陽坐以貲、且它県当尽貲。咸陽及它県発弗智（知）者当皆貲。

今、咸陽、偽伝を発すも、智（知）らず。即ち復、封して它県に伝う、它県も亦、其の県次に伝え、関に到り而し得えらる。今、独り咸陽のみ坐すに貲を以てすに当つや。且は、它県も尽く貲に当つや。咸陽及び它県の発して智（知）らざりし者、皆、貲に当つ。

とある。つまり、咸陽から出した「**偽伝**」は次々と複数の県が確認しても発覚しないケースがあったのである。そのため、旅人は最初にもらった「伝」を持って次の県にある関を通る前に、必ずその県官府で所持する関伝を確認され、改めて封じるような手続きをすることがわかる。実は、龍崗秦簡にも似たような律令がある。例えば簡8号に、

所致県・道官、必復請之、不従律者、令・丞☐

とある。先行研究者のこの簡についての解釈は、次のとおりである。

県・道官府接収到送達或伝来的文書、必須再次請求復査、不按法律照弁的県令・県丞……（傍点―引用者）

県・道官は送ってきた文書を受けるとき、必ずそれをふたたび（上司に）伺いを立て、改めてチェックする。律に従わなければ、県令・丞……[13]

ここでキー・ワードとなるのは「致」字であり、その字は『説文解字』に「送り詣《いた》るなり」とするので、ほとんど

の研究者は、簡8号の解釈のように、「致」を「送りいたる」として解釈している。ただ「送りいたる」は「致」の派生義だけであり、その本義は白川静氏が指摘したとおり「ただ到るのではなく、そこに赴き行為する意を含む字であろう」というものである。『左伝』文公六年に[14]「之れを竟（境）に送致す」とあるのはその「致」字の本義で使う表現である。龍崗秦簡によく古文字を使っていることを考えるだけではなく、とくに簡8号の意味としてみると、ここでの「致」はやはり「そこに赴き行為する意」であろう。そうすれば簡8号の律は、

（治園者は）致《おもむ》くところの県・道官府で、必ずそれ（通関する伝）を再び申請しなければならない。律に従わなければ県令・丞……

と解釈できる。そうすれば、意味として、睡虎地秦簡「法律答問」に見る「即復封伝它県、它県亦伝其県次」という律や、張家山漢簡簡518号にある「巫為伝」という令と、完全に一致する。

三　「関」と「司馬門」

龍崗秦簡の簡5号に、次のような律文が見られる。

関。関合符、及以伝書閲、入之、及言佩〈佩〉入司馬門久。

……関所の門では、関吏は割り符を合わせて照合し、及び言（記？）し伝書によって通関者を審査し、関所に通させ、および司馬門に入れる木久をつけさせる……

この簡文に見る「合符」「伝書閲入之」「佩〈佩〉入司馬門久」とも、通関についての重要な**符伝制**の史料であるが、それについての検討は次の論述に譲ろう。ここでは検問所である「**関**」と「**司馬門**」という符伝制が行われる空間場所だけを論じたい。

（1）符伝の検問所「関」

まず、簡5号にいう「関」を考察しよう。簡文の冒頭にある「**関関**」については、中華書局版『龍崗秦簡』の「(来到)関門、関吏(合符核対)」のように、上の「関」を『セキ』、下の「関」を『関吏』と訳したのは正しいと思う。「関」とは、たしかに一般的な意味のセキ以外に関吏という意味もある。

『周礼』掌節に「門関用符節」とあり、鄭玄は「門関者、司門・司関と謂ふなり」とする。「司関」とは関吏である。秦時代における「関」は、文献記録で確認できるものは少ない。例えば孫楷の『秦会要』は、ただ関中の周辺にある「隴関・函谷関・嶢関・武関」と記し、徐復の『秦会要訂補』は、さらに「臨晋関」と北部辺塞の「蕭関」「居庸関」「天井関」および南海地域にある「横浦関」「陽山関」「湟谿関」などを補充したが、それでも当時実際に存在した「関」の数とは大きな差があるはずである。例えば、上述した扜関は、『史記』楚世家には見られても、『秦会要』『秦会要訂補』には入っていない。また彭年氏は、考証によって「散関」「龍門関」「合河関」「楡関」「江関」「零関」「湖関」「匡口関」「厳関」を補足した[15]。実は、当時あった関の数は固定的なものではなく常に変化していたことが、張家山漢簡「津関令」の簡文によってわかった。例えば、簡523号に、

　丞相上備塞都尉書、請為夾谿河置関、諸漕上下河中者、皆発伝、及令河北県為亭、与夾谿関相直(値)。(傍点―引用者)

とある。ここにいう夾谿関は、整理小組が「夾谿関在今陝県、位於黄河之南、其北為西漢河北県」と注釈した。簡文によれば、夾谿関とは当時の新置関であったのは明らかである。秦時代には地方にある関所が多かったことは間違いないので、地方に設置した禁苑へ行く途中の関所で、「符」や「伝」や「書」などの身分証明書を検査されるのは当然なのである。

また、傜役者が地元から禁苑の「司馬門」までの途中に身分を検査されるところは単に関所だけではなく、居延漢簡の「謁移過所県邑門亭河津関、毋苛留」(『合校』四九五・一二A)という伝書の内容によると、彼らが経由する県邑の門・亭・河津・関などでも、「**符伝**」の確認を受けている。

（2）禁苑の「司馬門」

漢代には「以禁盜賊」[16]という地方治安を担う亭が数多く存在し、辺境の郡における亭は多少違う性格があるが、敦煌一郡に名前が知られる亭は六〇カ所くらいある。[17]『漢書』王莽伝に、

大司空士夜過奉常亭、亭長苛之、告以官名、亭長醉曰『寧有符伝邪。』士以馬箠擊亭長、亭長斬士、亡、郡県逐之。家上書、莽曰「亭長奉公、勿逐。」

とある。亭にあって「符伝」を確認されることは「奉公」であり、大官であっても例外とはならない。

次に、「**司馬門**」の位置について、『漢書』揚雄伝の注に応劭が、

外門為司馬門、殿門在内也。

外門は司馬門と為す。殿門は内に在るなり。

と言い、顔師古『漢書』項籍伝の注には、

凡言司馬門者、宮垣之内兵衞所在、四面皆有司馬。司馬主武事、故総謂宮之外門為司馬門。

凡そ司馬門と言う者は、宮垣の内は兵衞の在る所にして、四面に皆司馬有り。司馬は武事を主る、ゆえに総じて宮の外門を謂いて司馬門と為す。

とある。いわば、「司馬門」とは「宮垣」の「四面」にある「**宮之外門**」である。換言すればすべての宮殿門の最外側にある門は「司馬門」である。例えば、秦代の咸陽宮の司馬門は『史記』項羽本紀には、

秦軍数却、二世使人讓章邯。章邯恐、使長史欣請事。至咸陽、留司馬門三日、趙高不見、有不信之心。

秦の軍数却く、二世、人をして章邯を譲めしむ。章邯、恐れ、長史欣をして事を請わしむ。咸陽に至り、司馬門に留まること三日。趙高見ず、信ぜざるの心有り。

とあり、『索隠』に「天子門、兵闌有り、司馬門と曰うなり」とある。

将軍章邯の長史が咸陽に至っても「宮之外門」の司馬門に入れなかったことを記した。咸陽は秦朝の都であり、そ

こに「天子門」という司馬門があるのは当然であるが、地方に設置した「禁苑」にも「司馬門」があったかどうかは疑義が生ずるところである。

しかし、文献史料によって、都から離れた地方の諸王国、宗廟、皇室の陵園や「禁苑」にも、「司馬門」があったことを確認することができる。例えば『後漢書』章帝八王列伝に「(劉)文等遂劫清河相謝暠、将至王宮司馬門」とある。宗室四王三侯列伝にも「趙相奏乾居父喪私娉小妻、又白衣出司馬門、坐削中丘県」とあり、李賢に「王宮門有兵衛、亦為司馬門」と注釈する。

『漢書』外戚恩沢侯表に高平憲侯が「坐酎宗廟騎至司馬門」と記していて、宗廟にも司馬門があったことは間違いない。『漢書』五行志に、

杜陵園東闕南方災、園陵小於朝廷、闕在司馬門中、内臣石顕之象也。

とある。『漢書』外戚伝に「五官以下、葬司馬門外」とあり、服虔が言うには「陵上司馬門之外」である。『古今注』には後漢諸帝陵の「司馬門」のことが記されている(『続漢書』礼儀志の劉昭注)。

『漢書』成帝紀の「作治五年、中陵司馬・殿門内尚未加功」という史料も「司馬門」があった証拠となる。この史料について、如淳の注には「陵中有司馬殿門、如生時制也」とある。臣瓚は「天子之中無司馬殿門也。此謂陵上寝殿及司馬門也。時皆未作之、故曰尚未加功。」と訂正し、師古は「中陵、陵中正寝也。「司馬殿門内」、瓚説是也。」と言う。位置について異論はあるが、「生時の制の如く」皇室の陵園にも「司馬門」があったのは間違いない。

「禁苑」の「司馬門」については、『漢書』揚雄伝に「甘泉本因秦離宮、既奢泰、而武帝復増通天・高光・迎風」とあり、「甘泉」は秦漢代に有名な**離宮禁苑**である。『三輔黄図』に「漢未央・長楽・甘泉宮、四面皆有公車。公車、主受章疏之処」とあり、陳直氏は「『漢書』百官公卿表、衛尉属官、有公車司馬令。建章・甘泉各有衛尉[18]、故亦皆設公車司馬之官。[19]」としている。「禁苑」にも「司馬門」があるのは確かだといえる。

ゆえに、都の咸陽に「司馬門」があるように宗廟・陵園・禁苑・諸国王の王宮にも「司馬門」があった。換言すれば、簡5号の簡文は、咸陽宮城の「司馬門」と地方禁苑の「司馬門」のいずれにも適用できる律文である。

つまり、「関」とは旅人の通関に関する**符伝制**が施行される場所であり、「司馬門」とは「禁苑」など禁地に出入する符伝制に関わる空間構造であるといえよう。

「関」と「司馬門」は、いずれも符伝制に関わるが、次にその実像と相違点を追究したい。

四　関所での「合符」と「伝書閲入之」

簡5号の律文にある「関合符」「以伝書閲」という言葉を、睡虎地秦簡の「法律答問」の、

可(何)謂布吏。・詣符伝於吏是謂布吏。

という簡文とあわせて考えてみると、符伝を検査する場所はいろいろあるが、旅人の通関に関する符伝制は、具体的には、関所で通関者が必ず「**布吏**」(吏に達し)という「**符伝**」を関吏に渡す手続きをすることであり、その「布吏」の目的は、関吏が「**合符**」して、「**伝**」「**書**」によって通関者を「閲」する検問であろう。

(1) 割り符による「合符」

「**符**」とは、文献では『史記』秦始皇帝本紀に「数以六為紀、符・法冠皆六寸」とあり、『説文解字』に「符、信也。漢制以竹長六寸、分而相合」とある。つまり、「符」は、信の置けるものであり、漢の制度では、竹を長さ六寸ずつに分けて双方が持ち、互いに合わせる「**割り符**」である。

出土文字には居延漢簡にも「**六寸符券**」という表現がしばしば使われており、漢代の符制を確認して、龍崗秦簡の簡14号の律文に「**六寸符**」という表現が見つかったことによって、秦の「六寸符」制も確かになったようである。しかし、龍崗秦簡簡14号に見る「六寸符」の「六」の字は竹簡の編紐と重なり残字となっていて、写真の字形から「六」だろうとは思うが、二〇〇九年に公表された岳麓書院藏秦簡の簡1251号には「**五寸符**」[20]という表現がある。もし岳麓書院藏秦簡が統一秦のものであるという判断が正しければ、簡14号を含む龍崗秦簡の年代はいずれも秦末であると考え

られるので、当時は「六寸符」と「五寸符」がともに存在した可能性も否定できない。

関所において「合符」する具体的なやり方については、龍崗秦簡には何も見つかっていないが、文献では『玉篇』に「符、符節なり。分ちて両辺と為し、各一を持ち以て信と為す」とある。居延・敦煌などの辺境地域で見つかった漢代符の実物によって、関所における「合符」の方法もほぼ明らかになった。

例えば、大庭氏の説は、

> 居延と金関の間の符であるが、合うとは何が合うのかというと、それが「歯」である。実物を見るとあきらかなように、きざみが入っている。そして歯百とあるのは、そのきざみの部分に二枚合わせた状況で百という字が両符にまたがって書いてあるということである。

というものである。[21]漢時代における関所での「合符」については、大庭氏のほかに徐楽尭氏[22]や籾山明氏[23]も有益な研究をしているが、秦時代の「合符」に関わる史料がなかったので、先行研究では言及されていない。龍崗秦簡簡5号に「関合符」という律文があったので、ついに秦時代の関所での「合符」も実証できた。

（2）「符」と「伝」の関係

「符」と「伝」との関係については、従来の文献史料をめぐって二つの議論がある。

A　『漢書』終軍伝の一節に発する議論

初、（終）軍従済南当詣博士、歩入関、関吏予軍繻。軍問、「以此何為。」吏曰、「為復伝、還当以合符。」軍曰「大丈夫西游、終不復伝還。」棄繻而去。軍為謁者、使行郡国、建節東出関、関吏識之、曰「此使者乃前棄繻生也。」

この史料によって、労榦氏は漢代における「符」と「伝」とは同じものであると考えたが、[24]「符」と「伝」とは別物だとする研究者が多く存在する。[25]

李均明氏は、張晏の「繻、符也。書帛裂而分之、若券契矣。」という注と蘇林の「繻、帛辺也。旧関出入皆以伝。伝煩、因裂繻頭、合以為符信也。」という注によって、史料に現れる「**繻**」は臨時の「符」をもって「伝」の代わりとするものであり、「符」と「伝」とは違うものだとした(26)。

筆者は龍崗秦簡の簡5号における「合符」と「以伝書閲入之」は別々の検問方法であることがわかったので、「符」と「伝」は違うものであることは間違いないと考える。さらに、「為復伝、還当以合符」(帰り路の関所手形として、還るときこれで符を合わせなくてはならない)によって、「符」は「伝」の替わりにもなることがわかった。つまり、通関者としては必ず「符」と「伝」の両方持つ必要があるわけではなく、「伝」あるいは「符」の一方を所持すれば通関できることも証明できた。

B　『周礼』地官、「掌節」の一説と鄭玄の注に発する議論

凡通達於天下者、必有節、以伝輔之。

鄭玄の注：必有節、言遠行無有不得節而出者。輔之以伝者、節為信耳、伝説所齎操及所適。

『周礼』の文、とくに鄭玄の注は、「遠行」のとき、「節」というしるしとなるものが、必ず旅人の所持品と行き先を記す「伝」とともに使われるという制度を表す。「節」は「符」ともいえるので、この文献史料について、関所で必ず「節(符)」と「伝」の両方が必要かどうかという問題が提示され、これに対して李均明氏は、居延漢簡などの辺境木簡における「伝」と「符」を研究したうえで、以下のように述べた。

按『周礼』地官、掌節鄭玄注所云、節(上古所謂節、当即漢以後所謂符。『夢溪筆談』雑志二：『古之節如今之虎符。其用則有圭璋龍虎之別、皆櫝將之、英蕩是也。漢人所持節、乃古之旌也。』)伝是相輔使用的。但漢簡所示之出入符多供某一機構所轄範圍的内部人員及其在外之家属使用。而伝之使用者則來自全國各郡県、範圍極廣。從這些現象看、当時的出入符与伝似乎是分別使用的(27)。

李氏は、辺境木簡に見られる、通関するときの「符」と「伝」の利用者の違いによって、

当時的出入符与伝似乎是分別使用的。

当時、出入符と伝はおそらく別々に使用されていた。

という結論を提出した。薛英群氏も、「符」と「伝」の相違点について、

符的使用対象和範囲只限於与軍事有関的人和事、而伝則用於無軍籍的吏和民。

という結論を出した。筆者は、二氏による「符」と「伝」は別々に使用されていたという判断には賛成するが、薛英群氏の言う「符」と「伝」の相違点についてどのように判断できるかは、まだ不明だと考え、検討したいと思う。

まず、二〇〇九年に初公表された岳麓書院所蔵秦簡の簡1252号における「奔敬（警）律」を挙げてみよう。

奔敬（警）律曰：先粼黔首当奔敬（警）者、為五寸符、人一、右在［口］、左在黔首、黔首佩之、節（即）奔敬（警）。諸挟符者皆奔敬（警）、故……[28]。

律文の意は、「**奔警**」にいうように、まず、**黔首**の奔警（警報によって〈任務地へ〉奔走する意だろう）に当たる者を選んで、「**五寸符**」を用いて、その黔首に一つの（符をわたし）、右は（官府）が、左は黔首が持つようにし、黔首にそれを身に付けさせ、ただちに奔警させる。およそ符をもつ者は皆奔警し……ということである。この律文によってわかったのは、秦朝の黔首という身分でも、官府の警報のために「符」を身に付けて任務地へ奔走する義務があるということである。

また張家山漢簡の「**津関令**」に、

智（知）其請（情）而出入之、及仮予人符伝、令以闌出入者、与同罪。非其所□為□而擅為伝出入津関[29]、以伝令・闌令論、及所為伝者、県邑伝塞、及備塞都尉・関吏・官属[30]、軍吏卒乗塞者、禁（?）其□弩・馬・牛出、田・波（陂）・苑・牧、繕治。塞郵・門亭行書者得以符出入[31]。

とある。この令に、「符」「伝」についての不正行為と「伝」の使用、「符」の使用など、三つの内容の令文がある。それは、次のようにまとめられる。

A　「符」「伝」についての不正行為

事情を知りながら出入させたり、他人の「符」・「伝」を貸し与え、それによってみだりに出入させた者は、出入りした者とともに同じ罪となる。

B　「伝」の使用（「通関伝」の不正行為や発行、通関者、検問者など）

……でないのに、勝手に「伝」を作って津・関を出入したら、……伝令・闌令によって論断し、さらに作られた伝は、県・邑が塞に伝達する。備塞の都尉・関吏・官属・塞を守る軍の吏卒は、其の弩・馬・牛（を持ち）出るのを禁じ、田・波（陂）・苑・牧（をする者）をよく検問する。

C　「符」の使用（「符」は「行書を遁送する者」だけが使用する）

塞の郵・門亭で行書を遁送する者は、「符」をもって（津関に）出入することができる。

令文の一部において欠字はあるが、大体の内容がわかる。

「津関令」によって「符」をもって（津関に）出入することができる者とは「塞の郵・門亭で行書を遁送する者」であると限定され、業務上頻繁に関所を出入りする必要がないほかの者たちは「伝」を用いて通関することがわかった。以上の例によって「符」の利用者は「伝」を使う者とは違うだけでなく、「符」を用いる者は、おおよそ急用のために急いで徴発される団体または業務上頻繁に関所を出入りする必要がある者であろうと考えられる。**傜役**に服する**黔首**の場合は通関するために「伝」だけ持っていれば十分であり、「符」を持つ必要はないといえる（むしろ、下文に述べるように、関吏から目的地の「**司馬門**」に入る「**久**」という符をもらう）。それゆえに、龍崗秦簡に「伝書」を取る方法は見られるが、「符」の取得に関する律文はいっさい見当たらない。張家山漢簡簡518号における関を通過するための「伝」に関わる令文にも、「**扜関**」を通る「**治園者**」は「伝」が必要であるが、「符」のことには全く言及されておらず、当時は通関するために、「伝」と「符」との両方が必要の場合もあるが、必ず両者を合わせて使うということではなかったのだろう。

五　禁苑の「入司馬門久」符制と伝制

（1）入門衛木久

龍崗秦簡簡5号にある「及詣偑（佩）入司馬門久□☐」という文は、「**禁苑**」の「**司馬門**」に入る**符制**に関わる重要な史料である。これに考証を加えたい。

簡文の「詣偑入司馬門」について、科学出版社版『雲夢龍崗秦簡』の注釈では「諸諷入司馬門」として、「有可能指試学童之事」と解釈したが、それは誤釈である。「偑」は「佩」の異体字であり、たしかに中華書局版『龍崗秦簡』の「校証」にあるとおり、その異体字の用例は阜陽漢簡『詩経』と張家山漢簡『奏讞書』にも確認でき、偑（佩）とは、「つける」という意味である。

「偑」の「つける」という意味は、上述した岳麓簡簡1252号の「為五寸符、人一、右在［口］、左在黔首、黔首偑之、節（即）奔敬（警）」という新史料によって改めて確認できた。「司馬門」のあとの一字は、科学出版社版『雲夢龍崗秦簡』では釈読していない。中華書局版『龍崗秦簡』では、その字を「**久**」と釈読しているものの「久」字に疑問符付きであり、明らかではない読み方となっていたが、筆者の写真版確認では、その一字は墨跡は薄いが、たしかに「久」という字画であることは間違いないと思う。

「偑（佩）」の上の「詣」という字には傷があり、はっきりとは読めないが、文脈によっておそらく「記す」と読むのだろう。そうすれば、「及詣偑（佩）入司馬門久□☐」は「及び記して入司馬門久をつける」と読むことができる。

「久」については、中華書局版『龍崗秦簡』において、睡虎地秦簡にある「久」と「久刻」の用例によって「久、標記である」として、それは「入関門後発給的一種偑戴的標識物、如後世入宮時発給牙牌之類」と解釈した。しかし、久とは「標識物」であるという解釈はやはり曖昧な理解であり、しかもなぜ「久」が関所で配られて、どのように「司馬門」で使われるのかについて注釈は言及していないため、ここで検討してみたい。

睡虎地秦簡「法律答問」に、

亡久書・符券・公璽・衡羸（累）、已坐以論、後自得所亡、論当除不当。不当。

とあり、整理小組は「久書」に「記書」として、「記書すなわち地方政府から部下に下す文書である」と解釈している[33]。しかし、張家山漢簡二年律令「**賊律**」に、

書・符券・入門衛木久・塞門と城門の鑰をなくすれば、罰金各二両である。

とある。

「**木久**」について、専修大班は木製の通行証[33]とし、京都大班は「木久」すなわち「**木灸**」であり「焼き印を押した木製の符」だとする[34]。筆者は、やはり「木灸」とは「久書」や「記書」などとは違うもので、「**割り符**」であると解釈するのが基本的には正しいと思うが、「割り符」だとすれば「**久**」「**符券**」ともに「割り符」といえるため、二者の区別を検討しなければならない。

上述した「法律答問」簡146号と「賊律」簡52号の律文には似たような表現が見え、二つの史料とも「久」は「符券」と並べた別のものであることは間違いない。

この二史料を比べて、王三峡氏は、「久」「**書**」「**符券**」三つとも、並べて動詞「亡」の目的語となるため、睡虎地秦簡整理小組の言う「**亡久書**」の解釈を「**亡久・書**」すなわち「久と書を亡う」に訂正した。さらに「久」は「**入門衛木久**」の略語と考えた。王氏は楊樹達氏の「久、即ち灸の初字なり[35]」という説と、秦漢医学簡に見る「久」は「灸」の仮字であるという用例[36]によって、「入門衛木久」を、

出入宮禁門衛、標志身分的憑証。応当是木製、用烙鉄烙過火印的[37]。

と解釈した。王氏は、文法によって簡文の「久」「書」「符券」はまちがいなく別々のものであるとし、「焼き印を押した木製の符」という京大班説とほぼ同じ結論に至ったが、「久」と「符券」の役割分担についてはまだ不明であるため、以下に考証することにする。

（２）司馬門の「門籍」

表 11-1　『百官志』『漢官解詁』に見る漢代司馬門符伝制史料表

外人以事当入	居宮中者		
	人未定	（定員）	
（なし）	有口籍於門之所属		門籍
（なし）	復有符。符用木，長二寸，以当所属両字為鉄印，亦太卿炙符	（なし）	符
本宮長史爲封棨伝	（なし）	（なし）	伝
審其印信，然後内之	案籍畢，復歯符，乃引内之也	案其姓名	審査

注：(　　) は筆者の補足

「入司馬門久」「入門衛木久」ともに、「司馬門」の**禁衛**に関わる符制といえるため、その制度における最も肝要な**門籍制**から考察しよう。

「司馬門」の禁衛について、鄭玄は「無引籍不得入宮司馬殿門也」(『周礼』天官、宮正の鄭玄の注)とし、賈公彦の疏には「言引籍者、有門籍及引人皆得出入也」とある。その「**門籍**」は「**籍**」ともいい、『漢書』元帝紀に「令従官給事宮司馬門中者、得為大父母父母兄弟通籍」とあり、応劭は「籍者、為二尺竹牒、記其年紀・名字・物色、県(懸)之宮門、案省相応、乃得入也」(顔師古の注)と言う。

すなわち、「司馬門」の門衛のところでは、来客が来る前に、客の年紀・名字・物色などを記した門籍が宮門に懸けられていて、来客をその「籍」によって審査してから「司馬門」に入れることがわかった。

しかし、「司馬門」の「門籍」と照合して来客の身分をチェックできる身分証明書とは何ものであるかとの疑問が生ずる。『続漢書』百官志には、

宮掖門、毎門司馬一人、比千石。本注曰、南宮南屯司馬、主平城門。北宮門蒼龍司馬、主東門。玄武司馬、主玄武門。北屯司馬、主北門。北宮朱爵司馬、主南掖門。東明司馬、主東門。朔平司馬、主北門。凡七門。凡居宮中者、皆有口籍於門之所属。宮名両字、為鉄印文符、案省符乃内之。若外人以事当入、本〔宮〕〔官〕長史為封棨伝。其有官位、出入令御者言其官。

とあり、「凡居宮中者」から文末までの文字は、後漢代の『漢官解詁』[38]に似たような内容の文がある。

衛尉主宮闕之内、衛士于垣下為廬(案『北堂書鈔』「設官部」引作「為区廬于垣下」)各有員部。〔凡〕居宮中者、皆施籍于門、案其姓名。若有醫巫僦人当入者、本

官長吏為封啓伝、（案当作「本宮長史為封棨伝」、見『続漢志』。）審其印信、然後内之。人未定、又有籍、皆復有符。符用木、長二寸、以当所属両字為鉄印、亦太卿炙符、（案『続漢志』補注引作「長二寸、鉄印以符之。」）当出入者、案籍畢、復齒符、乃引内之也。其有官位得出入者、令執御者官、伝呼前後以相通。（『芸文類聚』「職官部」）

司馬彪の『百官志』は『漢官解詁』などの後漢代の史料を十分に考証したうえに作ったものであり、二つの史料を照らし合わせてみると、二史料とも「司馬門」に出入りする人間は、その身分と居場所によって「**居宮中者**」と「**外人以事当入**」の二分類となった。「外人」のなかで「有官位得出入者」の場合は、その御者が出入りする者の官位を告げるだけで通過させるのであり、門籍・**符伝制**には関わらないため論外とする。

以下、「司馬門」を出入りする「門籍」・符伝制に関する史料を表11-1にまとめて、検討しよう。

表にまとめた史料によってわかるのは、津関の符伝制と同様に「司馬門」の符伝制も出入する者の身分によって、「**符**」の系統と「**伝**」の系統に分けられることである。「居宮中者」ならば、門籍に応じる「炙符」制に当たり、「外人以事当入」の場合であれば門籍に関係ない「**棨伝**」制に属する。「**棨**」とは『説文』に「伝信なり」とあり、李奇が言うに「伝、棨なり」（『漢書』文帝紀）であり、張晏の言う「伝、信なり、今の過所を若くなり」（同上）である。大庭脩氏は「後の過所にあたるものは棨であったろうと思う(39)」と言う。

つまり、「棨」「伝」ともに今日の旅券のような通行証である。しかし、ここでいう入宮門の「伝」は、上述の**通関伝書**とは違う。ゆえに、上述した張家山漢簡簡517号には、相国から「園」の伝でも通関伝と同じように使ってもよいかとの申し出があったとある。この「**園**」**伝**はやはり宮殿や禁苑の長官によって封じられ、宮門の衛のところでその封じ印のしるしをチェックしなければならないものであることは間違いない。

唐時代には、この「**棨**」は「**牒**」と名を変えた。『唐律疏義』に、

「造作」、謂宮内営造。門司皆須得牒、然後聴入。若未受文牒而輒聴入、及所入人数有剰者、門司各以闌入論。

とあり、その門司は「牒」によって「営造」者を検問したことは、秦・漢時代の門衛が「伝」や「棨」に従って「治園者」の身分をチェックすることと似ていると思う。

「**炙符**」**制**の濫觴は龍崗秦簡に見る「入司馬門久」に当たると筆者は考えるので、それを証明しよう。
「居宮中者」とは文字通り、宮中にいる者、宮中に滞在する者である。例えば『漢書』元帝紀に言う皇帝の身の回りの「従官」や『後漢書』竇武伝に登場した「黄門令」「乳母」のような宦官・女官など。[40] これらの人々は常に宮中に勤務し、定員数があり、姓名も人数もはっきり確定できる者であるので、「年紀」「名字」「物色」（上述した応劭の語）などを書いた門籍が司馬門に懸けられる。彼らは頻繁に「司馬門」を出入りする者であり、名前がある門籍（『唐律』「**衛禁律**」に、このような門籍は短期滞在する籍に対して「長籍」と呼ばれる）によって「案其姓名」され、「符」も「伝」もいらない。換言すれば、彼らは符伝制には関係がない。

しかし、「人未定、又有籍、皆復有符」（人は未定であるが、また門籍あれば、みなまた符がある）というのは、確定できる常勤の者に対する「未定」の非常勤の者がおり、彼らは常勤の者でも偶発的な来客でもなく、一定の時間に禁中で勤務する者であるため、門衛のところで彼らの門籍を用意して、人ごとに「符」をつけられるようにしていた。彼らは門籍だけで「司馬門」に出入りできる常勤者と違い、「門籍」と「符」で二重措置された者であったのは間違いない。禁苑の「**治園者**」はこのような「**人未定**」という立場に相当すると考えられる。

その「符」というのは木製で、長さ二寸の木の蓋に宮殿名の鉄焼き印を押した「**鉄印文符**」、または「**太卿炙符**」というものである。また「案籍畢、復歯符、乃引内之也」とあり、司馬門衛が、その「符」を持つ者を、籍を審査してからまた符を合歯する手続きが済んだあと、引率者に案内させることがわかった。

秦代の「**入司馬門久**」と漢初の「入門衛木久」とを比べてみると、使用場所の面であれ、材質と形の面であれ、ほぼすべての面で、漢代晩期の司馬門で審査を受ける「鉄印文符」「太卿炙符」の前身といえる。二者の相違点とは「久」と「符」という名称だけである。秦と漢初期における「久」は、「符」と区別されたものであったが、後に「符」に含まれて「久」の名称もなくなったと考えられる。つまり、秦代の「入司馬門久」は後漢の司馬門符のような「**割り符**」であるのは間違いなく、その使い方も門籍と併用して合符するような手続きであったろう。

上述した「治園者」は、徭役のために「禁苑」へ行く途上、最後の関所で関吏に県からもらった通関伝を渡し、名前などを記してから「入司馬門久」をつけられ、一定の時期内に毎日、司馬門を通って禁苑中に勤務するという通関の伝制と「禁苑」に入る符制は、以上のように復元できるのではないだろうか。

(3)『漢書』終軍伝の「繻」

しかし、もう一つ避けられない問題がある。それは「治園」する徭役者は最後の関所を通ると「通関伝」の役割が終わるので、それを関所に預ける(帰郷するときにも必要)はずであると考えられるが、「禁苑」または宮殿に入る際には「入禁伝」も要るはずである。宮殿の場合は『漢官解詁』に言う「本宮長史為封棨伝」や「禁苑」の場合は張家山漢簡の簡518号に見る「以園印為伝」の「伝」が必要だと考えられる。ゆえに、治園者は「禁苑」へ行く途上、最後の関所で県官府の発行した通関伝を預けても、そこで別の入園伝を持たなければならないのであろう。

「通関伝」は最後に関所で預けることを説明するために、『漢書』終軍伝に見る「繻」を検討しよう。従来の研究には「繻」は「伝」ではなく「符」であることや、また李均明氏が言ったように「繻」は臨時の「符」をもって「伝」の代わりとなるものであることも明らかになったが、なぜ「繻」をもって「伝」の代わりとする必要あるかという問題は残っている。

筆者は、宮殿(離宮も含む)の「入禁伝」と「通関伝」は違とする立場から、『漢書』終軍伝に表す「繻」と「伝」との関係を改めて考えたいと思う。つまり、

関吏予軍繻。軍問、「以此何為。」吏曰、「為復伝、還当以合符。」軍曰「大丈夫西游、終不復伝還。」棄繻而去。

という記述について以下のように解釈したい。

通常なら、「通関伝」は京都へ行く終軍として最後の関所の函谷関でその役割が終わるので、一時的に関所に預け、京都での用が終わってから帰郷するとき、再び関所でその「伝」を受け取るはずである。ゆえに、関吏は「繻」の割った半分を終軍に渡し、彼が京都から済南へ帰郷するとき、関吏の保管する「繻」のもう半分と「合符」し

て「通関伝」を返すつもりであった。終軍は今度京都へ行って必ず官職をもらうという自信があり、将来、官の身分で出関するときには庶民が用いる「通関伝」は不要であり、当然「繻」もまた要らないと思ったので、それを捨てた。

よって、「終軍伝」における「繻」は、ただ預けた「通関伝」を返してもらうための証拠（仮符）にすぎなかったといえよう。

おわりに

「**符伝制**」は通関や入禁する証拠に関わる秦漢帝国体制の重要な一環であるが、典籍の記載が乏しいために、これまでの典籍史料的な研究がなかなか進まない一方で、この半世紀以来、研究者たちが出土資料によっていくつかの有益な観点を提出しているにもかかわらず、いまだに符伝制についてまとまった考えは出ていないといえよう。

また、龍崗秦簡や**岳麓書院秦簡**における「符」「**伝**」についての新史料が発見されてから、これまでのいわゆる定論には、改めて検討するべきところもあるだろう。

例えば近年の出土文字研究者のほとんどは、典籍には「**六寸符**」と「**五寸符**」とも記されていても、「六寸符」だけだと考えていた。しかし新史料には、その説に反する史料が見つかった。

本節は、龍崗秦簡に見える、「禁苑」の出入りに関わる符伝制に関する出土文字をめぐって、他の秦簡・漢簡と秦漢時代の典籍史料、また先行研究の成果を利用して、禁苑徭役者の通関伝書と「**入司馬門久符**」制を考証し、その制度について、図11-2に示す1～4の四段階に分けて、以下の運行の流れが復元できたと思う。

1　禁苑の官吏は「**治園**」の必要から**禁苑官署**へ要求を提出し、禁苑官署から所在地の県（道）官府と「禁苑」司馬門へ必要事項についての知らせを出す。

2　県（道）官府は禁苑**徭役**のために**黔首**を徴発、同時に**通関伝・書**を発行し、郷吏に命令を下す。徴発された黔

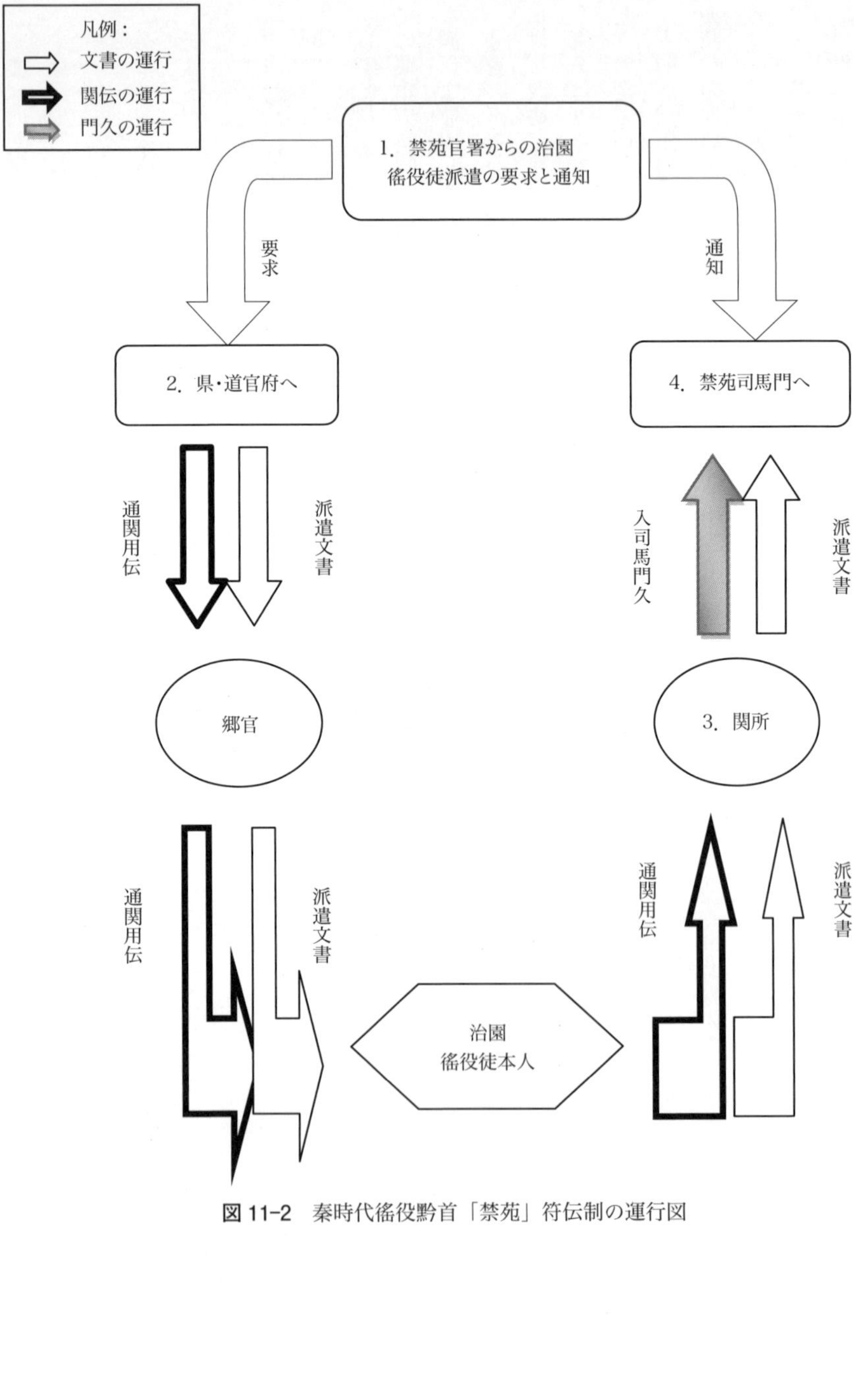

図 11-2　秦時代徭役黔首「禁苑」符伝制の運行図

首本人は、郷官府で氏名・行き先・徭役項目を書いた通関用伝と派遣文書を取り、出発する。

3　関所では、関吏は黔首の通関伝・書をもとに検問し、最後の関所において、黔首は派遣伝書によって「**入司馬門久**」をもらって「禁苑」に行く。

4　**司馬門衛**は黔首の所持する派遣伝書をチェックしたうえ、「**木久符**」を、用意した門籍と照らし合わせて入苑させる。

また、本節での考証によって、「**伝**」「**書**」「**符**」「**久**」は、それぞれ別のものであるだけでなく、機能も異なる**通行許可書**、すなわち関所・禁苑・駅・亭で身分を証明する証拠である。

「伝」は通関するときの身分証明書といえる通関用伝であり、秦代の「黔首」は徭役に服するために地元の県・郷官署から「伝」をもらうことができ、徭役先までの途中にあるすべての関所の役人に「伝」を検査させる。ただし、目的地直前の最後となる関所には、「伝」を預けておく可能性がある。

「書」は、それを所持する人間の旅行目的や携帯品などを書いた派遣文書であり、「伝」と同じく地元の県・郷官署からもらえる。ただし、「伝」が封じられ、経由する各々の県ごとに県官府で開封されチェックされるのとは違い、「書」も封じられていたとは認められない。

「符」は通過書であるが、主に緊急の徴発（軍事異動・緊急派遣）、あるいは関所や禁苑の出入りが頻繁な場合（郵便配達・守備巡邏）に用いるものであるので、史料が見つけられない限りにおいては、本節で論じた秦代における徭役徒となる「黔首」が徭役のために「符」を必要としたとは認めることができない（徭役徒を送る役人は「符」を持ったかもしれない）。

「久」は、実際にも「符」の一種であり、一般的に通行書であるものと解釈するが、むしろ龍崗秦簡に見る「入司馬門久」というような「某門」「某宮」など、限定される「禁中」という特別エリア入禁用のバッジといえよう。

つまり、本節では新しい出土文字史料に基づき、秦の時代においては「黔首」という庶民でも、皇帝の「御在所」と呼ばれる「禁苑」にも徭役のために立ち入れたが、厳しく身分や携帯品を検査する「符伝制」が存在したことと、その機能を明らかにしえたと思う。

注

（1）張家山二四七号漢墓竹簡に見る律令の制作年代について、高祖二年説、恵帝元年以前説、呂后二年説などあるが、律令内容の下限は呂后二年（紀元前一八六）であると考えられる。

（2）この和訳文は冨谷至編『江陵張家山二四七号墓出土漢律令の研究（訳注篇）』（朋友書店、二〇〇六年）三二七頁の【訳】を参照して作ったもの。

（3）『漢書』地理志には「南郡、編（県）」の下に「雲夢官有り」と記した。雲夢官署の別置官である性格については、拙著「城址と墓葬に見る楚王城の禁苑及び雲夢官の性格」（『都市と環境の歴史学』第三輯）を参照。

（4）龍崗秦簡簡1号の「雲夢禁中」に関しては、本書第二章第4節「一　龍崗秦簡簡1号の解釈と性格」を参照。

（5）冨谷至編『江陵張家山二四七号墓出土漢律令の研究（訳注篇）』、朋友書店、二〇〇六年、三二七頁。「刑徒」についての詳しい考証は、宮宅潔『中国古代刑制度の研究』「労役刑体系の構造と変遷」（東洋史研究叢刊之七十五、京都大学学術出版会、二〇一一年）を参照。

（6）扞関の位置は張家山漢墓竹簡（二四七号墓）整理小組の注釈に、

扞関、即江関、『漢書』地理志巴郡魚復県有江関都尉、在今四川奉節東。

としたが、王子今・劉華祝は『史記』楚世家と「張儀列伝」および『後漢書』公孫述伝等の史料によって「扞関、是楚地的西界、也是巴蜀的東界」また「扞関是巴蜀的東部関防」と結論を下した（「説張家山漢簡《二年律令・津関令》所見五関」『中国歴史文物』二〇〇三年一期）。

『史記』楚世家に、

粛王四年、蜀伐楚、取茲方。於是楚為扞（扜）関以距之。

とあり、張儀列伝に、

秦西有巴蜀、大船積粟、起於汶山、浮江已下、至楚三千余里。舫船載卒、一舫載五十人与三月之食、下水而浮、一日行三百余里、里数雖多、然而不費牛馬之力、不至十日而距扞関。扞（扜）関驚、則従境以東尽城守矣、黔中・巫郡非王之有。秦挙甲出武関、南面而伐、則北地絶。秦兵之攻楚也、危難在三月之内、而楚待諸侯之救、在半歳之外、此其勢不相及也。

とある。考証の方法は違うが筆者の結論と一致する。『後漢書』公孫述伝に、

・東守巴郡、距扞（扜）関之口。

・将軍任満従閬中下江州、東拠扞（扜）関。於是尽有益州之地。

とある。『続漢書』郡国志には「（巴郡）魚復、扞（扜）水有扞関」とある。

（7）私人通関伝を取得する手続きについては大庭脩『漢代の関所とパスポート』（『秦漢法制史の研究』創文社、一九八二年）や李均明「漢簡所見出入符・伝与出入名籍」（『文史』第一九輯）、また李均明と劉軍『簡牘文書学』（広西教育出版社、一九九九年）、李均明『秦漢簡牘文書分類輯解』（文物出版社、二〇〇九年）、徐楽尭「漢簡所見信符弁析」（『敦煌学輯刊』一九八四年二期）、薛英群『居延漢簡通論』（甘粛教育出版社、一九九一年）などの研究に従って、漢代初期以降に民が私事により関に出入りする伝書の取得はだいたい、

本人の「取伝」申し出　↓　郷嗇夫の身分審査　↓　県官署の伝書発行

という手順であることがわかった。

（8）徐楽尭「漢簡所見信符弁析」『敦煌学輯刊』一九八四年二期、一五二頁。

（9）「伝」とは通関するパスポートだという性格については、大庭脩「漢代の関所とパスポート」（『秦漢法制史の研究』創文社、一九八二年）を参照。

（10）「審有引書」の解釈については、龔留柱氏が「審、確実。『引書』非張家山漢簡中的引書、而応是『史記・外戚世家』褚少孫論「行詔門著引籍」的「引籍」、即通名状於門使的牒籍」と言った。『論張家山漢簡「関津令」之「禁馬出関」』（『史学月刊』二〇〇四年第一一期）を参照。また、張家山漢簡「津関令」にある通関のための「書」についての研究は、陳偉「張家山漢簡「関津令」渉馬諸令研究」（『考古学報』二〇〇三年第一期）を参照。しかし、漢簡に「取伝」という言葉がよく見られるが、龍崗秦簡における「取伝書」のような表現が見られないことは注目するべきだろう。このことは漢代と秦代の通関符伝制の相違点として今後研究する余地があると思う。

（11）「致」については、李均明氏は、

為出入関通知書、可称之「出入関致」、其格式及用途与「伝」相類、陳請手続亦同。

と解釈した（李均明・劉軍『簡牘文書学』広西教育出版社、一九九九年、二七六頁）。

(12) 通関する「書」と「伝」との区別について、藤田勝久氏は張家山漢簡「津関令」や敦煌県泉漢簡の史料によって、

すなわち関所を人が通行するには、公的であれ私的であれ、官府（公的な機関）が発行した伝が必要であった。しかし公的な往来でも、私物をもつ場合や、私的な往来で携行品をもつ場合には、致・書と呼ばれるような証明書を作成して、それを通過するときに別の証明としたのではないだろうか。したがって交通の往来では、一に人の通行証となる伝と、二に随行の証明があることになる。このように致や書は、伝に規定されている従者、車馬、騎馬の範囲をこえて、随行する人や車馬、物品などを記した文書で、人の通行証とは機能が異なるものと考える。

と指摘した（『中国古代国家と社会システム―長江流域出土資料の研究』第十章「張家山漢簡『津関令』と漢墓簡牘」汲古書院、二〇〇九年、三八九頁）。史料の限りでは秦代における通関のための「書」の形式や内容は確定できないが、少なくとも「伝」と別のものであろうと考えられる。

(13) 中国文物研究所・湖北省文物考古研究所『龍崗秦簡』中華書局、二〇〇一年、七四頁。

(14) 本書第七章第14節「龍崗秦代簡牘における古文字の特徴」を参照。

(15) 彭年「漢代的関・関市和関禁制度」、『四川師範大学学報』一九八七年第四期を参照。

(16) 『続漢書』百官志に「亭有亭長、以禁盗賊。」とある。

(17) 胡平生・張徳芳『敦煌懸泉漢簡釈粋』（上海古籍出版社、二〇〇一年）二〇二頁を参照。

(18) 『漢書』百官公卿表に、

衛尉、秦官、掌宮門衛屯兵、有丞。景帝初、更名中大夫令、後元年、復為衛尉。属官有公車司馬・衛士・旅賁三令丞。衛士三丞。又諸屯衛候・司馬二十二官皆属焉。長楽・建章・甘泉衛尉皆掌其宮、職略同、不常置。

とある。

(19) 陳直『三輔黄図校証』陝西人民出版社、一九八一年。

(20) 陳松長「岳麓書院藏秦簡綜述」（『文物』二〇〇九年第三期）八六頁と図10の写真を参照。

(21) 大庭脩『木簡』大修館書店、一九九八年、四五頁。

(22) 徐楽尭氏が九つの金関出入り符を検討した結論とは、

如前引九件金関出入符、其中完整的、符文均言「左居官右移金関符合以従事」、可見此种符分左右両半、用時相合以取信。又、符文云：「歯百」、符的上端二公分処側面有一刻歯（例1・2刻歯在左側、例3・4刻歯在右側）、此刻歯顕然是用於合符的。（中

略）凡以刻歯合符的、符文中均有『歯百』二字。（中略）『歯百』的意思是符上的刻歯及刻歯内的『百』字、均是合符的標誌。合符時既要合刻歯、又需合『百』字。

とある（徐楽尭「漢簡所見信符辨析」『敦煌学輯刊』一九八四年第二期）。

(23)　籾山明「刻歯簡牘初探―漢簡形態論のために」『木簡研究』一七（木簡学会、一九九五年）を参照。

(24)　労榦『居延漢簡考釈』（考証巻）「符券」（国立中央研究院歴史語言研究所出版、民国三十二年〈一九四三〉）を参照。

(25)　「割り符」の形式によって「符」と「伝」は別物だとする研究者の考えは多く存在する。例えば陳直氏は、

符与伝之区別、符写人名、伝或写或不写人名、符写到達地点、或有不写到達地址与伝相同。符有歯、伝無歯、符紀数、伝不紀数。其形式符与普通木簡相似、伝則長方形、寛度比符加一倍。

とする（『漢書新証』二一頁）。また、大庭脩氏は、

後の過所にあたるものは棨であったろうと思う。（中略）符にあたるものは、従来の史料の中では繻であるとせねばなるまい。

とする（「漢代の関所とパスポート」『秦漢法制史の研究』創文社、一九八二年）。李均明氏「漢簡所見出入符・伝与出入名籍」（『文史』第一九輯、一九八三年）や薛英群氏「漢代符信考述」上・下（『西北史地』第三期・第四期、一九八三年）も、いろいろな考証を行なっている。

(26)　李均明「漢簡所見出入符・伝与出入名籍」『文史』第一九輯、一九八三年、三一頁。

(27)　同前。

(28)　釈読文は陳松長「岳麓書院蔵秦簡綜述」（『文物』二〇〇九年第三期、八六頁）と陳偉「岳麓書院蔵秦簡考校」（『文物』二〇〇九年第一〇期、八五～八六頁）を参照して作ったものである。

(29)　彭浩・陳偉・工藤元男『二年律令與奏讞書―張家山二四七号漢墓出土法律文献釈読』（上海古籍出版社、二〇〇七年、三〇七頁）に、

今按：「非其所□為□而擅為伝出入津関」句中原未釈両字疑為「当」「伝」読作「非其所当為伝而擅為伝出入津関」。下文有「以伝令闌令論、及所為伝者」（簡498号）、与之対応。「非其所当為伝而擅為伝出入津関」属「不当伝為」。可参考《賊律》十四～十五簡。

とある。

(30)　「官属」の「属」は整理小組が「人」と釈読したが、王偉氏が「属」とする（「張家山漢簡「二年律令」編聯初探―以竹簡出土

位置為線索」武漢大學簡帛網、二〇〇三年十二月二十一日）。

(31) 彭浩・陳偉・工藤元男『二年律令与奏讞書—張家山二四七号漢墓出土法律文献釈読』（上海古籍出版社、二〇〇七年、三〇七頁）に、

今按：整理本釈文作「□其□□□□日□□牧□□塞郵・門亭行書者得以符出入」現拠紅外線影像釈読為「禁（?）其□弩・馬・牛出、田、波（陂）・苑（?）・牧、繕治塞、郵・門亭行書者得以符出入」。「其□弩」中未釈字左従「扌」、右部不清、疑為「挾」字。弩属兵器、与馬匹一様、是禁止輸出的物品、参見『漢書・昭帝紀』顔師古注引孟康曰：「旧馬高五尺六寸歯未平、弩十石以上、皆不得出関、今不禁也。」及四九三号簡今按。「田・陂・苑・牧」、指従事労作的人。「繕治」、修繕。

とある。

(32) 『睡虎地秦墓竹簡』文物出版社、一九七八年、二一三頁。

(33) 専修大学『二年律令』研究会：「張家山漢簡『二年律令』訳注（一）—賊律—」、『専修史学』第三五号、二〇〇三年。

(34) 冨谷至編『江陵張家山二四七号墓出土律令の研究』（「訳注篇」）朋友書店、二〇〇六年、三七頁。

(35) 楊樹達『積微居小学述林』に、

古人治病、燃艾灼体謂之灸。久即灸之初字也。字形従卧人、人病則卧床也。末画象以物灼体之形。

とある。

(36) 甘粛省博物館・武威県文化館編『武威漢代医簡』（文物出版社、一九七五）年を参照。

(37) 王三峡「秦簡『久刻職物』相関文字的解読」『長江大学学報』二〇〇七年第二期、八三頁。

(38) 清代の孫星衍等輯、周天游点校『漢官六種』中華書局、一九九〇年。

(39) 大庭脩「漢代の関所とパスポート」『秦漢法制史の研究』（創文社、一九八二年）を参照。

(40) 『漢書』元帝紀に「令従官給事宮司馬中者、得為大父母父母兄弟通籍」とあり、顔師古の注に「従官、親近天子常侍従者皆是也」とする。『後漢書』竇武伝に、

令帝抜剣踊躍、使乳母趙嬈等擁衛左右、取棨信、閉諸禁門。召尚書官属、脅以白刃、使作詔板。拝王甫為黄門令、持節至北寺獄収尹勲・山氷。

とある（傍点—すべて引用者）。

第12節　龍崗秦簡に見る「参弁（辦・辨）券」

はじめに

「参弁（辦・辨）券」という表現は伝世文献には見当たらないが、出土文字として多く発見されており、龍崗秦簡の簡11号もその一つのケースである。簡11号は傷が激しく、竹簡の両端はとも折れた痕跡があり、簡文の一〇文字には、はっきり読めない字もある。つまり、一〇文字の前後ともに欠字があるのは間違いない。

この簡文について、科学出版社版『雲夢龍崗秦簡』（一九九七年）も、中華書局版『龍崗秦簡』（二〇〇一年）も、ともに「☒于禁苑中者、吏与参弁券☒」と釈読して解釈を加えている。しかし、その釈読、解釈ともに誤りがあるので、再検討する必要がある。

一　簡11号の釈読と解釈の問題点

まず、簡11号における文字の釈読について、科学出版社版、中華書局版ともに「与」の前にある一字は「吏」と読んでいるが、同じ龍崗秦簡の簡197号の「吏」字と比べてみると（写真12-1参照。括弧は出土番号）、その字は「吏」ではなく、「癶」かんむりの字であり、字の下半分ははっきり読めないが、おそらく「發（発）」あるいは「癹（発）」字ではないか。

また、「辦」の字形をよく見ると、字の中心にあるのは「リ」ではなく「刀」であるのは間違いなく、むしろ「辦」と釈読するのがより確実だろう。なぜならば、『説文解字』には「辦」「辦」ともに収録されているが、「辦」は「憂なり」とし、心を部首とする字であり、「辦、判なり、刀に従う」としている。段玉裁の注には「古、辦・判・別参字の義、同じなり。辦、刀に従う。俗に辨となす」とある。つまり、もとの正字は「辦」しかなかったが、後に「辨」という俗字が生じ、『説文解字』ができた後漢代に二字の字形と字意とも別文字となったのである。換言すれば、龍崗秦簡には正字の「辦」しか使われておらず、この事実が、改めて当該簡の文字には古文が多いことを証明する(1)。もちろん、「辦」は「辨」の仮借字として「参弁券」と釈読しても意味的には問題がないので、本節では、この簡文を「□于禁苑中者発与参弁（辦・辨）券□」と訂正して釈読した。

科学出版社版『雲夢龍崗秦簡』と中華書局版『龍崗秦簡』の注釈

「参弁（辦・辨）券」という簡文について、科学出版社版『雲夢龍崗秦簡』の注訳者は「参弁券」に「一分為参的券証」と解釈し、「参弁券制度、多用於財物管理、是否用於禁苑管理、因簡残、謹闕疑備考」としたが、簡文の全体を現代語訳していない。

中華書局版『龍崗秦簡』の注釈者は『周礼』天官、小宰の職に、「伝別」「書契」「質剤」「要会」などの「券別の書」、すなわち契約の証に関する事務があることと、懸泉漢簡に表す兵士の葬事に関わる参弁券の使用記録を詳しく述べた（簡文の具体例を出さないが、おそらく未発表の簡文を見たのではないか）。さらにその例によって、「参弁券」とは財物管理以外に、禁苑管理やその他の行政管理にも関係するものであると強調し(2)、簡11号の「参弁券」に、次のように注釈と現代語訳をした。

【注釈】一式参份的券書、一份存档備査、一份交門衛、一份交進入禁苑的人。

【現代語訳】（因事務需要）到禁苑中去的人、官吏発給一式参份的券書作為憑証……

つまり、『龍崗秦簡』の注訳者は、「**参弁券**」**制**は禁苑管理に関することだけではなく、具体的に、「禁苑」に入る

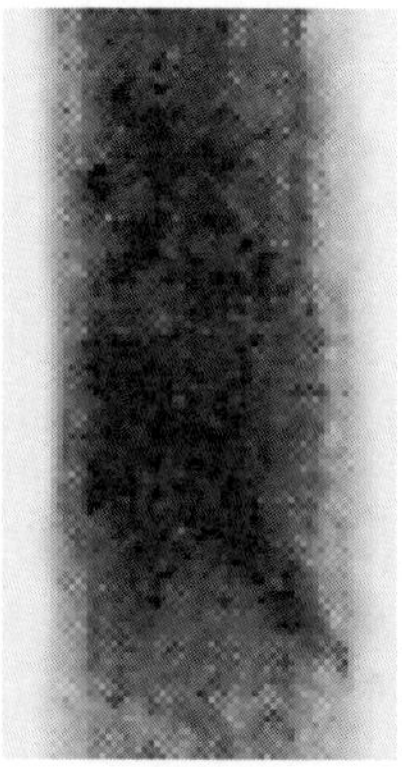
簡11号（130）

簡197号（187）

写真 12-1　「吏」と「發（発）」

者の所持する「**符券**」であると判断した。その根拠は示していないので、当該注訳者の結論に妥当性があるかどうかは、現時点では判断できないが、もし単なる兵士の葬事に関わる参弁券の史料にすぎないとする根拠があるとすれば、その参弁券＝入苑割り符という説の信憑性は疑われることになる。

二　「参弁（辧・辨）券」の出土文字史料

「参弁券」に関わる出土文字は、龍崗秦簡以外に睡虎地秦簡・張家山漢簡・居延漢簡・敦煌懸泉漢簡にも見出すことができる。それらの史料を並べ、「参弁券」の特徴を見出すことは、龍崗秦簡簡11号簡文の復元にとって無意味な作業ではないと思う。

A　睡虎地秦簡　秦律十八種「金布律」

県、都官坐效、計以負賞（償）者、已論、嗇夫即以其直（値）銭分負其官長及冗吏、而人与参弁券、以效少内、少内以収責之。

県・都官の效・計をして罪に坐して賠償すべき場合は、已に論罪すれば、嗇夫が其の金額を以って官長及び冗吏に分負させ、人ごとに参弁券（の一弁券）を与え、少内はその券によって罰金を収める。

とある。これは**賠償金**の分担に関わる契約の例である。

B　張家山漢簡「金布律」

官為作務・市及受租・質銭、皆為缿、封以令・丞印、而人与参弁券之、輒入銭缿中、上中弁其廷。

官が製造・交易すること、及び租・抵当銭を受ける際には、いずれも缿を用意し、令・丞の印を以て封じ、人ごとに参弁券を与えてこれに（書き）、ただちに銭を壷の中に入れ、中弁をその廷に上申する。(3)

とある。これは**収金管理**ミス防止の**割り符**である。

C　張家山漢簡「戸律」

民欲先令相分田宅・奴婢・財物、郷部嗇夫身聴其令、皆参弁券書之、輒上如戸籍。有争者、以券書従事。毋券書、勿聴。

民が遺言状を作ってともに田宅・奴婢・財物を分与するときは、郷部嗇夫は自ら遺言を聴取し、いずれも参弁券にそれを書き、戸籍と同じように提出させる。紛争が起こった場合、券書で処理する。券書がなければ受理しない。

とある。これは**遺産分配**の遺言状に関わる紛争を防ぐ割り符である。

D　居延漢簡

☐寿王敢言之、戍卒巨鹿郡広阿臨利里潘甲疾温不幸死、謹与☐□槥櫝、参絜[4]堅約、刻書名県爵里。槥敦（屯《つかねる》）参弁券書其衣器所以収

（居延漢簡釈文合校：144; 7.31）

……寿王敢えて之を言うに、戍卒の巨鹿郡広阿臨利里の潘甲は瘟疾によって不幸にして死亡し、厳正に棺を与え、参つの堅約を整え、氏名・県・爵・里を刻書した。棺に参弁券を束ねて、其の衣・器など書くところを以て（故郷の吏は弁券によって死体と遺物を）査収できる……

とある。これは**不幸死**にあたる戍卒の故郷まで、棺を搬送する途中、死体と遺物の紛失を防ぐ割り符である。

E　敦煌懸泉漢簡

中華書局版『龍崗秦簡』注釈者は簡11号にある「参弁券」について、

根拠敦煌懸泉置新出土的漢簡資料、在使用簡易的棺木『槥櫝』收殮前方死亡士卒遺骸時、也使用参弁券将死者及遺物送帰郷里。（七六頁）

と記述した。注釈者は具体的な史料を示していないが、詳しく史料の筋を紹介したので、元の史料が公表される前ではあるが、それを信用しよう。

参弁券の役割

以上のように、出土文字「参弁券」は、いずれも金銭や財産に関わる**契約書**という性格を持つものであるが、役割によって分類すれば、**A**は罰金分担のケースであり、**B**は収金管理の例で、いずれも財物管理のケースである。**C**は遺産分配の遺言状である。**D**と**E**はともに、兵士が不幸に遭い死亡したあと官府が葬具を用意したうえ故郷へ帰葬させるため、死体と「衣・器」という遺物を搬送するための参弁券である。いずれも中華書局版『龍崗秦簡』の著者の主張した**入苑割り符説**を支える史料ではない。

龍崗秦簡簡11号は折れた残簡なので、復元しようとすると、簡文にある「参弁券」の役割を確定することは一つの方法となろう。ただ、「参弁券」には、上述した**A～E**のように罰金・収金・遺言状・棺葬具搬送などと複数の役割を持つ可能性があり、そのなかから一つを選ぶとすれば、**D**と**E**の棺葬具搬送の役割が最も可能性が高いであろう。なぜならば、すべての龍崗秦簡の簡文を読み通してみると、棺葬具搬送用参弁券という可能性を支える史料が最も多いのである。上述した居延漢簡の、

〼寿王敢言之、戍卒巨鹿郡広阿臨利里潘甲疾温不幸死、謹与〼□槥櫝。参絜堅約、刻書名県爵里。槥敦参弁券書其衣器所以収□　（傍点―引用者）

という実例を改めて見てみると、「参弁券」のほかに、少なくとも「**不幸死**」「**櫝（槥）**」「**弁（券）**」などのキー・ワードを含む別の簡文を龍崗秦簡にも見つけることができる。例えば、次の三簡である（傍点―引用者）。

簡196号　黔首〼〼不幸死、未葬〼

簡197号　者棺葬具、吏及徒去辦〼

簡122号　盗繫（槥）櫝、罪如盗□□□□□□□□□〼

内容的には、これらの簡は簡11号に綴り合わせることが可能である。また、居延漢簡に表す**棺具搬送用**「**参弁券**」の発行手順を整理してみると、こうなる。

某兵士が「不幸死」し　↓　死者の所属した官府が「槥櫝」を用意する　↓　死者の氏名・身分・出身地を書く参弁券を作って　↓　（中弁券は上司に提出、**右弁券**は作った官吏が保存）衣・器なども書く**左弁券**は棺柩に置いて

↓死者の故郷に至って当地の官吏に開封される。

このような手順に従って、筆者は「黔首〼〼不幸死、未葬〼」（簡196号）＋「〼于禁苑中者【発】、与参弁券〼」（簡11号）＋「者棺葬具、吏及徒去弁〼」（簡197号）＋「盗𣫯（櫘）櫝、罪如盗□□□□□□□□□〼」（簡122号）というように各簡を綴り合わせ、簡11号の「参弁券」は禁苑黔首の「不幸死」に関わる棺葬具を搬送する弁券であるという説を提出したい。

三　「不幸死」者の棺具弁券説の提出

前述したように龍崗秦簡における「参弁券」の関連諸簡を綴り合わせると、以下のような簡文となる。

黔首〼□□〼不幸死、未葬〼□□〼于禁苑中者【発】、与参弁券〼□□〼者棺葬具、吏及徒去弁〼□□〼盗𣫯（櫘）櫝、罪如盗□□□□□□□□□〼

この簡文の意味を、上述した居延漢簡と敦煌懸泉漢簡にある関連簡文と比べて復元すれば、黔首が（禁苑で勤務するとき）不幸に遭って死に至ったならば、未葬、（櫘櫝を与え、）禁苑の中で勤務する者（吏と徒）は（故郷へ帰葬のため櫘櫝を）発送する。（死者の氏名・身分・出身地を書く）参弁券を与え、（中弁券は上司に提出、右弁券は作った官吏が保存し、衣・器なども書く左弁券は棺柩に置く。津関吏は死）者の棺柩を（開かず）。吏と徒は弁券を見捨てたり、棺柩を盗んだりしたら、その罪は窃盗の如く（処する）。

となる。筆者がこのように簡文を釈読した理由を説明すると、以下のとおりである。

「禁苑」で不幸死した黔首の帰葬

まず、死亡者の**黔首**という身分は、居延・敦煌漢簡に表されている辺境の「戍卒」と違う。簡196号の「黔首不幸死、未葬」という簡文に対して、中華書局版『龍崗秦簡』の著者が、

簡196首「黔首」二字与後面部分已断開、茬口也不吻合、是否可以連接、有待今後験証、今暫従原整理者編排（一三一頁）

と指摘したように、簡文の冒頭にある「**黔首**」という二字の断簡は「不幸死未葬」という断簡と本当に綴り合わせることができるかということには疑問が残るが、二つの断簡を組み合わせることができないという理由がない現時点では、発掘者の整理原案のままを維持したほうがよいと思う。そして、「**不幸死**」した者がたしかに「黔首」であるとすれば、その「黔首」は一般的な意味の黔首ではない。簡6号の「禁苑吏・苑人及黔首有事禁中」という律文によれば、「禁苑吏・苑人」のように、「**禁苑**」で勤務（**徭役**など）する例があるので一般的な意味の黔首と区別するために、筆者はこの簡文を「黔首は（禁苑で勤務するとき）不幸に遭って死に至ったならば」と現代語訳した。

居延漢簡の「不幸死、謹与⊠□槥櫝」を参照し、ここで「不幸死、未葬」のあとに「謹与槥櫝」というような欠文があったはずであると考えて「（槥櫝を与え、）」を加えた。

「于禁苑中者」を、先行研究者は「（因事務需要）到禁苑中去的人」と訳したが、簡6号において「黔首有事禁中」の者はまた「任徒治園者」（張家山漢簡「二年律令」簡518号）ともいわれているので、禁苑にいる黔首は**治園**する「徒」であると筆者は判断した。したがって、「禁苑」で「不幸死」に遭った黔首の棺具を発送する者は、死者の生前と同じ身分である治園する「徒」や苑の「吏」であると判断して、「禁苑の中で勤務する者（吏と徒）」と訳した。

「発」字については、字の「発射」の本意に「発動」「進発」の意があるので、ここでは、禁苑中勤務する黔首が死に至り、**禁苑官署**から死体を故郷へ帰葬するために棺を用意し、同じく「禁苑」に働く「于禁苑中者」がその帰葬用棺具を発送する意と取り、「（故郷へ帰葬するために柩）を発送する」と訳した。

「与参弁券⊠」については、張家山漢簡「戸律」簡334号の「民欲先令相分田宅・奴婢・財物、郷部嗇夫身聴其令、皆参弁券書之」と、居延漢簡の「参弁券書其衣器」を参照して、「（死者の氏名・身分・出身地を書く）参弁券を作り」と訳した。また、張家山漢簡「**金布律**」の「与参弁券之、輒入銭缿中、上中弁其廷」という律文と『商君書』定分の「即以左券予吏之問法令者、主法令之吏謹蔵其右券木柙」という文によって、「（中弁券は上司に提出、右弁券は作った官吏が保存し、衣・器なども書く左弁券は棺柩に置く）」を補足した。

張家山漢簡「津関令」簡501号の「[不][幸][死]、県道各（？）属所官謹視収斂、毋禁物、以令若丞印封櫝槥、以印章告関、関完封出、勿索（索）」を参照して、「（津関吏は死）者の棺柩を（開かず）」と補足して訳したが、詳しい説明は次の「四　責任追及の証拠となる「参弁（辨・辧）券」」に譲る。

簡122号「盗櫜（槥）櫝、罪如盗□□□□□□□□□□☑」について、中華書局版『龍崗秦簡』の著者が「盗窃棺材、罪与盗窃□□……相同」と訳して、

『櫜』字上部従叀従殳、讀為叀。下部従米、係木之誤。『説文』車部「轊、軎或従彗。」上古音『軎』与『轊』皆匣母月部字、同音可通。『槥』、亦見於漢代簡牘、如『銀雀山漢墓竹簡』（壹）『孫臏兵法』416号簡、『居延漢簡甲編』2537号簡等。（一一三頁）

としたのは正しいと思うが、彼が簡122号と簡11号の密接性を看破していないのは残念なことである。

四　責任追及の証拠となる「参弁（辨・辧）券」

では、なぜ兵士や徒の死体と遺物を搬送するために「参弁（辨・辧）券」が必要かという問題について、考証しよう。

（1）契約の「割り符」

「券」とは『説文』に「契なり」とあり、「**割り符**」の意である。「辨」には「別」と同じ意味がある。『荀子』性悪に「凡論者、貴其有辨合、有符験」とあり、楊倞の注に「辨、別なり」とある。ゆえに「辧券」はまた「別券」の意があり、『管子』問に「問人之貸粟米、有別券者幾何家」とある。その「別券」を左右に分けて「左券」「右券」といい、例えば『商君書』定分に、

即以左券予吏民之問法令者、主法令之吏、謹藏其右券木柙、以室藏之、封以法令之長印。

とある。つまり、三（参）つに分かれる別券、すなわち割り符を「参弁券」と呼ぶのである。

「参弁券」については、たしかに財物管理の契約である場合の史料が見られる。例えば、上述した例Aの睡虎地秦簡と例Bの張家山漢簡には、ともにその実例[5]がある。しかし、「参弁券」の基本的な性格が、三（参）つの同じ内容のものを当事者双方と書類を保存する主管部門の者が各々一通ずつ持つ、証拠となるしるしであるのは間違いない。

例えば、例Aの場合は、罰金の「負賞（償）者」と「参弁券」を渡す嗇夫と罰金を収める「少内」という三者である。例**B**は、「租」金の納金者と収金者の双方と「中弁」を保存する「廷」という第三者である。例**C**の場合は、遺言状を受ける者と遺言を聴取した「郷部嗇夫」と遺言状を提出した先という三者である。例**D**の居延漢簡（おそらく例Eも）に表されている「諸方」とは、「参弁券」を作った納棺の吏と棺具を搬送する先である開棺の吏と「中弁」を保存する上司という三者である。なぜ、三者のいずれもが「参弁券」のうち一弁券を持つ必要があるのかというと、例**C**に「有争者、以券書従事。毋券書、勿聴」とあるように、いったん契約した財物に関わる紛争が起こった場合、その券書を証拠として処理でき、逆に券書がなければ受理できないようにするためである。

（2）棺柩搬送の悪用阻止

罰金・収金・遺産分配に関わる金銭や遺産の紛争はわかりやすいが、では、棺具の搬送についての紛争とは何だろう。換言すれば、その場合になぜ「参弁券」が必要なのだろうか。『漢書』高祖紀に、

令士卒従軍死者為槥、帰其県、県給衣衾棺葬具、祠以少牢、長吏視葬。

とある。「槥」とは、応劭が「小棺也、今謂之櫝」と注記している。また、臣瓚に、

「金布令」曰「不幸死、死所為櫝、伝帰所居県、賜以衣棺」也。

とある。当時の漢令によって「士卒従軍死」に「槥」を与えて出身県に伝送し、少牢をもって祀り、長吏は葬式を臨み見るということがわかる。また、その「伝帰」途上の通関手続きに関して、張家山漢簡「津関令」の簡500号・501号・499号の簡文[6]に、次のようにいう。

□、制詔相国、御史、諸不幸死家在関外者、関発索之、不宜、其令勿索（索）、具為令。相国、御史請関外人宦為吏繇（徭）使、有事関中、不幸死、県道各（?）属所官謹視収斂、毋禁物、以令若丞印封櫝槥、以印章告関、関完封出、勿索（索）。櫝槥中有禁物、視収斂及封者、与出同罪。・制曰可。

□、相国・御史に制詔する。「およそ不幸にして死亡し、関外に家がある者については、関で棺を開いて検査するのはよろしくない。検査することがないようにせよ。令とせよ」と。相国・御史が申請いたします。「関外の人で官吏となったり、もしくは関中に役務があって派遣されていた人が、不幸にして死亡した場合に、県・道はその所属の官が厳正に納棺を検閲し、禁制品がないようにせよ。令もしくは丞の印で棺を封印し、印の文を関に告げ、関は封が完全であれば出関させ、検査はしない。棺の中に禁制品があれば、納棺の検閲及び封印した者は、それと同罪となる」と。・制して曰く「可なり」と。（傍点―引用者）

「**不幸死**」となった者（兵士だけではなく、役務があって派遣されていたすべての人々）の棺柩を故郷へ伝送する途中、関が棺柩を開けることは不適切であるため、検査は必要なしとする。したがって、死者の所属する官署の吏（「所官」）が棺柩に禁制品がないことを確認してから、**令・丞**の印で棺柩を封じ、関所の吏は封印が完全なままで関を出て、検査は不要とし、後に棺柩から禁制品が発見されたならば、検査者や封印者の責任となったということがわかる。

この史料は「参弁券」の所持者ではない関吏の検問に関する条例であるので、直接「参弁券」に言及していないが、別の側面から考えると、上述した居延漢簡における送棺の件がよりよく理解できるのではないだろうか。

両史料を合わせてみると、いわゆる「参弁券」は、死亡者の氏名・県・爵・里と其の衣・器などを書くことを内容とし、それは死亡者の死体と遺物を証明できる書類であり、三つに分かれる「**割り符**」としては、棺具を搬送する途中、棺具の悪用（禁物の混在など）や死体と遺物の盗難などが起こった場合に、例Cにある「有争者、以券書従事。毋券書、勿聴」のように責任追及をする証拠となったのである。

つまり、死体と遺物搬送の「参弁券」でも、上述した罰金分担・現金収集・遺産分配などと同じように、いったん事故が起こったときは、「中弁」を所持する上司が当事者双方（納棺吏と開棺吏）のどちらに責任を帰すべきかを判断するために、その証拠として、三方が持つ「参弁券」が必要とされたのである。

おわりに

本節は、龍崗秦簡簡11号「☑于禁苑中者【発】、与参弁（辨・辧）券☑」の簡文について、先行研究の誤釈を訂正して、その参弁券＝**入苑割符**という説の信憑性に疑問を抱き、それに考証を加えたものである。その結論は以下のようにまとめられる。

1　「**参弁券**」とは伝世文献に見られないが、出土文字資料にしばしば登場しているものであるので、それらの資料を集めて比較し、罰金分担・現金収集・遺産分配・棺具搬送など諸用例を分類したうえに、龍崗秦簡の各簡を選別してから簡11号に現れる「参弁券」とは**棺具搬送**に関わる律文であるとしか考えられないと判断した。

2　棺具搬送に関わる諸史料を照らし合わせ、「参弁券」が現れる簡11号の断簡は、簡197号・簡196号・簡122号の順に綴り合わせることで、数枚の棺具搬送に関する「参弁券」に関する秦律簡を復元することができた。したがって、『漢書』高祖紀における臣瓚の注に載せた「不幸死、死所為櫝、伝帰所居県、賜以衣棺」という「**金布令**」は、遅くとも統一秦代にはすでにあったことが判明した。また、「伝帰」という待遇に当てはまる者は、高祖紀にいう「士卒従軍死者」に限らず、すべての官吏と、役務があって派遣されていた人々だろうと考えられる。

3　棺具搬送の「参弁券」においても、上述した罰金分担・現金収集・遺産分配などと同じく、いったん事故が生じたとき、「中弁」を所持する上司が、当事者双方（納棺吏と開棺吏）のどちらの責任に帰するべきかを判断する証拠として、三人ともが持つ「参弁券」が必要とされたということである。

つまり、ケースによって「参弁券」の機能にはいくつかの特徴があっても、その「**割り符**」という証拠となるしるしとしての本質は変わらないと結論づけることができるのではないかということである。

注

（1）龍崗秦簡における文字は古文字が多いことについての論述は、本書第七章第14節「龍崗秦代簡牘における古文字の特徴」を参照。

（2）中華書局版『龍崗秦簡』注釈者は、簡11号にある「参弁（辨）券」について、次のように言う。

参弁券和一分為二式的券書性質是相同的、其適用於禁苑管理或其他行政管理事務、是没有疑問的。『周礼・天官』職「掌建邦之宮刑、以治王宮之政令」的小宰、「以官府之八成経邦治」、其四「聴称則以伝別」、其六「聴取予以書契」、其七「聴買売以質剤」、其八「聴出入以要会」、幾項行政与経済管理事務、皆与券書有関。又、根拠敦煌懸泉置新出土的漢簡資料、在使用簡易的棺木「槥櫝」收殮前方死亡士卒遺骸時、也使用参弁券将死者及遺物送帰郷里。（七六頁）

（3）本論に引用した張家山漢簡簡文の和訳は、すべて、冨谷至編『江陵張家山二四七号墓出土律令の研究』「訳注篇」（朋友書店、二〇〇六年）を参照して作ったものである。

（4）「絜」は修整の意である。『荀子』不苟の注に、楊倞は「絜、修整也」とした。

（5）睡虎地秦簡「金布律」に、

県、都官坐效、計以負償者、已論、嗇夫即以其直銭分負其官長及冗吏、而人与参弁券、以效少内、少内以収責之。

とあり、それは賠償金額を分担する契約の例である。張家山漢簡「戸律」に、

民欲先令相分田宅、奴婢、財物、郷部嗇夫身聴其令、皆参弁券書之、輒上如戸籍。有争者、以券書従事、毋券書、勿聴。

とあり、それは遺産分配の遺言書である。「金布律」に、

官為作務、市及受租、質銭、皆為缿、封以令、丞印而入、与参弁券之、輒入銭缿中、上中弁其廷。質者勿与券。

という収金管理のケースがある。それらの「参弁券」は、いずれも財物管理の史料である。

（6）張家山漢簡「津関令」の簡499号が簡501号へつながるはずだという説は、陳偉「張家山漢簡「津関令」渉馬諸令研究」（『考古学報』二〇〇三年第一期）を参照。

第七章　龍崗秦簡の律名復元と文字の特徴

龍崗秦簡は破損が激しいので、簡文にあるはずの律名が見つけられていない。その内容による『龍崗秦律』の分類には「**五種**」説と「**三種**」説の二説があるが、「五種」説の五つの分類は当時の律名と合わず、持ち主がなぜそれらの律文を揃えたかわからない。「三種」説は内容分類の原則を示すだけで、具体的な律名に即して分類していないので、未完成の研究であるという問題点がある。

律名を復元できる研究が必要なので、筆者は、第13節で、出土資料と文献資料の両面において秦律・漢律・唐律と比べ、龍崗秦簡の律令名を「盗律」「賊律」「囚律」「捕律」「雑律」「具律」「徭律」「伝令」「闌令」「廏律」「金布律」「田律」「その他」などに復元した。

第14節では、竹簡文字には初期の**古隷**、木牘には**俗体篆書**と二種類の書体が用いられていることを明らかにし、中国古代文字の変遷に「**官製ルート**」と「**民製ルート**」の共存現象を発見した。

第13節　「龍崗秦律」における律名の復元

はじめに

古代における法律の律名は非常に重要であるにもかかわらず、残されているものが少ない。ゆえに、近人程樹徳『九朝律考』(中華書局、二〇〇三年)は第一巻の冒頭に「律名考」を置く。

龍崗秦簡に記された内容は、その「与同罪」「与同灋」「毋罪」「律論之」などの法律用語から秦朝の律令であるに違いないが、竹簡の破損が激しいので律名が見つからない（もともと付いていない可能性もある）。しかし、一部の律名を復元すれば、簡文の構造と性格がわかる。[(1)] これまでの研究には、その内容によって「龍崗秦律」を「五種」または「三種」とする二つの分類がある。

A　五種説

劉信芳・梁柱氏は、龍崗秦簡は「原簡無律名」のため、

1「禁苑」　2「馳道」　3「馬牛羊」　4「田贏」　5「其他」

の五種に分類した。[(2)]

B　三種説

胡平生氏は、龍崗秦簡には、

①禁苑管理に直接関係する律文　②禁苑管理に間接的に関係する律文　③禁苑事務に関係する律文

の三種類が確認できるとしている。[(3)]

しかし、残念ながらこの二説には、ともに明らかな問題がある。「五種」説は、五つに分類した内容が当時の律名と合わず、持ち主がなぜそれらの律文を揃えたのかわからない。「三種」説は、内容分類の原則だけで、具体的な律名に即した分類をしていないので、未完成の研究であるといえる。

つまり、いま、龍崗秦簡には律名を復元できる研究が必要なのである。

そこで本節では、『**晋書**』刑法志や『**唐律疏義**』など古典文献や漢律研究の集大成といわれる清代の沈家本『**漢律摭遺**』や民国時代の程樹徳『**九朝律考**』などを参照しながら、「**睡虎地秦律**」や「**張家山漢律**」などの出土文字と比較して、龍崗秦簡における律令名を復元し、「五種」説・「三種」説の復元案とは異なる、

1「盗律」　2「賊律」　3「囚律」　4「捕律」　5「雑律」　6「具律」　7「徭律」と「伝令」「闌令」　8「廏律」　9「金布律」　10「田律」（「田租税律」「田令」）

という「一〇**種**」**説**を提出したいのである。

一　律名の復元と龍崗秦簡の「盗律」

『唐律疏義』一三には、次のようにいう。

周衰刑重、戦国異制、魏文侯師於李悝、集諸国刑典、造『法経』六篇。一盗法、二賊法、三囚法、四捕法、五雑法、六具法。商鞅伝授、改法為律、漢相蕭何、更加悝所造戸興廏三篇、謂九章之律。

『晋書』刑法志には、

九章律一盗律、悝以為王者之政莫急於盗賊、故其律始於盗賊。（傍点―引用者）

とあり、「盗律有賊傷之例」「盗律有劫略、恐猲、和売買人、科有持質」「盗律有受所監受財枉法」「盗律有勃辱強賊」「盗律有還贓畀主」「（賈充）分盗律為請賕、詐偽、水火、毀亡」などを載せている。

張家山漢簡「二年律令」の第一条目は「**賊律**」、第二条目は「**盗律**」である。「賊律」「盗律」ともに、戦国時代から秦国の「商鞅変法」や漢初蕭何の「九章之律」まで、中国古代法律史において大変重要な位置を占めた律であるといえるが、睡虎地秦簡の「**秦律十八種**」には現れず（同簡の「法律答問」に引用された盗律文はあるが）、もし龍崗秦簡にこれらの律文が発見されたなら、統一秦の法律文献の穴を埋める新たな出土資料といえる。

（1）先行研究の分類

本節は、龍崗秦簡に見られる「盗律」から考証したい。まず、先学たちの分類的な先行研究を見てみよう。清代の沈家本『漢律摭遺』では、漢代の「盗律」は、

劫略（略奪）
恐猲（脅迫で財物取り）
和買売人（人身売買）

持質（誘拐）、受所監（仕事によって利益をする）
受財枉法（収賄）
勃辱強賊（捕まった犯人を殺傷する）
還贓畀主（持ち主に盗品を戻す）
賊傷（強盗殺傷）
無目可帰者（盗穀・盗馬牛・通行飲食（飲食を提供する）

などを含むと考えている。後に出た民国時代の程樹徳『九朝律考』にある、
劫略・恐猲・和買売人・受所監受財枉法・勃辱強賊・還贓畀主

などは、上述した沈家本の説とほぼ同じだが、「持質」「賊傷」「無目可帰者」がない。

沈家本説と程樹徳説は、ともに文献資料による研究成果にすぎないので、近年の出土文字資料によって「盗律」の内容を分類する研究は注目すべきである。

張家山漢簡の「盗律」（簡55〜81号）には二六条の律文があり、李学勤は、以下のように述べた。

盗律の規定もまた複雑です。あるものは秦律と同じように盗んだものの価格によって量刑の基準としております。その値段が十一の倍数となっていることは、明らかに秦律を踏襲したものです。五人以上で、盗みをはたらくものつまり群盗に対しては、きびしい懲罰規定があります。それは、『封診式』の「群盗」のくだりと互いに見合わせることができます。律の中では、とくに黄金などの財物を盗み、境外に持ち出すよう行為に対しては、特別に條文を設けております。(4)

以上の研究成果をもとに張家山漢簡の「盗律」の内容をまとめて、以下の**A**〜**H**の八つの項目に分類しておきたい。

A　盗品の値

（本人が窃盗すれば、）盗品の価値によって罪を問う。

簡55号　盗臧（贓）直（値）過六百六十銭、黥為城旦舂。

B　間接窃盗

人と窃盗を計画しただけでも「与盗同法」とする。

簡57号　謀遣人盗（人に盗みを動かせようと謀る）。

簡58号　謀偕盗而各有取也。

C　収賄

（沈［受財枉法］）賄賂を受け取った方は盗者より罪が重いこと。

簡60号　受賕以枉法（賄賂を受けて法を枉《ま》げる）。

D　外人窃盗

境外の人が窃盗すれば「腰斬」する。

E　群盗

群盗に飲食を提供すれば「与同罪」（沈［通行飲食］）、群盗の逮捕、群盗が人を脅迫（沈［恐猲］）、殺傷（沈［賊傷］）、盗発塚、略売人（沈［和買売人］）すれば磔刑、事情を知って盗難品を売買すれば「与同罪」とする。

F　劫人

（沈［劫略］）「劫人」という人を略奪する罪は、本人が磔刑を受けるだけでなく、妻も罪に問う。事情を知っても告発しなかった人は「与同罪」とする。

G　密輸

禁制品を税関に持ち出す罪。吏はその事情を知っていて出せば「与盗同法」となる。

H　仮公済私

（沈［受所監］）公物を私的に貸し出せば「与盗同法」となる。

A～Hの八つの項目に類似する律文は、龍崗秦簡にも存在するか。存在するならば、それらを「盗律」としても大きな間違いはないだろうと、筆者は以下のように考える。

A
「盗品の値」に類似する律文
簡40号　二百廿銭到百一十銭、耐為隷臣妾。□☒
　案ずるに、張家山簡簡55号に「不盈二百廿到百一十銭、耐為隷臣妾」とある。
簡41号　貲二甲。不盈廿二銭到一銭、貲一盾。不盈一銭□☒

B
「間接窃盗」に類似する律文
簡205号　史□貲各一盾。盗（?）☒☒□□□□□□☒
　該当なし。

C
「収賄」（沈「受財枉法」）に類似する律文
簡137号　分以上、直（値）其所失臧（贓）及所受臧（贓）、皆与盗同。☒
簡148号　其所受臧（贓）、亦与盗同灋（法）。遺者罪減焉。☒

D
「外人窃盗」に類似する律文
　該当なし。

E
「群盗」に類似する律文
簡107号　☒与為盗☒
簡69号　☒首盗

F
【劫人】（沈「劫略」）に類似する律文
　該当なし。

G
「密輸」
　該当なし。

H
「仮公済私」（沈「受所監」）に類似する律文
簡44号　盗同灋（法）、有（又）駕（加）其罪、如守県□金銭☒

簡133号　程田以為臧（贓）、与同灋（法）。田一町、尽□盈□希▨

結論として、龍崗秦簡には以下の二六簡（八項目）の「**盗律**」があると判断した。その中にある「**盗禁中**」「**盗田**」は新史料であるといえるだろう。

（2）龍崗秦簡の「盗律」

1　窃盗

簡40号　二百廿銭到百一十銭、耐為隷臣妾。□▨
簡41号　貲二甲。不盈廿二銭到一銭、貲一盾。不盈一銭□▨
簡205号　史□貲各一盾。盗（?）▨▨□□□□□□▨
簡153号　取人草□□蒸、茅、芻、槀□勿論▨

2　受財枉法

簡137号　分以上、直（値）其所失臧（贓）及所受臧（贓）、皆与盗同▨
簡148号　其所受臧（贓）、亦与盗同灋（法）。遺者罪減焉▨
簡149号　▨一等、其□▨
簡195号　▨及棄臧（贓）焉

3　群盗

簡69号　▨首盗

4　受所監

簡44号　盗同灋（法）、有（又）駕（加）其罪、如守県□金銭▨
簡133号　程田以為臧（贓）、与同灋（法）。田一町、尽□盈□希▨

5　盗馬牛

簡100号　牧県官馬牛羊盗□之、弗□□▨
簡115号　▨盗馬牛帰□（之）▨
簡37号　盗死獣直（値）賈（價）以閉（関）□……
簡114号　盗牧者与同罪。▨
簡102号　没入私馬牛【羊】【駒】犢羔県道官。▨

6　盗禁中

簡27号　諸禁苑為耎（堧）、去苑卌里、禁毋敢取耎（堧）中獣、取者其罪与盗禁中【同】。
簡49号　盗禁苑□□▨
簡90号　得殹及為作務羣它▨

7　盗田

簡124号　人冢、与盗田同灋（法）。▨
簡121号　盗徙封、侵食冢廬、贖耐。□□宗廟耎（堧）▨
簡151号　田及為詐（詐）偽写田籍皆坐臧（贓）、与盗□▨
簡24号　▨偽仮入県▨
簡126号　盗田二町。当遺三程者、□□□□□□□▨
簡175号　以為盗田。反農□□□□▨

8　不明

簡218号　▨□如盗之▨

二　龍崗秦簡における「賊律」の復元

（1）先行研究の分類

『晋書』刑法志には、次のようにある。

「賊律有盗章之文」「賊律有欺謾、詐偽、踰封、矯制」「賊律有賊伐樹木、殺傷人畜産及諸亡印」「賊律有儲峙不弁」「（魏）改賊律、但以言語及犯宗廟園陵、謂之大逆無道（中略）至於謀反大逆、臨時捕之（中略）不在律令、所以厳絶悪跡也。賊闘殺人、以劾而亡、許依古義、聴子弟得追殺之。（中略）正殺断母、与親母同、防断仮之隙也。除異子之科、使父子無異財也。

本節では、「賊律」以下の律文を復元する研究方法は、基本的には第一項目の「盗律」の復元方法と同じなので、ここからは作業手順を省略し、論述だけを試みる。

まず、「賊律」についての先学たちの分類的な先行研究を紹介しておきたい。

文献研究については、清の沈家本『**漢律摭遺**』に、

大逆無道（謀反）、欺謾（沈：「欺謾者、事之対於君上者也、詐偽者、事之対於人民者也」）、詐偽（「詐者、虚言相誑以取利、偽者、造私物以乱真」）、踰封（「封諸侯過限」、始于呉楚七国之乱以後）、矯制（矯詔）、賊伐樹木（『唐律』之棄毀器物稼穡也）、賊傷人畜産（『唐律』之故殺官私馬牛也）、諸亡印（王侯官印之亡）、儲峙不弁（平時之儲備不足）、盗章（未詳）、無目可帰者（不孝：親族に暴力、殺人、傷人）

とまとめられている。程樹徳『九朝律考』漢律考には、さらに、「欺謾、詐偽、逾封、矯制、賊伐樹木、殺傷人畜産、諸亡印、儲峙不弁」などが挙げられ、「大逆無道、盗章」はないが、「但以言語及犯宗廟園陵」（按唐律指斥乘輿、在職制二、盗陵園内草木在賊盗三）で補充している。

出土文字研究については、李学勤が、

賊律では、造反、棄守、謀反などの大罪を始めとして、非常に細かい規定を行っております。とりわけ、殺人や傷害については、罪業の大きさや殺傷したものの身分に応じて、明確な区別を行っております。そのほか、賊律

の内容としては、燔焼、失火、淹殺、璽印の偽写、矯制、詐欺不実、増減券書、毀封、挟毒、印、書、符・券・門鑰の紛失など、様々なものがあります[5]。と分類した。曹旅寧『張家山漢律研究』では、張家山漢簡の「賊律」（簡1〜54号）の内容を次の三種類（一一項目）にまとめた。

①　燔火／失火／流殺（水死させる）／挟毒
②　偽写璽印、矯制、欺謾、増減券書
③　傷人辜死、門毆変人、殺傷人畜産

（2）龍崗秦簡の「賊律」

龍崗秦簡に見える「賊律」は七簡（四項目）ある。

龍崗秦簡の「賊律」と見られる内容のほとんどは「賊伐樹木」と「殺傷人畜産」に集中しているという特徴がある。龍崗秦簡の**秦律**には、やはり「**禁苑**」の植物園や動物園に関する律文が多いと考えられる。

1　燔火

簡71号　毀（也）、縱火而□▨

2　賊伐樹木（唐律「之棄毀器物稼穡也」に類似するもの）

簡38号　諸取禁苑中柞（作）・棫・橎・楢産葉及皮▨

3　殺傷人畜産（『唐律』に「之故殺官私馬牛也」とある）

『唐律』の「賊盗」に「諸盗官私馬牛而殺者、徒二年半」、「廏庫律」に「故殺官私馬牛」がある。前者は「盗」の目的としての「殺」行為であり、後者は「故殺」、すなわち賊殺（沈家本『漢律摭遺』賊律三「按：凡言賊者、有心之謂、此疑即後来律文之「故殺」也」）することである。ゆえに、本論では、同じ「殺傷人畜産」にしても、「盗」の目的としての「殺」行為であるならば「賊律」に入れ、「故殺」する行為ならば「廏律」に属するよう分類する。

簡28号　諸禁苑有耎（堧）者、□去耎（堧）廿里毋敢毎殺□……敢毎殺……☐
簡29号　射耎中□□之□有□□殹（也）□□□其□☐
簡33号　鹿一、彘一、麇一、麃一、狐二、当（？）完為城旦舂、不□□□
簡123号　盗賊以田時殺□☐

4　詐偽

簡4号　詐（詐）偽、仮人符伝及譲人符伝者、皆与闌入門同罪。

睡虎地秦簡には「賊律」の名はないが、張家山漢簡の「賊律」（簡1～54号）に該当する内容の簡が最も多く、これが「盗律」の前に置かれて第一律となっているのは興味深いことである。考えてみると、漢初の律に「賊律」が顕著に存在するのは、おそらく「大逆無道」のような謀反や内乱を防ぐことは、漢初当時、新生の政権としては一番の要務であったからだろう。

睡虎地秦簡と張家山漢簡の間に存在したものである龍崗秦簡の中に、数多くの「賊律」の内容を見つけられたことは、統一秦の律令研究において新たな一つの分野を広げるかもしれない。

三　龍崗秦簡に見る「囚律」

『晋書』刑法志には、

囚律有詐偽生死、令丙有詐自復免
囚律有告劾、伝覆
囚律有繋囚、鞫獄、断獄之法
弁囚律為告劾、繋訊、断獄

などがある。沈家本『漢律摭遺』には、

詐偽生死（すなわち「唐律」の詐病死傷不実）
詐自復除（違法の賦税免除）
告劾（目下への告発と目上への弾劾）
伝覆（犯人の逮捕と犯行調査）
繋囚（拘置）
鞫獄（裁判）
断獄（判決）

とまとめられ、程樹徳『九朝律考』漢律考では、
詐偽生死・告劾・伝覆・繋囚・鞫獄・断獄

としている。

張家山漢簡には「**囚律**」はないが、「告劾、伝覆、繋囚、鞫獄、断獄」のような内容は、みな「**具律**」に入れられている。李学勤は、

具律には、治獄量刑の各方面について、詳細な規程がなされています。条文の中には、官吏について、どの役人が獄や讞を断ずる権限を持っており、どの役人がそういった権限を持っていないかということが示めされているものもあり、また、原告や証人、或いは被告について、不審点を追求し、証言の虚実をあかし、取り調べを再要求することなどが、示めされているものもあります。律文には、贖罪のねだん、刑徒や奴婢の犯罪について、特別に規定を行っているものもあります。告律と具律には、多少とも関係がありまして、それは告発した人に関する特別な規定であります。例えば、人を誣告して、死罪におとしいれたものは、規定によって、入墨されて、城旦舂におとされ、それ以外の罪は、一律に誣告された人の罪と同じになります。とくに注意すべきことは、子が父母を誣告したり、婦人が公、婆を誣告したり、奴婢が主人を誣告した場合は、聞き入れられずに棄市にふされます。このようにかなりきびしい情況であったようです。(6)

と分類した。曹旅寧は『張家山漢律研究』で、

①　議貴、刑事責任年齢、累犯

②　故従故不直、証不言請、数罪従重、司法受理権、公罪連座、乞鞫

としている。このような内容は、龍崗秦簡にも見られる（計三簡）。

簡204号　☐罪者獄未夬（決）☐

簡146号　除其罪、有（又）賞之、如它人告☐

簡45号　吏弗効論、皆与同罪

張家山漢簡の「具律」と「囚律」の関係について、研究者たちの意見はまだ統一されていない。

A　李均明……原「具律」応分為「具律」和「囚律」

B　彭浩……原「具律」和「告律」応調整、重分為「告律」、「囚律」和「具律」

C　王偉、張伯元……原「具律」応一分為二、一部份仍在「具律」、一部份合入原「告律」

張家山漢簡の「具律」の内容が沈家本の『漢律摭遺』にまとめられた内容と大分違うという問題は無視できないだろう。筆者は、むしろ、『漢律摭遺』の「囚律」と「捕律」の内容は類似していると考える。

四　龍崗秦簡における「捕律」の律文

『晋書』刑法志には、「捕律」の律名だけがあり、内容に関する記載はない。清代の沈家本『漢律摭遺』には、逮捕、収捕、詔捕、逐捕、疏捕（疏、捜索なり）、名捕（指名手配）、追捕、急捕、首（首謀者となる）匿群盗、匿亡虜、匿反者、首匿死罪、首匿罪人、首匿亡命、逮不直（不正の逮捕）、殺人而亡聴子弟得追殺之、捕亡亡没為官奴婢（亡命者を逮捕したとき亡命すれば、その家族を没収し、官奴婢となす）、捕斬謀反、捕豺貀（豺、やまいぬ。貀、豽もいい。前足がない獣。一説、犬に似る。一説、虎に似る）、捕蝗（いなこ）、傷殺人所用兵器盗賊贓加責没入県官（加責、倍の責

任。傷殺人所用兵器や盗賊贓であれば、倍の分で県官に沒入され）、小使車（犯人を逮捕する用車）、部索反具不得（部分的に謀反用具を探して、得ず（後に他の人で見つけた）。

としている。程樹徳『九朝律考』漢律考の「律名考」は『唐律疏義』を引用し、その律名を記したが、律文考に「捕律」という項目がなく、おそらく直接的な文献史料がなかったのであろうと思われる。

出土文字研究では、睡虎地秦簡『秦律雑抄』に「**捕盗律**」という言葉があり、張家山漢簡には「捕律」がある。その内容について李学勤は、

捕律は、つかまえた罪人の罪の軽重によって、それぞれ、賞金が違うこと、或いは、罪人をつかまえる方法や賞罰規定について、述べられております。(7)

と述べている。

このような研究成果によって考えれば、龍崗秦簡に見られる「捕律」は、以下の一七簡（三項目）があるといえよう。

1　追捕

簡18号　城旦舂其追盗賊・亡人、追盗賊・亡人出入禁苑耎（?）者得辶□☐

簡17号　亡人挟弓弩矢居禁中者、棄市。☐

簡19号　□追捕之、追事已、其在（?）禁（?）□□当出（?）者（?）将（?）出（?）之（?）☐

簡74号　☐捕詷〈詗〉☐

簡76号　☐捕者貲二甲□☐

簡47号　有逋亡□□宿……☐

2　首匿群盗

簡72号　☐匿盗☐

簡73号　☐賊迹、貲二甲。其罪匿之□☐

3　捕豺貀

簡32号　諸取禁中豺狼者、毋(無)罪。
簡30号　時来鳥、黔首其欲弋射耎獸者勿禁。▨
簡34号　然。∟取其豺・狼・貛・貈(貉)・狐・貍・縠・□・雉・兔者、毋(無)罪。
簡35号　沙丘苑中風茶者□▨
簡36号　風茶穴(突)出、或捕詣吏、▨
簡85号　中獸、以皮・革・筋給用。而毋敢射【殺】……、射【殺】……▨
簡86号　入其皮□県道官。
簡89号　▨□獸得▨
簡97号　▨□殺獸▨

つまり、漢代の文献資料には「捕律」という律名が見つからないので、沈家本『漢律摭遺』の「目録」には「案：『捕律』之目、『晋志』無文、無以考之」とある。しかし、それにもかかわらず、沈氏は、史料を考証したうえで一三条の「捕律」とみられる史料を発見し、出土文字資料の睡虎地秦簡と張家山漢簡に「捕盗律」と「捕律」の律名が現れたことで、直接、秦漢時代に「捕律」の律名があったと証明できた。しかも、張家山漢簡に「捕律」とみられる簡文がいくつも発見され、その一部の内容もわかったが、それは沈氏のまとめたものと比べてみると、まだわずかなものであり、いま、また「龍崗秦簡」の資料にも「捕律」とみられる律文が発見されたので、多少とも、その研究を補足できると思う。

五　龍崗秦簡に見る「雑律」

『晋書』刑法志に、

其軽狡（詐欺）、越城、博戯、借仮不廉（受贓）、淫奢（過度の贅沢）、踰制以為「雑律」。

雑律有仮借不廉、令乙有呵人受銭、科有使者験賂。

とあり、『唐律疏義』雑律に、

里悝首制法経、而有雑法之目。遞相祖習、多歴年所。（中略）此篇拾遺補闕、錯綜成文、班雑不同、故次詐偽（唐律の詐偽律）之下。

とある。つまり「**雑律**」は、秦・漢代を含む歴代にわたって、李悝が作った「盗」「賊」「囚」「捕」「雑」「具」の順番に従って使用されてきた「盗」「賊」「囚」「捕」についての補足的な「**錯綜成文**」律である。

沈家本『漢律摭遺』には、

仮借（「唐律之仮借官物不還也」）・不廉・呵人受銭（脅迫で財物を取る。無事可考）・使者験賂（唐律にはなし。験賂之事無可証、缺之）・軽狡（「男女不以義交」奸淫等）・越城（無事可証、缺之）・博戯（ばくち。師古：謂戯而取人財物）・淫奢（舎宅車服器物の過度・車服嫁娶葬埋過制・諸名田畜奴婢過品・諸侯在国名田他県・列侯墳高四丈・葬過律・侈従・従吏過例・事〈役使〉国人過律）・不如令・所不当得為（於法不当然）

とあるが、程樹徳『九朝律考』漢律考には、ただ「仮借不廉」としか述べられていない。

出土文字研究の場合は、睡虎地秦簡に見られる「雑律」は、「**内史雑**」（簡186～198号）「尉雑」（簡199～200号）である。内容は内史と尉という二職に限るものであるが、まとめると、律文の抄写と校正・帳簿・報告手順・職任免・度量衡器の管理・城壁守衛（垣墻本体やその周辺建物、人間や門）の警備や垣・門の管理責任等（簡195～196号）・灯火管制などである。しかし、張家山漢簡には「雑律」がない。

このように、龍崗秦簡の少なくとも九簡（二項目）の律は「雑律」と見なせるだろう。

1　報告制度

簡8号　制、所致県・道官、必復請之、不従律者、令・丞☐

案ずるに、睡虎地秦簡「内史雑」に「有事請殹（也）、必以書……」とある。

簡201号　言吏入者、坐臧（贓）与盗同【灋（法）】。☐

簡68号　吏具、必亟入。事已、出☐

2　越城

案ずるに、張家山雜律にも「越邑……垣」とある。

簡2号　竇出入及毋（無）符伝而闌入門者、斬其男子左趾、□女【子】☐

簡1号　諸叚（假）両雲夢池魚及有到雲夢禁中者、得取灌□□☐

簡31号　諸弋射甬道、禁苑外卅（?）里（?）毄（繫）、去甬道、禁苑☐

簡13号　盗入禁苑□☐

簡20号　☐□不出者、以盗入禁

簡21号　苑律論之。伍人弗言者、与同灋（法）。☐

考えてみると、『唐律疏義』「雜律」に、

里悝首制「法経」、而有「雜法」之目、遞相祖習、多歴年所。（中略）此篇拾遺補闕、錯綜成文、班雜不同

とあり、沈家本『漢律摭遺』に「漢既用李法、当仍李之旧目」という。

出土文字にはまだ「雜律」の律名は見つからないが、『唐律疏義』と沈氏の言うとおり、『法経』の「雜法」が創立されてから「雜律」が「祖習」になったが、秦漢時代はまだ『法経』の時代に近いので、「仍李之旧目」説は動じないと思う。しかし、「越城」について、沈氏は「無事可証」と判断した。その理由を、

「越城」『唐律』在「衛禁律」、漢別有「越宮律」、亦衛禁之事。

としたのは、少し独断に過ぎるのではないかと思われる。唐律には「**衛禁律**」に「諸登高臨宮中者、徒一年、殿中、加二等」のような律はあるが、それは直接城壁に関するものではない。むしろ唐律の「雜律」には「諸向城及官私宅、若道徑射者、杖六十、放弾及投瓦石者、笞四十」とあるので、やはり、秦漢時代から唐までは、城壁への侵入と攻撃に関する「**越城**」**律**は、「雜律」のものであると思う。

ゆえに、『龍崗秦律』における「**竇出入**」「**射甬道**」条とは、「雑律」の「越城」律の律文であると判断できる。例えば、「竇出入」するように水道によって城壁に進出すれば、「越城」律を犯す罪になるのは、いうまでもない。「**甬道**」とは、『史記』秦始皇本紀の二十七年に「築甬道」とあり、応劭の注に「謂于馳道外築墻、天子中行、外人不見」とある（「正義」）。だから、秦・漢時代に「甬道」の「墻」を攻撃すれば「越城」律で論罪した。そして、その律は唐時代に至っても「祖習」として「雑律」に残ったが、罰する範囲は、すでにすべての「道徑」に拡大していたことが推定できるであろう。

六　龍崗秦簡における「具律」の律文

『晋書』刑法志に、

其（中略）以為「雑律」、又以「具律」具其加減。

具律有出売呈、科有擅作修舎事

とあり、沈家本『漢律摭遺』は、「具律」の種類を三系統に分けている。

「**具律**」一　「**刑制**」（**刑罰の規制**）の「**軽者居先、重者居後**」（**軽い刑から重い刑へ**）**という順序で並べた具律群**

罰金・罰作（労働刑）・復作（女徒）・顧山（『前書音義』には「『令甲』、女子犯徒、遣帰家、毎月出銭僱人於山伐木、名曰顧山」、師古には「為此恩者、所以行太皇太后之德、施惠於婦人」とある）・隷臣妾・鬼薪白粲・完城旦舂髠鉗城旦舂・耐（ひげそり、完而不髠）・肉刑・除肉刑・黥・劓・釱左趾（釱：あしかせ。『前書音義』に「右趾謂刖右足、次刖左足、次劓、次黥、次髠鉗城旦舂」とある）・宮・笞（鞭や竹板で打つ）・勿笞・笞辱・棄市・磔（手足を切る）・梟首・族などとなっている。

「**具律**」二　**唐律の名例の順次に従って並べた具律群**

先請（『漢書』高紀の応劭注に「言耐罪以上皆当先請也」とある）・爵減・減死一等・聴贖（罪をあがなう）・奉贖（俸給を以て罪をあがなう）・奴婢自贖・收帑相坐（帑は孥と通じで子供。子供まで家族連座）・故縦・免・削爵一級・遷徙・流刑・

讁戍・亡命捕得戍辺・年未滿八歳八十以上非手殺人他皆不坐・年未滿十五歳過悪不在其身・先自告除其罪・一人有数罪以重者論之・以重論之・親親得相首匿（子女が首謀して親罪を隠す。『漢書』宣紀に「自今子首匿父母、妻匿夫、孫匿大父母、皆勿坐」とある）、官奴婢（五十歳以上は庶民に戻せ）・蛮夷卒有頴（不明）・蛮夷長有罪当殊之、とある。

「具律」三　「無次序可言」の具律をまとめたもの

出売呈（呈は程と通じ。基準を超えて売る。例えば「売馬過平」）・擅作修舎事・禁錮・禁錮復為平民・知識婚姻禁錮（知識：知り合い）・坐贓増錮二世・禁錮相合・禁錮六年・鞭杖・督笞（不謹）・笞辱・髠笞・考竟（獄死）・奪爵為士伍・犯法者各以法律時令論之（『後漢書』陳忠伝）・母子兄弟相代死聴赦所代者（「母子兄弟相代死、聴、赦所代者」「弟相代死論者、紛如難折衷焉」「有司無得挙赦前往事」「有司無得陳赦前事」）がある。

張家山漢簡における「**具律**」（簡82〜125号）と「**告律**」（簡126〜136号）は五五簡もあるが、それは刑罰の裁量と罪の告発に関する内容である。李学勤は、

> 具律には、治獄量刑の各方面について、詳細な規程がなされています。條文の中には、官吏について、どの役人が獄や讞を断ずる権限を持っており、どの役人がそういった権限を持っていないかということが示めされているものもあり、また、原告や証人、或いは被告について、不審点を追求し、証言の虚実をあかし、取り調べを再要求することなどが、示めされているものもあります。律文には、贖罪のねだん、刑徒や奴婢の犯罪について、特別に規定を行っているものもあります。告律と具律には、多少とも関係がありまして、それは告発した人に関する特別な規定であります。例えば、人を誣告して、死罪におとしいれたものは、規定によって、入墨されて、城旦舂におとされ、それ以外の罪は、一律に誣告された人の罪と同じになります。特に注意すべきことは、子が父母を誣告したり、婦人が公、婆を誣告したり、奴婢が主人を誣告した場合は、聞き入れられずに棄市にふされます。このようにかなりきびしい情況であったようです[8]。

と分類した。

上述した研究に従うと、龍崗秦簡で「具律」と見られる律は七簡（二項）である。

A　刑罰の種類

簡145号　罪、購金一兩、相与▨

簡70号　▨【黥】為城旦舂、其▨

簡93号　▨【黥】為城旦舂▨

簡42号　故罪当完城旦舂以上者、駕（加）其□。男子□□□▨

簡43号　耐者仮将司之、令終身毋得見□□□□□□□▨

B　裁判制度

簡202号　□未央（決）而言者、貲二【甲】。

簡234号　▨□主弗得、皆贖耐

「具律」とは、他の律に対する「拾遺補闕」（『唐律疏義』「雑律」序）という役割分担を果たす「雑律」について、さらに具体的に「加減」するものである。「具律」という律名は秦漢代の文献記録にはまだ見つかっていないが、張家山漢簡には「具律」（簡82〜125号）が出土した。その内容はやはり刑罰の裁量に関するものである。

沈氏の分類を再整理すれば、

A　刑罰の種類　a罰金　b罰作（労働刑）　c肉刑　d棄市（死刑）

B　裁判制度　先請（肉罪に関する事前報告制）・刑罰の減贖免遷・自首除罪

年齢の考慮（十五歳の成童と八十歳の老人）・主犯と従犯の区別・子女が首謀して親罪を隠すこと・少数民族の特別免罪

C　その他　出売呈・擅作修舎事・禁錮・代死・考竟（獄死）

などである。

すなわち、「盗律」「賊律」「囚律」「捕律」「雑律」への「拾遺補闕」であると考えられる。龍崗秦簡において「具律」に当たるものはわずかではあるが、「張家山漢律」の「具律」に表す「治獄量刑」の律文と基本的に同じである。

七　龍崗秦簡における「傜律」「伝令」「闌令」の律文

「**傜律**」という律名は『晋書』刑法志に見当たらないが、「傜役」に関わる律文が刑法志の「**興律**」に含まれると考えられる。例えば、刑法志に「興律有擅興傜役」「興律有乏傜稽留」などと明確に記載されている。

『唐律疏義』に、次のようにいう。

興、「擅興律」者、漢相蕭何創為「興律」。魏以擅事附之、名為「擅興律」。晋復去擅為「興」。又至高斉、改為「擅興律」。隋開皇改為「擅興律」。雖題目増損、随時沿革、原其旨趣、意義不殊。

つまり、『晋書』刑法志における「興律」は、漢代の蕭何が創った「興律」が変遷した結果だといえる。

また、沈家本氏が漢代の「興律」の『烽燧』に、「符節」「宮中諸官詔符」「宮門有符籍」「使者擁節」「印章」「築長安城」などの項目を入れたこと（『漢律摭遺』巻一二）によって、秦と漢代初期における符節に関する「**伝令**」「**闌令**」は、後の漢律「興律」に入っていたはずである。ゆえに、ここで「傜律」「伝令」「闌令」をあわせて、その龍崗秦簡での存在を検討しよう。

漢代における「興律」の内容については、沈家本『漢律摭遺』で「「興律」之目、可考者七」としたが、そのなかに、「擅興傜役」（違法工事のため、**傜役**を徴発）・「乏傜」（傜役を徴発するときの不公平と人数の過不足）・「稽留」（徴発した兵士や傜役者を留まらせることや期限に遅れること）などとしていた。

睡虎地秦簡には「傜律」（簡117〜124号）があり、整理小組の注に「傜役に関する法律である」とする。張家山漢簡には「傜律」「興律」ともにあり、李学勤は、「興律」を「傜役を課せられ、車牛が使役にあてられていながら義務を果たさない」ことに対する律と「傜律は傜役に対する詳細な規定」（「江陵張家山二四七号漢律竹簡について(9)」）に分類した。そして傜役に関わる「**符節**」についての令があり、張家山漢簡には「**津関律**」に「以□伝令、闌令論」がある。

ここで、張家山漢簡に見る律令に照らし合わせて龍崗秦簡における「傜律」「**伝令**」「闌令」と見られるものは、以下の二五簡、三項目があると考えられる。

1　傜律

簡39号　禁苑嗇夫・吏数循行、垣有壊決獣道出、及見獣出在外、亟告県。

2　伝令

簡3号　伝者入門、必行其所当行之道、□□【不】行其所当行▨

簡5号　関。関合符、及以伝書閲入之、及諆、佩〈佩〉入司馬門久▨

簡6号　禁苑吏・苑人及黔首有事禁中、或取其□□□▨

簡7号　諸有事禁苑中者、□□伝書県、道官、□郷（？）▨

簡9号　県、道官、其伝□▨

簡10号　取伝書郷部稗官。ㄴ其【田】（？）及▨【作】務□▨

簡14号　六寸符皆伝□□□□□□□□□▨

簡25号　▨禁苑田伝▨

3　闌令

簡12号　有不当入而闌入、及以它詐（詐）偽入□□□□▨

簡22号　𪒠（知）請（情）入之、与同罪。

簡66号　令吏徒読、徼行、□▨

簡67号　出入之、勿令▨

簡54号　敢行馳道中者、皆遷（遷）之。其騎及以乗車・軺車▨

簡55号　▨牛、牛▨

簡56号　▨車□▨

簡57号　▨輓車

簡58号　行之、有（又）没入其車・馬・牛県、道【官】、県・道☒

簡59号　騎作乗輿御、騎馬於它馳道、若吏【徒】☒

簡60号　中、及奴（駑）道絶馳道、馳道、与奴（駑）道同門・橋及限（?）☒

簡61号　徼（徹）奴（駑）道、其故与（徼〈徹〉）（?）□□（奴〈駑〉）□（道）行之、不従（?）□☒

簡62号　☒馬奴（駑）道☒

簡63号　☒有行馳□☒

簡64号　☒道中而弗得、貲官嗇☒

簡65号　☒□【夫】二甲、或入

簡87号　☒□絶行【馳】☒

これらの律令の内容について少し説明を加えたい。文献には蕭何の「九章律」ができて以来、「徭律」は見られないが、張家山漢簡には「徭律」も「興律」もあり、かつ両方とも**徭役**に関する内容があり、比べてみると内容としてはとくに区別できないが、「徭律」は「興律」のすぐ次に並べてあるので、「徭律」を「興律」に合併させた形の初期段階的な状態ではないかと思われるが、それは今後の課題としてとっておきたい。

「九章律」の「廏律」より前に、秦にも「廏律」があったことから考えると、張湯が作った「**越宮律**」の前に、その「**衛**」と「**禁**」に関する律令があったのは間違いない。

「龍崗秦律」には数多くの「衛」と「禁」に関する律文があり、秦代における宮殿や離宮に関する「衛」「禁」律の発達を見ることができる。

「**馳道**」についての専門的な律があるかどうかは証明できないが、如淳は「「令乙」、騎乗車馬行馳道中、已論者、没入車馬被具」(『漢書』江充伝の注)と言う。沈家本『漢律摭遺』には「『令』云「已論」、則没入車馬之外自有当論之罪、未知漢時之用法何如也」とある。

つまり、漢でも秦でも、「天子道」という「馳道」に無断侵入すれば罪を犯したことになるのは違いないが、当該罪に当たる律令がいかなる「法」かは、はっきりとはわからない。にもかかわらず、沈氏は『漢律摭遺』で、「騎乗車馬行馳道中已論者没入車馬被具」条は「闌入宮門殿門」「失闌」などと並べて「**越宮律**」に入れている。沈氏は「馳道」に侵入するのも「**闌入**」罪と考えたのだろう。しかし、秦代にはまだ「越宮律」がなかったので、「馳道」侵入罪は「**闌令**」の対象に当たるのではないかと思われる。

八　龍崗秦簡における「廄律」の簡文

『晋書』刑法志に「**廄律**」については、

・廄律有逮捕之事。

・廄律有告反逮受、科有登聞道辞、故分為告劾律。

・廄律有乏軍之興、及旧典有奉詔不謹、不承用詔書。

・秦世旧有廄置、乗伝、副車、食厨、漢初承秦不改、後以費広稍省、故後漢但設騎置而無車馬、而律猶著其文、則為虚設、故除廄律、取其可用合科者、以為郵駅令。其告反逮験、別入告劾律。上言変事、以為変事令、以驚事告急、与興律烽燧及科令者、以為驚事律。

と、いろいろ載せられていて、「廄律」がどれほど古代の律令に重要な位置を占めたかを示唆する。

沈家本は『漢律摭遺』で「廄律」を、

① 逮捕（逮捕は「捕律」に入れるはずなのに、ここに入れるのは、逮捕任務をするために伝車が乗れるため）

② 告反（謀反のことを報告するのは伝車に乗れる）

③ 逮受（受理して逮捕することも伝車に乗れる）

④ 登聞道辞（急用の辞を聞く）

⑤ 乏軍興（軍事徴発の不備）

⑥　奉詔不謹（詔令に従わず）
⑦　不承用詔書（詔書を用いず）
⑧　上言變事（登聞と同じ）
⑨　以驚事告急（軍事の急を告げる）

などに分類した。最後に、沈氏は「「廄律」以伝為重也」と結論している。

睡虎地秦簡には「**廄苑律**」と「**廄律**」があり、それは蕭何「九章律」で作った「廄律」の前身として考えてもよい。以上のような分類法や律の内容によって、龍崗秦簡において「廄律」に当てはまるのは五簡である。

公馬牛羊

簡112号　亡馬・牛・駒・犢・【羔】、馬・牛・駒・犢・【羔】皮及□皆入禁□□（官）□〼

簡113号　〼病駒禁有〼

簡98号　廿五年四月乙亥以来□□馬牛羊□□□〼

簡99号　馬牛羊食人□之□□□□□□□〼

簡101号　馬牛殺之及亡之、当償而誶□□□□□□□〼

考えてみると、いわゆる蕭何「**九章律**」で作られた「廄律」の前にも、睡虎地秦簡に「廄苑律」と「廄律」があったが、「九章律」より後の時代の張家山漢簡には「廄律」の律名も律文も見られないのは意味深いと思う。理由として以下の三点が挙げられよう。

①　「九章律」の「廄律」とは、『睡虎地秦律』の「廄苑律」のような秦律をまとめたものである。

②　龍崗秦簡における廄律の確認は『睡虎地秦律』に見える「公馬牛」以外に「羊」「羔」の資料もあるのは、新たな史料である。

③　張家山漢律を使った役人の仕事が「廄律」に関わらないので、その律文を引かなかったのだろう。

また、馬・牛・羊に関する律文は、私的なものと公的なものに分かれ、前者は「**田律**」に、後者は「廄律」に入れるべきだと考えられる。

九　龍崗秦簡に見る「金布律」

「金布律」については、沈家本『漢律摭遺』に、

其目可考者四。一、「殺傷亡失県官財物」即唐律之盗官私牛馬、在「賊盗律」、「棄毀官私財物」在「雑律」。二、「罰贖入責以呈（程）黄金為價（償）」（中略）三、「平庸」者、平其價也。『漢書』溝洫志：「非受平賈者。」注：「蘇林曰：平賈、以銭取人作卒、顧其時庸之平賈也。」（中略）四、「坐贓」似是計贓之法。

とする。睡虎地秦簡にも張家山漢簡にも「金布律」があった。それについて李学勤は、

金布律もまた秦律と互に見合わせることができます。律文では、まず最初に諸内作県官及び徒隷稟衣の規定があり、それとよく似た律文は、「秦律十八種」にも見られます。

と言った。

『漢書』高帝紀四年には、

漢王下令：軍士不幸死者、吏為衣衾棺斂、転送其家。

高帝紀八年には、

令士卒従軍死者為槥、帰其県、県給衣衾棺装具、祠以少牢、長吏視葬。

とある。また、臣瓚は次のように言う。

初以槥致其尺於家、県官吏給棺衣更斂之也。『金布令』曰：「不幸死、死所為櫝、伝帰所居県、賜以衣棺」也。

胡平生は、その律文に当てはまる内容を、龍崗秦簡にも、簡196号「黔首⊠不幸死、未葬⊠」と簡197号「者棺葬具、吏及徒去弁⊠」の二簡発見した。[10]

筆者は、本書第六章第12節において、

「黔首▨不幸死、未葬▨」（簡196号）＋「▨于禁苑中者発、与参弁券▨」（簡11号）＋「者棺葬具、吏及徒去弁▨」（簡197号）＋「盗繫（枅）櫝、罪如盗□□□□□□□□□□▨」（簡122号）

というように各簡を綴り合わせ、簡11号の「参弁券」は、**禁苑中黔首**の「**不幸死**」に関わる棺葬具を搬送する弁券であるという説を提出した。したがって、龍崗秦簡に「金布律」と見られるのは、以下の五簡である。

簡196号　黔首▨不幸死、未葬▨」

簡11号　▨于禁苑中者【発】、与参弁券▨

簡197号　者棺葬具、吏及徒去辦▨

簡122号　盗繫（枅）櫝、罪如盗□□□□□□□□□□▨

簡26号　没入其販仮殹（也）、銭財它物于県・道官、▨

一〇　龍崗秦簡に数多く見られる「田律」（「田租税律」「田令」を含む）

文献では、だいたい「**田律**」は田猟の管理律と解釈し、「**田租税律**」「**田令**」は農田管理律と解釈している。例えば、沈家本『漢律摭遺』巻一では、『周礼』秋官、士師の「今野有「田律」」という注を引き「「田律」謂田猟之律、非田畝之事也」と指摘している。また同巻一八「田租税律」「田令」には、

漢之田税、其初承秦什五之制。天下既定、即軽田税、十五而税一。文帝除田租税、故律亦除之。景帝復田半租、則此律亦必修復矣。

とある。しかし、「田律」に関わる出土資料を見ると、必ずしも田猟の管理律とはいえない。例えば『睡虎地秦律』の「田律」について、池田雄一氏は「公田の管理規定であった」と考えて、それに以下の四つの規制をまとめた。(11)

a　生産活動　耕地は公田。作物の豊凶、収穫量を報告。乗馬・服牛には飼料を支給。芻藁＝蒭藁をも納入。

b　日常生活　樹木の伐採・河川の利用・狩猟漁撈に制限。酒の私的売買を禁止。

c　監督官庁　県廷が所管する。担当の役人として田嗇夫・部佐などが置かれる。

d　周辺住民との関係　禁苑周辺での狩猟を制限。猟犬が苑中へ侵入した際の罰則。

また、「青川木牘秦律」の「田律」に、

以秋八月、脩（修）封捋（埒）、正彊（疆）畔、及癹千（阡）百（陌）之大草。九月、大除道及阪險。十月、為橋、修陂堤、利津梁、鮮草離。非除道之時而有陷敗不可行、輒為之。

とあり、張家山漢簡「田律」にも、

田広一歩、袤二百卌歩、為畛、畝二畛、一佰（陌）道。百畝為頃、十頃一千（阡）道、道広二丈。

とある（ともに傍点筆者）ので、ここにもう一つ規制を加えよう。

e　道路管理　道の修善と管理をする規制。

これによって、『龍崗秦律』の「田律」と見られる律（令）文を整理してみると、ａｂｃｄｅのようになる。

a　生産活動、b　常生活、c　監督官庁など、**公田**における作物や馬牛飼料、月令による環境管理や酒の私的売買禁止の役人責任などの内容が、いっさいない。

ｄとｅに当たることのみ確認できる。即ち、

d　周辺住民との関係　禁苑周辺での狩猟を制限。猟犬が苑中へ侵入した際の罰則。

e　道路管理　簡54号号、63号・64号・58号・60号・87号・221号・31号・61号・48号・50号・46号・59号など。

これらは、**馳道・甮道・甬道・衝道・禁苑道**に関する規制。

睡虎地秦簡や張家山漢簡と対照して「龍崗秦律」にもやはり「田律」に属する内容があるのはわかった。上述した内容に照らし合わせてみると、龍崗秦簡に見られる「田律」の七九簡（四項目）は以下のとおりである。

1　田猟

簡118号　一盾、非田時殹（也）、及田不□□坐▨

簡117号　田不従令者、論之如律。▨

簡119号　而輿軌（？）疾敺（驅）入之、其未能祧（逃）、亟散離（？）之、唯毋令獸□⧄

簡15号　従皇帝而行及舍禁苑中者皆（？）□□□□□⧄

簡16号　皇帝過、将者令徒

簡23号　敺（毆）入禁苑中、勿敢擅殺、擅殺者、⧄

簡77号　黔首犬入禁苑中而不追獸及捕⧄

簡78号　⧄者勿□⧄

簡79号　⧄殺、其追獸⧄

簡80号　及捕⧄

簡81号　⧄獸者、⧄

簡82号　殺之、河禁所殺犬、皆完入公、其⧄

簡83号　⧄它禁苑、食其肉而入其皮。⧄

簡103号　諸馬・牛到所、毋敢穿穽及置它機、敢穿穽及置它【機】能害⧄

簡104号　⧄人馬・牛者⧄

簡105号　⧄雖未有

簡106号　殺傷毆（也）、貲二甲。殺傷馬⧄

簡107号　⧄与為盜⧄

簡108号　⧄【殺】人、黥為城

簡109号　旦舂。傷人、贖耐。

簡111号　⧄馬牛羊犬彘、于人田⧄

簡214号　南郡用節不給時令⧄

2　農田

簡120号　侵食道、・千（阡）・陌（陌）、及斬人疇企（畦）、貲一甲。☒

簡116号　廿四年正月甲寅以来、吏行田嬴律（？）詐（詐）☒

簡178号　諸以銭財它物仮田□□□□□□☒

3　道路

簡46号　衞（衝）道行禁苑中□☒

簡48号　中質、去道過一里灌者□水（？）□☒

簡152号　部主者各二甲、┗令・丞・令史各一甲。□☒

簡50号　☒行□□中過□過其□☒

4　田租税律

簡125号　不遺程、敗程租者、□。不以敗程租上☒

簡127号　一町、当遺二程者、而□□□□□□□☒

簡128号　詐（詐）一程若二程□□之□□☒

簡129号　人及虚租希（稀）程者、耐城旦舂。□□□☒

簡130号　☒各二程□☒

簡131号　☒□程直（値）希（稀）之☒

簡132号　☒貲租者一甲☒

簡134号　☒希（稀）其程率。或稼☒

簡136号　租不能実□、□軽重于程、町失三分、☒

簡138号　有犯令者而（？）弗得、貲官（？）嗇（？）夫☒

簡139号　其部□□□□□貲二甲。

簡140号　租笄索不平一尺以上、貲一甲。不盈一尺到☐

簡141号　上、然租不平而劾者、□□□租（?）之（?）□☐

簡142号　皆以匿租者、詐（詐）毋少多、各以其☐

簡143号　□□□不到所租□置（値）、虚租而失之如☐

簡144号　租者監者、詣受匿（?）租所□□□□☐☐□☐☐然☐

簡147号　坐其所匿税臧（贓）、与灋（法）没入其匿田之稼。☐

簡150号　租者且出以律、告典=、田=典=令黔首皆䊢（知）之、及☐

簡154号　黔首皆従千（阡）佰（陌）彊（疆）畔之其☐

簡155号　黔首銭仮其田已（?）□□□者、或者□☐

簡156号　田□□□僕射□大人☐

簡157号　黔首田実多其□☐

簡158号　黔首或始穜（種）即故□☐

簡159号　☐或即言其田実（?）☐

簡160号　迸徙其田中之臧（贓）而不☐

簡161号　☐罪及稼臧（贓）論之。

簡162号　稼償主。　☐

簡163号　☐之租☐

簡164号　☐□田以其半☐

簡165号　☐□者租匿田☐

簡166号　☐律賜苗☐

簡167号　☐程租

簡168号　☑租及□☑
簡169号　☑□租其□☑
簡170号　☑租故重☑
簡171号　☑故軽故重☑
簡172号　☑雖弗為軽租直（値）
簡173号　軽【重】同罪☑
簡174号　☑重租与故
簡176号　☑□租者不丈☑
簡177号　☑□写律予租☑
簡186号　☑分、失廿石以☑
簡187号　☑以上、失租廿石☑
簡188号　盈廿石到十石、論（?）□□。不盈【十】石到一石、☑
簡189号　以□□□□。不盈□石到☑
簡190号　☑不盈一石☑
簡191号　一盾。不盈十石到一石、誶（?）。不盈九斗到十☑
簡192号　斗、誶。不盈三□到六□、□□□□☑
簡193号　不盈廿石到十石、誶。不盈十石及過十☑
簡194号　☑廿【石】□☑

おわりに

ここまでの考証によって、すべてとはいえなくても、龍崗秦簡における律文の律令名はほとんど復元できたといえる。つまり、これまでの先行研究者が提出した「**五種**」「**三種**」**説**と異なり、筆者は龍崗秦簡律文の律令名を「盗律」「賊律」「囚律」「捕律」「雑律」「具律」「徭律（付：伝令、闌令）」「廄律」「金布律」「田律（付：田租税律、田令）」の一〇種として復元する「**一〇種**」**説**を提出した。

注

（1）『龍崗秦律』の性格は禁苑事務に関する律文であるだろうという胡平生氏説があり、彼は、

総之、龍崗簡的内容応当説只有一個中心、那就是囲繞着禁苑事務的有関法律。我們由此推測、這批竹簡的主人、即六号墓的墓主人大概是一位与管理禁苑有関的官吏、他可能常常要同与禁苑有関的法律打交道、所以才抄録、彙輯了這些与禁苑有関的法律。（『龍崗秦簡』中華書局、二〇〇一年、七頁）

と言った。

（2）『雲夢龍崗秦簡』科学出版社、一九八七年、二七〜四四頁。

（3）『龍崗秦簡』中華書局、二〇〇一年。

（4）「江陵張家山二四七号漢律竹簡について」翻訳者：曹偉琴、関西大学東西学術研究所大庭脩編輯『漢簡研究の現状と展望』関西大学出版部、一九九三年。

（5）注（2）に同じ。

（6）同前。

（7）同前。

（8）同前。

（9）同前。

（10）『龍崗秦簡』中華書局版、二〇〇一年、一三一頁。

（11）池田雄一「湖北雲夢睡虎地秦墓管見」『中国古代の律令と社会』汲古書院、二〇〇八年、一八五頁。

第14節　龍崗秦代簡牘における古文字の特徴

はじめに

龍崗秦簡は、一九八九年末、中国湖北省文物考古研究所・雲夢県博物館が中国湖北省・雲夢県・雲夢城の南東郊外（北緯三一度、東経一一三度四五分）の龍崗で発掘した古墓M６において発見されたものである。これまでに公刊された、この竹簡についての紹介と解釈研究は、劉信芳・梁祝『雲夢龍崗秦簡』（科学出版社、一九九七年七月、以下「科学出版社版」と略称）と中国文物研究所、湖北省文物考古研究所『龍崗秦簡』（中華書局、二〇〇一年八月、以下「中華書局版」と略称）があり、前者は発掘に当たった考古学専門家の研究、後者は文字学専門家の研究であるといえる。

竹簡自体について、これまでの研究でわかったことを簡単にまとめると、以下のポイントがある。

1　竹簡の年代

簡文に「皇帝」「黔首」「馳道」などの固有名詞が出てくるので、上限は、秦の始皇帝が統一した後の時代であることがわかる。下限は、副葬された木牘に「九月丙申」という日付があることから、秦末あるいは前漢初期と考えられる。

2　竹簡の発掘状況

発掘者の報告によると、竹簡は棺内の死体の足もとで発見され、保存状態はよくなく、散乱した状態であったという。発掘したとき現場で作られた「出土登録号」すなわち出土番号は、１番～233番である[1]。

発掘者は、竹簡が、もともとは一冊のものであったのだろう（科学出版社版、一一頁）と推測したが、それについては、一冊であるかどうかの判断はできないだろうと見る説もある（中華書局版、四頁）。

3　竹簡の形式

無傷である竹簡で見ると、簡の長さ二八㎝、幅〇・五〜〇・七㎝、厚さ〇・一㎝である。つまり、当時の度制に換算すると、簡の長さは一尺二寸(2)である。

4　竹簡の文字

筆で竹簡の「蔑黄」（竹の裏面）に書いた「**秦隷**」であり、書き方からは同じ人物が書いたものといえる。文字の構造は、みな左上から右下に斜めになっていて、**篆書**の風から大分脱出し、ほとんど**隷書風**になっていて、しかも文字によってはやや**草書風**に見えるなどの特徴がある（中華書局版、四頁）。

「龍崗秦簡」の文字は簡牘文字資料の重要な一つと考えられるので、その文字自体の研究も不可欠なことだろうと思う。本節では、この簡文における文字の書き方や使い方をめぐって、文字統一がなされた、いわゆる秦時代文字の実態に迫ってみたい。

一　篆書風が濃厚な「古隷」文字

上述したように、龍崗秦簡が作られた年代は秦末から前漢初期の間と考えられる。したがって、この簡文に表す文字は、秦代に文字統一された「篆書」とは違って、いわゆる「秦隷」と判断されたことに間違いはないと思う。しかし、このような「秦隷」は、当時、標準体であった「篆書」と比べると、いったいどれぐらいの相違があるのか、換言すれば、この「秦隷」を、秦漢代の「篆書」と「**隷書**」の沿革史の中に、どのように位置つければよいかという問題を解明する必要があると思う。

そのため、ここで簡文に表す「律文」「郡県」「禁苑」などの語を例とする表14-1をもとに、秦の文字統一後の龍崗秦簡の「秦隷」文字を中心として、秦の文字統一前の「秦隷」（**睡虎地秦簡**の文字）と、秦が文字を統一した「篆書」（清の段玉裁『説文解字段注』に採用された篆書）と、その後にできた「漢隷」（清の顧藹吉『隷弁』に収録された漢代碑文）などの文字を比較しながら、その答えを追究することとする。

文字の性格は構造・字形・運筆の三つの要素しかないので、この三要素から検討しよう。

（1）構造・字形・運筆

A　龍崗秦簡の文字の構造

後漢の碑文のような典型的な**漢隷**と比較すれば、たしかに**小篆**から離れたところは少なくないが、漢隷とも大分違う面もはっきりしている。

変わった例として、「縣」の左側の「県《きょう》」（首を倒にして懸けた形）下部の「髪」は、曲げる形から直線に、また右にある「聿」下部の曲線も直線になったのは、まさに「直線化した筆画を用いて篆書の屈曲線を変えた」[3]という典型的な**秦代俗体字**である。後の漢隷の発端となった書体であることがわかる。

また、「律」の「彳」偏の縦棒はまっすぐに一直線となった。これは確かに曲線を主体とする**篆書**とは違うが、漢隷とも違う。文字の構造は篆書体より簡略（省画）された部分が少なくない。例えば、「」から「口」になり、「」の下にある構成要素を「卩」に省略した。

この簡文には、篆書体から隷書への構造的な変化、いわゆる「隷変」はほかにも数多くある。例えば、「史」は「」から「」（簡152号）になり、「吏」は「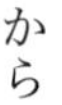」から「」（簡39号）になり、「少」は「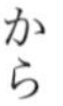」から「」（簡142号）になり、「与」は「」から「」（簡201号）（とくに下部）になった。また、「さんずいへん」や「しんにょう（しんにゅう）」などの変化もはっきりした。このことにより、龍崗秦簡文字は「**秦隷**」であることは間違いない。

ただし、ほとんど変わりがないところも多い。例えば「禁」は篆書で書く同じ字とはあまり変わらない。「苑」の下部に多少簡略したところがあるが、基本的には変わらず、とくに「くさかんむり」は篆書がそのまま残されている。「県」の左側は変わったが、右側の「系」字には変わりがない。

表14-1にない字例では、例えば「皇」「大」「言」「犬」「取」「反」などの書き方や部首の「れっか（れんか）」や「け

表 14–1　「篆書」「秦隷」「漢隷」の比較

漢隷（『隷弁』）	秦隷Ⅱ（文字統一の後）	秦隷Ⅰ（文字統一の前）	篆書（『説文解字注』）	
	 簡 172 号	 雑抄 38		律
	 簡 223 号	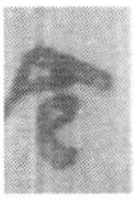 雑抄 40		令
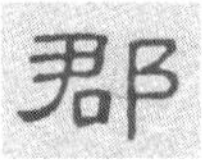	 簡 148 号	 答問 95		郡
	 簡 222 号	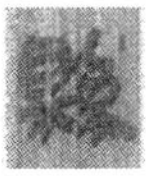 雑抄 40		縣
	 簡 208 号	 田律 6		禁
	 簡 207 号	 田律 6		苑

ものへん」などにも変わりが見えない。「農」字はそのまま篆書体「」、「」（簡175号）で書いて、「知」は「𥏼」のまま「」（簡150号）で書かれている。

B　龍崗秦簡文字の字形

字形は縦長方形なので、篆書の構造のままで変わりがなく、後の漢隷の横長方形とは違うことは一目瞭然である。この点について研究者たちのほとんどは無視しているが、秦隷と漢隷とを区別する主な見分け方だといえよう。しかも字形を決める理由は、運筆の特徴にも関わると思われる。

C　秦隷の運筆の特徴

漢隷と最も違うのは、書く人間の癖（例えば龍崗秦簡の文字がすべて斜めになるのは、書いた人間の癖としか考えられない）を除いて、基本的には篆書は筆を離さず屈曲した字を書くことである。したがって漢字の構成要素の基本的な字画といえる横棒と縦棒は、漢隷のように筆跡の強弱を極端に変化させた形跡が全く現れていない。例えば「禁」の「示」は、二本横棒が漢隷の最も特徴となる左右の払いである波打つような運筆ではない。この理由で漢隷のように重心を字の左に寄せて太い波形の画でバランスを取る必要がないので、漢隷の横長であるという特徴もない。

運筆の変化は、筆・竹簡など書く材料によって左右されるものである。秦時代は、漢代とくに後漢時代のように、紙に文字を書き、**毛筆**より**硬筆**の使用のほうが多かったので、字形はどんなに省略しても、筆を離さず屈曲するような篆書の書き方しかできなかっただろう。

硬筆を使用した実態はなかなか実証できなかったが、二〇〇二年に**里耶秦簡**の秦代文書が発見されて説明できるようになった。その秦隷文字を見ればわかるように、明らかに毛筆ではなく硬筆で書いたものと判断できる。私見であるが、毛筆で書かれた龍崗秦簡や睡虎地秦簡の**秦隷文字**が見られるのは、墓主の生前の身分を表す貴重な証拠となる副葬品（いずれも、普通の行政文書より重要度が非常に高い法律の内容を記すもの）であったが、それが必ず墓主の生前に使った日常用品か「魔除け、辟邪の目的が副葬品としての法律であった」[4]かは、判断しにくい面もあるが、少なくとも当時の職場での公文書ではない。

写真14-1　里耶秦簡文書の硬筆秦隷
（『文物』2003年1期，22頁）

ところで、里耶秦簡に見られる秦隷の文書は、官吏たちが日常の仕事で書いた行政書類で、これらすべては硬筆を用いて書かれている（写真14-1）。ゆえに、当時の基層官吏たちのほとんどは硬筆を使用したのだろうと思うが、さらに詳しい実証は、他の出土文字が発見されるまで、もう少し時間が必要だと思われる。

以上の考察によって、龍崗秦簡に書かれた秦隷文字は、たしかに篆書との相違が見られるが、「**隷変**」の初期なので画の変化や省画のことだけを強調しすぎた過大な評価をする必要はない。筆者は、秦隷とは篆書風が濃厚な「古隷」文字であると判断するのが妥当ではないかと考える。

二　簡牘に現れた秦隷と小篆との共存

文字の特徴について、さらに指摘すべき点を述べる。表14-1の秦隷IIの龍崗秦簡と秦隷Iの睡虎地秦簡文字とを比べてわかるのは、秦の文字統一後の秦隷と文字統一前の秦隷とは、ほとんど変わりがないということである。このような事実により、**大篆**→**秦隷**→**漢隷**という戦国の正規文字から**俗体字**へ変遷した道は、秦の文字統一、すなわち大篆→小篆への変化ルートとの間に、因果関係がなかったことを改めて証明した。

後者は「**官製のルート**」（始皇帝の命令に従って朝廷官僚が篆書を小篆に直した）で、前者は「**民製のルート**」（官府の基層官吏たちが現実の仕事を速やかに果たすために自然に篆書を省略したり変えたりした）と名づければよいであろう。

大篆
　→ 小篆→→→　（官製のルート）
　→ 秦隷→漢隷　（民製のルート）

しかし、因果関係のない二つのルートによってできた二種類の文字は、当時、確かに共存していたのである。では、小篆と呼ばれる正体字と秦隷のような俗体字は、それぞれ、いったいどのような実態であったかという問題もある。龍崗秦簡と一緒に出土した**龍崗木牘**文字をあわせて検討すれば、この問題を解決できると思う。ここで、龍崗秦墓に出土した**竹簡文字**と**木牘文字**を比較しながら、二者の相違点や役割分担を説明したい。

龍崗木牘文字について、これまでの研究者は、龍崗秦簡と同じく「秦隷」と判断したが(5)、筆者はその判断と異なる意見を持つので、まずこの木牘の三八文字の写真版を『説文解字』の小篆と比べて検討しよう。

表14-2に、龍崗木牘文字の全三八字を小篆と比べた結果、その字形は**秦隷**ではなく、**小篆**であると判断した。なぜならば、縦長方形の字形で筆を離さず屈曲した字を書く運筆であることはもちろん、研究者が最も強調する文字の構造も、いくつか検討するべき点はあるが、ほとんど小篆である。

三八字の龍崗木牘文字に典型的な**篆書構造**の例を挙げると、最も目立つのは「さんずいへん」と「れっか」である。例えば「沙」の「氵」は「」であって、同じ龍崗秦墓から出た竹簡文字の「さんずいへん」（「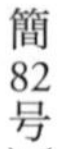」簡82号）と全く違う。「れっか」の「庶」の下部は明らかに「火」になっていて、「灬」ではない（もちろん、前述したように、秦隷にもこのような篆書構造が残された）。または秦隷で最も篆書構造に離れた「口」や「手」などの構成要素は、この木牘文字にはいっさい見られない。これについて（史）と（吏）の字を見れば一目瞭然である。ほかに「為」「申」「坐」などの文字も篆書構造のままで変わらない。

次に、この木牘文の「之」「不」「者」「令」について検討したいと思う。これらの文字の字画は、篆書の曲線から隷

表14-2　龍崗木牘文字の全38字と小篆の比較

木牘篆書	説文篆書		木牘篆書	説文篆書		木牘篆書	説文篆書	
		史			者			鞫【鞠】
		丙			巳			之
		免			坐			辟
		辟			以			死
		死			論			論
		為			九			不
		庶			月			當
		人			丙			為
		令			申			城
		自			沙			旦
		尚			羨			吏
		也			丞			論
					甲			失

書の直線になったことは確かである。ただし表14－2の金文（　）の字と比べてわかるように、このような変化は篆書自体にも以前から自然に出ていたものである。あくまで篆書構造内部の変化といってもよいであろう。

もう一点は、同じ篆書といっても、**石刻篆書・金文篆書・木牘篆書**とも分類できるので、表14－2で基準とする篆書は『説文解字』の小篆であり、それは秦代の石刻篆書ともいえ、金文や木牘の篆書との相違は、**正体篆書**と**俗体篆書**の違いだけと考えてもよい。

最後に龍崗木牘文の「人」と「以」の二字によって、「**隷変**」がどのようにして秦代篆書に入ったかについて検討を加える。

「人」という字は、龍崗木牘文には、篆書のではなく、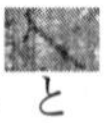となっている。これと関連して「以」はもと㠯と同文であるので、㠯（すき）の字形を持つ。その篆書構造については、『説文解字』にはしか載せてないが、段玉裁の注によれば「今字皆作以、由隷変加人於右也」である。これについて藤堂明保氏はの字例を出したので、表14－2には篆書字形二つとも載せた。この段玉裁の言う「隷変」した篆書字の存在は、龍崗木牘文字のによって改めて実証された。しかし、このような「隷変」はあくまで篆書字形の範囲内での変化である。これと類することについて、裘錫圭氏は以下のように判断した。

従秦代権量上的銘文、就可以清楚地看到隷書侵入小篆領域的情況。（中略）従総体上考慮、這種草率銘文恐怕還不能就看作隷書。[6]

同じ理由で、筆者は、龍崗木牘文にはたしかにいくつかの「隷変」が見られるが、全般的にいうと、それは**小篆**の性格を持つことは間違いないだろうと思う。もちろん、墓主の身分が低いとされる龍崗秦墓M6の副葬品の木牘の**篆文**は、当時、秦の始皇帝が立てた顕彰碑に刻まれた正体篆書と違い、いわゆる俗体篆書である。

ではなぜ同じ身分の墓で発掘された副葬品に秦隷文字と**俗篆文字**という二種類の文字が同時に存在したか。その答えは二種類の文字副葬品の性格にあると考えられる。

龍崗木牘の性格についての先行研究によって、「**冥判**」説や「**告地策**」説などあるが、この木牘は墓主が他界へ持っていく身分証明書のようなものだろうという判断で一致した。したがって、同じ副葬品であるが、上述した龍崗秦簡のような生前所持品と比べて、身分証明書となる龍崗木牘がより重要度の高いものであると判断できた。

つまり、「比較庄重的場合、一般是不用隷書的[7]」という秦代の世風を背景に考えれば、これは、当時の人は普段は隷書を用いたが、「比較庄重的場合」には篆書を用いたことを証明する好例である。換言すれば、龍崗木牘の俗篆と龍崗竹簡の古隷とを同一の墓で発見したことは、まさに当時に篆書と隷書が共存した実態を端的に示しているともいえよう。

三　古文と「其」の古文法の使用

龍崗秦簡の文字は、上述したように篆書風が濃厚な字形であるだけでなく、殷・周以来の古文字も大いに使われていて、これも龍崗秦墓出土文字に関する一つの目立つ特徴である。

龍崗秦簡文字を含む出土秦代文字の研究については、郝茂氏『秦簡文字系統之研究[8]』は、近年の古文字学研究の力作の一つである。郝茂氏の一大貢献といえるのは、彼がすべての秦簡文字を「**伝承字**」と「**新出字**」という二種類に分類したことである。いわゆる「伝承字」は「簡文書写年代之前的古文字中已具有相同結構成分的秦簡文字」であり、「新出字」は「簡文書写年代之前的古文字中還没有出現同構者的秦簡文字[9]」を指す。いうまでもなく、郝茂氏が言った「簡文書写年代之前的古文字」は**甲骨文**や**金文**などの文字である。この分類に基づき、郝茂氏は秦代出土文字のなかの「伝承字」と「新出字」の「字頻」（出字の頻度）に関する比較研究を行なった。

結論としては、「伝承字」の「字頻」は四〇・四〇、「新出字」の三・五〇頻度[10]の一一倍以上に至る。つまり、郝茂氏の研究結果によって、秦代の出土文字の構造はほとんど甲骨文や金文を引き延ばしたものであるということがわかった。筆者は、この結論は龍崗秦墓に出土した簡牘文字にも適用できると考えている。例えば、龍崗秦簡には、よく古文（漢字の古意）で使われる字が多く見られる。ここで「盜」「致」などの字を考証したい。

（1）盗

「盗」は、『説文解字』に「厶《ひそ》（私）かに物を利するなり。次に従ふ。次は皿を欲する者なり」とするので、ほとんどの研究者は「盗」を物を利する「盗難」と解釈をしている。例えば、中華書局版『龍崗秦簡』には、簡13号の「盗入禁苑□」を「以偸盗為目的而進入禁苑」（盗難のため禁苑に入る）と釈した。[11]

しかし、白川静氏は、字形によって「盗」の本義は「その本貫を棄てた亡命者である」[12]と解釈している。筆者は、字本義の「**亡命者**」説に基づいて、簡13号の「盗入禁苑□〼」を「盗（不審侵入者）が禁苑に入る」と解釈してよいと思う。『春秋左氏伝』襄公十年に「盗、入於北宮」（盗、北宮に入る）とあるのも、同様の古文の盗の用例である。

字の本義の問題だけではなく、もしこの「盗」を「盗難」と解釈すると、「盗入禁苑」という罪は盗律に当たるはずである。しかし、この簡13号は以下の簡20・21・22号[13]とあわせてみると、やはり盗律ではなく、「**禁苑**」の出入りに関わる「**闌入**」**律**だろう。

簡20・21号には、

〼□不出者、以盗入禁
苑律論之。伍人弗言者、与同灋（法）。〼

禁苑から出なければ、盗の禁苑に入る律に以て罪を論ずる。伍人がそれを（更に）言わなければ、ともに同法によって処罰する。

とある。やはり簡13号の「盗入禁苑」と簡20号の「盗入禁」の「**盗入**」とは、「以偸盗為目的而進入禁苑」（盗難のため禁苑に入る）と動詞として解釈するより、むしろ本節に提出した「盗（不審侵入者）は禁苑に入る」のように「盗」は名詞、「入」は動詞と解釈したほうがよいであろう。しかも簡17号に、

亡人挟弓・弩・矢、居禁中者、棄市。〼

亡命者が、弓・弩・矢を所持し、禁苑内に入れば、棄市する。

とある。「亡人」とは亡命者である。『史記』呉王濞列伝に「誘天下亡人、謀作乱」とあり、こちらの「亡人」も亡命者の用例である。このように、亡命者が禁苑に入ると「盗」という「**不審者**」となると考えてよい。また、簡18号に、

城旦舂其追盗賊・亡人、追盗賊・亡人出入禁苑耎（?）者得辶□▨　（傍点—引用者）

城旦舂の盗賊・亡人を追跡する者は、盗賊・亡人を追うため、禁苑の堧地に進出すれば（～をし）得る。

とあり、その「盗賊」や「**亡人**」も、簡20号にある「盗」と同様の者であり、彼らが禁苑に入ることは、もちろん「**闌入**」となるので、「盗入」は「闌入」罪の一種であると考えられる。

（2）致

龍崗秦簡にほかにも似たような例がある。例えば簡8号に、

所致県・道官、必復請之、不従律者、令・丞▨

とある。先行研究者のこの簡についての解釈は、

県・道官府接収到送達或伝来的文書、必須再次請求復査、不按法律照弁的県令・県丞……

県、道官は送ってきた文書を受けるとき、再び（上司に）伺いを立て、必ずそれを改めてチェックする。律に従わなければ、県令・丞……[14]

である。ここでキー・ワードとなるのは「致」字であり、この字は『説文解字』に「送り詣《いた》るなり」とするので、ほとんどの研究者は、上述した簡8号の解釈のように、「致」を「送りいたる」と解釈している。しかし「送りいたる」は単なる「致」の派生義だけであり、その本義は、白川静氏が指摘によれば「ただ到るのではなく、そこに赴き行為する意を含む字であろう。『左伝』文公六年に「之れを竟（境）に送致す」である。龍崗秦簡にはよく古文字が使われていることを考えるだけでなく、とくに簡8号での意味として考えてみると、ここでの「致」とは、やはり「そこに赴き行為する」意であろう。そう取れば、簡8号の律は、

県、道官に致《おもむ》くところで、必ずそれ（通関する伝）を再び申請しなければならない。律に従わなければ県令・丞

……

と解釈できる。意味としては、睡虎地秦簡「法律答問」に見る「即復封伝它県、它県亦伝其県次」という律や、張家山漢簡簡518号にある「巫為伝」という令と完全に一致する。

（3）其

龍崗秦簡には古文字が使われただけでなく、古文法を使用した例もある。

例えば、「其」を助詞の「之」として使っていることは注目すべきである。このような用例は睡虎地秦簡にも見えるが、**漢簡・漢碑**の文字資料にはあまり見られない古い文法である。まずはその用例を挙げよう（傍点―引用者）。

A　睡虎地秦簡の字例（龍崗秦簡の時代よりやや早い）

此二物其同居・典・伍当坐之。（法律答問）

この二種類の犯罪者の同居者や里典や同伍の人間は連坐するべきである。

B　龍崗秦簡の字例

毋敢取耎（堧）中獣、取者其罪与盗禁中【同】」（簡27号）

あえて堧中の獣を取ってはいけない。取った人間の罪は「盗禁中」と同じく（罰する。）

C　漢簡と漢碑の用例

・平陵其城小而県大、人衆甲兵盛。（『銀雀山漢墓竹簡（壹）』孫臏兵法）

平陵の城は小なるも県は大なりて、人衆く甲兵盛んなり。

・不在此其中者（『銀雀山漢墓竹簡（壹）』守法守令）

此の中に在らざる者

・金玉其相。（『漢碑集釈』衡方碑、「金玉」の文は『詩』大雅・棫樸を参照）

金玉の相。

これらの資料には、きわめて用例が少ないだけではなく、秦簡の内容はすべて当時使われた律令であり、漢簡と漢碑の内容はすべて先秦時代の古典を引用したものであることがわかった。では、文献資料の用例はどのようになるか。

先秦時代の古文献には「其」を助詞の「之」として使う例は珍しいものではなく、『尚書』にもこのような用例は多い。例えば「康誥」の「朕其弟、小子封」や「堯典」の「浩浩滔天、下民其咨」の中の「其」の用例は、いずれも「之」の意である。それ以外にも、『左伝』にはこのような用例がわりあい多いので、それを挙げてみる。

① 桓公十年　周諺有之、「匹夫無罪、懐璧其罪」（周の諺にこれ有り「匹夫罪なし、璧を懐すの罪なり」）

② 荘公二十二年　此其身（此の身）

③ 昭公三年　彼其髪短而心甚長（彼の髪は短くも、心は甚だ長し）

④ 昭公十九年　「禳之、則彼其室也」（「之を禳はば則ち彼の室なり」）

楊伯峻氏は、『左伝』に見られる「之」の意で使う「其」の用例のうち、とくに③昭公三年の用例に基づき、「其」を「之」として使う文法について以下のように論述している。(15)

この「其」字は『荘子』山本篇に言う「彼其道遠而険、又有江山、我無舟車、奈何」（彼の道遠くして険、又江山有り。我に舟車無し、奈何せん）と相近い。もう一つの読み方は「彼」で切る。すなわち『左伝』の「彼」は盧蒲嫳を指し、『荘子』の「彼」は南越建徳の国を指し、とくにこの一字を提出して大主語とし、下の「其髪」と「其道」は小主語とする。このように読めば、二つの文章の文脈は非常に通っている。しかし、他の文章によって考えてみると、このような読み方は採用できない。『荘子』人間世篇には「彼其所保与衆異、而以義誉之、不亦遠乎」（彼の保つ所、衆と異なり。而るに義を以て之を誉むるは亦遠からずや）と、『史記』屈原伝には「又怪屈原以彼其材游諸侯、何国不容、而自令若是」（又怪しむ、屈原、彼の材を以て諸侯に游ばば、何の国か容れざらん、而るに自ら是の若くならしむるを）とあり、「彼其」はみな「彼之」の意で、「其」を「之」として用いる。しかも「彼之」の用例も少なくない。この用例の最も早い時代ものに、『詩』邶風柏舟の「薄言往愬、逢彼之怒」（薄言《しば》らく往て愬《つぐ》れば、彼の怒りに逢ひぬ）がある。また『荘子』天道篇の「悲夫、世人以形色名声為足以得彼之情」（悲しいかな、世人、形色名声を以て、以て彼の情を得るに足ると為すこと）や、『淮南子』道応訓の「若彼之所相者、乃有貴乎馬者」（彼の相する所の者の若きは、乃ち馬よりも貴き者あり）は、みな十分な証拠になる。つまり「彼其」は「其」を「之」として用いているのは確かなことである。

楊伯峻氏は「彼其」を「彼之」と比べたうえで、以上のように述べている。これによって、戦国から漢にかけて『左伝』『荘子』『史記』の中に「其」を「之」とする文法があったことが明らかになったのである。

ただし、楊氏の研究には、まだ出土文字の資料が使われていないので、秦代の実情は不明である。また、「其」を「之」とする古文法は、なぜ「彼其」の言葉にだけこだわるのか、という疑問もある。

龍崗秦簡文字の特徴を追究するために、出土資料と文献資料を合せて、以下いくつかの私見をまとめて述べたい。

A　「其」を「之」とする文法は『史記』の著者がよく使う言葉だと考えられる。

例えば、先に挙げた楊伯峻氏が引用した『史記』屈原列伝の「太史公曰く」の文章表現の仕方と同じ用例が、李将軍伝の「太史公曰く」の「彼其忠実心誠信於士大夫也？」（彼の忠実の心、誠に士大夫に信ぜられたる也）に見られる。

B　「其」を「之」とすべき文法は、けっして「彼其」という表現だけとは言い切れない。

例えば『史記』五帝本紀に、

尭又曰、「嗟、四嶽、湯湯洪水滔天、浩浩懐山襄陵、下民其憂」。

尭又曰く、「嗟《ああ》、四嶽、湯湯たる洪水天に滔《はびこ》り、浩浩として山を懐《つつ》み陵《おか》に襄《のぼ》るは、下民の憂ひなり」。

とあり、「夏本紀」には、次のようにある。

当帝尭之時、鴻水滔天、浩浩懐山襄陵、下民其憂。

帝尭の時に当りて、鴻水天に滔り、浩浩として山を懐み、陵に襄るは、下民の憂ひなり。

C　『史記』に残される、「其」を「之」と表現する文法は、当時における古文だと考えられる。

例えば上述した「五帝本紀」と「夏本紀」の言葉は、明らかに司馬遷が『尚書』尭典のから引用した文である。遅

くとも戦国時代にできた「尭典」に、

帝曰、「咨、四岳、湯湯洪水方割、蕩蕩懐山襄陵、浩浩滔天。下民其咨、有能俾乂。」僉曰、「於、鯀哉」。

帝曰く、「咨四岳、湯湯たる洪水、方く割ひ、蕩蕩として山を懐み陵に襄り、浩浩として天に滔る。下民の咨き、能く乂め俾める有るか」僉曰く「於、鯀なるかな」。

とあり、また、筆者の調べたところによると、文献のなかでこの「其」を「之」として使う文法は、秦漢時代にはすでに珍しくなっていたようだ。それは、秦時代の『呂氏春秋』にも前漢時代の『淮南子』にもこのような用例が見られないことによって証明できるはずである。このような傾向は、だいたい上述した漢簡文字にも漢碑文字にもこのような文法があまり見られないという結論と一致している。

換言すれば「其」を「之」とする文法は古く、漢代になると、このような言葉の使い方はだんだんしなくなっていったのではないかと考えられる。すなわち、漢代の文人のなかにも、古文を引用したり、司馬遷のように自らも「彼其」のように古い言葉を遣ったりする人はいたが、一方で、多くの文人はもう、『淮南子』の著者のように、「彼其」に替えて「彼之」という表現を使用していたのだろう。この傾向は、先の秦漢の簡牘碑刻に見える助詞の「之」と解すべき「其」字の用例でも、「其」を「之」とする用例は確かに少なくないが、漢簡と漢碑のなかに古典を引用した文を除けばほとんど見られないことによっても証明できる。龍崗秦簡は、内容そのものは統一秦代の律令であり、けっして古典を引用したものではないが、古文法を使用した最後の時代の所産である。

おわりに

本節で龍崗秦代墓地に出土された**竹簡文字**と**木牘文字**を分けて考証した結果について、以下三点にまとめる。

1　これまでの先行研究のなかで強調された、当該竹簡の**秦隷**文字はかなり**篆書**の構造や運筆から離れたものであるという判断とは違って、龍崗秦簡の秦隷は、むしろ篆書から離れた初期の「**古隷**」であると評価するのが適切である。

2　これまで、龍崗木牘の文字を秦隷であるとする認定には、学界からの異議はなかった。しかし筆者は、その木牘文字を一字ずつ篆書と比べて検討した結論として、それらは隷書ではなく、まだ篆書（厳密にいうと俗体篆書）であり、しかも、その木牘篆書文字と竹簡秦隷文字が同じ墓から発見されたのは、秦朝の時代の基層社会において、隷書と篆書が並行して使われた実態を反映するものと判断した。

3　龍崗秦簡文字は、大いに先秦時代以来の「**伝承字**」を使用しただけではなく、助詞の「其」に「之」を当てるような古い文法も残していたことを実証した。

つまり、これらの結論によって、龍崗秦墓から発見された竹簡と木牘文字のいくつかの特徴を明らかにしたことで、龍崗秦代簡牘の古文字の古代中国文字史上における位置も明らかになったと思う。

注

（1）本節で使用している簡の番号は出土番号ではなく、『龍崗秦簡』（中華書局版、二〇〇一年）の「新編号」である。

（2）秦制の一尺＝現在の約二三・一cm（丘光明等著『中国科学技術史』〈度量衡巻〉科学出版社、二〇〇一年、一七九頁を参照）。

（3）裘錫圭『文字学概要』商務印書館、一九八八年、六八頁に、次のようにいう。

在秦国文字的俗体裏、用方折的筆法改変正規篆文的円轉筆道的風気頗為流行。有些字僅由於這種変化、就有了濃厚的隷書意味。

（4）冨谷至編『江陵張家山二四七号墓出土漢律令の研究（訳注篇）』（朋友書店、二〇〇六年）緒言（一六頁）に、次のようにいう。

律令は鎮墓、辟邪の目的で副葬されたのであり、法律に関していえば、現世において悪しき行為の威嚇としての効果をもつ律や令が、黄泉の世界での邪気・悪霊に對する威嚇に轉用したもの、つまり魔除け、辟邪の目的が副葬品としての法律であったと。

（5）前掲劉信芳・梁柱『雲夢龍崗秦簡』四七頁に「牘文為很工整的隷書、一筆不苟、分写両行」とある。李学勤「雲夢龍崗木牘試釈」（『簡牘学研究』第一輯、甘粛人民出版社、一九九七年。のち『龍崗秦簡』中華書局、二〇〇一年所収）には「字体為秦隷」

とする。
（6）裘錫圭『文字学概要』商務印書館、一九八八年、七二頁を参照。
（7）同前、七二頁を参照。
（8）新疆大学出版社、二〇〇一年。
（9）『秦簡文字系統之研究』新疆大学出版社、二〇〇一年、一六頁。
（10）同前、三五頁。
（11）中国文物研究所・湖北省文物考古研究所『龍崗秦簡』中華書局、二〇〇一年、七六頁。
（12）白川静氏が秦の石鼓文によって、盜の上部は皿を欲するものではなく、水が二つ加えられた字形である、器上に水をかけるのは「これをけがす行為とみてよい」と解釈し、
　誓いの文書や、血盟に用いる器に水をかけ、これを瀆し呪詛するのは、氏族の紐帯を棄て、氏族の神霊を侮る行為である。

と言い、「盜とは秩序の破壊者、少なくともその共同体からの離脱者をいう」（二五五頁）としている（『白川静著作集　2』漢字Ⅱ、平凡社、二〇〇一年、二五五～二五六頁）。
（13）簡20号・19号・21号のつながりについて、中華書局版『龍崗秦簡』に説明があり、
　本簡（簡20号─引用者注）可能与上簡綴合，再与下簡比連。也可能僅与下簡比連，而上簡並無関係。（七九頁）
と言って、簡20号は簡19号・21号ともつながることと、簡20号は簡21号だけとつながることの二つの可能性を指摘したが、著者は第二案によって簡21号の中国語訳を作った。筆者も、両案を比べたなら後者の案の方に賛成する。
（14）中国文物研究所・湖北省文物考古研究所『龍崗秦簡』中華書局、二〇〇一年、七四頁。
（15）楊伯峻『春秋左伝注』中華書局、一九八一年、一二四二～一二四三頁。

第八章　龍崗秦簡による周秦帝国原理への新思考
――古代農‐牧境界文明の優位性――

本章は、第7章までの諸章での考証に基づいて、古代帝王の「巡幸」から始皇帝の「**禁苑**」を通考し、「禁苑」とは、通説の「遊び場」ではなく、秦朝独特の、中央朝廷から地方へ派出した政治拠点群であり、それは、全国を統一したばかりの始皇帝が、征服した旧六国民をうまく支配するための政策の一つであるとする、斬新な「禁苑」概念を結んだ。

そして、龍崗秦簡の動物に関する律令によって、戦国秦の各地域の農耕と遊牧の特徴の中に、実は秦帝国の成立を可能にした**古代文明原理**があるとの総結論を創り出した。

第15節　古代中国帝王の「巡幸」と「禁苑」

はじめに

日本語の「**政**」の「**まつりごと**」という訓は、祭りが社会統制のための行事であった日本古代の祭政一致を現している。実は、中国の古代も同じだった。

「政」（まつりごと）を都で行なうのは、どの国でも、どの民族でも当然なことである。では、古代中国の帝王たちは、なぜ「**巡狩**」や「**巡幸**」という形でそれを行なったのか、彼らは巡狩や巡幸先のどこで政治活動を行なったか。

本節では、この問題を通して、「巡幸」と「禁苑」の変遷から古代中国帝王の政（まつりごと）について検討したい。

一　帝王の政《まつりごと》と殷・周・秦時代の巡幸

古代における帝王の主な政事は二つあったと考えられる。それは「**祀り**」と戦争である。『左伝』成公十三年に、

国之大事在祀与戎。祀有執膰、戎有受脤。神之大節也。

国の大事は祀と戎とに在り。祀に執膰有り、戎に受脤有り。神の大節なり。

とある。楊伯俊の注に「膰、祭祀祖廟之肉、祭畢、分与有関人員。執膰与受脤均為与鬼神交際之大節」と解釈した。「脤」とは『説文解字』に「社肉なり」とあり、『国語』晋語に「脤を社に受く」とある。白川静『字通』では「軍行のときはその社肉を奉じて出行した」と解釈している。

ゆえに、古代、国としての最も大事な「祀と戎」の中で「祀」はもちろん、「戎」も祭祀によって支えられた。それらの祭祀は、前者は祖廟での祭りであり、後者は神社での祭りであり、いずれも鬼神と交わる大節である。

(1) 殷王・周天子・秦皇帝権威の成立

「皇帝」の誕生

古文字専門家の研究によって甲骨文のとは「王」という意味であり、王位を象徴する神聖な儀器である**鉞頭**の形である。文様を多く施した、非実用的な青銅の鉞《まさかり》が多数出土している。儀器は王権の象徴として玉座の前に置かれる[1]。

周王朝の王は「天子」と呼ぶ。天は人の頭、巓頂《てんちょう》(甲骨文字にやと書く)の意味である。「天子」(天帝の子の意)は天命を受けて人民を定める者、国の君主である(「史墻盤銘文」)。

秦朝になると、王は「**皇帝**」と自称して、中国のファーストエンペラーが誕生した。それが、有名な秦の**始皇帝**である。

「皇帝」という名前の由来はというと、もとは「皇」とは王位の象徴たる玉飾の鉞であり、王・天子・神・神霊の意味。「帝」とは神を祀るときの祭卓の形であり、あまつかみの意味である。金文の〈宗周鐘〉が「皇上帝百神、余《われ》小子を保つ」のようにいうのは、すでに皇天を人格神化する観念があったものであろう。

『史記』秦始皇本紀には、次のように記される。

秦王が全国を統一して秦国の大臣たちは王様の「**名号**」を議論したとき、

昔者五帝地方千里、其外侯服夷服諸侯或朝或否、天子不能制。今陛下興義兵、誅残賊、平定天下、海内為郡県、法令由一統、自上古以来未嘗有、五帝所不及。臣等謹与博士議曰：「古有天皇、有地皇、有泰皇、泰皇最貴。」臣等昧死上尊号、王為「泰皇」。（傍点―引用者）

と提案した。秦王は、

去「泰」、着「皇」、采上古「帝」位号、号曰「皇帝」。他如議。（中略）朕為始皇帝。後世以計数、二世三世至于万世、伝之無窮。

と自ら「皇帝」という名号を決めた。

王たちの「巡幸」

殷王朝の王たちが「**巡狩**」を行なったことを記す史料は、**甲骨文**によく見られる。例えば、

壬午、王田于麥麓、獲商兕、王賜宰豊、寝小指兄。（『佚』五一八反）

某年某月の壬午の日、商王が出かけ麦麓で田狩し、商兕を獲る。王は宰の豊と寝に小指兄（貺）を賜う。

兕とは大型野牛である。『説文解字』に「野牛の如くにして青色、其の皮は堅厚、鎧を制るべし」とある。珍しい獣を穫ったので、「巡狩」は大成功として臣下を慰労した。

また、周天子に関する、きわめてよく似た史料（『穆天子伝』巻二）がある。

甲辰、天子猟于滲沢、于是得白狐玄貉焉。以祭于河宗。

某年某月壬午の日、周の天子が滲沢で田猟し、そこで白狐・玄貉を得。以て河宗で祭った。

そして、秦朝の皇帝にも、ほぼ同じような史料（『史記』始皇本紀）がある。

三十七年十月癸丑、始皇出游。（中略）令入海者齎捕巨魚具、而自以連弩候大魚出射之。自琅邪北至栄成山、弗見。至之罘、見巨魚、射殺一魚。遂並海西。

三十七年十月癸丑の日、始皇が出游した。（中略）海上に行く者に巨魚を捕える道具を持たせ、巨魚が出たら始皇自ら連発の弩で射ようと、琅邪から北に栄成山まで行ったが、ついに現れなかった。之罘に行くと巨魚が出たので、一魚を射殺した。

このように、歴代の帝王は、「帝」「王」「天子」「皇帝」と称号はそれぞれであるが、いずれも巡狩や巡幸をしながら政治を行うという共通点があるので、その所以を追究したい。

殷・周帝王の「巡幸」

「巡狩」とは、『孟子』梁恵王下に、

天子適諸侯曰巡狩。巡狩者巡所守也。

天子諸侯に適（ゆ）くを巡狩と曰ふ。巡狩とは守る所を巡るなり。

とある。同じ意味で「巡幸」ともいう。

『尚書』舜典に「歳二月、東巡守、至于岱宗、柴」とあり、孔伝は「諸侯為天子守土、故称守。巡、行之」と解釈した。つまり、天子が諸侯の守る領地に行き、視察するのが「巡狩」「巡幸」である。

古代において、国の大事は祭祀と軍事にあるので、君主たちの巡幸にも戦闘地・辺境地への巡幸と祭祀の巡幸の二種類がある。また、祭祀は祖先神祭と自然神祭の二大系統に分かれているが、祭祀巡幸では自然神を祀ることが多い。

まずは、殷王朝における「**祀と戎**」について考えよう。

殷王朝における祖霊祭りは内外祭祀に分かれる。殷の王室内部の祭りでは、「**史**」と呼ばれる者が、祖霊に祝告する祭りをつかさどる。それが内祭である。祭りは、時に外部の諸神に対して行なわれる外祭もあり、その際には、祭りための使者を派遣した。外祭の対象とするのは他氏族と各地の王族である。しかし、使者を遣わさず、君主が自ら地方に行って祭りを行ったのが、殷王朝の君主たちの「**巡幸**」であった。

その目的の一つは征服した異族霊の「威霊（神霊の威）」を支配することである。殷時代の戦争は、国を滅ぼしても、その人民を殺さなかった。彼らの奉ずる神を支配し、その威霊をもって支配した。[2] 周天子の「巡幸」に見える祭祀にも、祖先と自然神の祭りがある。『左伝』定公四年に、

（前略）相土の東都を取りて、以て王の東蒐に会せしむるなり。

とあり、杜預の注には「湯沐の邑と為して、王の東の巡守に、以て泰山を祭るを助く」とある。

『史記』封禅書に「天子は天下の名山大川を祭る」とあるように、この周天子の泰山の祭りは**自然神祭祀**であった。つまり周天子の「巡幸」には、諸侯とともに自然神祭祀を行なうという目的と役割があった。

また、祖先神の祭祀については、周の昭王期の啓卣の銘文には、この周昭王の巡幸の際に「**啓**」という者が、殷の王である祖丁の青銅器を作り、それにより「魯福を匄め」や「事」という祭祀を行なっていることが記されている。周天子の「巡幸」に参加した氏族長が、そこで祖先祭祀を行なったということが考えられる。

図15-1のように図式化して説明すると、古代君主は、自分が天上に存在する祖先の霊や自然万物の霊を祀る役割をする者、いわゆる「**敬天**」する義務があると信じているので、祭卓の形となる「帝」と自称した。同時に、君主たちは、自分が天の子供であるとして「天子」として、地上にいる民の君主であり、敵と戦う「保民」の任務を担う者だとして、鉞の形とする「王」と自称した。

すなわち、「帝」や「王」と呼ばれる君主とは、「天」と「人（民）」の間にある特別な存在として、古代の天・人関

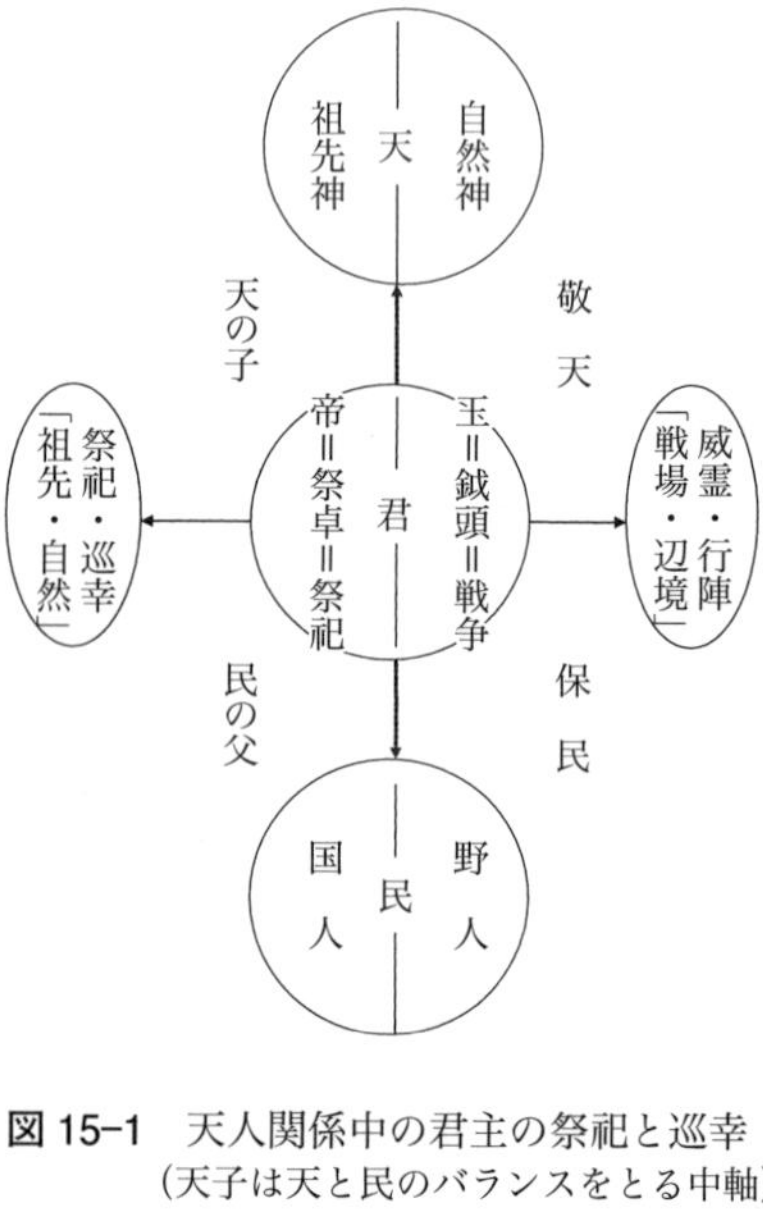

図 15–1　天人関係中の君主の祭祀と巡幸
（天子は天と民のバランスをとる中軸）

係をコントロールできる者として存在する。彼らは「**王**」として戦場に立って民を守り、「**帝**」としてつつしんで諸神の命令を受けて人民を管理するのである。

いわゆる「天人の際」という古代国家原理に従う帝王たちの最も大事な仕事は、「**祀と戎**」である。祖先や自然の神を祭り、外敵や被征服者に威力を示す。しかも、「祀」と「戎」のいずれをも都で行なうのみならず、全土を統治していくために「巡幸」をしなければならなかった。

つまり、「巡幸」とは、古代の「祀と戎」という国の大事を執行する、最も重要な手段ともいえよう。

（2）始皇帝の祭祀巡幸

秦の始皇帝は、統一の翌年の紀元前二二〇年から彼が没した紀元前二一〇年までの一〇年間に、五回も中国全土を巡幸し、政務は巡幸先で行なった。

全国統一を果たした後、始皇帝は**匈奴**を攻撃する戦略を決めた。したがって、第一回の西北辺境への巡幸は、秦朝の軍事巡幸ともいえる。しかし、祖廟がある雍城の回中宮にも行ったので、**祖祭**を行なったかもしれない。全国統一後、五回行なった巡幸中、四回は旧六国地域への祭祀巡幸であった。その目的は全国の山川で祭祀を執り行ない、始皇帝自らが征服地に権威を示すことであり、七ヵ所に顕彰碑ともいうべき刻石が立てられた。

平均して二年に一回、しかも毎回広範囲の旅であり、数多くの「**禁苑**」で宿泊し、頻繁な祭祀活動を行なった。

始皇帝の政治活動の三分の二は都で、三分の一は巡幸地から行われた。二回目は三ヵ月、五回目は七ヵ月をかけている。都咸陽を留守にしても、地方に出て権威を示した方がより政治的効果があった。左右に複数の丞相を置き、都の政治機能は留守役の右丞相に任せ、皇帝の政務は左丞相を連れていって巡幸地で行なった。

始皇帝は巡幸の際、旧六国の都城ではなく「禁苑」を拠点とした。第二・三回の巡幸では、琅邪《ろうや》台の禁苑、第四回は碣石《くっせき》の禁苑に滞在した。第五回の巡幸では、始皇帝は雲夢の禁苑に赴いた後、最後に沙丘の禁苑で急死した。

死ぬまで巡幸した始皇帝にとっては、六国の地を治めるための、「**馳道**」という皇帝専用道路は、地方の郡県の都市間を結ぶものではなく、中央と地方の「**禁苑**」を結んだものである。

「秦地」という中国西部地方に都を持つ秦朝が、関東や長江流域地方をうまく支配するためには、その地域にある山川などの自然神を祀ることが最も有効な方法であった。

例えば関（山）東地域では、泰山の封禅・嶧山の祭り・琅邪・碣石の祭祀などを行なった。長江流域における湘山の湘君を祀ったときは、暴風に遭ったので怒って、山の木をすべて伐採した。この祭祀が失敗したので、**雲夢禁苑**において、虞舜が祀られている九疑山方向を望祀した。

「巡幸」の終点を見ると、第一回～五回まで、執拗に山東半島と渤海湾を訪れている。理由は、そこが中国古来の「**蓬莱神話**」の発祥地だからであろう。山東半島の祭祀のためには、旧禁苑を利用するだけではなく新しい「禁苑」も作った。琅邪台は三回も訪れ、宮殿も台も築いた。二回目には嶧山に登り、祭祀を行った。その後、当地の儒生の話を聞かず泰山に登り、刻石を立てて統一事業を顕彰した文章を刻み、泰山で祭祀を行った。

七つの刻石を立てた行為は、征服地に威信を示す行動であった。現在は、泰山と琅邪台に立てられた刻石の残片しかない。

「巡幸」の第二回目に、始皇帝は博浪沙で盗賊に襲われた。「巡幸」の道程はけっして気軽で安全なものではないので、巡幸先で禁苑にしか泊まらなかったのは、当時の治安事情によるのであろう。一九八〇年に、始皇帝の御陵の車馬坑で銅馬車が発見されたが、それは始皇帝の専用車のモデルで、始皇帝が第五回目の巡幸途中に**沙丘禁苑**で死んだ後、死体を都まで運んだものである。

古代における君主が祭祀を行なうのは、自らの権威を示すための重要な手段であり、天子は天神と人民のバランスをとる中軸としての役割を持つのである。皇帝の巡幸というのは、必ずしも君主の個人的な趣味ではなく、国家の政治行為という意味を持つ。

二　祭祀巡幸による古代禁苑の変遷

古代の君主がどのように祭祀を行なったかについては、様々の形があるが、本論に直接に関わる「巡狩」「巡幸」での祭りについてだけ述べたい。また巡幸先で祭祀を行う場所となっている「禁苑」の変化についても検討したい。

（1）「巡幸」における祭祀

まず、巡狩のとき帝王が何をするかについては、上述した『尚書』の史料と似た内容を持つ史料が『史記』五帝紀にもあり、以下のように詳しく記されている。

於是帝尭老、命舜摂行天子之政、以観天命。舜乃在璿璣玉衡、以斉七政。遂類于上帝、禋于六宗、望于山川、辯于群神。揖五瑞、択吉月日、見四嶽諸牧、班瑞。歳二月、東巡狩、至於岱宗、祡、望秩於山川。遂見東方君長、合時月正日、同律度量衡、脩五礼五玉三帛二生一死為摯、如五器、卒乃復。五月、南巡狩。八月、西巡狩。十一月、北巡狩：皆如初。帰、至于祖禰廟、用特牛礼。五歳一巡狩、群后四朝。

舜の摂行する天子の「政（まつりごと）」というのは、都での仕事と各地方の諸侯が守るところに視察を行なう。また、仕事とは都と地方とも日々の常務以外に、主なのはやはり祭祀である。例えば、都では天の上帝を類祭し、六宗を禋祭し、山川を望祭し、群神を辯祭した。諸侯の地方に行っても春の「東巡狩」では泰山に登り、柴を焼いて泰山を祭った。東方の名山大川に位を贈って望祭した。また、夏の「南巡狩」や秋の「西巡狩」や冬の「北巡狩」したが、みな最初東方に巡狩したときのようにした。地方から都に帰って祖父の廟に行き、特別の牛を供えて祭った。五年に一回巡狩し、あとの四年は群后（諸侯）が毎年一回ずつ入朝することにした。では、祭祀はどこで行なわれたのであろうか。

『史記』五帝紀の史料によると、上古には帝王たちの祭祀には少なくとも、**類祭・禋祭・望祭・辯祭**などがある。そのうち都で行なう天の上帝への類祭を除いて、みな五年に一度の「巡狩」のときに行なう行事である。

もちろん、時代によって巡狩祭祀の形はそれぞれである。例えば上述した殷王朝の「**外祭**」では、王（または使者）が、時に外部の諸神を祀るために地方へ行って、他氏族や各地の王族と一緒に祭祀するやり方、また、名山大川の自然神に位を贈って望祭や就祭をするやり方なども、古典文献にはよく見られる。

いわゆる「**就祭**」は、君主が「巡狩」や会盟を行うとき、必ず自ら山川の自然神を祀ることである。例えば『儀礼』観礼に、

祭山丘陵升、祭川沈

『爾雅』釈天：「祭山曰庪県、祭川曰浮沈」

鄭玄注：「就祭、即是謂王巡狩及諸侯之盟祭也」。

とある。「**望祭**」（「**遥祭**」ともいう）とは、帝王が遠い所から行なう祭りである。『広雅』に「望、祭也」、高誘の注に「望、祭日月星辰山川也」とあり、張守節『正義』には「望者、遙望而祭山川也」とある。また『周礼』春官に「国有大故、則旅（祭）上帝及四望」とあり、鄭玄の注には「四望：五岳、四鎮、四瀆」といい、賈公彦は「言四望者、不可一往就祭而為壇遥望之、故曰四望」と注釈している。

秦の始皇帝は、上述のとおり、統一の翌年（紀元前二二〇年）から没する（紀元前二一〇年）までの一〇年間に五回も中国全土を「巡幸」したが、その際、巡幸先で数多くの「**台**」という祭壇を造って、日月星辰山川を祀る「望祭」や「就祭」を行なった。

とはいえ、帝王たちが、このような祭祀をいったい巡幸先のどこで行なったのかという問題は、従来、史料不足でずっと謎のままだった。しかし幸いにも、一九八九年に出土した龍崗秦簡に、

従皇帝而行、及舎禁苑中者、皆□□□□□▨

皇帝に従いて行き、禁苑の中に舎《やど》る者は、皆……

という律令文が発見されて、始皇帝が巡幸先の「**禁苑**」に泊ったことは確実になった。次に、古代における「禁苑」、

また「禁苑」と「巡幸」との関係を検討しよう。

（2）先秦時代の離宮と禁苑

「禁苑」とは帝王の苑囿である。『史記』・平準書に「是時禁苑有白鹿」とあり、ここにいう「禁苑」は実は上林苑を指し、『漢書』循吏伝に「水衡典上林禁苑、共張宮館」とある。

この「**上林禁苑**」は「**上囿禁苑**」ともいい、班固『西都賦』に、

西郊則有上囿禁苑、林麓藪沢、陂池連乎蜀・漢、繚以周牆、四百余里、離宮別館、三十六所、神池霊沼、往往而在。（『後漢書』班固列伝）

とある。つまり、「禁苑」とは「**上林苑**」のような「**苑囿**」である。睡虎地秦簡や龍崗秦簡には「禁苑」に関わる律令が多くあり、それらの律令によって、秦国と統一秦帝国にどのくらい「禁苑」が存在し、どれほど「禁苑」を重視したかということがわかった。

龍崗秦簡が発見される前に、帝王たちが巡幸先の「**離宮**」に宿泊したことはわかっていた。「離宮」というのは、正宮のほかにある、帝王が巡行の途中で居住する宮室である。『史記』劉敬叔孫通列伝に「孝恵帝曽春出游離宮」とあり、顔師古注に「凡言離宮者、皆謂於別処置之、非常所居也」とある。

龍崗秦簡の新史料からは、帝王たちが巡幸で泊まった「離宮」を「禁苑」とも呼んだことがわかった。しかし、班固『西都賦』に言うように、「禁苑」の周囲を「**墻**」で囲った中に「**離宮別館**」があるので、厳密にいうと「離宮」とは「禁苑」の中に位置する宮殿を指し、「離宮」と「禁苑」には、はっきりとした区別があることは確かである。

睡虎地秦簡や龍崗秦簡に見える禁苑律令によると、近畿地方の上林苑のみならず、秦国または秦朝の各地方にも数多くの禁苑が存在したことは確実である。その禁苑の由来を簡単に検討してみよう。

先秦時代の苑囿というと、最も有名なのは殷王たちの苑囿である。例えば、殷紂王の苑は、古本『竹書紀年』に「南距朝歌、北距邯鄲及沙丘、皆為離宮別館」と記載されている。その「**沙丘**」というのは、龍崗秦簡に「**沙丘苑**」と記さ

れ、殷王朝時代から秦朝まで存続していた「禁苑」である。その禁苑には「離宮別館」が多くあったことがわかっている。

禁苑の「台（臺）」

実は、「禁苑」には宮殿だけではなく「**台**」という建物もある。例えば、上述した『史記』殷本紀には「益広沙丘苑台、以酒為池、懸肉為林、使男女倮逐其間、為長夜之飲」とある。

「鹿台」「沙丘苑台」ともに台があるが、なぜ禁苑に台が多いのであろうか。「台」の本字は「臺」で、高の省形＋至。至は矢を放って占地し、そこに建物を営む意で、神明の居る神聖な場所であり、「臺」もそのような建物である。すなわち、神明を通じ、天文を観るところ（「観」ともいう）をいう。春秋の楚の荘霊王の「章華臺」も神明の寄るところとされた。燕国には「禅台」があり、「燕噲築禅台、譲於子之。後昭王複登禅台、譲於楽毅、毅以死自誓、不敢受」（董説『七国考』）とある。魏国には「**霊台**」があり、それはまた「**観台**」「**時台**」ともいう。

これらの台の役割とは、祭祀の場所であるのは間違いない。要するに、帝王たちが「日月星辰山川」を祀る際には、ほとんど「台」で行う。そして、その祭祀台はよく「霊台」と呼ばれた。

周文王のとき、「霊台」のみならず、「**霊沼**」「**霊囿**」も造った。三者とも今西安の西に遺跡がある。苑と囿は同じ意味で、『呂氏春秋』重己の注に「禽獣を畜え所で、大曰く苑、小曰く囿」とある。つまり、「台」では祭祀を行なうだけではなく、囿や沼などに祭祀関連施設を設けて、神明を通じる神秘的、優雅な場所を造り、祭祀用の珍禽異獣を用意したのである。

春秋に至って、諸侯国王もみな離宮禁苑を作った。古典文献には晋国の銅鞮宮・楚の章華臺・晋侯の虒祁《しき》宮・魯の郎囿・斉侯の高台深池・呉の台榭陂池などが見られる。楚の章華台・燕下都の釣台などがその遺跡である。

戦国時代に諸侯国王の離宮禁苑はさらに盛んになった。『七国考』に名前が残された七国の離宮禁苑は五〇ヵ所があり、その半分以上は「台」と称す。

（3）秦朝の「禁苑」の役割

夏・殷・周三代における「禁苑」について文献史料には詳しく書かれていないが、秦の始皇帝が巡幸したときの祭祀場所についての史料は多少ある。

上述したように、祭祀は「巡狩」や「巡幸」の主な目的である。始皇帝の五回にわたる各地方への「巡幸」に関する史料により、目的は鮮明である。ジャンル別にすれば、やはりその目的は祖先神祭祀と自然神祭祀となっている。

祖先神祭祀

まず、秦の祖先神を祭った場所は、戦国秦の歴代の都だろうと考えられる。秦国は周平王が秦に侯国を封じ（秦襄公八年〈紀元前七七〇〉）てから、秦国は「東進」の方針によって都をどんどん東へ移した。最初に「汧渭之会」に都を造り、憲公二年（紀元前七一四）に平陽（陝西省寶鶏市の東）へ遷都し、徳公元年（紀元前六七七）に雍（陝西省鳳翔県の南）へ遷都し、献公二年（紀元前三八三）、櫟陽へ遷都し、孝公十二年（紀元前三五〇）に咸陽へ遷都した。

これらの遷都の結果、新しい都だけではなく旧都にも祖先廟が残った。ゆえに『史記』秦始皇本紀に「先王廟或在西雍、或在咸陽」と記された。

秦始皇二十七年（紀元前二二〇）に始皇帝が第一回の巡幸をしたとき、「巡隴西、北地、出鶏（笄）頭山、過回中」（『史記』秦始皇本紀）とし、その経路は先行研究によってほぼ明らかになっている。[3] 注目すべきは、その経路が秦一族の旧都をすべて通っていることである。始皇帝は全国を制覇をいち早く先祖の廟に報告したのではないかと思われる。

一九八〇年代の発掘によっても、秦の旧都の雍城には大量の宗廟遺跡が発見された（陝西省雍城考古隊「鳳翔馬家荘一号建築遺址発掘簡報」『文物』一九八五年第二期）。しかもそこから宗廟をまた別の場所へ移動させたという説も提出されている。[4]

自然神祭祀

祖先神の祭祀を終えると、始皇帝は六国旧地の自然神の祭祀を行なった。『史記』秦始皇帝本紀に、

二十八年、始皇東行郡県、上鄒嶧山。立石、与魯諸儒生議、刻石頌秦徳、議封禅望祭山川之事。乃遂上泰山、立石、封、祠祀。下、風雨暴至、休於樹下、因封其樹為五大夫。禅梁父。刻所立石。

二十八年、始皇は東のかた郡県をめぐり、鄒の嶧山に上り、石を立て、魯の諸儒生と、石を立て秦の徳を頌し、封禅や山川を望祭することを議した。そこで泰山に上り、石を立て土を高く盛ってお祀りして山を下ったところ、にわかに風雨があり、松樹の下に休んだ。よってその樹を封じて五大夫とした。ついで梁父山の土地を平らかにして地を祀り、石を立て文字を刻した。

とある。この旅は、始皇帝にとって初めての東方六国旧地への「巡幸」であり、彼が魯の諸儒生と諮った「封禅や山川を望祭すること」は、まさに以後死ぬまで巡幸を行なう方針を決定したともいえる。

秦朝の祭祀の多さは、この時代における「禁苑」の多さの理由となる。

『三輔黄図』序には、咸陽の郊外だけでも「離宮三百」とある（図15-1）。『史記』にも「関中計宮三百、関外四百余」としている。前漢代に、関外にある**離宮**はほとんど諸侯国王の所有地になり、後

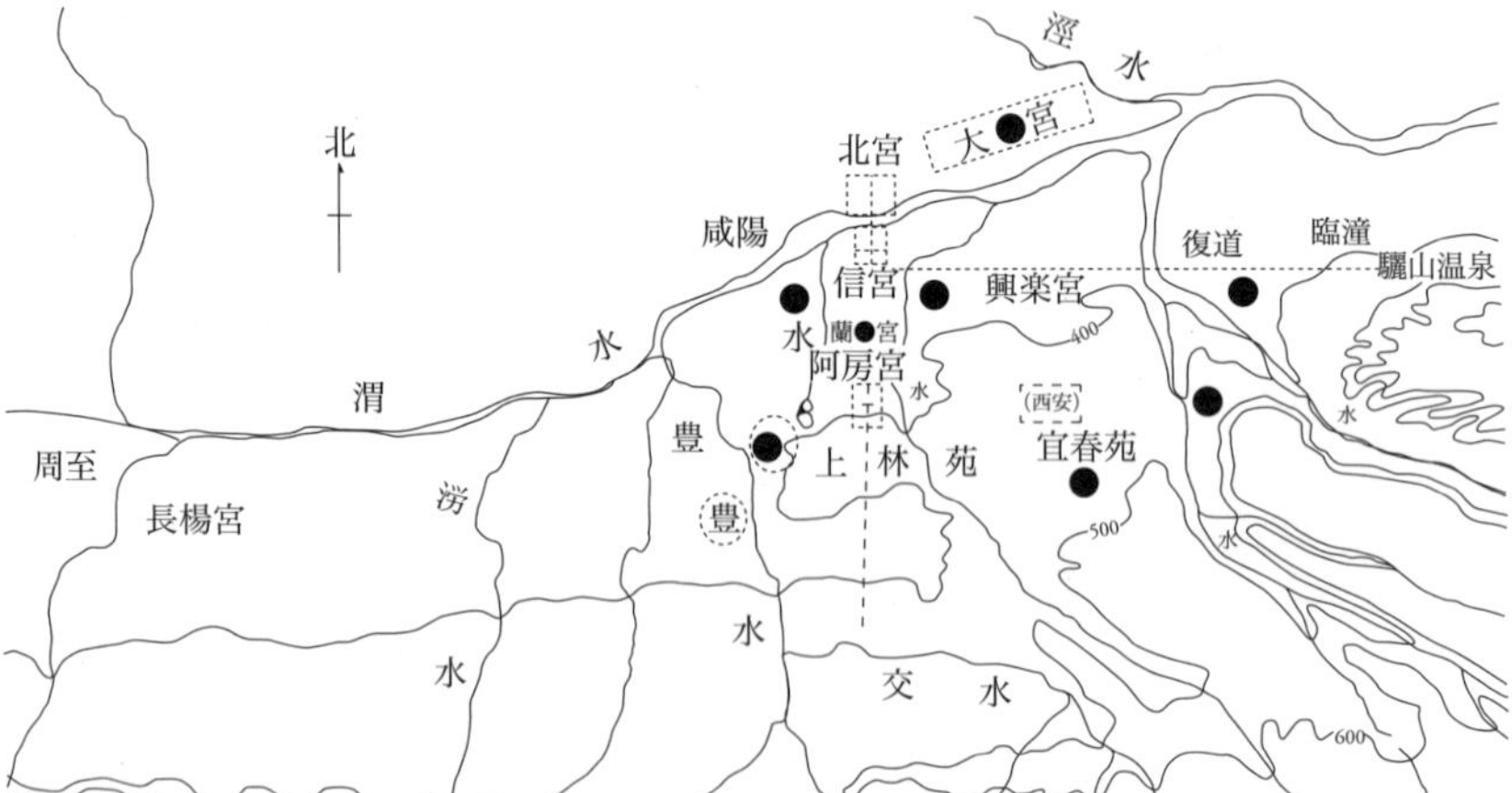

図 15-2　上林苑などの近畿地方禁苑群

漢では、さらに廃棄されて地方豪族のものになった。

関中にある離宮禁苑で有名なのは、**上林苑**（苑垣は約一五〇㎞、中国史上最大規模の禁苑）・驪山宮・甘泉宮・建章宮などである。

前にも述べたように、平均して二年に一回、毎回広範囲の旅をし、数多い「禁苑」での宿泊、頻繁な祭祀活動をした始皇帝の政治活動は、三分の二は都、三分の一は巡幸地で行なわれた。二回目の巡幸は三ヵ月、五回目は七ヵ月をかけている。その際、秦の始皇帝のオフィスは、咸陽の宮殿群のみならず、巡幸先にある戦国時代の各国が残した「離宮」と「禁苑」にあった。

つまり、古代の帝王が神様を祀るのは、権威を示すための重要な手段である（内祭・外祭・就祭・望祭）。龍崗秦簡の新史料によると、「禁苑」とは、これまで考えられてきた宮城中にある園より範囲が広く、各地方にも多くあり、必ずしも君主の娯楽地であるとは言いきれない。同じ龍崗秦簡によると、これまで文献に見られた「離宮」は、実は「禁苑」の中にあった。それらの「禁苑」は秦朝時代において地方に散在した祭祀の場所なのである。

三　秦朝における「禁苑」の分布・構造と機能

近年、中国で発見された木簡により、秦朝の「禁苑」は、けっして皇室の遊園ではなく、当時重要な政治を行なう場であり、近畿に当たる**上林苑**のみならず、帝国各地にも多くの「禁苑」が散在していたことが明らかになった。このような「禁苑ネットワーク」の実像がどのようなものであったかについて、秦代の「禁苑」の分布・構造・機能などを明かにしたい。

（1）残された旧国離宮の利用

戦国時代の各国の離宮群が、秦朝の時代に至って一律に「禁苑」と呼ばれはじめたことは、一九八九年に出土した

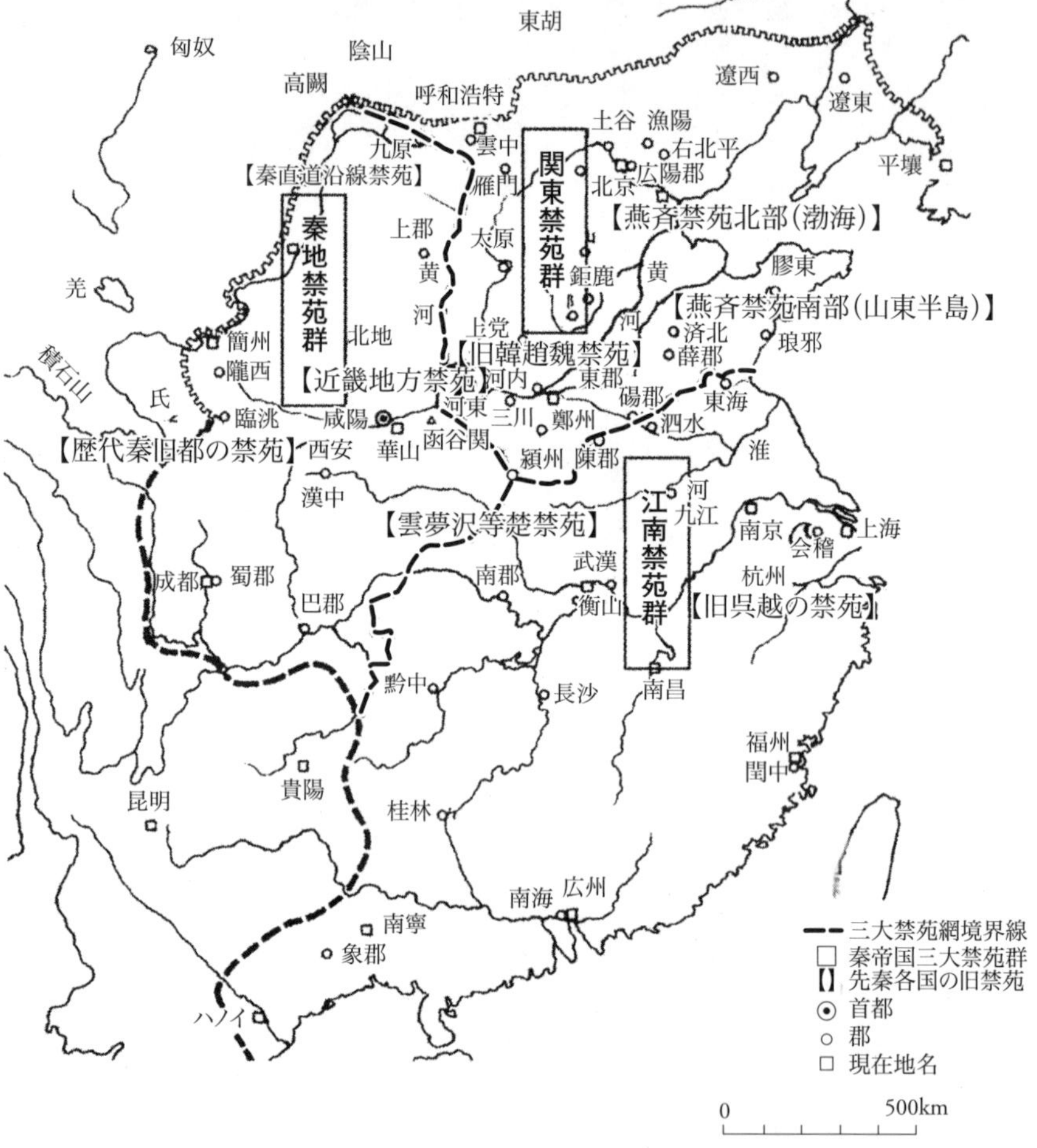

図 15-3　秦帝国三大地域禁苑群と先秦旧禁苑の位置関係図

龍崗秦簡に見える「禁苑」に関する秦律の発見から明らかになった。

秦朝は、全国を統一するとすぐ旧国の残した離宮を利用し、もとの戦国時代の秦の離宮と統合して、独特な秦帝国の政治システムを作り出そうとした。それを「**秦帝国式的な政治綱目**」と名づけたい。

つまり、都の咸陽を政治中心の「綱」＝政治決定本部とし、各地方の**禁苑ネット**「**目**」＝政治執行支部とするような、秦朝における独特の政治機関網が作られた。その機関網を広く見た場合、だいたい『史記』貨殖列伝や『漢書』地理志に記された、戦国時代から徐々に成立していった「秦地」「関東」「江南」という地域によく当てはまる。すなわち、西部の「秦地」・東部の「関東」と南部の「江南」の三つから構成されると考えられる。

秦地とは旧秦国の所在する関中・蜀・趙の西部および西楚の一部、今日の陝西の全部、四川の大部分、甘粛・内モンゴル・山西・河南・湖北省の一部から成る。また「関東」＝東部は魏・韓・斉・燕と趙の一部、今日の河北・山東全部、河南・遼寧の大部分と江蘇の一部から成る。さらに「江南」＝南部は現代の江南より大分北の地方に及ぶ戦国楚の大部分地域である。

いわゆる西部「秦地」の禁苑群とは、だいたい以下の三つの区域を含む。

① 近畿の禁苑である上林苑や驪山苑遺跡（秦帝国時代における典型的な禁苑のモデル）。

② 甘粛〜陝西の渭水流域にある歴代秦の旧都の禁苑（典型的な秦式禁苑の源流となる）。

③ 林光宮（漢に甘泉宮となる）から内モンゴルの麻池古城までの直道沿線の禁苑。

関東禁苑群は、少なくとも三組に分けられる。

A　山東半島の禁苑群

始皇帝が、五回に及ぶ巡幸のうち四回も山東省を目的地としたことから、きわめて重要な禁苑集中地だろうと考えられる。『漢書』郊祀志に、

於是始皇遂東遊海上、行礼祠名山川及八神、求僊人羡門之属。八神将自古而有之、或曰太公以来作之。斉所以為斉、以天斉也。其祀絶、莫知起時。八神、一曰天主、祠天斉。天斉淵水、居臨菑南郊山下下者。二曰地主、祠泰

山梁父。蓋天好陰、祠之必於高山之下時、命曰「時」、地貴陽、祭之必於沢中圜丘云。三曰兵主、祠蚩尤。蚩尤在東平陸監郷、斉之西竟也。四曰陰主、祠三山。五曰陽主、祠之罘山。六曰月主、祠萊山：皆在斉北、並勃海。七曰日主、祠盛山。盛山斗入海、最居斉東北陽、以迎日出云。八曰四時主、祠琅邪。琅邪在斉東北、蓋歳之所始。

とある。ゆえに、山東半島での巡幸では、どこでもある「名山川」だけではなく、古来斉の地方における天・地・兵・陰・陽・日・月・四時という「八神」も祀った。

B　燕斉沿海の禁苑

従来、渤海湾の一帯に関する文献史料や伝説を利用しての始皇帝巡幸に関する研究が少なくないが、巡行途中で立ち寄り政治を行なった「禁苑」に対する研究がなぜ進まないのかというと、その理由の一つは考古資料が足りないことにある。幸い近年遼寧省葫蘆島で秦時代の建築遺跡が多数発見され、それらの史蹟が始皇帝の巡幸した禁苑である可能性がきわめて高いとの専門家の仮説が提出された。

また、同じ渤海湾における河北省秦皇島にも始皇帝の禁苑が発見されたので、秦皇島と葫蘆島という両地に位置する禁苑があったことは、発掘によってすでに確実になっている。

C　旧韓趙魏の禁苑

旧楚・呉越地と似たような現状にある。例えば、始皇帝が巡幸の途中客死した「沙丘」は龍崗秦簡にはっきり「**沙丘苑**」と記され、また睡虎地秦簡にも登場する「**河禁**」が「禁苑」かどうかわからなかったが、「河禁」は龍崗秦簡にも見え、しかも「它禁苑」という「禁苑律」と並んで発見されたことから、やはり黄河流域に設置された禁苑であると判断できた。

江南地方における旧楚・呉越地の「禁苑」については、史書以外にも記事が少なくない。例えば『越絶書』巻九に、始皇帝が三七年の巡幸のと「更名大越曰山陰」と記されているが、その「大越」とは、越王の勾践と大臣の范蠡が造った大越城すなわち「蠡城」である。もちろん、始皇帝が当時「上会稽、祭大禹」（『史記』秦始皇本紀）したのが、この「蠡城」での祭祀かどうかわからないが、その可能性は否定できない。

また、『墨子』明鬼に「楚之有雲夢（苑）也。此男女之所属而観也」とあるが、「雲夢（苑）」の場所は全く確定できなかった。しかし、龍崗秦簡に「雲夢禁中」とあり、張家山漢簡「津関令」に「雲夢附竇園一所在朐忍界中」と書かれた出土文字資料が発見された。木簡の出土地とその釈文とを合わせると、**雲夢禁苑**の場所は今日の雲夢県**楚王城**遺跡であろうと判断できる。楚王城の構造は発掘により大部分が解明されたので、次にそのデータや雲夢睡虎地秦簡と龍崗秦簡の律文とを、あわせて検討してみよう。

（2）楚王城遺跡と雲夢秦簡に見る「禁苑」の構造

龍崗秦律は統一秦朝の律令であるので、そこに見られる「禁苑」に関わる律令は、当時、全国にも適用されたはずである。また、戦国秦の律令である睡虎地秦簡にも「禁苑」についての律令があり、秦朝おける「禁苑」の前身と考えられる。ゆえに、ここで両秦簡の禁苑の律令によって当時の禁苑構造を復元できると考える。

秦律の一つの特徴は、現代人である我々をも驚かせるその厳密性であり、とくに皇室に関わる龍崗秦簡の「禁苑」に関する禁律には、その特徴がよく見られる。「禁苑」の内部に当てはまる内側禁律も、外側に当てはまる禁律もある。それだけではなく、「禁苑」を囲む垣に関わる律もある。それらの諸律によって、筆者は当時の「禁苑」の空間構造を検討したい。

内部構造

まず、「禁苑」の内部では、例えば、

簡23号

毆入禁苑中、勿敢擅殺。擅殺者、▨

もし動物が追われて禁苑に入ってしまったら、あえて殺してはならない

簡38号

諸取禁苑中柞・棫・橎・楢産葉及皮▨

のように、禁苑の中で木や木の葉などを取ってはいけないという律令がある。

簡15号

従皇帝而行、及舎禁苑中者、皆（?）□□□□□☑

は、皇帝の供をした官僚や役人たちが、どのように禁苑中で泊まるかについての律である。

簡23号の**動物律**と簡38号の**植物律**は、禁苑中に動物園や植物園と見られる囿があるという文献記録の有力な証左となり、簡15号の皇帝と官吏が禁苑中に宿泊することに関する律によると、禁苑中には皇帝が泊まる**離宮**があるだけでなく、官僚または世話人たちが泊まる場所も設けられていたことになる。この律と、筆者の実地調査で確認した楚王城遺跡にある六つの井戸が集中する**井戸群址**(5)のことを合わせて考えれば、やはり「禁苑」の中の皇帝の随行人員が泊まる施設もあったはずである。

外側構造

「禁苑」の外側には、『延喜式』にも登場する「**堧**」という**隔離地帯**が設置されている。簡27号には、

諸禁苑為耎（堧）、去苑卌里禁、毋敢取耎（堧）中獣、取者其罪与盗禁中［同］☑

とあり、以下の簡文は、「禁苑」外に設置した「堧」という隔離地帯に関する律令を詳しく示している。

簡30号

時来鳥、黔首其欲弋射耎獣者勿禁。☑

渡り鳥が飛来する季節なら、黔首が禁苑周辺の堧地で鳥獣を射ようとするのを、禁じてはならない。

簡18号

城旦舂其追盗賊・亡人、追盗賊・亡人出入禁苑耎（?）者得辶□☑

城旦舂の盗賊・亡人を追跡する者は、盗賊・亡人を追うため、禁苑の堧地に進出し（～をし）得る。

簡28号

諸禁苑有耎（堧）者、□去耎（堧）廿里毋敢毎殺□……敢毎殺……☑

禁苑は、堧地を置いて、堧から外二〇里では、軽率に獣を殺してはいけない。「堧」には、二〇里、四〇里など様々な幅があるが、それが「禁苑」の外側に設ける警備地帯であることは間違いない。「禁苑」の外側にはまた、濠もあった。簡1号の、

諸叚（假）両雲夢池魚（漁）及有到雲夢禁中者、得取灌（?）□□□▨

およそ両雲夢官の池を借りて漁業を行い、及び雲夢の禁中に到る者であれば、……灌木を取ることができる。

という律に見る「池」とは、『孟子』にある城の「池」[6]に当てはまるだけではなく、今日の楚王城遺跡に城壁を囲う濠が残っていることを確認できた。

また、「禁苑」には**城壁**があったことは、龍崗秦簡にも睡虎地秦簡にも示されている。

簡2号

竇（瀆）出入及毋（無）符伝而闌入門者、斬其男子左趾、□女【子】▨

城壁の水道で出入し及び割り符を持ってなければ門に闌入すれば、その男子は左趾を切り、女子……

簡39号

禁苑嗇夫・吏数循行、垣有壊決獣道出、及見獣出在外、亟告県。

禁苑嗇夫や吏は、しばしば禁苑を見回り、垣柵が壊れて禁苑の動物が苑外に出ているのを見つけた場合、急いで県に知らせなさい

という律令がある。また、禁苑の城門を出入りするための「**符伝**」（割符）に関わる律令も多く見られる。例えば簡4号に、

詐（詐）偽・仮人符伝及讓人符傳者、皆与闌入門同罪

詐偽をして人に割符を貸してもらったり、他人に割符を譲ったりすれば、みな門に闌入する罪と同じになる

という律令がある。「禁苑」を囲む城壁に対する警備やパトロール、また禁苑の出入口での「符伝」検問制など、複雑な律令によって、「禁苑」を守るための複数の空間警備施設を設けていたことがわかる。

つまり、秦の**禁苑律**の厳密性は、秦朝における「禁苑」の**禁中**や堧と濠や城壁と門など空間構造の複雑性を反映しているので、我々が当時の禁苑の構造を復元できる手がかりとなる。

（3）「禁苑」における祭祀・狩猟・財政の三大機能

本節では、すでに古代における帝王の政（まつりごと）という祭祀、とくに巡幸先で行う祭りの場所となる「禁苑」の変遷と構造を論じてきた。最後に「禁苑」の性格に言及し、それを**祭祀**・**狩猟**・**財政**の三大機能として述べよう。

まず、古代禁苑の祭祀機能については、「禁」と「苑」という文字の本義から考えよう。「禁」は、そもそも神を祀る聖所という場所を指す文字である。『爾雅』釈詁に「林は君なり」とあり、林には神の意がある。「禁」とは林＋示、示は神様を祀る祭卓の形を表し、神の聖域の意味である。「苑」は、植物園（苑）ならば、その役割は植物神を祭ることである。

「禁苑」における祭祀

龍崗秦簡に十数種類の樹木が見られる。古典文献には「園」「細柳観」「白楊観」「葡萄宮」「竹圃」「柘観」「棠梨宮」「植物簿」などがよく見られる。また「**台**」は自然神の祭祀の場所であり、とくに名山大水に当たる「禁苑」、例えば泰山・碣石・雲夢・琅邪などではよく見られるものである（楚王城遺跡にも台址が何ヵ所も見つかった）。先に、古代帝王が「**巡狩**」する際の祭祀について論じたが、ここでは文献と出土文字をあわせて帝王の「禁苑」での祭祀機能について述べたい。

『史記』秦始皇本紀に、

三十七年十月癸丑、始皇出游。左丞相斯従、右丞相去疾守。少子胡亥愛慕請従、上許之。十一月、行至雲夢、望祀虞舜於九疑山。

とあり、龍崗秦簡に見る「雲夢」の出土文字と比べてわかったように、ここでの「雲夢」とは「雲夢禁中」であるので、これは、秦の始皇帝が**雲夢禁苑**で「望祀」したことであるのは間違いない。また、『史記』李斯列伝に、

　二世驚、自以為惑、乃召太卜、令卦之、太卜曰「陛下春秋郊祀、奉宗廟鬼神、斎戒不明、故至于此。可依盛徳而明斎戒」於是乃入上林斎戒。

とあり、同じ秦の二世は、『史記』秦始皇本紀に、

　心不楽、怪問占夢。卜曰「涇水為祟」二世乃斎於望夷宮、欲祠涇、沈四白馬。

とある。これは皇帝が**上林苑**で斎戒する例である。斎戒とは物忌みの意味であり、『孟子』離婁に「悪人有りと雖も、斎戒沐浴せば、すなわち以て上帝を祀るべし」とある。斎戒は祭りの式前に必ず行う準備であり、普段は禁苑の宮殿で斎戒してから、「禁苑」の「**台**」などで祭祀を行なうと考えられる。『漢書』昭帝紀に「(始元)六年春正月、上耕于上林」とあり、「耕」とは、お正月の「禁苑」での祭りだろう。

「禁苑」における狩猟

次に、古代禁苑の狩猟機能について述べたい。古典文献は、狩猟がだいたい祭祀のために行なわれることを記述している。

『爾雅』釈天に「春猟を蒐、夏猟を苗、秋猟を獮、冬猟を狩す」とある。狩猟で捕った動物は「囿」の囲いの中で飼われる。したがって、囿が猟と直接に関わるのは間違いない。『説文解字』に、囿とは「苑(その)に垣有るなり」とあり、「一に曰く、禽獣には囿と曰ふ」という。籀文として、田形の中に四木を加えた形のものがある。金文の「諫」には「併せて王の宥(囿)を嗣(をさ)めしむ」とあって王室の苑囿の意である(白川静『字通』より)。

『周礼』地官には、囿人の職が見られる。漢代の上林苑には「上林詔獄」という職があり、顔師古は「『漢旧儀』云上林詔獄主治苑中禽獣宮館事、属水衡」と解釈した。

『史記』張釈之伝に、

　釈之従行、登虎圏。上問上林尉諸禽獣簿、十余問、尉左右視、尽不能対。虎圏嗇夫従旁代尉対上所問禽獣簿甚悉、欲以観其能口対響応無窮者

とある。**上林苑**に「虎圏」のような動物の圏があり、それらの動物はみな「禽獣簿」に載せることがわかった。つま

り、囿は禽獣を養う囲いであり、林や池は鳥獣を放し飼いにするところで、今日の動物園のような場所であるが、厳密にいうと、狩猟できる野生動物園である。

「禁苑」での狩猟についての記述は、古典文献にはよく見られる。

『史記』佞幸列伝に、

江都王入朝、有詔得従入猟上林中。天子車駕蹕道未行、而先使嫣乗副車、従数十百騎、騖馳視獣。

江都王が入朝したとき、王は詔によって主上に従い上林苑中で狩猟した。道は通行止めとなったが、天子の車はまだ出発せず、まず嫣が副車に乗り、数十百騎を従え駆けまわって、獣の有無を検分した。

とある。これだけではなく、秦簡によっても「禁苑」の「堧」地には皇室の狩猟場が設けられたことは確実である。古典文献には、「禁苑」について、「滄池」「太液池」のような水族館や「虎圏」以外に「狼圏」「走馬観」「蚕観」「白鹿観」「兎園」「鹿台」「犬台」などの記述もある。

古来、狩猟は**軍事訓練**ともいえる。武帝時代は昆明池で水軍訓練を行なった。『史記』に、

上林既充満、益広。是時越欲与漢用船戦逐、乃大修昆明池、列観環之。治楼船、高十余丈、旗幟加其上、甚壮

とあり、『索隠』は、

蓋始穿昆明池、欲与滇王戦、今乃更大修之、将与南越呂嘉戦逐、故作楼船、於是楊僕有将軍之号。又下云「因南方楼船卒二十余万撃南越」也

と解釈した。『三輔黄図』にも「昆明池周四十里、以習水戦」とある。

「禁苑」の財政

最後に「禁苑」の財政機能について論じたい。

古代における王室の「禁苑」の土地・川沢・林木・牧畜などは、国家財政と異なり、「少府」の管理によって朝廷の財政下に置かれた。

殷紂王の**鹿台**には「**銭**」**蔵**があり、歴代の「禁苑」には、地方や外国からの貢品を保管する場所がある。各園・圃・

囿・池・廏の植物、動物などは王室の財政源となった。

漢代になると、「禁苑」の土地の一部を庶民に貸し出し、王室の財政源とした。武帝期にはこの収入は対匈奴戦争の資金となっていた。武帝のとき、「上林財物衆、乃令水衡主上林」（『漢書』食貨志）とあり、**上林苑**は広かったので、そこで財政管理に従事する役人も多かった。『漢書』百官公卿表に、

水衡都尉、武帝元鼎二年、初置、掌上林苑、有五丞。属官有上林、均輸、御羞、禁圃、輯濯、鍾官、技巧、六厩、辯銅九官令丞。又衡官、水司空、都水、農倉、又甘泉上林、都水七官長丞皆属焉。上林有八丞、十二尉、均輸四丞、御羞両丞、都水三丞、禁圃両尉、甘泉上林四丞。成帝建始二年、省技巧、六廏官。王莽改水衡都尉曰予虞。初、御羞、上林、衡官及鋳銭皆属少府。

とあるように、財産管理の職名はもろもろあった。

当時、「禁苑」の財政は、国の財政とは別に、すべて王室の財政であったことから、上林苑は一時的に**貨幣**を造る特権を持つようになった。『漢書』食貨志に、

於是悉禁郡国毋鋳銭、専令上林三官鋳。銭既多、而令天下非三官銭不得行、諸郡国前所鋳銭皆廃銷之、輸入其銅三官。

とある。「禁苑」に集まる厖大な財産は。朝廷政治を動かす重要な財源であった。

おわりに

本節では、古代帝王の「**巡幸**」から始皇帝の「禁苑」までを通考し、「禁苑」は、これまでの通説の「遊び場」などではなく、秦朝独特の中央朝廷の、近畿または地方に設置する**政治拠点**であると主張する。そしてそれは、全国を統一したばかりの始皇帝が、征服した旧六国民をうまく支配するための措置の一つであったという新しい「禁苑」概念を結んだ。

古代における「禁苑」は祭祀の場という最も重要な役割を持ち、**軍事訓練**も含めて**狩猟**の場所であり、また、国の財政とは別の朝廷の重要な財源であったという特質を解明し、「禁苑」が、古代帝国においていかに重要な存在であったかという、その実像を明らかにした。

注

（1）白川静「象形文字の論理」（『白川静著作集　1』平凡社、一九九九年）を参照。
（2）注（1）と同じ。
（3）例えば高景明「絲綢之路長安―隴州道」『文博』一九八八年第六期。
（4）韓偉「馬家荘秦宗廟建築遺址制度研究」『文物』一九八五年第二期。
（5）「湖北孝感地区両処古城遺址調査簡報」（『発掘簡報』一九八四年）『考古』一九九一年第一期。
（6）『孟子』公孫丑下に「城非不高也、池非不深也、兵革非不堅利也」とある。

第16節　農耕文明を征服する帝国の原理
――龍崗秦簡の動物管理の律令を中心として――

はじめに

紀元前二二一年、西方後進国と見られていた秦国は先進国である東方六国を次々と倒し、ついに中国全土を占領し、五百年以上分裂していた春秋・戦国の中国を改めて統一した。この統一は、中国史だけでなく当時の世界史にも多大な影響を与えたと言っても過言ではないだろう。しかし、なぜ秦国は一国の力で六国に勝利しえたのか。専攻研究においては主に秦国の地勢の有利性や軍事力の強さ、農業の発達、法家政策の実行などの要因を追究したが[1]、筆者は本節おいて、龍崗秦簡に見る禁苑に関する動物律令に基づき、農業‐遊牧境界[2]（図16‐1）文明の優位性によって戦国時代の秦国は農業文明が中心であった東方六国に勝利し、統一を成し遂げる秦帝国を生み出したという古代帝国の形成原理を明らかにしたい。

一　龍崗秦簡に見る秦の農‐牧境界文明

（1）中国における農‐牧境界地帯と秦文明

中国の農‐牧境界地帯とは、中国の北東から西南まで斜めに貫通している農耕地域と遊牧地域の境界地帯のことを意味する。それは農業と遊牧・牧畜が複合する文化圏をなす地帯を指している[3]（図16‐2）。

実は、この地帯は、中華文明形成史の立場からみると、きわめて重要な文明の誕生地帯であり、戦国時代の秦国はちょうどこの地帯に位置し、当時の**東方六国**と対峙する態勢（図16‐3）にあった。筆者は龍崗秦簡に見る動物管理法典を考証したうえで、この秦国の位置が、後に西方の秦国が東方列強に勝ち、統一の秦帝国を創り上げることができた一要因だという説を提出したい。

農–牧境界地帯に位置する戦国秦と農耕文明の東方六国との関係については、再認識する必要があると考えている。

（2）龍崗秦簡動物律令に見る農–牧境界文明

龍崗秦簡は、一九八九年に中国湖北省雲夢県楚王城遺跡に位置する龍崗という台地で出土したものである。遺跡の所在地の楚王城は戦国の楚地であったが、紀元前二七八年に秦の将軍白起の占領するところとなった。ゆえに、その遺跡で一九七五年に有名な雲夢睡虎地秦簡が出土されたあと、龍崗秦簡が発見された。

前者は戦国時代の秦国の法律であり、後者は統一秦朝の法律であるので、両者をあわせて検討すれば、秦国から秦朝までの秦律によって、秦文明や秦帝国の形成史につ

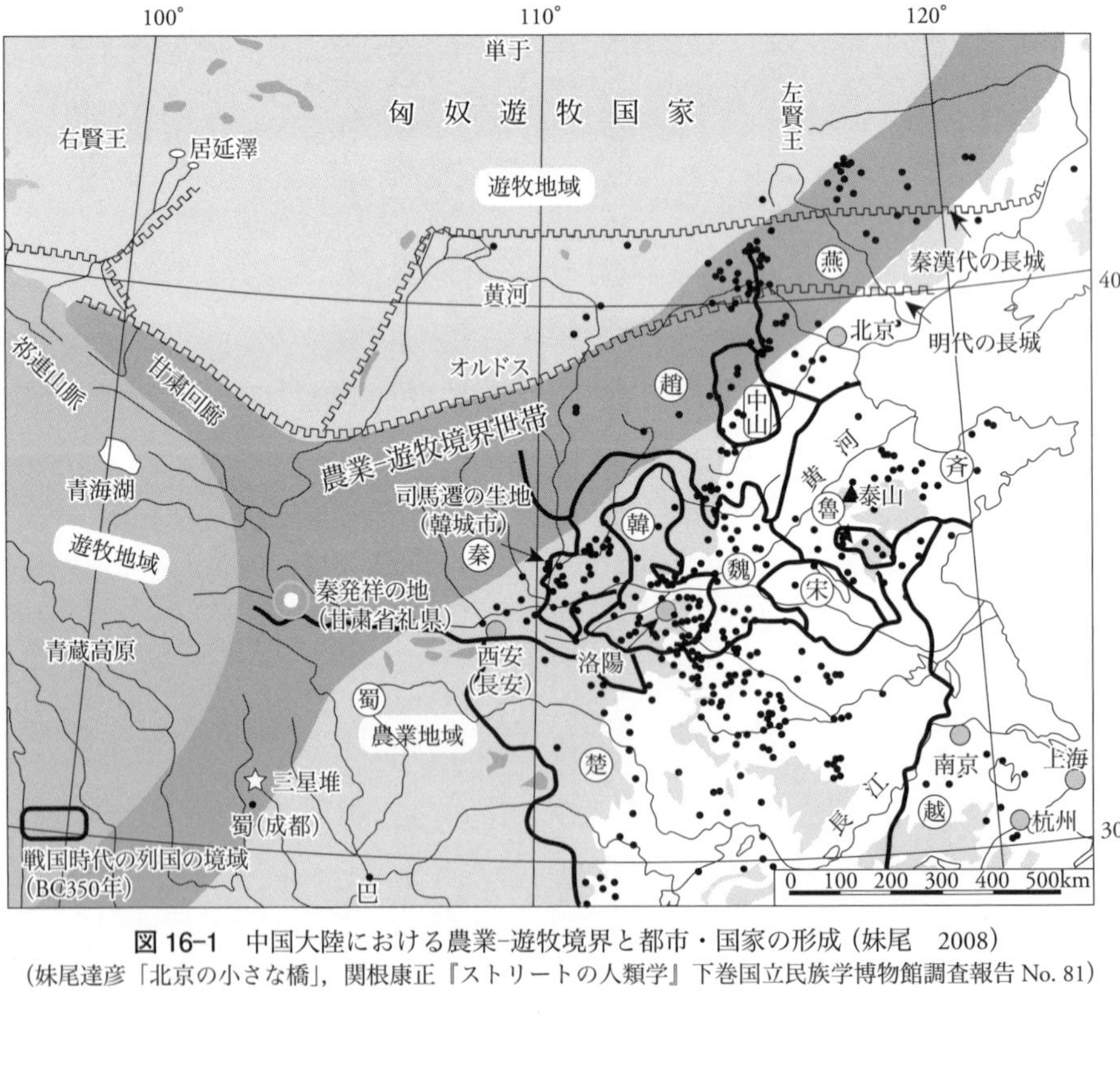

図 16–1　中国大陸における農業–遊牧境界と都市・国家の形成（妹尾　2008）
（妹尾達彦「北京の小さな橋」，関根康正『ストリートの人類学』下巻国立民族学博物館調査報告 No. 81）

図 16–2　中国の北東から西南まで斜めに貫通する農耕地域と遊牧地域の境界地帯

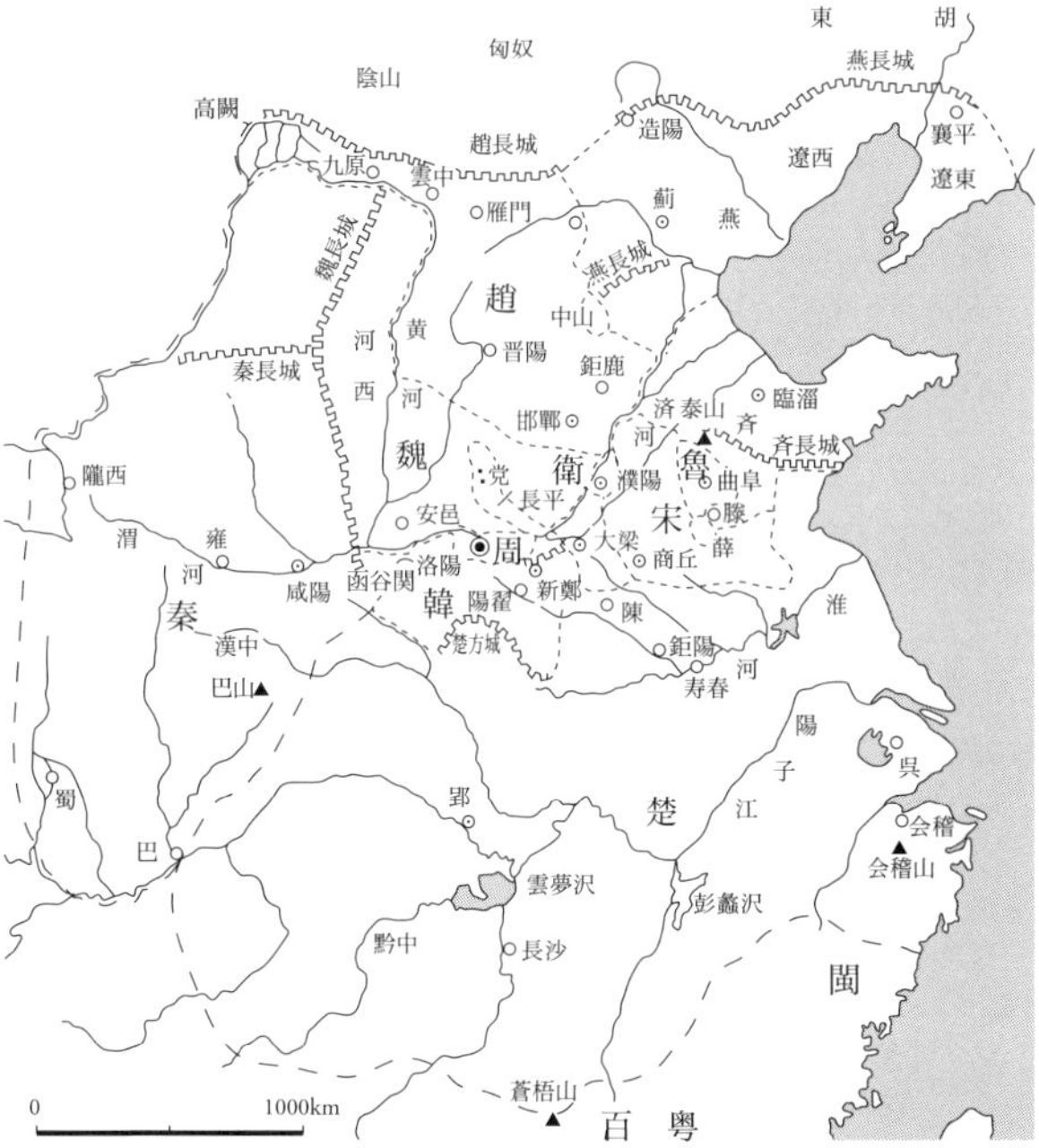

図 16–3　戦国秦と東方六国の位置関係

いて一層明らかにすることができるはずである。

龍崗秦簡の約三〇〇枚の簡のなかで、六〇余りは**動物管理**に関する律令であり、通観すればわかるように、それらの律文のほとんどは**牧畜・狩猟・農業**に直接関係するものである。まさに秦国、ないし秦朝の農-牧境界文明を検討する一級史料といえる。ここで当該簡文に見る動物と狩猟、動物と農業、動物と人間という三つの面に分けて考証し、そのうえで秦朝の農-牧境界文明の特徴を分析し、秦帝国をめぐって中国古代帝国が成立した原理を論じるという新視点を切り拓きたい。

二　牧畜・狩猟を重視する動物管理律

（1）馬・牛など大型牧畜獣の管理

木牛流馬

馬・牛は人類文明に最も貢献してきた動物といえるかもしれない。馬・牛とも、古代文明における交通・交換・交戦において最も発達した道具であっただろう。中国には「木牛流馬」という発明があるというが、それは伝説にすぎないのか、それとも事実なのかという問題は除き、古代中国文明の発達を反映するだけでなく、そこに、遊牧文明から農耕文明に影響を与えたルートをも見ることができるはずである。最初の**機械馬**についての記載は、後漢時代の王充『論衡』に、春秋魯国の魯班が作った木馬は「機関具備、一駆不還」と記されたものである。また（晋）陳寿『三国志』蜀志の諸葛亮伝に、「亮性長于巧思、損益連弩、木牛流馬、皆出其意」とある。

現代では「木牛流馬」の実在性について信じない人も信じる人もある。前者は、例えば歴史学泰斗の范文蘭氏の「木牛流馬」というのは北方地方で日常的に使っていた一輪車だろうという説が有力であったが、出土した画像石に現れる一輪車は、漢代にすでに普通の運搬道具となっていたことを物語るのに、諸葛亮がわざわざ発明したいと考えるほどのものではなかったのではないかと、筆者は范氏の結論に疑問を抱く。後者は、とくに近年、民間人発明者たちが粘り強くいろいろな実験をしているが、納得できる成果が出るまでもう少し時間がかかりそうである。

魯班とは魯般（公孫般）ともいい、春秋時代の実人物であるといっても、後漢における王充が言う理想化した魯班とは違うだろう。『論衡』に描いた機械馬は、むしろ後漢時代の人間が期待している「馬」だろう。

陳寿は晋時代の人間であり、『三国志』蜀志の諸葛亮伝に記されたことは、彼の史料としての記録なので、諸葛亮の「意」によって「木牛流馬」を造ろうとしたことは事実だろう。つまり、後漢時代に本当に「木牛流馬」を発明できたかどうかより、中国古代末期に至って、人々は馬・牛をより一層頼りにしたことは事実だといえるだろう。

それほど馬牛を大切にする認識がいつから芽生えたのかという課題を探究するには、秦朝における馬・牛に関する動物管理法は、けっして見逃すことのできない史料であると考えている。

龍崗秦簡における馬・牛管理の律令

簡103〜109号

諸馬・牛到所、毋敢穿穽及置它機、敢穿穽及置它【機】能害人馬・牛者雖未有殺傷殹（也）、貲二甲。殺傷馬、与為盗。【殺】人、黥為城旦舂。傷人、贖耐。

およそ馬や牛が来る場所には、いずれも落とし穴を掘ってはならない。落とし穴を掘る、及び他の罠で人や馬や牛に危害を加えうるものを置けば、殺傷することがなかったとしても、貲として二甲を罰する。馬や牛を殺傷したら、盗と法を同じくする。人を殺せば棄市。人に傷を負わせたら、完城旦舂とする。

簡114号

盗牧者与同罪。

ひそかに放牧すれば同じく（盗）罪を論じる。

という律令がある。また、

簡115号

盗馬・牛帰□（之）

盗んだ馬・牛を返還すれば（軽く罰する？）

というような律文もある。

したがって、秦朝の時代、馬・牛に加害すれば法律上厳しく処罰されていたことは明らかと考えられる。また、このような律令は、漢代の律にも全く同じものが発見されたことで、秦国や秦朝の作った馬・牛に関する法律は、漢代の法律に直接影響を与えたことが証明された。

（2）公的な牧畜・牧場および狩猟律

龍崗秦簡には、牧畜・牧場および狩猟に関するものが多く見られる。

簡112号に、次のような律文がある。

亡馬牛駒犢【羔】、馬牛駒犢【羔】皮及□皆入禁□□（官）□〼」

馬・牛・駒・犢・羔を逃亡させた暢合、逃亡した馬・牛・駒・犢・羔に相当する皮革および□を、禁苑の係に納入する。

似たようなものは**睡虎地秦簡**にもあり、例えば田律に、

将牧公馬牛、馬［牛］死者、亟謁死所県、県亟診而入之、其入之其弗亟而令敗者、令以其未敗直償之……其大廄、中廄、官廄馬牛也、以其筋、革、角及其價銭效、其人詣其官。

とある。これは統一前の、戦国秦国の法律であるが、龍崗秦簡の簡112号は、この律の延長線上にあるものだろう。換言すれば、秦国に以前からずっとあった国有牧畜を重視する国策は、秦朝になってからは、少なくとも南方地方に当たる**楚地**にも拡大した。しかも、その律によって牧畜の死亡に対する厳密な検診や処罰制度がすでに存在したことは、疑う余地がない。

牧公馬牛

とくに注目すべきは、睡虎地秦簡において、秦国の公馬・公牛を「大廄」「中廄」「官廄」などの専用の牧場だけで

はなく各県の公的な土地で「牧公馬牛」する牧場もあったとわかることである。そして、秦国における国有牧場を設ける制度と各地方の**流動牧場制**が、後に漢朝の牧畜制度になったことも明らかである。いわば「**漢承秦制**」という史実のなかで、戦国秦や統一秦朝において発達した牧畜産業が、後の漢朝や漢匈の政策などに影響を及ぼしたことは無視できないだろう。

　牧場に関連するものは、龍崗秦簡における狩猟場に関する律令にもあり、その律によって公的な土地には数多くの狩猟場があったと考えられる。

　例えば簡119号に、

　　而輿軌（?）疾敺（毆）入之、其未能祧〈逃〉、亟散離（?）之、唯毋令獣□〼

　　輿軌は速く駆けさせてこれに追い入れ、逃げられないうちに獣は速やかに分離して、けっして獣に□□させてはならない

とある。これと似たような内容は、睡虎地秦簡の「**公車司馬猟律**」（狩猟律）にもある。

　　射虎車二乗為曹。虎未越泛蘚、従之、虎環（還）、貲一甲。虎失（佚）、不得、車貲一甲。虎欲犯、徒出射之、弗得、貲一甲。

陳治国氏はこの律を次のように解釈している。

　　虎がまだ山や林によって遠くに離れぬうちに追跡して取る。虎が山や林に逃げれば、一甲を罰す。虎が逃げてしまったら車ごと一甲を罰す。

龍崗秦簡や睡虎地秦簡における、君主が兵士を引いて狩猟する際の律によって、当時の狩猟場の実状を知ることができる珍しい史料である。

　また第15節で述べたように、「**禁苑**」の施設と見られる狩猟場は、古代帝王たちが**祭祀**または**軍事訓練**をする重要な機能を果たす場所である。

（3）馳道・鶩道の交通ネットワーク

龍崗秦簡に見られる秦朝「**馳道**」に関する管理律令は、最も古い史料である。

簡54号

敢行馳道中者、皆罨（遷）之、其騎及以乗車・軺車▨

敢えて馳道中を行く者は、皆これを流刑にし、騎乗及び乗車・軺車・牛・牛車・輓車で馳道を行けば、また、その車馬牛を県・道の官に没収する。県・道の官……

簡189号

騎作乗輿御、騎馬於它馳道、若吏【徒】▨

騎馬用の馬が乗輿用の馬として使用され、他の馳道で騎馬すれば、吏と徒のように……

という律がある。また、

簡63・64号

▨有行馳□▨▨道中而弗得、貲官嗇▨

馳道に（侵入者）入ったことに気づかなければ官の嗇夫を貲刑とする。

簡87号

▨□絶行【馳】▨

馳道を横断する。

というものもある。

そして、何より初めて「**馳道**」の空間構造がわかる史料が現れた。それは「馳道」を挟んでいる二本の「**鶩道**」も登場する、新しい史料である。

簡60号

中及奴（駑）道絶馳道、馳道与奴（駑）道同門・橋及限（?）〼

駑道に至って馳道を渡り、馳道と駑道は門や橋や……を同じくす。

とある律文は、一部の闕文があっても「馳道」と「駑道」との位置関係を表す重要な史料である。やはり「馳道」は現代の高速道であり、「駑道」は一般道であろう。そこでとくに考えるべきなのは、なぜ「馳道」「駑道」というように「馬」のスピードを分けて別の道を造るかという問題である。答えは、おそらくいろいろあると思うが、これこそ馬に詳しい秦文明の産物だと思う。

このような中国史に大きな影響を残した動きは、馬・牛などの大型牧畜を大事にする農‐牧交錯文明に関係ないとは言い難いが、少なくとも秦朝が「馳道」や「駑道」のような全国の交通ネットワークを作ってから、中国人の交通・交換・交流などの認識も変わったのではないか。なぜなら、戦争時だけでなく平和な時代の秦朝の道路（軌道）や**度量衡**や文字を統一したことが、すべて新しい時代の新型交通・交換・交流などとつながっているのではないかと考えられるからである。

つまり、遊牧文化の要素が農耕文明に浸透した結果とはいうものの、秦という農‐牧境界文明が遊牧文明と農業文明に橋をかけ、中介的役割を果たしたことは無視できないといえる。

三　農業・遊牧両立の「耕戦」国策

龍崗秦簡は「禁苑」に関わるものであり、動物管理の律令が多く見られる。類別すると、だいたい「禁苑」内外における動物について言及している。

（1）苑囿の珍禽・異獣

「**囿**」とは『説文』に「苑に垣有るなり」とし、「一に曰く、禽獣には囿と曰ふ」とある。すなわち、囿は苑垣で囲まれて林や池があり、禽や獣を放養するところである。今日の動物園のようなところといえる。
古典には「牧地」「滄池」「太液池（水族館）」「虎圏」「狼圏」「走馬観」「蚕観」「白鹿観」「兎園」「鹿台」「犬台」「禽獣簿」などの記載があり、また、闘獣場の存在も記されている。囿にいる動物が外に逃げれば、帝室財産の損失になるだけではなく、外にある民間の田畑の穀物や人間を害する恐れもある。それを防ぐために、秦律には様々な規定が見られる。

龍崗秦簡には、

簡39号

禁苑嗇夫・吏数循行、垣有壊決獣道出、及見獣出在外、亟告県。

簡36号

沙丘宂（突）出、或捕詣吏。

とある。**沙丘禁苑**にいる虎のような猛獣が逃げ出した場合はどのように捕らえて吏に送るかという意味であろう。睡虎地秦簡「傜律」に以下の似たような

其近田恐獣及馬牛出食稼者

禁苑の近くに耕田があり、獣及び馬牛が出て穀物を食べる恐れがある。

という律がある。

（2）「堧地」と動物の禁猟律

すでに第四章第八節に論じたように、「禁苑」の外側に設置した「**堧**」には、公の耕地や牧場や狩猟場などがあるはずである。

とくに注目すべきは、「堧地」に関する律令のほとんどは動物に関わるものであり、しかもみな、「堧地」では**禁猟**にするという大前提（基本的に「禁苑」の動物の害にならないように）の下に規定する規則だといえることである。

例えば、簡34号にある律令は、一〇種類の動物に言及している。

取其豺・狼・豲・貈（貈）・狐・貍・穀・□・雉・兔者、毋（無）罪。

とあり、「禁苑」関連の禽獣捕獲禁止地域で、豺・狼・豲（貛）・貈・狐・貍・穀・雉・兔を捕獲しても、罪にならないという意である。

また、簡32号に「諸取禁中豺狼者、毋（無）罪」とあり、これは「禁苑」で豺・狼を捕獲しても罰しないという律である。

簡32号と34号を比べてみると、いずれも「**豺狼**」に関わる律ではあるが、やはり簡34号に言う豺狼以外の動物がいる場所は、簡32号に言う「禁苑」ではなく、「禁苑」の外側に設置する「堧地」であるとしか考えられない。そうすると、「禁苑」でも「堧地」でも、豺狼のような危険な動物なら人身の安全のために、それらを捕ってもよいが、なぜ「堧地」という場所では、豺狼のほかにも多数の動物を捕ってもよいという律令が必要なのか、という問題が生じる。実は、律令に現れるすべての捕獲しても「毋（無）罪」という動物をまとめて分析すると以下の二種類しかない。

①　牧畜を害する動物類

「貈」「穀」「狐」「貍」などは犬科の肉食動物であり、馬・牛・羊（とくにそれらの仔）の天敵となるので、捕ってもよいという規定となる。

②　植物を害する動物

「豲」「雉」「兔」などは農産物や牧場の草などに損害を与えるので、捕っても違法行為とならない。

さらに、なぜ「堧地」において、これらの律令が定められなければならなかったのかという問題がある。言い換えれば、上述したように、「堧地」では「禁苑」から逃げた動物の保護のため原則的に禁猟となったのに、なぜ特別に捕ってもよい動物の名を挙げた律文を設ける必要があったのだろうか。それは、「堧地」には「公馬牛苑」や皇家の狩猟場があり、国有山川池沢や公田などが存在したからである（第四章第七節を参照）。

つまり、牧畜を保護すると同時に国有山川池沢や公田なども大切しようとする点に、秦の律動物法の特徴があるのではないかという考えを提示しておきたい。

（3）「田律」に見る農耕および狩猟の管理

秦律における「田律」とは、農田や田猟についての法律であり、**農‐牧境界秦文明**を代表する法典だといえよう。農田に関わる律は、睡虎地秦簡の「田律」に、

入頃芻稾、以其受田之数、無豤不豤、頃入芻三石、稾二石。芻自黄𪎊及䕞束以上皆受之程。入芻稾、相輸度、可毆（也）。

とあり、龍崗秦簡の簡120号に次のようにある。

侵食道・千（阡）・邵（陌）、及斬入疇企（畦）、貲一甲。☑

前者は公田における実物租税に関する律であり、芻稾を納めるのは、

① 耕作したかどうかに関係なく、田の数をもって、頃ごとに芻三石と稾二石を納入しければならない。
② 芻は黄𪎊䕞でも、束となれば、みな受け入れる。
③ 受け入れた芻と稾は相互に換算できる。

という規定である。農田の租税律には、牧畜の飼料となる芻と稾を納めることについて詳しく規定されていることがわかった。後者は、耕作田に鄰接する道路やあぜ道、他人の土地を、自分の土地に取り込んだなら、一甲の罰金を科す、という律文である。

また、「田律」には、狩猟に関する内容も見られる。

簡116号　廿四年正月甲寅以来、吏行田贏律（？）詐（詐）☑

「行田」とは『史記』にいう「行猟鳥獣」の「行猟」のことと読める。(6)律文は、秦王政二十四年正月以来、吏が田猟を行なって律の規定を超えれば詐となるという律令である。

簡117号　田不従令者、論之如律。☑

田猟にして令を守らなければ律によって罪を問うという律令である。

簡118号　非田時殹(也)、及田不□□坐▨

田猟の時期ではないのに田猟する、および田猟して□□をしなければ、□□罪に坐する、という律令である。

（4）農-牧境界文明による「耕戦」の勝利

戦国時代、**西秦小国**と呼ばれた秦国が、なぜ東方の先進的な六国に勝てたのか。その要因の一つは、「**耕戦**」という国策の成功である。

「耕」と「戦」は別ものである。

秦が「耕」策を果たした所以は「**来民**」**策**の実施に関係がある。すなわち**授田制**によって農耕文明を持つ東方国の農民を秦国へ誘い、著しく秦の農地面積を拡大した。その結果として、農業-牧業のバランスをしっかり採った理想的な古代文明を創出した。秦律の「田律」に見られる「牧」「農」ともに守る法律は、さすがに秦国しかできないものであり、古代中国**農-牧境界文明**傑出の法典である。

「戦」策の成功は「**軍功爵**」**制**とともに果たされた。戦争中に敵を殺傷した数で功労を評価して爵位を与え、また爵位に応じて人民や土地を分配した。捕虜を含む人民の分配は、秦の支配者が狩猟活動の規則を活せるものであり、土地を授与する制度は、東方六国の農耕文明に学んだ手法を国策として国有農地を広げるという、農業を重視した重要な政策の一環である。

戦国時代の秦が、小国から大国ないし強国になって、ようやく東方六国を征服して全国を統一し古代中国大帝国を創出した史的な要因は多数あるかもしれないが、その独特な農業文明と遊牧文明を絶妙に融合した「耕戦」という国策の勝利は、高く評価するべきだ。

四　動物を人格化する秦律の特徴と意義

(1) 動物管理者への責任制度

睡虎地秦簡に、

今課県、都官公服牛各一課、卒歳、十牛以上而三分一死、不[盈]十牛以下、及受服牛者卒歳死牛三以上、吏主者・徒食牛者及令・丞皆有罪。内史課県、大(太)倉課都官及受服者。

今、県・都官を課すに、公の服牛は各々一課とし、卒歳、十牛以上にして三分の一死し、十牛以下、及び服牛を受く者の卒歳死牛三以上を死せしむは、吏の主者・徒の牛に食す者及令・丞皆罪有らむ。内史は県を課し、太倉は都官及に服を受く者を課す。

という規定がある。つまり、牛のような牧畜獣の管理責任は、基層管理人から県・都官まで、「課(はかる)」という審査制度があり、牛が死亡すれば、その数によって直接の責任者も間接の責任も「皆有罪」となるこの律には、牧畜に関する律の厳しさがうかがえる。

(2) 禽獣捕殺の厳しい制限

龍崗秦簡には、狩猟について詳しく制限する律が多くあり、その律令の詳しさは現代人を驚かせるほどである。同じ獣を捕ることなのに、「取」「殺傷」「毎殺」「弋射」「盗」など、煩雑的な法律用語が見られる。例えば、

簡27号　諸禁苑為耎(堧)、去苑卌里、禁毋敢取耎(堧)中獣、取者其罪与盗禁中[同]〼(以下、傍点—引用者)

「取」とは、捕獲することである。

簡106号　殺傷馬。

「殺傷」とは、殺すことと傷つけること、の意である。

簡28号　諸禁苑有耎(堧)者、□去耎(堧)廿里毋敢毎殺□……敢毎殺……〼

「毎殺」とは、軽率に殺す、という意味である（謀殺することであるという説もある(7)）。

簡30号　時来鳥、黔首其欲弋射耎獣者勿禁。⧄

「弋射」とは、いぐるみで射る意である。

簡37号　盗死獣直（値）賈（價）以開（関）□

「盗」は窃盗の意である。

また、動物に関わる処罰もいろいろある。例えば、簡27号・簡37号の場合は「盗」罪となる。さらに、

簡116号　吏行田贏律（？）詐（詐）⧄

吏が田猟を行なって、律の規定を超えれば「詐」罪となる。

簡114号　盗牧者与同罪。⧄

密かに放牧すれば「盗」罪となる。

簡101号　馬・牛殺之、及亡之、当償而誶□□□□□□⧄

馬牛を殺したり、逃がしたりすれば、弁償させて誶《せめ》る（罰金と叱責の）処罰にあたる。

簡102号　没入私馬牛［羊］［駒］犢羔県道官。⧄

個人の馬・牛・羊・駒《こうま》・犢《こうし》・羔を県道官府が没収する処罰である。

ここで感じるのは、動物に対しての丁寧な区分、または動物管理についての厳しさは、やはり単なる農耕民族ならできないのではないかということである。少なくとも後の唐律にはあまり見られない詳細な動物管理の律令であろう。

（3）動物を人格化する律令

龍崗秦簡における動物律令には、たびたび、どの動物を捕ってはいけないか、どの動物なら捕っても罪にならないかという内容のものが見られる。

例えば、「勿敢擅殺」「毋敢毎（冒）殺」「欲弋射耎獣者勿禁」「取禁中豺狼者、毋（無）罪」などの法律用語を見れば、

当時の律令が動物を尊重するのは、人間に対する敬意にも劣らず、その動物を人格化する観念がよく感じられる。

簡77～82号　黔首犬入禁苑中而不追獣及捕者勿□殺。其追獣及捕獣者殺之

百姓の犬は、禁苑の中に入っても禁苑の禽獣に迫たり捕えたりしなければ、殺してはいけない。しかし、その犬が禽獣を追いかけたり捕えたりするなら、殺してもよい。

簡23号　毆入禁苑中、勿敢擅殺。擅殺者、☒

撃して（畜産が）禁苑の中に入っても、決して勝手に殺してはならない。勝手に殺したならば……。

類似の律文は唐律にも見られる。例えば『唐律疏義』に、

「畜産唐突」謂走逸入宮門。守衛不備者、杖一百。入宮城門、罪亦同。

もし牧畜が逃げて宮門に入ってしまったら、門の警備人に過失罪として「杖一百」の体罰を科し、宮城門で同じことがあれば、同じ罪となる。

とある。庶民の家畜が「禁苑」「宮門」のような立ち入り禁止となる場所に入ってしまい、もし暴れたりすると、要人や皇帝または**苑囿**に飼っている珍禽・異獣に加害を与える恐れがあって危険なので、律令に、そのようなケースがあればどのように対応するかが書かれているのは当然である。

しかし、秦律にある、家畜が「禁苑」に乱入しても「勿敢擅殺」という律文は、とくに意味深いと思われる。なぜならば、いわゆる人間にはきわめて過酷に対応している秦律であるのに、動物に対しては、むしろとても優しく感じられる。少なくとも、唐律が、畜産獣が禁地に走逸したならば事情を問わず処罰だけを論ずるのと違い、秦律の動物に対する律のきめ細やかさがよく感じられる。

（4）周・秦帝王の巡狩に見る「天人合一」

『左伝』に「国之大事祀与戎」とあり、古代の君主が「**政**（まつりごと）」を行なううえで、戦争以外に主となるものは**祭祀**である。

周天子以来、歴代の君主が各地における自然神を祀って回る「**巡狩**」は、政治の伝統となっていた。『史記』封禅書に「天子祭天下之名山大川」というのはそれに当たる。周天子は、かつて「巡狩」をもって天子と諸侯王との政治的なつながりを作った。秦の始皇帝は、さらに「巡狩」を主要な政治活動とし、しかもそれを日常化していた。

第15節にも述べたように、始皇帝は全国統一の翌年（紀元前二二〇年）からその死（紀元前二一〇年）までの一〇年間、五回も全国各地方を巡行していた。秦朝の「政」事は、多く、朝廷の大臣の二分の一を引き連れた巡行のなかで行なわれた。平均して二年に一度、しかも毎回広い範囲を巡行した始皇帝は、そのとき、どこで仕事をしたかというと、全国各地にある、旧六国の残した場所を含む数多くの「禁苑」（龍崗秦簡の禁苑律令は、それを示す、まさに第一級史料だといえる）である。「禁苑」は始皇帝が政治活動を行なったただけでなく、彼が過労死した最期の場所でもある。

始皇帝が「**巡幸**」（「巡狩」）に夢中になったことについては、歴代の学者からは様々な批判があり、あまり評価されていない。しかし筆者は、始皇帝が、当時のまだ人間と自然界とがはっきり区別されない時代性を認識したうえで、動物と植物（後者は前者が生存する環境）などの自然諸神を祀れば、人間と自然界との共同体を維持できるという「天人合一」というキーワードを十分に理解し、周天子の時代から行なわれてきた「巡狩」という支配方法を継続したと考える。彼がその「政（まつりごと）」によって、死ぬまで秦帝国の統一を維持したことは事実である。

もちろん、西周王朝と秦朝の間で、中国古代文明には前期から後期までいろいろな時代変遷があっても、西周と秦という二大古代帝国の成立史を探究すれば、いずれも、農-牧境界地帯文明が東方農耕文明に勝利したという中国古代文明原理の真実を否定することは、できはしないだろう。

五　中国古代農-牧境界文明の歴史的位地

（1）農-牧境界文明を基盤に成立した古代帝国の西周・秦

なぜ、西周も秦も、農-牧境界文明によって東方農耕文明の六国に勝ち、中国古代帝国を成立させ得たのか、という課題をここで提出し、検討していきたい。少なくとも、夏・商のような農耕型古代文明王朝と比べると、西周・秦が農-牧境界文明を基盤に創出した帝国が、中国古代文明国家の繁栄期を代表することは間違いない。

また、なぜ秦が全国を統一した戦争は、まず蜀（紀元前三一六年に占領）に着手し、それから西楚（紀元前二七八年）、韓（紀元前二三〇年）、趙（紀元前二二九年）、魏（紀元前二二五年）の順に勢力を伸ばして広がっていったのか、という問題を提出しておきたい。少なくとも古蜀国や趙も**農-牧境界文明地帯**にあり、西楚や韓や魏などの国は、その地帯に近いところに位置することを考えても、やはり戦国時代の秦が何百年も執着していた「東進」という国策が具体的に進められるにあたって、農-牧境界文明地帯内部の統一から始まり、周辺地域に浸透し、最後に全土まで及ぶという進路を辿ったことは偶然ではないだろう。

（2）「天人感応」説という分岐点

漢代の董仲舒の「**天人感応**」**説**は、古代中国文明の発展に一線を画するものである。筆者はこのように主張したい。この説が出るまでの中国文明は、まだ人間は自然界の一員として、人間は超自然神にしか頼っていなかった時代である。すなわち「**天人合一**」という時代であったので、農-牧境界地帯（図16-1の▒部分）に立てば、その南東は、人間が、龍や鳳への崇拝によって農作のために雨と風の順調を祈る地域であり、北西は、虎や鹿など動物神への崇拝によって家畜の繁殖を祈る遊牧文明地域である。

中国古代文明におけるこの二大文明の間には、貿易交換や道路交通、また交戦によって、お互いに交流した結果として、二つの文明が融合した中国古代文明が形成され、発展した。

漢武帝の時代になると、知識人によって、これまで人間と自然環境との間をどのように結んでいたか、その原理を探究する必要が生じ、董仲舒は「天人感応」説を説いた。

その後、しだいに人間力の強さが現れ、人間性が強調されはじめ、ついに人類は自然界の束縛から抜け出して、自然神以外に、その人間自身がカリスマ性を持つ人物（孔子や老子）を崇拝する宗教（儒教や道教）を創出した。

こうして古代文明は終わりを告げ、中国の秦・漢帝国の歴史も幕を降ろした。

（3）秦文明が古代東方帝国を立てた必然性

秦は西方における小国であったが、農耕文明と遊牧文明の**農-牧境界地帯**に位置したその立地条件は、戦国時代の秦が東方農耕文明諸国に勝った要因である。すなわち、**農耕文明**の要素も**遊牧文明**の要素も持つという優位性は、例えば、交通にも交戦にも有利で、二大文明の交流に重要な役割を果たした馬・牛に関する技術や知識を秦にもたらした。それは、秦が東方の農耕文明諸国に勝った主な理由であると考えられる。

後の中世や近世の陸運・水運ともに発達した時代とは違い、交戦を含む古代文明における交流は陸上運行の一方だけに傾いたので、勝算はほとんど騎馬民族の手に握られていたことは間違いない。しかし、**騎馬民族**は農耕民族に勝利しても、うまく支配できない場合がほとんどであり、**匈奴**と漢の戦いはその史例である。

では、なぜ騎馬民族匈奴は、秦の時代にはとくに脅威とならなかったのか。理由は秦が農-牧境界地帯を占めた立地の優位性にある。秦国も秦帝国も、匈奴に警戒心がなかったわけではなく、始皇帝が五回にわたって全国へ巡行した第一回目の目的地は、西北における匈奴と対峙する**辺境地域**である。この地域の安全を確保したあと、東方農耕文明地域の諸神を祀るために、彼は四回も巡行を行なった。

換言すれば、秦は、農耕民族が対抗できなかった遊牧民族に対抗できると同時に、遊牧民族が支配できなかった農業地域を支配することができた。これらの歴史な事実の原因は、多数挙げられるかもしれないが、少なくとも、本論に強調した農-牧境界地帯における秦文明の優位性に関係がないとはいえないだろう。つまり、農-牧境界的な秦文明だからこそ、古代遊牧文明と農耕文明の間に交流の掛け橋を造って、当時の西のローマ帝国に匹敵する秦帝国を創出し、東方文明の新紀元を切り拓いたのである。

おわりに

以上のように龍崗秦簡に見る動物人格化を基盤にする政策によって、農耕文明を征服する帝国原理を検討した本節の結論をまとめよう。

1　秦朝における牧畜や「禁苑」の動物などの空間分布が、だいたいわかった。すなわち、国有山林川沢と国有農地の間には、多数の国有あるいは公有牧場と狩猟場があり、また牧場は固定式も遊動式もある。そして全国各地方に残された旧戦国時代の各国の離宮別苑は、一律に「**禁苑**」と呼ばれ、その中には今日の動物園のような**苑囿**で帝室所有の珍禽異獣が飼養されていた。これは本節にいう**農-牧境界地帯秦文明**に基づいて出来ており、しかも漢代に及んでも影響を与えた秦帝国の自然生態の風景であることを明らかにした。

2　秦律に見る牧畜や狩猟に関する動物律令から、秦朝における牧畜業の発達や動物にの管理手段、また伝統的な人格化する動物観などは、秦朝が全国統一を果たしてから、**馳道**や**直道**など道路交通ネットワークないし度量衡や文字の統一などにも関わったことを論述した。

3　西の秦が小国から発展してついに東方六国を征服した要因の一つは「**耕戦**」という国策であることを強調し、「耕」とは農耕文明、「戦」とは遊牧文明であるが、その国策の成功は、戦国時代の秦がうまく農耕と遊牧という二大文明を融合させた結果といえる。

また、**秦律**の「**田律**」が「牧」も「農」も保護する観点に基づくことを大いに評価し、それは、まさに古代中国農牧文明の優れた法典であると称した。

4　始皇帝の「巡幸」への歴代のマイナス批判に反対して、始皇帝が、当時の人間と自然が未分化な古代文明の原理に従い、周天子の「巡狩」を継承するとともに周王朝の動物人格化の伝統をも秦朝に受け継ぎ、辺境遊牧地域と東方農耕地域両方における諸神の祭りを行った政策は、始皇帝が全国をうまく統一した政治成果の重要な土台

となったと高く評価するべきだと指摘した

つまり筆者は、秦文明の検討によって中国古代文明の中に農-牧交错文明の史的な位地を認めようという重要課題を提出し、またこのような課題が解明されるとき、始皇帝や秦帝国、中国古代文明の実像がわかるだろうと期待する。

注

（1）秦国の東方六国に勝利した要因は漢代から学者達が重視してきた課題である。現代人の考えで代表的な説は、例えば、呂思勉氏は攻撃と防御とも有利な地勢や強い軍事勢力、土地資源の豊富、法家の政策などを挙げた（『先秦史』上海古籍出版社、一九八二年、二四二頁を参照）。また、『剣橋中国秦漢史』（中国社会科学出版社、一九九二年、六一～六八頁）に、地理的な原因として賈誼にの言う「秦の地は山を被り［黄］河を帯び、以て固めと為す」を挙げ、また農業と灌漑、軍事技術、武徳の崇尚、華夏伝統の脱出、外人人材の任用、支配者の長寿、法律行政の完備などの諸要因をまとめた。

（2）「農業-遊牧境界」とは妹尾達彦氏が造った言葉であり、その意味について氏が以下のように説明した。「「農業-遊牧境界帯」とは、筆者の造語であり、農耕地域と遊牧地域の境界地帯のことを意味する。農牧複合地帯とも、農牧接壌地帯、半農半牧地帯、農牧交界地帯ともよばれる、農業と遊牧・牧畜が複合する文化圏をなす地帯をさしている。生態系でいえば、生態環境の過渡地帯、ないし推移帯（エコトーン）である。」（「農業-遊牧境界地帯と隋唐長安城」、中央大学文学部東洋史学研究室『都市と環境の歴史学』第2集、二四九頁）。

（3）妹尾達彦「農業-遊牧境界地帯と隋唐長安城」（中央大学文学部東洋史学研究室『都市と環境の歴史学』第二集、二四九頁）を参照。

（4）白川静『白川静著作集』第二巻「漢字」II、第十章「生産と技術」三二三頁を参照。

（5）白寿彝総主編、徐喜辰・斯維至・楊釗著『中国通史』第三巻、上古時代（下冊）に「我們懐疑秦、趙原来都是殷商玄鳥図騰的支族、大約是在商周興亡之際、他們乃由東方沿海遷徙到了西北黄土高原、因而与当地的戎羌等族雑居混合一起。因此蒙文通認為秦是戎族、近人則認為秦是殷商之後或東夷部落。二説可能是各対一半」とある。

（6）中国文物研究所・湖北省文物考古研究所『龍崗秦簡』（中華書局、二〇〇一年）一〇九頁を参照。

（7）同前、八三頁を参照。

付録

【付録Ⅰ】

龍崗秦簡訳注（一〇篇）

《凡　例》

（一）本訳注は、雲夢龍崗秦簡に対する訳注である。

（二）訳注にあたっては、劉信芳・梁柱『雲夢龍崗秦簡』（科学出版社、一九九七年）所載の写真に基づき、釈文を作成した。

（三）各律文は、本書第七章13節「龍崗秦簡における律名の復元」で論じた筆者の一〇種分類法により以下のように配列した（よって発掘者や先行研究者による分類とは異なる）。
1「盗律」、2「賊律」、3「囚律」、4「捕律」、5「雜律」、6「具律」、7「徭律」と「伝令」「闌令」、8「廏律」、9「金布律」、10「田律」（田租税律」「田令」）と付録の「その他」

（四）本訳注は各律、令ごとに、簡番号・簡文・釈文・訳文・注で構成されている。また、釈文付き写真版を収録した。

（五）「龍崗秦簡」の簡番号には、
①出土した際に付された出土番号
②劉信芳・梁柱編著『雲夢龍崗秦簡』（科学出版社、一九九七年）所載の整理番号
③中国文物研究所・湖北省文物考古学研究所編『龍崗秦簡』（中華書局二〇〇一年）の整理番号
の三つがある。

本訳注では、中華書局版『龍崗秦簡』の整理番号を用い、文末の（　）に出土番号を示した。

（六）　釈文の標記は、以下のとおりである。

・重文符号は〻、異体字や仮借字の釈文には、原字の後に（　）で通用字を記した。

・原文の誤字は〈　〉、脱字は〔　〕をもって示した。

・判読できず、推量により文字を補った文字は枠囲み［正字］で表した。

・判別できないが字数が確定できるものは、□で字数を表した。

・判別できず、字数も確定できない文字列は……で表した。

・断簡部分は▨で表した。

・残字の確定できるものは【　】、可能性のあるものは（?）で示した。

（七）　和訳は以下のとおりとした。

・律令がの簡文が複数簡にわたる場合は番号を省き、律令名単位でまとめた。

・異体字は現在の通用字で表したが、必要に応じて（　）で言葉を補足した。

1 「盗律」

■窃盗■

40 二百廿銭到百一十銭、耐為隷臣妾。□〼（273）

【訳】二百廿銭未満～百一十銭以上であれば、耐隷臣妾になる。

【注】「盗過六百六十銭、黥劓（劓）以為城旦、不盈六百六十到二百廿銭、黥為城旦。不盈二百廿以下到一銭、䙴（遷）之」（睡虎地秦簡「法律答問」）「不盈二百廿到百一十銭、耐為隷臣妾。」（張家山漢簡「盗律」）

41 貲〔一〕二甲。不盈廿二銭到一銭、貲一盾。不盈一銭□〼（275）

【訳】……二甲を出して贖って、廿二銭未満から一銭までは、一盾の贖いであり、一銭未満……

【注】

〔一〕貲：罪をあがなう。『説文解字』に「小罰、以財自贖」とある。「不従令者貲一甲」（睡虎地秦簡「秦律十八種」関市律）

205 史□貲各一盾。盗（?）〼〼□□□□□□〼（191）

【訳】史……おのおの一盾の贖い。盗……

【注】

〔一〕「斗不正、半升以上、貲一甲、不盈半升到少半升、貲一盾。半石不正、八両以上、鈞不正、四両以上、、斤不正、三朱（銖）以上、半斗不正、少半升以上、参不正、六分升一以上、升不正、廿分升一以上、黄金衡羸（累）不正、半朱（銖）〔以〕上、貲各一盾。」（睡虎地秦簡「效律」）

153 取〔一〕人草□□𦰡〔二〕・茅・芻〔三〕・稾□勿論〔四〕〼（173）

【訳】他人の草……麻がら、茅、家畜に与える草、藁を取っても、罪を問ひてはいけない……

【注】

〔一〕「謀偕盗而各有取也、并直（値）其臧（贓）以論之」（張家山漢簡「盗律」）

〔二〕𦰡、蒸とも書く：麻幹。『説文解字』に「析麻中幹也。従艸、烝聲。」とある。

〔三〕芻：うまくさ。『説文解字』に「刈草也」とある。

〔四〕勿論：追究するな。『漢書』景帝紀に「吏及諸有秩受其官属所監、所治、所行、所将、其与飲食計償費、勿論」とあり、顔師古に「計其所費、而償其直、勿論罪也」とした。「誤、其事可行者、勿論」（張家山漢簡二年律令「賊律」）

■受財枉法■

137　分以上〔一〕、直（値）〔二〕其所失〔三〕臧（贓）〔四〕及所受臧（贓）、皆与盗同〼（204）

【訳】……（何分の一）分以上なれば、その盗んで蔵匿していたもの、及び賄賂を受けたものに値段を見積もって、みな盗罪と同じく罰する……

【注】

〔一〕分：何分の一。「度禾、芻稾而不備十分一以下、令復其故数、過十分以上、先索以稟人、而以律論其不備」（睡虎地秦簡「效」）

〔二〕直：値《あう》の初文。等価の意となる。「不直一銭」（史記「魏其武安侯列伝」）。「大褐一、用枲十八斤、直六十銭、中褐一、用枲十四斤、直卅六銭」（睡虎地秦簡「金布律」）

〔三〕失：佚・逸と通じ、隠佚や逃れる、かくすの意。

〔四〕臧：贓と通じる。『玉篇』に「臧するなり」とあり、「把其叚（假）以亡、得及自出、当為盗不当。自出、以亡論。其得、坐臧（贓）為盗、盗罪軽於亡、以亡論。」（睡虎地秦簡「法律答問」）

148　其所受臧（贓）、亦与盗同灋（法）〔一〕。遣者罪減焉〼（197）

149　〼一等〔二〕、其□〼〔三〕（残7.3）

【訳】収賄としてのもの、また盗罪と同じくのっとる。ものを帰せば一等の罪を減ずる……

【注】

〔一〕灋（法）：のっとる。「府中公金銭私貣用之、与盗同法。」（睡虎地秦簡「法律答問」）。

〔二〕遺：貴と通じて、帰す。「遺、貴同声、假借字。」（孫詒譲『逸周書斠補』）「貴、帰也。物所帰仰也」（釈名「釈言語」）。

〔三〕『龍崗秦簡』（中華書局、二〇〇一年）に簡148号と簡149号の両簡を綴合した。

195　〼及棄臧（贓）焉〼（残8.1）

【訳】……及び不法入手したものを捨てたりすれば……

【注】意味としては簡137号、148号、149号とつながる可能性がある。内容を合わせると、横領、収賄して、逃げたことやものを還したりし、捨てたりするなどの場合についての律文であろう。

■群盗■

69　〼首盗（59）

【訳】……首として盗となす（群盗の中心人物である）。

【注】『漢書』主父偃伝に「偃本主悪、非誅偃無以謝天下」

とある。

■受所監■

44　盗同灋（法）、有（又）駕（加）其罪〔一〕、如守県□金銭〼（266）

【訳】同じく盗罪にのっとって罰し、また罪（一等）を加える。これは県官署に金銭を守る役だが、（自らその金銭を盗む）……

【注】駕（加）其罪：罪を増やす。「害盗別徼而盗、駕（加）罪之」（睡虎地秦簡「法律答問」）

133　程〔一〕田以為臧（贓）、与同灋（法）〔二〕。田一町、尽□盈□希〼（190）

【訳】田畑をはかるため、収賄すれば、ともに同じくのっとる。田の一町は……

【注】

〔一〕程：はかる。「量也」（広雅「釈詁」）「程、謂量計之也」（漢書「東方朔伝」師古注）「程禾、黍□□□□以書言年、別其数、以稟人」（睡虎地秦簡「倉律」）

〔二〕与同灋（法）：ともに同じくのっとる。「律曰『与盗同法』、有（又）曰『与同罪』、此二物其同居、典、伍当坐之。云『与同罪』、云『反其罪』者、弗当坐」（睡虎地秦簡「法律答問」）

■盗馬牛■

100　牧県官〔一〕馬・牛・羊盗□之、弗□□〼（270）

【訳】県官署の馬・牛・羊を放牧し、それを盗まれて（報告）せず……

【注】

〔一〕県官：朝廷、官署。「令内史郡不得食馬粟、没入県官。」（史記「孝景本紀」）

「将牧公馬牛、馬［牛］死者、亟謁死所県、県亟診而入之」（睡虎地秦簡「秦律十八種」廏苑律）

115　〼盗馬牛帰□（之）〼（134.2）

【訳】……馬牛を盗んだがそれを返還すれば……（軽く罰する？）

37　盗死獣直（値）賈（價）以閒（関）□……〼（260）

【訳】死獣を盗んだら、その死獣にあたる値段で……

【注】「以閒（関）」、意味不明。一説には……を以て市場へ……

114　・盗〔一〕牧者与同罪〔二〕。〼（211）

【訳】盗《ひそか》に（公の牧場で）放牧すれば、（公馬牛などを盗むこと）と同罪である。……

【注】

〔一〕盗：ひそかに。顔師古に「盗、猶私也」とする（『漢書』陳平伝注）。『史記』佞幸列伝に「盗出徼外鋳銭」とある。

〔二〕与同罪：同じ処罰を受ける。「（知）人為群盗而通歓（飲）食餽饋之、与同罪」（張家山漢簡「盗律」）

102

没入私馬牛【羊】【駒】犢羔県道官。〼（213.1）

【訳】私的な馬牛【羊】【駒】犢羔を没収し、県、道の官署に納入する。

■盗禁中■

27

諸禁苑〔一〕為耎（堧）、去苑卌里禁、毋敢取耎（堧）〔二〕中獣、取者其罪与盗禁中【同】〼（274）

【訳】およそ禁苑には耎（堧）を置き、苑から四十里の範囲を禁じ、耎（堧）中では敢えて獣の捕獲を行ってはいけない。捕獲を行えばその罪は「盗禁中」と（同じく罰する）……

【注】

〔一〕禁苑：従来の解釈の「宮中の苑」（白川静『字通』）や「宮中の園」（『大漢和辞典』）という意味とは異なり、離宮の意味である（鶴間和幸「秦始皇帝長城伝説とその舞台―秦碣石宮と孟姜女伝説をつなぐもの―」『東洋文化研究』第一号一九九九年）。これは未曾有の新史料である。

〔二〕耎：堧。中華書局版の注釈に「耎は『堧』と通じ、または「堧」と書く。堧は本来、城辺或いは河辺の空地を指し、後に特に宮殿・宗廟・禁苑等の皇家禁地の塀外に設けた一帯の空地を指す。これは一つの『分離帯』（「隔離地帯」）として、堧地の周辺には或いは垣が建てられる。」と述べている。

49

盗禁苑□□〼（247.1）

【訳】禁苑に盗難する……

90

得𣦼及為作務羣它〼（154）

【訳】（禁苑で）禽獣の食余りを拾いたりし、または作業中に動物らに……

【注】

〔一〕𣦼：禽獣の食余り。『説文解字』に「𣦼、禽獣所食余也」とある。

■盗田■

124

人冢、与盗田同灋（法）。〼（227）

【訳】他人の墓地を（破壊）すれば、同じく盗田にのっとって罰する。

【注】「銭財、盗殺傷人、盗発冢（塚）、略売人若已略未売、

橋（矯）相以為吏、自以為吏以盗、皆磔」（張家山漢簡「盗律」）

121
盗徙封〔一〕、侵食冢廬〔二〕、贖耐。□□宗廟耎（堧）〔三〕〼（242）

【訳】ひそかに封界を移したり、墓地や畑地にある小屋を侵食したら、贖耐として刑罰し、宗廟の耎（堧）を侵食する場合は……

【注】
〔一〕封：さかい。
〔二〕廬：「中田有廬」（詩「小雅」信南山）鄭玄に「中田、田中也。農人作廬焉、以便其田事。」とした。
〔三〕耎：堧。簡27号の注を参照。
『盗徙封、贖耐』可（何）如為『封』。『封』即田千（阡）佰（陌）。頃半（畔）『封』殹（也）、且非是。而盗徙之、贖耐、可（何）重也。是、不重。」（睡虎地秦簡「法律答問」）

151
田及為詐（詐）〔一〕偽写田籍〔二〕皆坐臧（贓）〔三〕、与盗□〼〔四〕（182）

【訳】……及び嘘をつき、田籍を偽造したりすれば、皆収賄の罪で、盗と（同じくのっとって罰する）……

【注】
〔一〕詐：詐と同じ字。秦漢時代の出土文字、皆このような字形。
〔二〕田籍：土地台帳。「賈人有市籍者、及其家属、皆無得籍名田、以便農」（史記「平準書」）
〔三〕坐臧：坐贓ともいう。収賄の罪を犯す。「若買故賎、売故貴、皆坐臧為盗、没入臧県官」（漢書「景帝紀」）「其前謀、当并臧（贓）以論、不謀、各坐臧（贓）」（睡虎地秦簡「法律答問」）
〔四〕「与盗□〼」は簡148号の「其所受臧（贓）、亦与盗同灋（法）」と比べて、「与盗同灋（法）」と復元できる。

24
〼偽仮入県〼（51）

【訳】……偽って借りると県に（財産など）納入され……

126
盗田二町〔一〕。当遺〔二〕三程者、□□□□□□□〼（241）

【訳】二町の田をひそかにとられれば、三分程の（租税）を漏れることに当たり……

【注】
〔一〕町：田の区画単位。『左伝』襄公二十五年に「町原防」とあり、賈逵に「原防之地、九夫為町、三町而当一井也」（孔穎達の疏より）とした。『氾勝之書』に「町皆広一丈五寸、長四丈八尺」（『斉民要術』種穀よ

り）とある。

〔二〕遺：漏れる。「兼覆無遺」（荀子「王制」）

175　以為盗田。反農□□□□〼（156）

【訳】それは盗田となる。……

■不明■

218　〼□如盗之〼（111）

【訳】……之を盗の如く……

2　「賊律」

■燔火■

71　毀（也）、縦火〔一〕而□〼（177.1）

【注】

〔一〕縦火：放火する。『史記』五帝本紀に「縦火焚廩」とある。

■賊伐樹木■

38　諸取禁苑中柞（柞）・棫・檽・楢産葉及皮〼（208.1）

【訳】およそ禁苑中で柞・棫・檽・楢の葉と皮を取らば……

【注】「毀伐樹木・稼穡者、準盗論」（唐律疏義「雑律」）。

■殺傷人畜産■

28　諸禁苑有耎（堧）者、□去耎（堧）廿里毋敢〃毎〃〔一〕殺□……〼（207）

【訳】およそ禁苑に耎（堧）がある者は、□耎（堧）から廿里では敢えて□をおかし殺してはいけない。敢えておかし殺すれば……

【注】

〔一〕毎：貪や冒の意であり、おかし殺す。賈誼「鵩鳥賦」に「誇者死権、品庶毎生」とある。『史記』伯夷列伝「索隠」に「毎者、冒也、即貪冒之義」とある。中華書局版では「謀」と解釈する（中華書局版、八三頁）。科学版では「此仮作䍙。《説文》：『䍙、網也』」とする。

29　射耎（堧）中□□□之□有□□殴（也）□□□其□〼（245）

【訳】耎（堧）の中に射し……

33　鹿一、彘一、麇一、麃一、狐二。当（？）完為城旦舂、不□□〼（279）

【訳】鹿一頭、彘一頭、麇一頭、麃一頭、狐二頭（を密猟した者は）完して城旦舂とする（刑罰）となることにあたる……

【注】

〔一〕「彘、猪、……関東西或謂之彘」(『方言』)

123　盗賊以田時〔一〕殺□〼 (200)

【訳】盗賊は田猟の時期に……を殺すれば……

【注】

〔一〕田時：律令で規定された田猟の時期である。「春獵為蒐、夏獵為苗、秋獵為獮、冬獵為狩」(『爾雅』釈天)

■詐偽■

4　詐〔一〕(詐)偽、假人符伝〔二〕及譲人符伝者、皆与闌入門同罪〔三〕。□□□〼 (255)

【訳】詐(詐)偽す。人に符伝を假りる及び人に符伝を譲るは、皆門に闌入すると罪を同じくす。……

【注】

〔一〕詐：詐と同じ字。「盗律」盗田律簡151号の注〔一〕を参照。

〔二〕符伝：符は、割り符、符節。『説文解字』に、「符、信也。漢制以竹、長六寸、分而相合」とある。『周礼』に「門関用符節」があり、「注」には、「如今宮中諸官詔符也」とある。伝は、つたえる、てがた。崔豹の『古今注』に「程雅問曰：凡伝者何也？答曰：凡伝者皆以木為之、長五寸、書符信於上、又以一板封之、皆封以御史印章、所以為信也。如今之過所也」とある。

〔三〕「与闌入門同罪」は簡148号の「与盗同灋(法)」のような法律用語であるので、おそらく「闌入門」とは律名である。

3　「囚律」

204　〼罪者獄未夬(決)〔一〕〼 (21)

【訳】……罪を犯した者は、判決は未だ(出さず)……

【注】

〔一〕夬：決に通じ、きめる。『易』夬に「夬、決也、剛決柔也」とある。「及獄決罪定」(『韓非子』外儲説左下)「夬(決)獄不正」(睡虎地秦簡「為吏之道」)

146　除其罪、有(又)賞〔一〕之、如它人〔二〕告〼 (214.1)

【訳】その罪を免じ、また之に賞金を渡り、他人が告発するのよう……

【注】

〔一〕除其罪：その罪を免ずる。「聞律先自告除其罪」(『史記』淮南衡山列伝)「入物者補官、出貨者除罪」(『史記』平準書)「賞施於告姦。」(『商君書』開塞)

〔二〕「復以給假它人」(龍崗秦簡簡213号)。「甲等及里人弟兄及它人智（知）丙者、皆難与丙飲食」（睡虎地秦簡「封診式」）。

45　吏弗劾論〔一〕、皆与同罪〔二〕□□□□□□□□□□▨（259）

【訳】吏が（罪を）劾論しなければ、皆ともに同罪する。

……

【注】

〔一〕劾論：告発して罪をとう。「劾治」「劾案」と類似する。「蒼梧守已劾論」（張家山漢簡「奏讞書」）

〔二〕与同罪：同じ処罰を受ける。「盗律」盗牛馬簡114号の注〔二〕を参照。

4　「捕律」

■追捕■

18　城旦舂〔一〕其追〻盗〻賊〻亡〻人〻出入禁苑耎（?）〔二〕者得〻□▨（261）

【訳】城旦舂の盗賊・亡人を追跡する者は、盗賊・亡人を追うため、禁苑の耎に進出すれば（〜をし）得る……

【注】

〔一〕城旦舂：城旦と舂、もと労役名であり、『漢旧儀』に「城旦者、治城也。女為舂、舂、治米也」とある。睡虎地秦簡「司空律」に「公士以下居贖刑罪、死罪者、居於城旦舂、毋赤其衣、勿枸櫝欙杕」とある。

〔二〕禁苑耎：禁苑の堧地。「耎」については、『広雅』釈詁一に「弱也」とある。ここで使っている「耎」を仮借字だと考えれば、「耎」は「堧」という字であり、すなわち一種の土地だと思われる。

17　亡人〔一〕挟〔二〕弓弩矢居禁中者、棄市〔三〕。▨（269.1）

【訳】亡命者が弓、弩、矢を持って禁中に居れば、棄市の罪である。

【注】

〔一〕亡人：亡命者である。『説文解字』に「逃ぐるなり」とあり、『史記』亀策列伝に「謁を請い、亡人を追ふも得ず」とある。「捕亡、亡人操銭、捕得取銭。所捕耐罪以上得取」（睡虎地秦簡「法律答問」）

〔二〕挟：もつ、携える。『説文』に「俾持也」とある。『漢書』王莽伝に「民不得挟弩」とある。「有挟毒矢若謹（堇）毒、糧、及和為謹（堇）毒者、皆棄市」（張家山漢簡「二年律令」賊律）

〔三〕棄市：斬首してその屍を市にさらすこと。『史記』秦始皇本紀に「有敢偶語詩書者棄市」とある。「同母異父相与奸、可（何）論。棄市。」（睡虎地秦簡「法律答問」）

19 □＝追捕〔一〕之、追事已〔二〕、其在（?）禁（?）□□当出（?）者（?）将（?）出（?）之（?）☒（276）

【訳】……それを追捕し、追捕が終わって禁苑から出なければならない者は、出らせ……

【注】

〔一〕「求盗追捕罪人、罪人挌（格）殺求盗」（睡虎地秦簡「法律答問」）

〔二〕「（叚）假器者、其事已及免、官輒収其（叚）假、弗亟収者有罪。」（睡虎地秦簡「工律」）

74 ☒捕詷〈詗〉〔一〕☒（216.2）

【訳】……告発された場所で捕える……

【注】

〔一〕詷：犯人の所在を知って告発する。中華書局版によれば、詗の誤り字であり、『説文解字』に「詗、知処告言之」とした。

76 ☒捕者貲二甲□☒（残3.2）

【訳】……逮捕でき（なければ）、二甲の罰をする……

【注】「御中発徴、乏弗行、貲二甲」（睡虎地秦簡「徭律」）

47 有逋〔一〕亡□□宿……☒（244）

【訳】亡命者を逮捕するものであれば、……宿れる……

【注】

〔一〕逮：逮捕する。「可（何）謂『逋事』及『乏繇（徭）』。律所謂者、当繇（徭）、吏・典已令之、即亡弗会、為『逋事』」（睡虎地秦簡「法律答問」）

■首匿群盗■

72 ☒匿盗☒（89）

【訳】……盗を隠す……

【注】

〔一〕「群盗・盗賊発、告吏、吏匿弗言其県廷、言之而留盈一日、以其故不得、皆以鞫獄故縱論之。」（張家山漢簡「捕律」）

73 ☒賊迹〔一〕、貲二甲。其罪匿之□☒〔二〕（128）

【訳】……賊人の蹤迹を（見つけず）、貲二甲である。その罪を隠せれば……

【注】

〔一〕「武出備盗賊而不反（返）、其従（蹤）迹類或殺之。」（張家山漢簡「奏讞書」）

〔二〕『龍崗秦簡』中華書局版に簡72号と簡73号と綴合できると判断した。

■捕豺貀■

32　諸取禁中豺狼者、毋（無）罪。（258）

【訳】およそ禁苑で豺・狼を捕獲しても罪しない。

30　時〔一〕来鳥、黔首〔二〕其欲弋射耎〔三〕獣者勿禁。〼（256）

【訳】季節により鳥が渡ってきて、百姓が堧地の獣を弋射することを禁じてはならない。

【注】

〔一〕時：時令である。「南郡用節不給時令〼」（『龍崗秦簡』簡214号）

〔二〕黔首：人民。『史記』秦始皇本紀に「秦始皇二十六年、「更名民曰『黔首』」とある。出土文字としてはこれが初めのことである。それによれば龍崗秦簡の成立年代は統一秦朝であるとはっきり判断できた。

〔三〕「盗律」盗禁中の簡27号の注を参照。

34　然。⌟取其豺・狼・豲・貈（貈）・狐・貍・縠・□・雉・兔者、毋（無）罪。〼（254）

【訳】然。⌟禁苑で、豺・狼・豲・貈・狐・貍・縠・□・雉・兔を捕獲しても罪しない。……

【注】豲：豕の属。貈：むじなのこと。貍：野猫、たぬきのこと。縠：犬のこと。『説文』犬部に「縠、犬属」とある。

35　沙丘苑中風茶者、□〼（195）

【訳】沙丘禁苑のなかに風茶は……

【注】中華書局版に「風茶、疑為「虎」之別名。」としている。

36　風茶宂（突）〔一〕出、或捕詣吏、〼（151）

【訳】風茶は禁苑から突出して、誰が捕えればそれを官吏に送る……

【注】

〔一〕宂（突）：『字彙補』に「宂、古突字」がある。

85　中獣、以皮・革・筋給用。而毋敢射⁼【殺】⁼……〼（165）

【訳】……で命中した野獣は、皮・革・筋は供給したり使用したりするので、射殺してはいけない……、あえて射殺すれば……

【注】

〔一〕皮：毛を抜いた後の獣の皮。『説文解字』に「獣皮治去其毛曰革」とある。「其大廏・中廏・官廏馬牛殹（也）、以其筋・革・角及其賈（價）銭效、其人詣其官。其乗服公馬牛亡馬者而死県、県診而雑買（売）其肉、

即入其筋・革・角・及索（索）入其賈（價）銭」（睡虎地秦簡「廏苑律」）

86 入其皮□県道官。(248)

【訳】その皮を県・道の官署に送る。

89 ☑□獣得☑(280)

97 ☑□殺獣☑(188.2)

5 「雑律」

■報告制度■

8 制〔一〕、所致県・道官、必復請之、不従律〔二〕者、令・丞☑〔三〕(222)

【訳】制に、致《おもむ》くところの県や道の官署で、必ず復び之を申請して、律に従わなければ、令・丞……

【注】

〔一〕制：命令。「命為制、令為詔。」（『史記』秦始皇本紀）。一説には、「「制」字応従上読、此処意義不明」とある（『龍崗秦簡』中華書局版 2001 年 p74）。

〔二〕請：求める。「有事請殹（也）、必以書、毋口請、毋羈（羈）請」（睡虎地秦簡「内史雑簡 118 号」）

〔三〕「不従律者、以鞫獄故不直論」（張家山漢簡「具律」）

201 言吏〔一〕入者、坐臟（贓）〔二〕与盗同【灋（法）】。☑(162)

【訳】官吏に報告（せず）納入すれば、納入品の値によって窃盗と同法によって罰する。……

【注】

〔一〕言吏：吏に報告する。「言」字は簡 201 号の始めの字なので「言」の前に「弗」があり、「弗言吏」だった可能性がある。「弗言吏」の用例はあり、「或自殺、其室人弗言吏、即葬貍（薶）之、問死者有妻・子当收、弗言而葬、当貲一甲」（睡虎地秦簡「法律答問」）。

〔二〕坐臟：賄賂などの罪に坐する。「不謀、各坐臟（贓））」（睡虎地秦簡「法律答問」）。

68 吏具〔一〕、必亟入〔二〕。事已〔三〕、出☑(144)

【訳】官吏は手続きが終わると、必ず速やかに入れて、仕事が終わって出るも……

【注】

〔一〕具：そなえる。『説文解字』に「具、共（供）置也」とある。

〔二〕亟入：速やかに入れる。「書有亡者、亟告官」（睡虎地秦簡「行書律」）

〔三〕事已：「逋律」追逋簡19号の注〔二〕を参照。

■越城■

2 竇〔一〕出入及毋（無）符〔二〕伝〔三〕而闌入門〔四〕者、斬其男子左趾、□女【子】☑〔五〕（272）

【訳】城壁の水道によって出入し、または符伝を持たらず門に闌入する者は、其の男子は左足を斬り、□女【子】は……

【注】

〔一〕竇：瀆、穴や溝。ここでは城壁の水道。『礼記』礼運の鄭玄註に「竇、孔穴也」とある。『周礼』考工記「竇其崇参尺」とある。鄭玄の注に「宮中水道」とある。『左伝』襄公二十六年に「有大雨、自其竇入」とがある。杜預注に「雨、故水竇開」と。『唐律疏義』衛禁律に「従溝瀆出入著、与越罪同」とある。前漢代長安城の直城門遺跡での発掘で城内外に通る二つの「暗渠」という排水道が見つけた。北門道の下の通る水道は石板で造り、西口は幅一m、高さ一・二m。南門道の下の通る水道は塼と石板ででき、幅二・四m、高さ一・六五mとなる（中国社会科学院考古研究所漢長安城工作隊「西安漢長安城直城門遺址二〇〇八年発掘簡報」『考古』二〇〇九年第五期）。

〔二〕符：「賊律」詐偽律簡簡2号の注〔二〕を参照。

〔三〕伝：「賊律」詐偽律簡簡2号の注〔二〕を参照。

〔四〕闌入：乱入。「不当入」ともいう。『漢書』成帝紀には、「闌入尚方掖門」とあり、顔師古の「注」に引用してある応劭の言葉には、「無符籍妄入宮曰闌。」がある。「闌入門」、律令名だろう。

〔五〕斬趾：刖刑の一つ、足斬り刑。『韓非子』和氏篇に、「刖其左足」「刖其右足」とある。「五人盗、臧（贓）一銭以上、斬左止」（睡虎地秦簡「法律答問」）。

1 諸叚（假）〔一〕両雲夢〔二〕池〔三〕魚〔四〕及有到雲夢禁中〔五〕者、得取灌〔六〕□□☑（278）

【訳】およそ両雲夢官の池を借りて漁業を行い、及び雲夢の禁中に到る者であれば、……灌木を取ることができる。……

【注】

〔一〕叚：假（仮）の通仮字であり、物を人に貸す意。「百姓叚（假）公器」（睡虎地秦簡「秦律十八種」「金布律」）。

〔二〕両雲夢：二つの雲夢官署、または雲夢禁苑。『漢書』地理志には漢代に二つの「雲夢官有り」と載せる。

〔三〕池：城壁の周囲に地を掘って水湛えた処。濠のこと。『詩』陳風の「東門之池」の「池」は『毛詩』に「池、城池也」とある。清代の馬端辰の『毛詩伝箋通釈』

に「古者、城有れば必ず池有る。孟子「斯の池を鑿つ也、斯の城く也」是れ也。池、皆城外に設け、以て城を護る所」(「古者有城必有池。孟子「鑿斯池也、築斯城也」是也。池皆設於城外、所以護城。」)とある。

〔四〕魚：漁の通仮字。『睡虎地秦墓竹簡』「日書」乙種(59)に「可魚(漁)邋(獵)不可攻、可取不可鼠(予)」がある。『後漢書』「和帝本紀」に載せる永元十二年二月の詔令に「詔貸被災諸郡民種糧。賜下貧・鰥・寡・孤・独・不能自存者、及郡国流民、聽入陂池漁采、以助蔬食」がある。中華書局版『龍崗秦簡』の著者が「池魚」は「池禦」即ち「禁苑」とすると解釈するのは、一説である。

〔五〕禁中：ここでは禁苑。蔡邕の『独断』に「禁中者、門戸有禁、非侍御者不得入、故曰禁中」とある。禁苑もその「門戸有禁」の所である。

〔六〕灌：灌木。中華書局版『龍崗秦簡』に「意義不明」としたが、『毛詩注』に「灌、叢生なり」とあり、『法經』に「灌木」とあるように、ここでは灌木と解釈する。

31

諸弋射甬道〔一〕、禁苑外卅(?)里(?)毄(繫)〔二〕、去甬道。禁苑▨(262)

【訳】およそ甬道を弋射したものは、禁苑外三〇里内で行えば拘束し、甬道を離れて、禁苑……

【注】

〔一〕甬道：『史記』秦始皇本紀二十七年に「築甬道」とあり、応劭の注に「謂于馳道外築墻、天子中行、外人不見」(「正義」)という。

〔二〕繫：刑具をつけること「毄(繫)城旦舂」(睡虎地秦簡「秦律十八種」司空)。

13

盗入〔一〕禁苑□▨(174.2)

【訳】盗賊は禁苑に入……

【注】

〔一〕盗：盗賊。『左伝』襄公十年「盗、入於北宮」とある。一説には「盗難のため禁苑に入る」である(中国文物研究所・湖北省文物考古研究所『龍崗秦簡』中華書局、二〇〇一年版、七六頁)。

20

▨□不出者、以盗入禁(15)

【訳】……禁苑から出らなければ、盗入禁を以て

21

苑律論之。伍人弗言〔一〕者、与同灋(法)〔二〕。▨(172)

【訳】(禁)苑律(以て)、之を論罪する。伍人は報告しなければ、ともに同じくのっとる……

【注】
〔一〕弗言：報告する。「雑律」報告制度簡201号の注〔一〕を参照。
〔二〕与同灋（法）：ともに同じくのっとる。「盗律」受所監簡113号注〔二〕を参照。

6 「具律」

■刑罰の種類■

145　罪、購〔一〕金一両、相与▨（216.1）
【訳】……罪は、賞が黄金の一両であり、……
【注】
〔一〕購：賞をあげて求める。『説文解字』に「購、以財有所求也」とある。「甲告乙賊傷人、問乙賊殺人、非傷殴（也）、甲当購、購幾可（何）。当購二両。」（睡虎地秦簡「法律答問」）

70　▨【黥】為城旦舂〔一〕、其▨（136.1）
【訳】……墨刑して城旦舂となり、其……
【注】
〔一〕「擅殺子、黥為城旦舂。」（睡虎地秦簡「法律答問」）

93　▨□【黥】為城旦舂▨（133.1）
【訳】……墨刑して城旦舂となり……
【注】簡93号は簡40号の前につながる可能性がある。

42　故罪当完〔一〕城旦舂以上〔二〕者、駕（加）〔三〕其□男子□□□▨（271）
【訳】もとの罪は完城旦舂以上の刑に当たる場合、それ（一等）を加え、男子は……
【注】
〔一〕完：「不加肉刑」（『漢書』恵帝紀の顔《注》引孟康）「以其罪論之。完城旦舂罪、黥之。鬼薪白粲罪、黥以為城旦舂。其自出者、死罪、黥為城旦舂、它罪、完為城旦舂。」（張家山漢簡「具律」）
〔二〕「其子有罪当城旦舂。鬼薪白粲以上」（張家山漢簡「賊律」）
〔三〕駕：「加」に通じて、加える。「可（何）謂『駕（加）罪』」（睡虎地秦簡「法律答問」）

43　耐者仮将司〔一〕之、令終身毋得見□□□□□□▨（267）
【訳】耐刑に服する者は仮にこれを管理し、一生涯……見ることを許されない……
【注】
〔一〕将司：統領する。「及城旦傅堅、城旦舂当将司者、

廿人、城旦司寇一人将」（秦律十八種「司空」）

■裁判制度■

202　☐未夬（決）而言〔一〕者、貲二【甲】。☐（26）

【訳】……判決していないのに報告すれば、貲として二【甲】をし……

【注】

〔一〕言：官吏に報告する。「雑律」簡201号の注を参照。

234　☐□主〔一〕弗得〔二〕、皆贖耐〔三〕。……☐（187.2）

【訳】主管者が察知しらなければ、贖と耐として刑する。……

【注】

〔一〕主：主管者。『漢書』王陵伝に「各有主者」とある。『晋書』刑法志に「漢承秦制、蕭何定律、除参夷連坐之罪、増部主見知之条」とある。

〔二〕弗得：察知しらず。睡虎地秦簡「秦律雑抄」に「令。尉・士史弗得、貲一甲。」があり、整理小組に「没有察覚」と解釈した。

〔三〕贖耐：贖刑と耐刑。「城旦舂有罪耐以上、黥之。其有贖罪以下、及老小不当刑。刑尽者、皆笞百。」（張家山漢律「具律」簡91号）

7　「徭律」「伝令」「闌令」（「興律」の前身）

■徭律■

39　禁苑嗇夫・吏数循行、垣有壊決獣道出、及見獣出在外、亟告県。（253）

【訳】禁苑嗇夫と苑吏は日ごと数回に循行し、城壁に破壊や穴などがあり、苑獣がそこから引き出し、また苑獣が外側に見つければ、速やかに県の官署に報告する。

【注】「県葆禁苑・公馬牛苑、興徒以斬（塹）垣離（籬）散及補繕之、輒以效苑吏、苑吏循之。未卒歳或壊陝（決）、令県復興徒為之、而勿計為䌛（徭）。卒歳而或陝（決）壊、過三堵以上、県葆者補繕之。三堵以下、及雖未盈卒歳而或盗陝（決）道出入、令苑輒自補繕之。県所葆禁苑之傅山・遠山、其土悪不能雨、夏有壊者、勿稍補繕、至秋毋雨時而以䌛（徭）為之。其近田恐獣及馬牛出食稼者、県嗇夫材興有田其旁者、無貴賎、以田少多出人、以垣繕之、不得為䌛（徭）。」（睡虎地秦簡「秦律十八種」徭律簡117～121号）

■伝令■

5　関=合符〔一〕、及以伝書閲入之〔二〕、及言佩（佩）入司馬門〔三〕久〔四〕□☐（186）

【訳】関所の門では、官吏は割り符を合わせて照合し、及《とも》に伝書を検閲し（文書から書いてあることと来る人がぴったり合うかを見る）、来た人を関所に通させ、登録したうえに司馬門に入る灸符を身につける……。

【注】

〔一〕『周礼』に「門関用符節」があり、鄭玄の注に「如今宮中諸官詔符也」とある。

〔二〕『漢書』文帝紀に「除関無用伝」とある。張晏の注に「伝、信也、若今之過所也。」とある（顔師古の「注」より）。本簡に「合符」することと「及《とも》」に「伝書」を「閲《あらため》」ることに考えれば、符は現在の身分を証明するパスポートであり、伝書は通関する理由を書いているビザであるので、両方とも必要である。符と伝と混在し、区別なくなったのは、おそらく漢代から以後のことであろう。

〔三〕「言佩」、一文字には傷があるが「記す」だろう。「佩」、佩《つけ》る。中華書局版の解釈に「一種佩戴的標誌物」とする。「司馬門」、王宮の外門。『史記』に「留司馬門三日」がある。「集解」に「凡言司馬門者、宮垣之内、兵衛所在、四面皆有司馬、主武事。總言之、外門為司馬門也」とある。

〔四〕「久」、灸の初文。ここではしるしを刻む意。『説文解字』に「久、従後灸之。象人両脛後有距也」とあるが、段注に「蓋久本義訓従後灸之」とする。睡虎地秦簡「秦律十八種」工律に「公甲兵各以其官名刻久之」（簡102号）とある。整理者に久とは「標識」と解釈した。孫詒讓『周礼正義』に「久為古文、灸為今文也」とある。「亡書、符〈符〉券、入門衞〈衛〉木久、搴（塞）門、城門之蘥（鑰）、罰金各二両」（張家山漢簡「賊律」簡52号）。

3

伝者入門、必行其所当行之道〔一〕、□☒□【不】行其所当行☒（257）

【訳】伝（を持つ）人は、門に入ったら必ずその（伝者の決められた）進むべき道を進み、□□（もし）その進むべき道を進まなければ……

【注】

〔一〕唐律「衛禁律」の議曰に「宮殿中当正門為「御道」、人臣並不得行。其在宮殿中及宮城中而行御道者、各徒一年。若有横道、殿前即有横階、殿内亦有横道。殿門・宮門外立仗之処、仗外雖無横道：越過者無罪。」とある。つまり、宮殿中や宮城中、または禁苑中に入れも、「その進むべき道を進まなければ」罪に当たる律文は秦時代からずっとあったと考えられる。

6

禁苑吏・苑人及黔首〔一〕有事〔二〕禁中〔三〕、或取

其□□□☒ (251)

【訳】禁苑の官吏・苑人及び百姓が禁中に用事があれば、その□□□を取り……

【注】

〔一〕黔首：百姓。「捕律」捕豺貇簡30号の注〔二〕を参照。

〔二〕有事：公務あり。「有事請殹（也）、必以書、毋口請、毋羈（羇）請」（睡虎地秦簡「内史雜」簡188号）

〔三〕禁中：「禁中」、ここでは禁苑。蔡邕の『独断』に「禁中者、門戸有禁、非侍御者不得入、故曰禁中」とある。禁苑もその「門戸有禁」の所である。

7

諸有事禁苑中者、□□伝書〔一〕県・道官〔二〕、□郷（?）☒ (206)

【訳】およそ禁苑中に用事がある人は、県・道官のところで伝と書を……、郷（?）で……

【注】

〔一〕伝書：中華書局版『龍崗秦簡』に「秦律十八種」行書律によって「伝送文書」（伝は伝達する意）の意であるとする。「行伝書・受書、必書其起及到日月夙莫（暮）、以輒相報殹（也）」（睡虎地秦簡「秦律十八種」行書律）。一説には、「伝」とは「符伝」であるとする説もあるが、簡5号に「符」と「伝」とをはっきり区別しているので、「伝」は「符」とともに人間の通行証明書である。「書」は派遣文書。一説には通行者所持物の証明書とある。藤田勝久氏『中国古代国家と社会システム』汲古書院二〇〇九年、三八九頁を参照。

〔二〕道：辺境地域に設置した地方行政単位。「内郡為県、三邊為道」（『漢旧儀』）「有蠻夷曰道」（『漢書』百官公卿表）「南郡守騰謂県・道嗇夫、古者、民各有郷俗、其所利及好悪不同、或不便於民、害於邦」（睡虎地秦簡「語書」簡1号）

9

県・道官、其伝□☒ (181)

【訳】県や道官は其の伝……

10

取伝・書郷部稗官〔一〕。」其【田】（?）及□☒【作】務□☒ (185)

【訳】郷官署での属吏のところで伝と関連文書を取り、その田猟及び工事作業……

【注】

〔一〕稗官：小官、秘書官。「小説家者流、蓋出於稗官。街談巷語、道聽途説者之所造也。」師古注に「稗官、小官」とある（『漢書』芸文志）。

14

六寸符〔一〕皆伝□□□□□□□□□□☒ (174.1)

【注】

〔一〕六寸符：「数以六為紀、符・法冠皆六寸、而輿六尺、六尺為歩、乗六馬」（『史記』秦始皇帝本紀）「☑金関為出入六寸符☑」（居延漢簡 11.8、A33、69）

25　☑禁苑田伝〔一〕☑（192.2）

【注】

〔一〕田伝：意味不明。文字なり考えれば禁苑で田猟、または農田で仕事する許可書であろう。

■闌令■

12　有不当入〔一〕而闌入、及以它詐（詐）偽入〔二〕□□□□☑（184）

【訳】禁中に入れるべきでないのに乱入し、また別に詐偽によって入れば……

【注】

〔一〕「不当入」、又「妄入」ともいう。「雑律」越城律簡2号の注〔四〕を参照。

〔二〕「其它罪比羣盗者亦如此」（睡虎地秦簡「法律答問」簡114号）「它如律」（睡虎地秦簡「效律」簡163号）

22　嫲（知）〔一〕請（情）入之、与同罪。〔二〕☑（209）

【訳】事情を知っていたのに、入れるべきでない人を入れた者は、ともに同く罪とする。

【注】

〔一〕嫲：智、知。

〔二〕与同罪：同じ処罰を受ける。「盗律」盗牛馬簡114号の注〔二〕を参照。また「諸詐乗駅馬、加役流。駅関等知情与同罪」（『唐律疏義』詐偽律）

66　令吏徒読〔一〕、徼行〔二〕、□☑（159）

【訳】官吏と役徒に読ませて、巡査する。……

【注】

〔一〕読：朗読。『説文解字』に「読、誦書也」とある。

〔二〕徼：めぐる。『説文解字』に「徼、循也」とある。徼行：徼循ともいい、巡査するの意である。「中尉、秦官、掌徼循京師」（『漢書』百官公卿表）

67　出入之、勿令☑（143）

【訳】それを出入させて、……せず……

54　敢行馳道中者、皆䙴（遷）〔一〕之。其騎及以乗車・軺車☑〔二〕（179）

55　☑牛〃☑（87）

56　☑車□☑（90）

57　☑輓車（62）

58 行之、有（又）没入其車・馬・牛県〻、道〻官☒（175）

【訳】みだりに馳道中を行く者は、皆これを流刑にし、騎乗して及び乗車・軺車・牛・牛車・輓車で馳道を行けば、また、その車・馬・牛を県・道の官に没収される。
県・道の官……

【注】

〔一〕䙴（遷）：流刑に処する。『史記』白起王翦列伝に「於是免武安君為士伍、遷之陰密。」とある。「従軍当以労論及賜、未拝而死、有罪法耐䙴（遷）其後、及法耐䙴（遷）者、皆不得受其爵及賜。其已拝、賜未受而死及法耐䙴（遷）者、鼠（予）賜。」（睡虎地秦簡「軍爵律」簡153・154号）

〔二〕『龍崗秦簡』中華書局版に以上の五つの簡は綴合することができるとしている。

59 騎作乗輿〔一〕御、騎馬於它馳道〔二〕、若吏[徒]☒（189）

【訳】騎馬が乗輿を作って使用され、他の馳道で騎馬したならば、吏と徒のよう……

【注】

〔一〕乗輿：皇帝や諸侯が乗る車である。「天子車曰乗輿、諸侯車曰乗輿」（賈誼『新書』等齊）。

〔二〕「有実官高其垣墻。它垣属焉者、独高其置芻廥及倉茅蓋者」（睡虎地秦簡「内律」簡159号）

60 中、及奴（駑）道〔一〕絶馳〻道〻、与奴（駑）道同門。橋及限（？）☒（265）

【訳】中、及び奴（駑）道に及び馳道をわたり、馳道と奴（駑）の同門と橋及び限……

【注】

〔一〕奴道：王貴元氏が「奴即駑的古字、『馬王堆帛書』称：「両虎相争、奴犬制其余」奴犬即駑犬、『戦国策』秦策四作「両虎相闘、而駑犬受其弊」。『墨子』魯問：「今有固車良馬於此、又有奴馬四隅之輪於此、使子択焉、子将何乗？」孫詒譲『墨子間詁』引畢沅：「駑、古字只作奴。一本作駑。『説文』無駑字。」龍崗秦簡残１②号簡之「馬奴」即「馬駑」。秦簡以「奴道」与「馳道」相対、「馳」指疾行、『広雅』釈宮：「馳、犇也」「駑」則以慢為特徴、故有「駑緩」一詞。馳道在古代特指君王車馬行走的道路、也泛指供車馬馳行的大道、奴道指路況不好的劣質道路。」と解釈している（「秦簡字詞考釈四則」『中国語文』二〇〇一年第四期〈総第二八三期〉）一説には「疑為射放弩箭之工事」（『龍崗秦簡』中華書局、二〇〇一年）とある。一説には「疑即「弋射甬道」」（『雲夢龍崗秦簡』科学出版社、一九九七年）とある。

61 勶（徹）奴（駑）道〔二〕、其故〔三〕与勶（徹）（？）□

□（奴〈駑〉）□（道）行之、不従（?）□☒（250）

【訳】（雨などによって）奴（駑）道が壊されて、その故に車がその場所で（普段通行禁止する）奴（駑）道を通れば、……（禁令）に従わずと……（罰する）。

【注】

〔一〕𢕟（徹）：壊す。『詩』小雅、十月之交に「徹我墻屋」とあり、鄭玄箋に「徹毀我墻屋」とした。一説には「清除」（『龍崗秦簡』中華書局、二〇〇一年、九七頁）とある。

〔二〕奴（駑）道：簡60号の注〔一〕を参照。

〔三〕其故：その理由。「甲・乙以其故相刺傷」（睡虎地秦簡「法律答問」簡173号）

62　☒馬奴（駑）道□☒（残1.2）

【訳】……馬、奴（駑）道に……

63　☒有行馳☒（134.1）

64　☒道中而弗得、貲官嗇☒（133.2）

65　☒□【夫】二甲、或入（14.1）

【訳】馳道に（侵入者）が走ったこと気付けなかったのは、官の嗇夫に貲刑する。

【注】以上の参簡を綴合できる説がある（『龍崗秦簡』中華書局、二〇〇一年、九七頁）。

87　☒□絶行【馳】☒（139.1）

【訳】馳道を横断し……

8　「廏律」

■公馬牛羊■

112　亡〔一〕馬=牛=駒=犢=【羔=】皮及□皆入禁□□（官）□☒（210）

【訳】馬、牛、駒、犢、【羔】を亡くさば、馬、牛、駒、犢、【羔】の皮及び……を、禁苑官に納入する……

【注】

〔一〕亡：死亡する。「其乗服公馬牛亡馬者而死県、県診而雑買（賣）其肉、即入其筋・革・角・及索（索）入其賈（價）銭」（睡虎地秦簡「秦律十八種」廏苑律簡17・18号）。一説には「亡」は見失う意である（『龍崗秦簡』中華書局、二〇〇一年、一〇八頁）。

113　☒病駒禁有☒（残7.1）

【訳】……病駒の禁（制）有り……

98　廿五年〔一〕四月乙亥以来□□馬牛羊□□□〼（237）

【訳】（秦王政）二十五年四月乙亥以来、馬牛羊に（関する律令）……

【注】

〔一〕廿五年：秦王政二十五年（前222）

99　馬牛羊食人□之□□□□□□□〼（243）

【訳】馬・牛・羊が人の……を食べたら……

【注】「其近田恐獣及馬牛出食稼者」（睡虎地秦簡「徭律」簡120号）

101　馬牛殺之及亡之、当償〔一〕而誶〔二〕□□□□□□□〼（268）

【訳】馬や牛を殺したり逃がしたりすれば、賠償させて叱責する……

【注】

〔一〕償：賠償、賠償する。「令以其未敗直（値）賞（償）之」（睡虎地秦簡「廏苑律」簡16号）

〔二〕誶：叱責する罰。「殿者、誶田嗇夫、罰冗皂者二月」（睡虎地秦簡「廏苑律」簡13・14号）

9　「金布律」（「戸律」の前身）

196　黔首〼不幸死〔一〕、未葬〼（152.1）

11　〼于禁苑中者【発】、与参辦券〔二〕〼（130）

197　者棺葬具、吏及徒去辦〼（187.1）

122　盗檕（槥）櫝〔三〕、罪如盗□□□□□□□□□□〼（277）

【訳】黔首が（禁苑で勤務するとき）不幸に遭って死に至ったならば、未葬、（槥櫝を与え、）禁苑の中で勤務する者（吏と徒）は（故郷へ帰葬のため槥櫝を）発送する。（死者の氏名・身分・出身地を書く）参弁券を与え、（中弁券は上司に提出、右弁券は作った官吏が保存し、衣・器なども書く左辨券は棺柩に置く。津関吏は死）者の棺柩を（開かず）。吏と徒は弁券を見捨てたり、棺柩を盗んだりしたら、その罪は窃盗の如く（罰する）。

【注】筆者はこれらの四枚の簡は綴り合わせて、それは禁苑黔首の「不幸死」に関わる棺葬具を搬送する弁券に関する律（令）であるという説を提出した。

〔一〕不幸死：「漢王下令：軍士不幸死者、吏為衣衾棺斂、転送其家」（『漢書』高帝紀）「不幸死、謹与〼□槥櫝」（居延漢簡）

〔二〕参辨券：「参辨券」とも書くが、原簡には「辨」ではなく、「辨」であるものは写真版で確認できた。財物管理の契約や任務する当事者双方と書類を保存する主管部門の者、各々一通ずつ持ち、しるしとなる証拠であるもの。睡虎地秦簡「秦律十八種」金布律にも「参辨券」がある。

〔三〕槥櫝：棺おけ。『説文解字』に「槥、棺櫝也」とある。『漢書』高祖紀に「令士卒従軍死者為槥、帰其県、県給衣衾棺葬具、祠以少牢、長吏視葬」とある。「槥」とは応劭に「小棺也、今謂之櫝」とする。臣瓚に「『金布令』曰『不幸死、死所為櫝、伝帰所居県、賜以衣棺』也」とある。当時の漢令によって「士卒従軍死」に「槥」を与えて出身県に伝送し、少牢を以て祀り、長吏は葬式をのぞみ見るということがわかった。「不幸死、県道各（?）屬所官謹視収斂、毋禁物、以令若丞印封櫝槥、以印章告関、関完封出、勿索（索）」（張家山漢簡「津関令」簡501号）。

26

没入其販仮殴（也）〔一〕銭財它物〔二〕于県・道【官】、

□（264）

【訳】その売り出したり貸し出したりしたものを没収し、（それで得た）金銭財物やそのほかのものも、県・道官において……

【注】

〔一〕没入：没収することである。販は売り出すことである。仮は貸し出すことである。

〔二〕「隷妾及女子用箴為緡綉它物、女子一人当男子一人」（睡虎地秦簡「工人程」簡110号）。「以買它物」（睡虎地秦簡「法律答問」簡23号）

10　「田律」（「田租税律」「田令」を含む）

■田猟■

118　一盾〔一〕、非田時〔二〕殴（也）、及田〔三〕不□□坐〼（219.1）

【訳】一盾（の貲を罰して）、田猟の時期でないのに田猟して、及び田猟して□□をしなければ、□□罪に坐する。……

【注】

〔一〕「一盾」の前に「貲」があったはずである。「貲一盾」は、実物の一盾、または貲銭を以て罪を贖う。『説文解字』に「貲、以財自贖也。」とある。「御中発徴、乏弗行、貲二甲。失期三日到五日、誶、六日到旬、貲

一盾、過旬、貲一甲。」（睡虎地秦簡「徭律」簡115号）
〔二〕田時：田猟の時期。「賊律」殺傷人畜産簡123号の注〔一〕を参照。「春獵為蒐、夏獵為苗、秋獵為獮、冬獵為狩」（『爾雅』釈天）
〔三〕田：田時の意である。「田、謂四時田時。弋、謂弋凫与鴈。」（『附釈音周礼注疏』夏官司馬）

117 田不従令〔一〕者、論之如律。〼（194）

【訳】田猟は時令に従ってなければ、律の規定通りその罪を論《はか》る。……

【注】
〔一〕令：時令。

119 而輿軏（?）〔一〕疾敺（毆）入之、其未能桃（逃）、亟散離（?）之、唯毋令獣□□〼（252.1）

【訳】輿軏は速く駆けさせてこれに追い入れ、逃げられないうちに獣は速やかに分離して、決して獣に□□させてはならない。……

【注】
〔一〕輿軏：車。
〔二〕桃：一説に逃の誤字であろう。（『龍崗秦簡』中華書局、一一一頁）また、一説には軏ではなく、輗であり、「税」の通借字、あるいは本字である。『方言』に「税、舎車也」とあるので、即ち車を外して休憩の意である。（『雲夢龍崗秦簡』科学出版社、三五頁）。「射虎車二乗為曹。虎未越泛蘚、従之、虎環（還）、貲一甲。虎失（佚）、不得、車貲一甲。虎欲犯、徒出射之、弗得、貲一甲。」（睡虎地秦簡「秦律雑抄」の「公車司馬獵律」）

15 従皇帝〔一〕而行及舎禁苑中者皆（?）□□□□〼（263）

【訳】皇帝に従いて行き、禁苑の中に舎《やど》る者は、皆（?）……

【注】
〔一〕「皇帝」という表現は簡牘文字として、これは最も時代が古い資料といえる。

16 皇帝過〔一〕、将者令徒〔二〕〼（145）

【訳】皇帝が（ある場所）を通過し、引率する人は（徭役徒〔二〕を……〔二〕

【注】
〔一〕過：「【廿八】年、今過安陸」（睡虎地秦簡「編年記」）注釈者に『史記・秦始皇帝本紀』載此年始皇第二次出巡、東行郡県、過彭城、南到湘山、『自南郡由

武関帰』、帰途正応經過安陸」とした。
〔二〕徒：徭役徒。「県葆禁苑・公馬牛苑、興徒以斬（塹）、垣、離（籬）散（藩）及補繕之」（睡虎地秦簡「徭律」）
〔三〕本簡は簡16号とも簡119号の皇帝の田猟に関するものとしてここで入れている。

23　敺（毆）入苑中〔一〕、勿敢擅〻殺〻〔二〕者、☒（183）

【訳】鞭打って（馬牛が）禁苑の中に入る、あえて擅殺してはならない。擅殺とは……

【注】
〔一〕敺《説文》：「毆、古文驅、従攴」とあり、段『注』に「攴者、小撃也、今之扑字。鞭、箠、策所以施於馬而驅之也、故古文従攴。」とした。
〔二〕擅殺：法に背いて恣に殺す。「擅殺子、黥為城旦舂」（睡虎地秦簡「法律答問」）。

77　黔首犬入禁苑中而不追獣及捕☒（238）
78　者勿□☒（235.2）
79　☒殺、其追獣☒（残7.2）
80　☒及捕☒（110）
81　☒獣者、☒（91）
82　殺之、河禁所殺犬、皆完☒入☒公、其□☒（164.1）
83　☒它禁苑、食其肉而入其皮。☒〔一〕（24）

【訳】百姓の犬は、禁苑の中に入っても禁苑の禽獣に迫たり捕えたりしなければ、殺してはいけない。しかし、その犬が禽獣に捕えたりすれば殺してもよい。河禁（禁苑名）で犬を殺した場合は、その犬の死体はそのまま官署に送る。他の禁苑に殺した場合は、其の肉を食べから皮だけ官署に送る。

【注】
〔一〕これらの七つの簡を、次の睡虎地秦簡「田律」にあるほぼ同じような律文によって復元した。「百姓犬入禁苑中而不追獣及捕獣者、勿敢殺、其追獣及捕獣者、殺之。河禁所殺犬、皆完入公、其它禁苑殺者、食其肉而入皮。」（睡虎地秦簡「田律」）

103　諸馬・牛到所、毋敢〻穿〻穽〻及〻置〻它〻機能害☒（212）
104　☒人馬・牛者☒（残8.2）
105　☒雖未有（12）

106　殺傷毆（也）、貲二甲。殺【傷馬】☒（203）

107　与為盗☒（109）

108　☒【殺】人、黥為城（14.2）

109　旦春。傷人、贖耐。（205.1）

【訳】およそ馬や牛が来る場所には、いずれも落とし穴を掘ってはならない。落とし穴を掘る、及び他の罠で人や馬や牛に危害を加えうるものを置けば、殺傷することがなかったとしても、貲として二甲を罰する。馬や牛を殺傷したら、盗と同じく罰する。人を殺せば棄市。人に傷を負わせたら、完城旦春とする。

【注】この七つの簡を綴合するのは以下の張家山漢律「田律」を参照してできたもの。

「諸馬牛到所、皆毋敢穿穽及【置它機】、穿穽及及置它機能害人・馬牛者、雖未有殺傷也、耐為隷臣妾。殺傷馬牛、与盗同法。殺人、棄市。傷人、完城旦春。」（張家山漢律「田律」簡251・252号）

111　☒馬・牛・羊・犬・彘于人田☒（193）

【訳】馬牛羊犬彘が他人の田圃で……

214　南郡用節不給〔一〕時令☒（148）

【訳】南郡では時節に従って時令を誤らず……

【注】給《たい》：あざむく。詒と通用して、欺くの意に用いる。

■農田■

120　侵食道、千（阡）、郘（陌）、及斬人疇〔一〕企（畦）〔二〕、貲一甲。……☒（217）

【訳】道路や田地の阡陌を侵食したり、及び他人土地の境界（標識）やあぜを破壊したりすれば、貲として一甲を罰する。……

【注】

〔一〕疇：うね。「疇者、界也、埒畔也」（『文選』魏都賦の李善注）。

〔二〕企（畦）：「尽巧而正畦陌者、非愛主人也」（『韓非子』）

116　廿四年〔一〕正月甲寅以来、吏行田〔二〕贏律（？）〔三〕詐（詐）☒（180）

【訳】廿四年正月甲寅から、吏は農田を視察してきて、（土地を占める）規定を超えれば詐とすることとなる。

……

【注】

〔一〕廿四年、秦王政に十四年（紀元前二二三年）。

〔二〕行田：農田を視察する。「並行田視地利」（『晋書』王羲之伝）。『龍崗秦簡』（中華書局、二〇〇一年）に『史記』匈奴列伝の「行猟」によって、「疑即行獵、進行狩獵活動」とある。

〔三〕贏：あまる。『周礼』考工記鄭玄注に「贏、過孰也」とある。贏律：過律と同じ意。程度をこえることと。「使其弟子贏律」（睡虎地簡「秦律雑抄」除弟子律簡6号）。「坐事国人過律」（『史記』傅靳蒯成列伝）。

178　諸以銭財它物〔一〕假田〔二〕□□□□□□□▨（168）

【訳】およそ銭財や它物を以て田を仮り、……

【注】

〔一〕它物：「金布律」簡26号の注〔二〕を参照。

〔二〕仮田：「仮田播殖、以娯朝夕」（後漢書「鄭玄列伝」）

■道路■

46　衡（衜）道〔一〕行禁苑中□▨（246.1）

【訳】衡（衜）道で禁苑のなかに通行する……

【注】

〔一〕衡（衜）道：『龍崗秦簡』中華書局版に「衡、通『衜』、縦横相交的通道。」とした。

48　中質〔一〕、去道過一里濯者□水（?）□▨（249）

【訳】道に一里以上離れ、濯溉する者は……□水を……

【注】

〔一〕中質：簡の始めの二字であり、上につながっている前文がわからない限りに意味不明。一説には「射中目標」とある（『龍崗秦簡』中華書局、二〇〇一年、九四頁）。

濯：すすぐ。ここで濯溉（灌溉）する意。

152　部〔一〕主〔二〕者各二甲、」令・丞・令史各一甲□▨（188.1）

【訳】部主者にはそれぞれ二甲を罰し、令・丞・令史にはそれぞれ一甲を罰する……

【注】

〔一〕部：本簡の冒頭にある一字で、上に繋がってる字は不明であるが、簡185号「取伝書郷部稗官」と比べて、「郷部」である可能性ある。郷部とは郷官部吏であり、『漢書』韓延寿伝に「延寿大喜、開閤延見、内酒肉与相対飲食、厲勉以意告郷部、有以表勸悔過従善之民」とある。

〔二〕主：主管者。簡234号の注を参照。

50　▨行□□中過□其□▨（247.2）

不明。

■田租税律■

125 不遺程〔一〕、敗程〔二〕租者、□。不以敗程租上⧄(215)

【訳】田租の基準をおとすこととやぶることをしなければ、田租の基準をやぶると……

【注】

〔一〕遺：漏れる。「盗律」盗田簡126号注〔二〕を参照。「兼覆無遺。」(荀子「王制」)程：はかる。「盗律」盗所監簡133号注〔一〕を参照。遺程：基準をおとす。

〔二〕敗程：基準をやぶる。

127 一町、当遺二程者、而□□□□□□□⧄(240)

【訳】一町、二程をおとすに当たる者、而して……

128 詐(詐)一程若二程□□之□□⧄(231)

【訳】田租基準の一単位を騙すれば、単位にしたがって、それを……

【注】

〔一〕若：したがう。一説には若は或いはの意。

129 人及虚〔一〕租希(稀)〔二〕程者、耐城旦舂。□□□⧄(226)

【訳】……及びいつわって田租をだますことや基準を少なくすれば、耐城旦舂とする。……

【注】

〔一〕虚：いつわり。

〔二〕希：稀に通じて、すくない。「怨是用希」(論語「公冶長」)皇侃義疏に「希、少也」とある。

130 ⧄各二程□⧄(129)

131 ⧄□程直(値)希(稀)之⧄(28)

【訳】……基準値を少なくす。……

132 ⧄貲租者一甲⧄(216.3)

【訳】……租者に貲として一甲を罰す。……

134 ⧄希(稀)其程率〔一〕。或稼⧄(177.2)

【訳】……その基準を少なくして、或いは……

【注】

〔一〕率：律と通じて、基準。『広雅』釈言に「律、率也」とある。

136 租不能実〔一〕□、□軽重于程、町失三分、⧄(171)

【訳】誠実に田租を受けられず、基準より軽くしたり重くしたりすれば、町ごと三分の一程度の差があれば……

【注】

〔一〕実：まこと。

138 有犯令者而（?）弗得〔一〕、貲官（?）嗇（?）夫☐（236）

【訳】法令を違反した人がいったのに、（主管者が）察知しなければ、官嗇夫に貲刑で罰する。

【注】

〔一〕弗得：察知しらず。「具律」裁判制度簡234号の注を参照。

139 其部□□□□□貲二甲。……☐（228）

140 租笄索〔一〕不平一尺以上、貲一甲。不盈一尺到☐（224）

【訳】租を徴収用笄の索は一尺以上に水平よりずれば、貲として一甲を罰し、一尺未満……に至ったら……

【注】

〔一〕笄索：おそらく倉の穀物をならす用の道具。笄の正字は玕であり、『説文解字』に「平也」とある。

〔二〕平：基準。

141 上、然租不平而劾〔一〕者、□□□□租（?）之（?）□☐（225）

【訳】田租（の徴収）を不公平にさだめたら……

【注】

〔一〕劾：核に通じて、さだめる意。

142 皆以匿租者、詐（詐）毋少多、各以其☐（170.1）

【訳】すべて租税の隠ぺいとして処罰するというのは、嘘の多い少ないに関係なく、各自その……

143 □□□不到所租□直（値）、虚租而失之如☐（147）

【訳】……納めるべき租税に届いておらず、租税を偽ってこれを漏らし、……の如く……

144 租者監者〔一〕、詣受匿（?）租所□□□□☐☐□☐☐然☐（218）

【注】

〔一〕監者：監督者。「空倉中有薦、薦下有稼一石以上、廷行【事】貲一甲、令史・監者一盾」（睡虎地秦簡「法律答問」簡151号）

意味不明であるが、おそらく租者と監者らの間の租税の隠蔽に関する律であろう。

147 坐其所匿税臧（贓）、与灋（法）〔一〕没入其匿田〔二〕之稼。☐（202）

【訳】租税を隠して横領することを罰し、法を以てその隠した土地の穀物を没収する。……

【注】

〔一〕与：以と通じ、与灋（法）：法を以て意。

〔二〕匿田：田圃を隠す。「部佐匿者（諸）民田、者（諸）民弗智（知）、当論不当？部佐為匿田、且可（何）為？已租者（諸）民、弗言、為匿田、未租、不論□□為匿田」（睡虎地秦簡「法律答問」簡157号）

150

租者且出以律、告典＝〔一〕、田＝典＝〔二〕、令黔首皆嫡（知）之、及☒（196）

【訳】貸す人はまた法律によって出し、典・田典に告げて、典・田典は百姓にこれを知らせて、また……

【注】

〔一〕典：里典、里正。睡虎地秦簡「封診式」に「某里典甲詣里人士五（伍）丙」があり、『公羊伝』宣公十五年注に「在邑曰里、一里八十戸、……選其耆老有高徳者、名為父老。其有弁護伉健者為里正、皆受倍田、得乗馬」がある。

〔二〕田典：田畑の事務を管轄する小役人である。「有（又）里課之、最者、賜田典日旬。殿、治（笞）卅」（睡虎地秦簡「秦律十八種」廏苑律簡14号）。

154

黔首皆従千（阡）佰（陌）彊（疆）畔〔一〕之其☒（198）

【訳】百姓はみな田圃のさかいによって……

【注】

〔一〕彊畔：田圃のさかい。『説文解字』に「畔、田界也」とあり、段「注」に「田界者、田之竟処也」とある。

155

黔首銭仮其田已（?）□□□者、或者□☒（161）

【訳】百姓はお金によってその田を借りから……

【注】「而豪民侵陵、分田劫仮」顔『注』：「分田、謂貧者無田而取富人田耕種、共分其所收也。仮亦謂貧人賃富人之田也。劫者、富人劫奪其税、侵欺之也」（『漢書』食貨志）

156

田□□□僕射〔一〕□大人☒（160）

【注】

〔一〕僕射：「皆有僕射、随所領之事以為号也。」（『漢書』百官公卿表の師古注）

157

黔首田実〔一〕多其□☒（153.1）

【訳】百姓の田の獲物は、それより多いになったら……

【注】

〔一〕実：とみ、獲物。『淮南子』に「財不聚而名不立。」とある。

159　▨或即言其田実（?）▨（残10.1）
【訳】或いはすなわちその田の獲物を言う……
【注】本簡は簡157号とつながっている可能性がある。

158　黔首或始穜（種）即故□▨（176）
【訳】百姓または耕作し始め、即ち……

160　迸徙〔一〕其田中〔二〕之臧（贓）而不▨（155）
【訳】その田に（関して）得た賄賂を隠したりし、移したりすれば、自ら……しなければ……
【注】
〔一〕迸徙：隠したり、移したりする。迸、屏と通じて、おおう。『説文解字』に「屏、蔽也」とある。
〔二〕中：得と通じ、手に入れる意。『周礼』地官に「掌国中失之事」があり、鄭注に「故書「中」為「得」」とある。

161　▨罪及稼〔一〕臧（贓）論之。　▨（132）
【訳】……の罪及びその得た賄賂によって罪を論ずる。
【注】
〔一〕稼：うえる、収穫。

162　稼償主。　▨（232）

163　▨之租▨（139.2）

164　▨□田以其半▨（139.3）

165　▨□者租匿田〔一〕▨（78）
【訳】隠した田圃に租税を徴収する。
【注】
〔一〕簡147号の注を参照。

166　▨律賜苗▨（125.1）

167　▨程租（219.3）

168　▨租及□▨（33）

169　▨□租其□▨（31）

170　▨租故重〔一〕（17）
【訳】……故意に租税を重くする。
【注】
〔一〕睡虎地秦律「法律答問」に「罪当重而端軽之、当軽而端重之、是謂『不直』」（簡93号）とある。

171　⍁故軽故重⍁（残 2.3）
【訳】故意に租税を軽くしたりし、重くたりする。
【注】簡170簡の注を参照。

172　⍁雖弗為軽租直（値）（13）
【訳】……租税の値を軽くしなくても……

173　軽【重】同罪⍁（178）
【訳】軽重問わず、同罪である。……

174　⍁重租与故（5）
不明。

176　⍁□租者不丈⍁（残 1.1）
【訳】……租者測らず……
【注】丈、はかる意。睡虎地秦簡「為吏之道」に「徒隷攻丈」とある。

177　⍁□写律予租⍁（残 8.3）
【訳】……律を写し、租を与え……
【注】予：与と通じ、あたえる意。

186　⍁分、失廿石以⍁（残 4.4）
【訳】……二十石をあやまると……

187　⍁以上、失租廿石⍁（残 9.1）
【訳】以上、二十石の租をあやまると……

188　盈廿石到十石、論（?）□□。不盈【十】石到一石、⍁（239）
【訳】満廿石～十石であれば……と論じ【十】石未満～一石に到る……

189　以□□□□。不盈□石到⍁（234.1）
【訳】……何石未満……（石）に到る……

190　⍁不盈一石⍁（141.1）
【訳】……一石未満……

191　一盾。不盈十石到一石、誶（?）〔一〕。不盈九斗到十⍁（230）
【訳】一盾す。一石から十石未満なら誶罰され、十（升）から九斗未満なら……
【注】
〔一〕誶：叱責する罰。

192 斗、誶。不盈三□到六□、□□□□▨(229)
【訳】斗なら、誶罰される。三□未満から六……

193 不盈廿石到十石、誶。不盈十石及過十▨(221)
【訳】二十石未満から十石まで、誶罰され、十石未満及び
十……過ぎ

194 ▨廿【石】□▨(29)
【訳】……二十(石)……

付録　その他(律〈令〉名不明、備考)

51 ▨為城旦▨(192.3)
52 禁苑在関外□▨(199)
53 令・丞弗得、貲各二甲。関外及県・道官為▨(223)
75 ▨□死□県道【官】▨(135.1)
84 ▨禁苑▨(205.2)
88 ▨□道官皆勿論▨(131)
91 ▨善射者敦□▨(44)
92 ▨弩矢□□▨(135.2)
93 ▨□【黥】為城旦舂▨(133.1)
94 ▨□入禁▨(66)
95 ▨【苑】雉▨(残10.3)
96 勿令巨罪。▨(193.1)
135 同罪。▨(235.1)
149 ▨一等、其□▨(残7.3)
179 之亦与買者▨(169.1)
180 ▨敢販仮□贏▨(169.2)
182 ▨具与偕▨(残2.2)
183 ▨□犯此令□▨(残3.1)
184 ▨□□【二】【甲】而以▨(138)
185 ▨其程尽以▨(残4.1)
198 勿予其言殹(也)、□□□□禁□□□▨(220)
199 宦者其有言罨(遷)及有罪者▨(166.1)
200 有言県道官、園程□▨(201)
203 遇(?)而争、【争】而不剋者▨(192.1)
206 道官〻長〻問之(?)▨(167)
207 □小期□▨(157.1)
208 者、皆貲二甲。(149)　▨
209 ▨必言者(?)入□▨(146)
210 ▨勿禁。……▨(142.3)
211 ▨□入県官▨(127)
212 ▨【各】貲一盾□▨(126)
213 復以給仮它人、取▨(163)
215 ▨□取南郡▨(98)
216 ▨如三分□▨(121)

217 ⧄一甲□⧄（120）
219 ⧄□貲一盾⧄（116 + 121.2）
220 ⧄謁者必（123）
221 ⧄行道⧄（141.2）
222 ⧄罪□⧄（106.2）
223 ⧄者皆与⧄（137.2）
224 魚溝直□□⧄（158）
225 ⧄律論之□⧄（137.3）
226 ⧄僉⧄県（?）⧄（137.5 + 137.6）
227 ⧄官　⧄（124）
228 ⧄県⧄（92）
229 ⧄□有⧄（101）
230 ⧄甲出⧄（100）
231 ⧄将□⧄（88）
232 ⧄不盈⧄（残 4.5）
233 上及□□□車□□□□□□□□⧄（233）
235 ⧄以上貲二⧄（82）
236 ⧄貲一甲。（81）
237 ⧄□者（?）不□⧄（69）
238 ⧄下皆□⧄（64）
239 ⧄□□上典（61）
240 ⧄□律（58）
241 ⧄□尉将⧄（55）

242 ⧄□道官⧄（53）
243 ⧄□□□二日以（?）（46）
244 ⧄令□（34）
245 ⧄□□□故⧄（39.1）
246 ⧄道官　　⧄（37）
247 ⧄□者吏貲⧄（25）
248 ⧄□而□（23）
249 ⧄中以⧄（22）
250 ⧄郷邑上⧄（170.2）
251 ⧄□治除敗⧄（19）
252 ⧄旁不可⧄（138.2）
253 ⧄封□⧄（8）
254 ⧄勿（6.1）
255 ●□□⧄（6.2）
256 ⧄□其⧄（1）
257 ⧄□寸⧄（残 9.2）
258 ⧄□宦者⧄（残 4.2）
259 ⧄□之不如【令】⧄（残 6.1）
260 ⧄令⧄（残 5.4）
261 ⧄分（?）□□□⧄（残 6.2）
262 ⧄止（103）
263 ⧄丘□⧄（157.3）
264 ⧄不従【令】⧄（残 3.1）

265　⧄□小□□⧄（71）
266　⧄灋（法）□⧄（残 3.4）
267　⧄旦春□⧄（136.2）
268　⧄牛□⧄（39.2）
269　⧄首（残 2.4）
270　⧄各善⧄（残 1.3）
271　⧄□官□□⧄（192.4）
272　⧄以論⧄（185.2）
273　⧄□苑（?）□⧄（142.1）
274　⧄□之【其】⧄（142.4）
275　⧄□其□⧄（142.2）
276　⧄挾（?）□□⧄（142.5）
277　⧄其□⧄（269.2）
278　⧄錢到⧄（273.3）
279　⧄□□已夬（決）乃⧄（166.2）
280　⧄□罪⧄（137.4）
281　⧄□射⧄（95）
282　⧄□□伝□□⧄（213.2）
283　⧄有⧄（219.2）
284　⧄封（?）□⧄（153.2）
285　⧄之□□⧄（214.2）
286　⧄符（52）
287　⧄或□⧄（117）

288　⧄貲一⧄（114）
289　⧄毚⧄（208.3）
290　⧄□及⧄（152.2）
291　⧄官□⧄（157.2）
292　⧄克⧄（125.2）
293　⧄□皆□⧄（208.2）

【付録Ⅱ】

龍崗秦簡写真版（釈文付き新編号順）

上＝中華書局『龍崗秦簡』の整理番号、下＝出土番号

1

諸叚両雲夢　池魚及有到　雲夢　禁中者得　取灌（?）□□□

（278）

2

竇出入及毋符　伝而闌入門者　斬其男子左趾　□女【子】

（272）

3

伝者入門必行其所当　行之道【不】行其所当行

（257）

4

詐偽仮人符伝　及譲人符　伝者皆与闌入門同罪

（255①）

5

関＝合符及以伝書　閲入之及訁佩入司馬門久

（186）

6

禁苑吏　苑人及黔首有事禁中或取其□□□

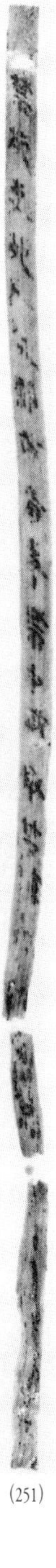

(251)

7

諸有事　禁苑中者□□伝書　県道官□郷(？)

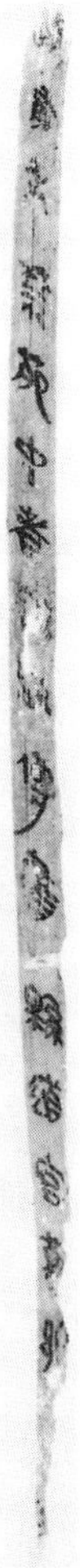

(206)

8

制所致県道官必復請之不従律者令丞

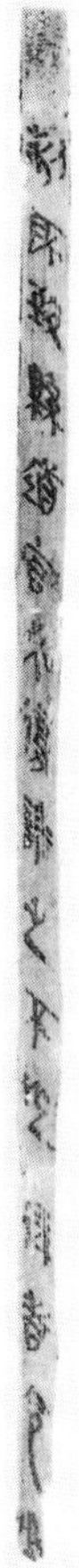

(222)

9

県道官其伝

(181)

10

取伝　書郷部稗官」其【田】及〼【作】務□

(185)

11

于禁苑中者発与参弁券

(130)

12

有不当入而闌　入及　以它詐偽入□□□□

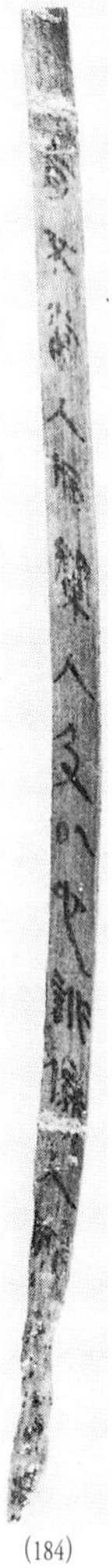

(184)

13

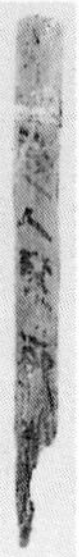

(174②)

盗入禁苑

14

(174①)

六寸符皆伝

15

(263)

従皇帝而行及舎禁苑中者皆(?)□□　□□□

16

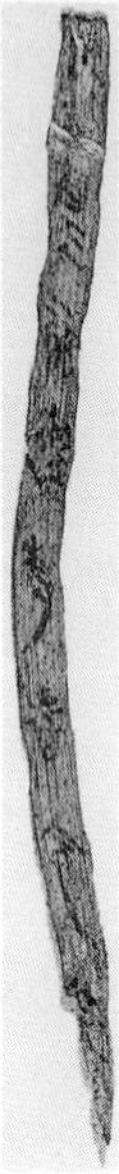

(145)

皇帝過将者令徒

17

(269)

亡人挾弓弩矢居禁中者棄市

18

(261)

城旦舂其追=盗=賊=亡=人出入禁苑耎(?)者得　辶□

19

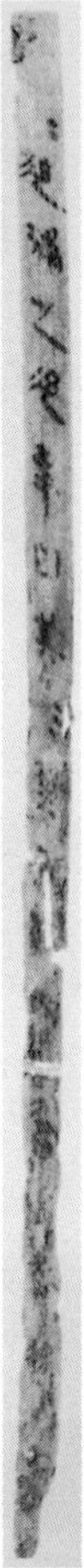

(276)

□=追捕之追事　已其在(?)禁(?)□□　当出(?)者(?)将(?)出(?)之(?)

20

不出者以盜入禁

(15)

21

苑律論之伍人弗言者与同灋

(172)

22

⿰女笏請入之与同罪

(209)

23

敺入禁苑中勿敢擅=殺=者

(183)

24

偽仮入県

(51)

25

禁苑田伝

(192②)

26

没入其販仮殹銭財它物于県道官

(264)

27

諸禁苑為耎去苑卌里禁 毋敢取 耎中獸 取者其罪与盜禁中[同]

(274)

28

(207)

諸禁苑有耎者□去耎廿里毋敢＝毎＝殺

29

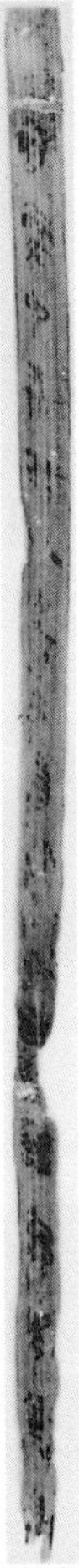

(245)

射耎中□□□之□有□□殹□□□其□

30

(256)

時来鳥黔首其欲弋射耎獣者勿禁

31

(262)

諸弋射甬道禁苑外卅(?)里(?)轂去甬道禁苑

32

(258)

諸取禁中豺狼者毋罪

33

(279)

●鹿一彘一麋一麃一狐二當(?)完為城旦舂不□□

34

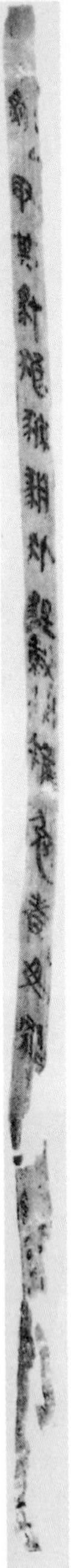

(254)

然ㄴ取其豺狼豲貈狐貍【犬】□雉兎者毋罪

35

沙丘苑中風茶者

(195)

36

風茶宂出或捕詣吏

(151)

37

盗死獣直賈以開□

(260)

38

諸取禁苑中柞棫橎楢産葉及皮

(208①)

39

●禁苑嗇夫吏数循行垣有壊決獣道出及見獣出在外亟告県

(253)

40

二百廿銭到百一十銭耐為隷臣妾□

(273①)

41

貲二甲不盈廿二銭到一銭 貲一盾不盈一銭□

(275①)

42

故罪当完城旦舂以上者駕其□男子

(271)

43

耐者仮将　司之令　終身毋得見□□□　□□□□

(267)

44

盗同灋　有駕其罪如守県□　金銭

(266)

45

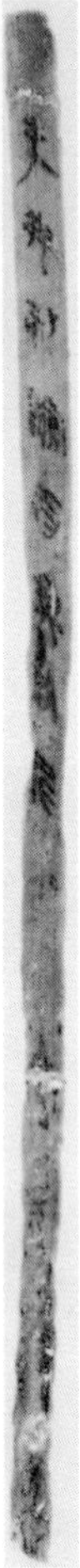

吏弗劾論皆與同罪

(259)

46

衙　道行禁苑　中

(246)

47

有逋亡□□宿

(244)

48

中質去道過　一里　濯者□水(?)□

(249)

49

盗禁苑

(247①)

50

行□□中過□其□

(247②)

51

為城旦

(192③)

52

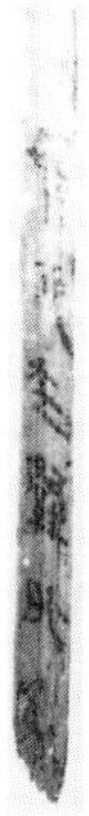

禁苑在関外

(199)

53

令丞弗得貲各二甲関外及　県道官為

(223)

54

敢行馳道中者皆䙴之其騎及以乗　車軺車

(179)

55～57

牛=車輓車

(87)
(90)
(62)

58

行之有没入其車馬牛県=道=【官】

(175①)

59

騎作乗=輿御騎馬於它馳道若吏【徒】

(189)

60

中及奴道絶馳=道=與奴道同門橋及限(？)

(265)

61

(250)
黴奴道　其故　与　（黴）（？）□（奴）□（道）行之不従（？）□

62

(残1②)
馬奴道

63

(134①)
有行馳

64

(133②)
道中而弗得貲官嗇

65

(14①)
【夫】二甲或入

66

(159)
令　吏徒讀黴行

67

(143)
出入之勿令

68

(144)
吏　具必亟入事已出

69

(59)
首盗

70

(136①)
【黥】為城旦舂其

71

(177①)
毆縦火而

72

(89)
匿盗

73

(128)
賊迹貲二甲其罪匿之

74

(216②)
捕詷

75

死　□県道【官】

（135①）

76

捕者貲二甲

（残3②）

77～81

黔首犬入禁苑中而不追獣及捕者勿　殺其追獣及捕獣者

（238）
（235②）
（残7②）
（110）
（91）

82

殺之河禁所殺犬皆完

（164①）

83

它禁苑食其肉而入其皮

（24）

84

禁苑

（205②）

85

中獣以皮革筋給用而毋敢射＝【殺】＝

（165）

86

入其皮□県道官

（248）

87

絶行【馳】

（139①）

88

道官皆勿論

（131）

89

獣得

(280①)

90

得殉及為作務群它

(154)

91

善射者敦

(44)

92

弩矢

(135②)

93

【黥】為城旦舂

(133①)

94

入禁

(66)

95

【苑】雉

(残10③)

96

勿令巨罪

(193①)

97

殺獣

(188②)

98

廿五年四月乙亥以来□□馬牛羊

(237①)

99

馬牛羊食人□之□□□□□□□□□

(243)

100

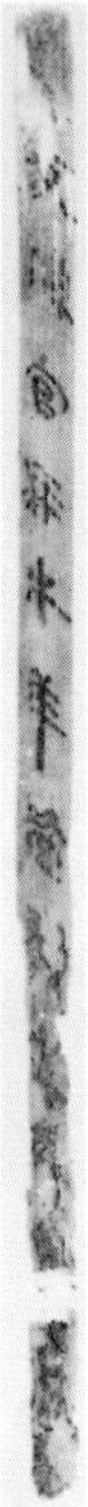

牧県官馬牛羊盗□之弗□□

(270)

101

馬牛殺之及亡之当償而誶□□□□□□□

(268)

102

没入私馬牛【羊】【駒】犢羔県道官

(213①)

103～105

諸馬牛到所毋敢=穿=穽=及=置=它=機敢害人馬牛者雖末有

(212)
(残8②)
(12)

106

殺傷毆貲二甲殺傷馬

(203)

107

与為盗

(109)

108

【殺】人黥為城

(14②)

109

旦春傷人贖耐

(205①)

110

【馬】牛殺

(65)

111

馬牛羊犬彘于人田

(193②)

112

亡馬=牛=駒=犢=【羔】=皮及□皆入禁□(官)

(210)

113

病駒禁有

(残7①)

114

盗牧者与同罪

(211)

115

盗馬牛帰(之)

(134③)

116

廿四年正月甲寅以来吏行田贏律詐

(180)

117

田不従令者論之如律

(194)

118

一盾非田時殴及田不□□坐

(219①)

119

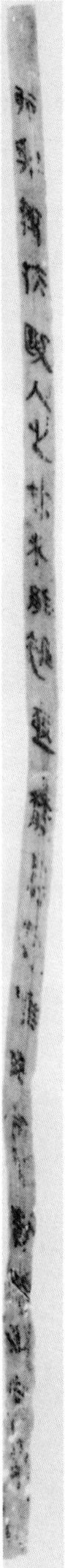

而輿軌(?)疾敺入之其未能祧亟散離(?)之唯毋令獣□

(252)

120

侵食道千邵及斬人疇企貲一甲

(217)

121

盗徙封侵食冢廬贖耐□□□宗廟耎

(242)

122

盗槧櫝罪如盗

(277)

123

盗賊以田時殺

(200)

124

人冢与盗田同灋

(227①)

125

不遺程敗程租者□不以敗程租上

(215)

126

盗田二町当遺三程者□□□□□□□

(241)

127

一町当遺二程者而□□□　□□□□

(240①)

128

詐一程若二程□□之□□

(231)

129

人及虚租希程者耐城旦舂

(226①)

130

各二程

(129)

131

程直希之

(28)

132

貲租者一甲

(216③)

133

程田以為臧与同灋田一町尽□盈□希

(190)

134

希其程　率或稼

(177②)

135

同罪

(235①)

136

租不能実□

(171①)

137

分以上直其　所失臧及所受臧　皆与盗同

(204)

138

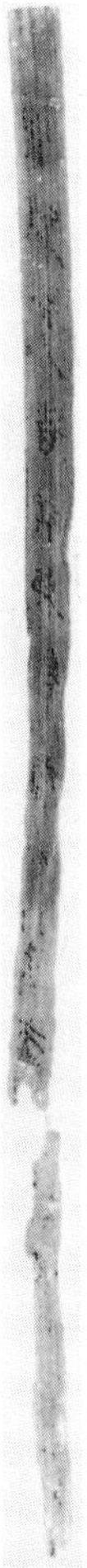

有犯令者而(?)弗得貲官(?)嗇(?)夫

(236①)

139

其部□□□□□貲二甲

(228)

140

租笄索不平一尺以上貲一甲不盈一尺到

(224①)

141

上然租不平而劾者□□□□租(?)之(?)□

(225①)

142

皆以匿租者詐毋少多各以其

(170①)

143

希其程率或稼

(177)

144

租者監者詣受匿租所□□□□☒☒□☒☒然☒

(218)

145

罪購金一両相与

(216①)

146

除其罪有賞之如它人告

(214①)

147

坐其所匿税臧与灋没入其匿田之稼

(202)

148・149

其所受臧亦与盗同灋遺者罪減焉一等其

(197)
(残7③)

150

租者且出以律告典=田=典=令黔首皆嬬之及

(196)

151

田及為詐偽写田籍皆坐臧与盗

(182)

152

部主者各二甲」令丞令史各一甲□

(188①)

153

取人草□□蒸茅芻稾　勿論

(173)

154

黔首皆從千佰彊畔之其

(198)

155

黔首錢仮其田已(?)□□□者　或者□

(161)

156

田□□□僕射□　大人

(160)

157

黔首田実多其

(153①)

158

黔首或始穜即故□

(176)

159

或即言其田実(?)

(残10①)

160

迸徙其　田中之臧而不

(155)

161

罪及稼臧(贓)論之

(132)

162

稼 償 主
(232)

163

之租
(139②)

164

田以其半
(139③)

165

者租匿田
(78①)

166

律賜苗
(125①)

167

程租
(219③)

168

租 及
(33)

169

租 其
(31)

170

租故重
(17)

171
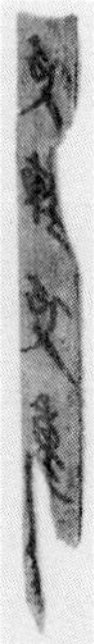
故輕 故重
(残2②)

172

雖弗為輕 租直
(13)

173

輕【重】同罪
(178①)

174

重租与 故
(5)

175

以為盗 田反農
(156)

176

租者不丈
(残1①)

177

写律予 租
(残8③)

178

諸以銭財它物仮田
(168)

179

之亦与買者
(169①)

180

敢販与□贏
(169②)

181

□復(?)閲
具徒=有
(残5)

182

具与偕
(残2①)

183

□犯此令□
(残3①)

184

【甲】而以
(138①)

185

其程尽以
(残4①)

186

分失廿石以
(残4③)

187

以上失租廿石
(残9①)

188

盈廿石到十石論(?)□□不盈【十】石到一石
(239)

189

以□□□□不盈□石到
(234①)

190

不盈一石
(141①)

191

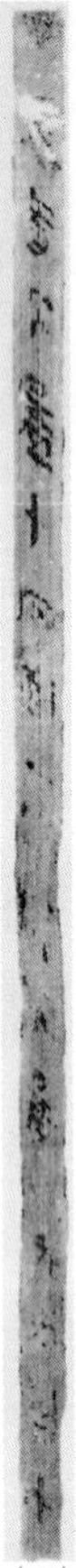

一盾 不盈 十石到一石誶(?)不盈 九斗到十

(230)

192

斗誶 不盈 三□到六□ □□□□

(229)

193

不盈廿石到十石誶不盈十石 及過十

(221)

194

廿【石】

(29)

195

及棄臧焉

(残8①)

196

黔首不幸死未葬

(152①)

197

者棺葬具吏及徒去弁

(187①)

198

勿予其言殹□□ □□ □禁□□□

(220)

199

宦者其有言(遷)及有 罪者

(166①)

200

有言 県道 官園程

(201)

201

言吏入者坐臧与盗同【灋】
(162)

202

未央而言者貲二【甲】
(26)

203

遇(?)而争而不剋者
(192①)

204

罪者獄未央
(21)

205

史□貲各一盾盗(?)
令
(191)

206

道官=長=問之(?)
(167)

207

小期
(157①)

208

者皆貲二甲
(149)

209

必言者(?)入
(146)

210

勿禁
(142③)

211

入県官
(127)

212

(各)貲一盾
(126)

213

復以給仮它人取
(163)

214

南郡用節不給時令
(148)

215

取南郡
(98)

216

如三分
(121①)

217

一甲
(120)

218

如盗之
(111)

219

【貲】一盾
(116＋121②)

220

謁者必
(123)

221

行道
(141②)

222

罪
(106)

223

者皆与
(137②)

224

魚溝直
(158)

225

律論之
(137③)

226

僉県(?)
(137⑤)

227

官
(124)

228

県
(92)

229

有
(101)

230

甲出
(100)

231

将
(88)

232

不盈
(残4)

233　上及□□□□車□□□□□□□□□　(233)

234　主弗得皆贖耐　(187)

235　以上貲　(82)

236　貲一甲　(81)

237　者(?)不　(69)

238　下皆　(64)

239　上典　(61)

240　律　(58)

241　尉将　(55①)

242　道官　(53)

243　二日以(?)　(46)

244　令　(34)

245　故　(39①)

246　道官　(37)

247　者吏貲　(25)

248　而　(23)

249　中以　(22)

250

郷邑上
(170②)

251

治除敗
(19)

252

旁不可
(138②)

253

封
(8)

254

勿
(6)

255

●
(6②)

256

其
(1)

257

寸
(残9②)

258

□宦者
(残4②)

259

之不如【令】
(残6①)

260

令
(残5④)

261

分
(残6②)

262

止
(103)

263

丘
(157③)

264

不従【令】
(残3③)

265

小
(71)

266

瀼
(残3④)

267

旦春
(136②)

268

牛
(39②)

269

首
(残2③)

270

各善
(残1③)

271

官
(192④)

272
以論

(185③)

273
苑(?)

(142①)

274
之【其】

(142④)

275
其

(142②)

276
挾(?)

(142⑤)

277
其

(269②)

278
銭到

(273②)

279
已夬乃

(166②)

280
罪

(137④)

281
射

(95)

282
伝

(213②)

283
有

(219②)

284
封

(153②)

285
之

(214②)

286
符

(52)

287
或

(117②)

288
貲一

(114)

289
毚

(208③)

290
及

(152②)

291
官

(157②)

292
克

(125②)

293
皆

(208②)

【付録Ⅲ】

龍崗秦簡文字編（一四巻）

《凡　例》

（一）今日まで、いくつかの簡牘文字編という書物を刊行してきたが、龍崗秦簡文字編は先例がないので、本編はその空白を埋める意でつくったものである。

（二）本編は劉信芳・梁祝 編著『雲夢龍崗秦簡』（科学出版社、一九九七年）に載せられた写真によって編纂したものである。

（三）本編には計三八八の簡文字（「文」と表記）と重複字（「重」と表記）計一五〇八字を集め、文字を選ぶに際し、原則として鮮明なもののみを収録した。

（四）文字編における文字の並び順と巻分けは『説文解字』の文字順・分類法と同じとし、一四巻にまとめた。また該当簡文に当たる篆書と楷書をともに併記する。

（五）文字の下には簡番号（本文と同じく、中国文物研究所・湖北省文物考古研究所『龍崗秦簡』〈中華書局二〇〇一年〉の「新編号」）を付し、（　）に出土番号を示した。

龍崗秦簡文字編　巻一

一				吏		
 236 (81)	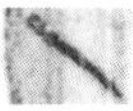 145 (216-1)	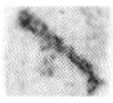 140 (224-3)	 33 (279-1)	 247 (25)	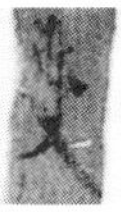 116 (180)	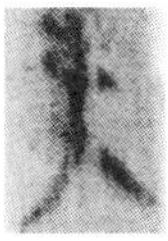 45 (259)
 212 (126)	 132 (216-2)	 188 (239)	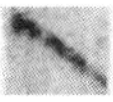 33 (279-2)	 68 (144)	 197 (187)	 木正面
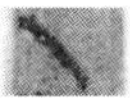 190 (141)	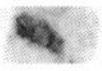 120 (217)	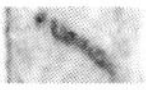 127 (240)	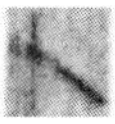 33 (279-3)	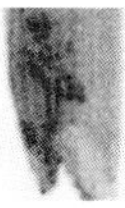 36 (151)	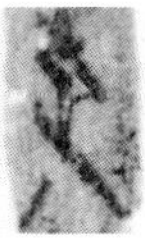 59 (189)	
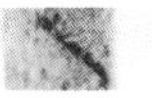 133 (190)	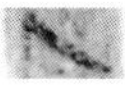 118 (219)	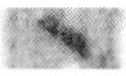 48 (249)	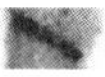 33 (279-4)	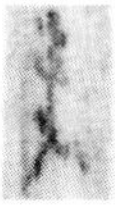 66 (159)	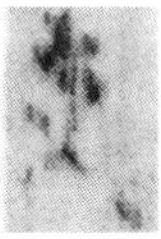 6 (251)	
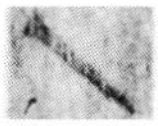 205 (191)	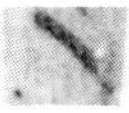 140 (224-11)	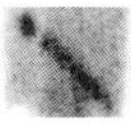 41 (275-1)	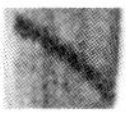 149 (残 7)	 201 (162)	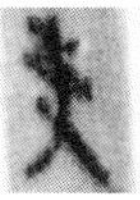 39 (253)	

    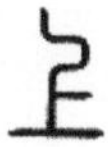

		禁	下	旁	帝		上
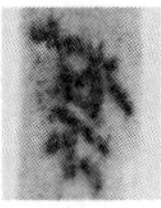 39 (253)	 7 (206)	 83 (24)	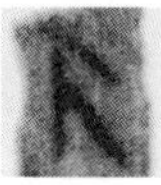 238 (64)	 252 (138)	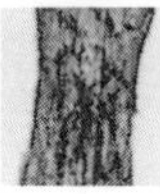 16 (145)	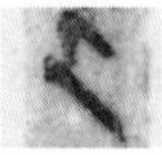 141 (225)	 239 (61)
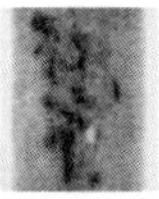 32 (258)	 28 (207)	 11 (130)			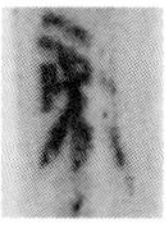 15 (263)	 250 (170)	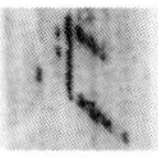 233 (233)
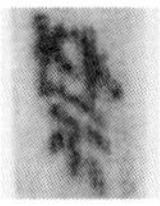 31 (262-1)	 38 (208)	 210 (142)				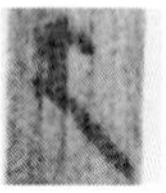 187 (残 9)	 235 (82)
 31 (262-2)	 6 (251-1)	 82 (164)					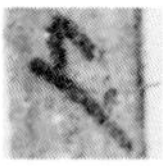 137 (204)
 15 (263)	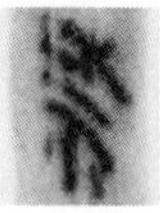 6 (251-2)	 84 (205)					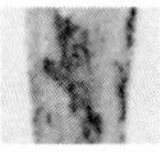 140 (224)

每				中	皇	三	
 28 (207)	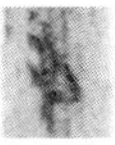 1 (278)	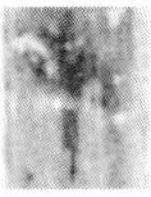 48 (249)	 35 (195)	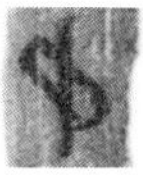 64 (133)	 16 (145)	 216 (121)	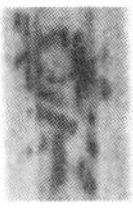 17 (269)
		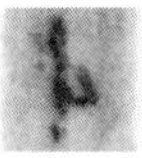 6 (251)	 7 (206)	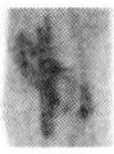 160 (155)	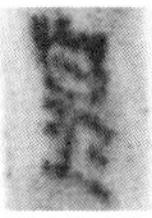 15 (263)	 136 (171)	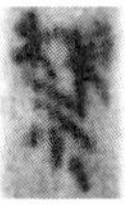 27 (274-1)
		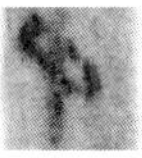 32 (258)	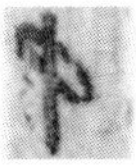 38 (208)	 85 (165)		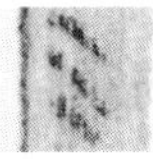 126 (241)	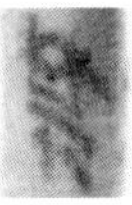 27 (274-2)
		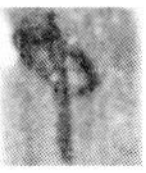 60 (265)	 77 (238)	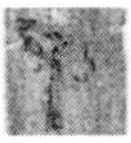 54 (179)			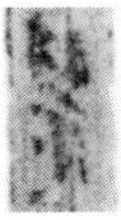 1 (278)
		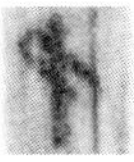 17 (269)	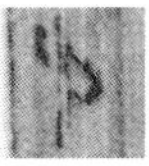 29 (245)	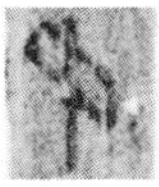 23 (183)			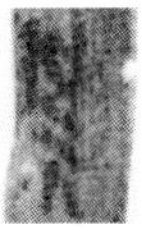 113 (残 7)

芻	若			苑	苗	葉	芧
 153 (173)	 59 (189)	 6 (251)	 35 (195)	 83 (24)	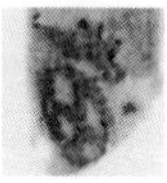 166 (125)	 38 (208)	 153 (173)
	 128 (231)	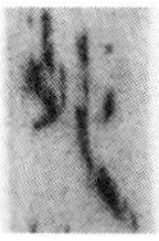 6 (251)	 84 (205)	 21 (172)			
		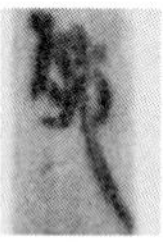 39 (253)	 7 (206)	 13 (174-2)			
		 15 (263)	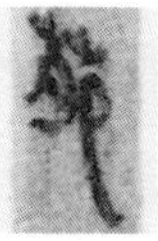 28 (207)	 23 (183)			
		 27 (274)	 38 (208)	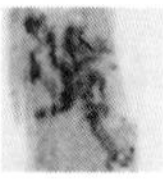 25 (192)			

蒸

153
（173）

荼

36
（151）

35
（195）

草

153
（173）

葬

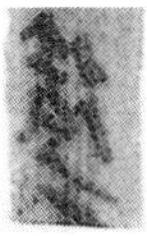

196
（152）

197
（187）

文 21
重 92

龍崗秦簡文字編　巻二

小	少	分	尚	公	必	半

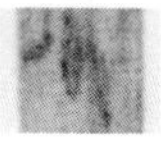 207 (157)	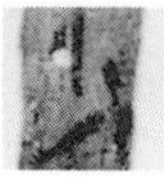 142 (170)	 216 (121)	 木牘背面	 82 (164)	 220 (123)	 164 (139)
	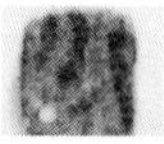 261 (残 6)	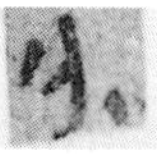 136 (171)			 68 (144)	
		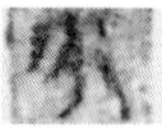 137 (204)			 209 (146)	
		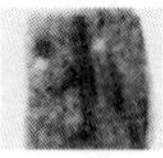 186 (残 4)			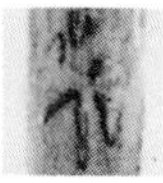 8 (222)	
					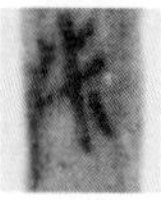 3 (257)	

唯	告	物	犢	問			牛

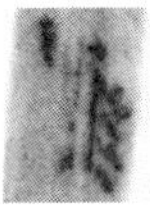 119 (252)	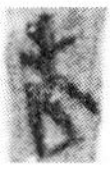 150 (196)	 178 (168)	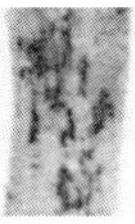 112 (210)	 206 (167)	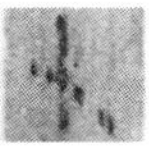 99 (243)	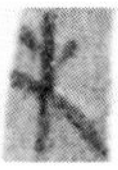 111 (193)	 268 (39)
	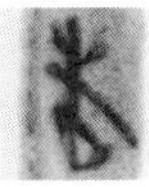 39 (253)	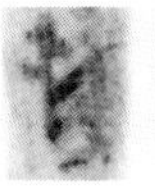 26 (264)	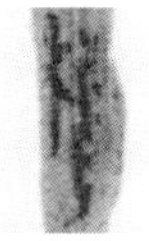 102 (213)		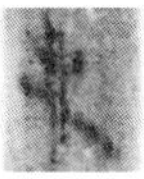 101 (268)	 112 (210)	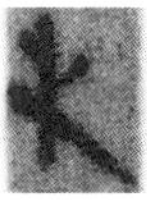 110 (65)
					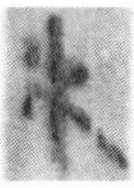 100 (270)	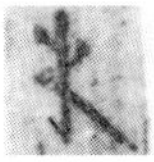 103 (212)	 55 (87)
					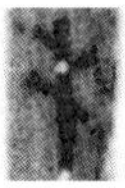 104 (残 8)	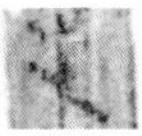 102 (213)	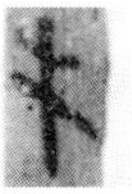 115 (134)
						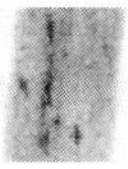 98 (237)	 58 (175)

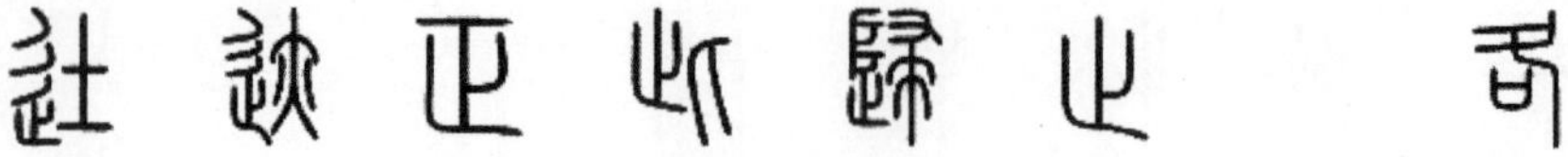

徒	迹	正	此	帰	止		各
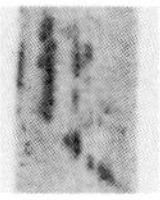 66 （159）  197 （187）  181 （残 5）	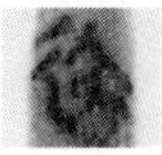 73 （128）	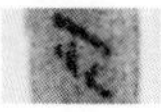 116 （180）	 183 （残 3）	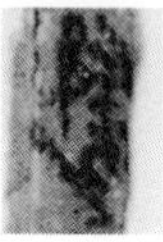 115 （134）	 262 （103）	 270 （残 1）	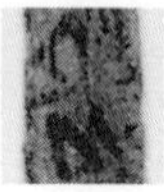 142 （170）  152 （188）  152 （188）  205 （191） 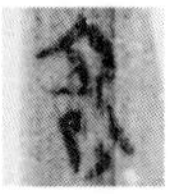 53 （223）

			道	追	遺	徙	過
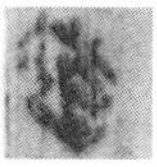 48 (249)	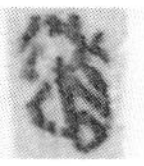 7 (206)	 206 (167)	 246 (37)	 18 (261)	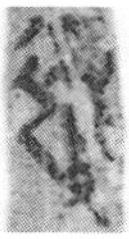 148 (197)	 160 (155)	 16 (145)
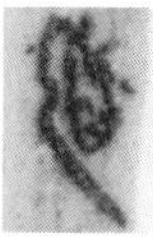 39 (253)	 120 (217)	 58 (175)	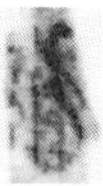 88 (131)	 19 (276)	 125 (215)	 121 (242)	 193 (221)
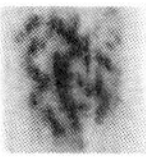 31 (262)	 8 (222)	 54 (179)	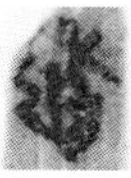 64 (133)	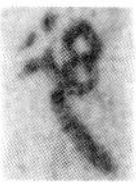 19 (276)	 126 (241)		 50 (247)
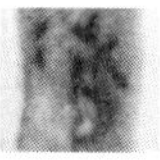 31 (262)	 46 (246)	 59 (189)	 75 (135)	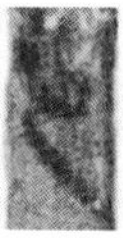 79 (残 7)			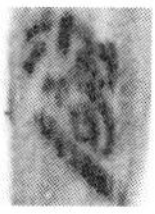 48 (249)
 60 (265)	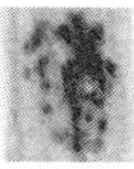 86 (248)	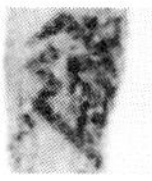 200 (201)	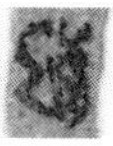 221 (141)				

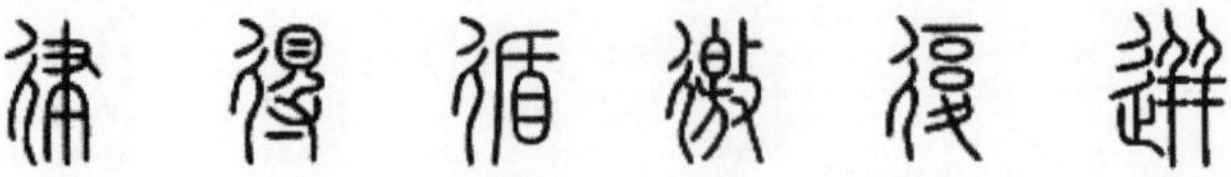

	律	得	循	徼	復	迸	
 117 (194)	 240 (58)	 64 (133)	 39 (253)	 66 (159)	 213 (163)	 160 (155)	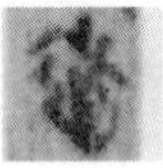 60 (265)
 8 (222)	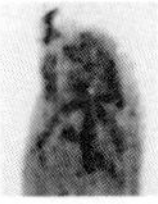 166 (125)	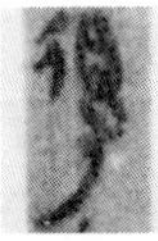 90 (154)			 8 (222)	説文所無	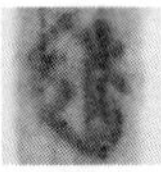 60 (265)
 177 (残 8)	 150 (196)	 234 (187)					
	 225 (137)	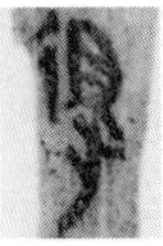 53 (223)					
	 21 (172)	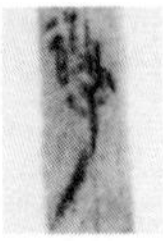 1 (278)					

		丙	衢			行	御
		 木牘正面-1	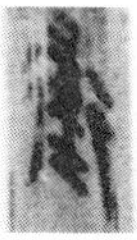 46 (246)	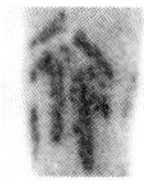 3 (257)	 54 (179)	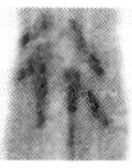 63 (134)	 59 (189)
		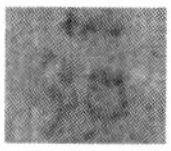 木牘正面-2		 3 (257)	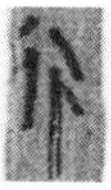 116 (180)	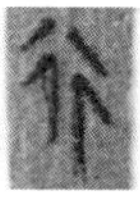 87 (139)	
	文 35 重 86			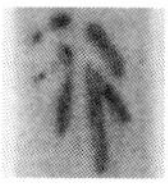 15 (263)	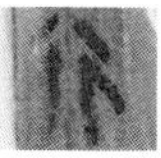 46 (246)	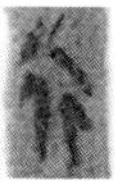 221 (141)	
					 50 (247)	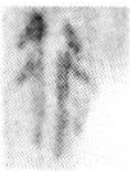 66 (159)	
					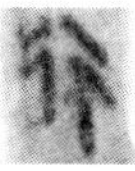 39 (253)	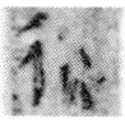 58 (175)	

龍崗秦簡文字編　巻三

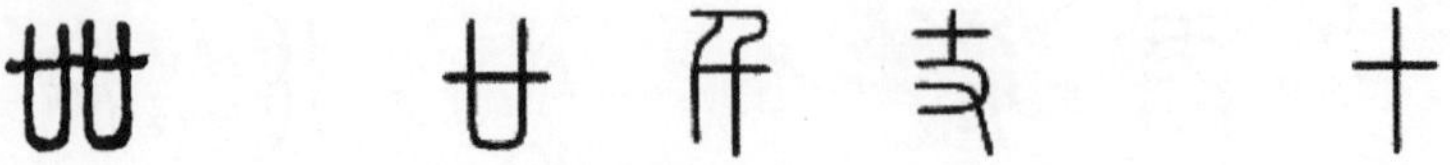

卅		廿	千	丈		十
 27 (274)	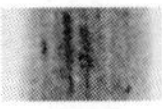 188 (239)	 194 (29)	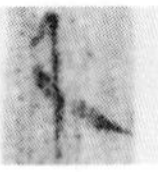 154 (198)	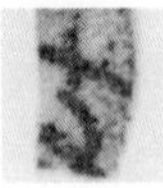 176 (残 1)	 188 (239-1)	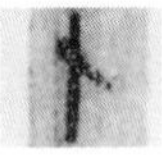 193 (221)
説文所無	 40 (273)	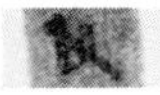 116 (180)	 120 (217)			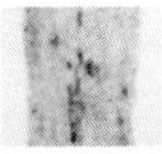 193 (221)
	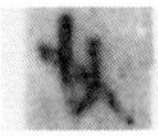 41 (275)	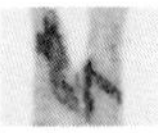 28 (207)				 193 (221)
	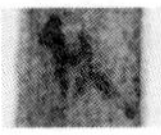 186 (残 4)	 193 (221)				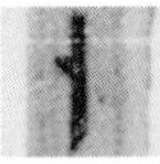 191 (230)
	 187 (残 9)	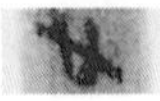 98 (237)				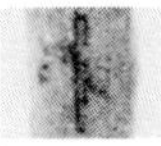 191 (230)

	論		諸	謁	請		言
 117 （194）	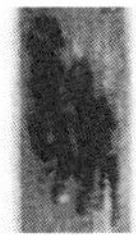 161 （132）	 31 （262）	 178 （168）	 220 （123）	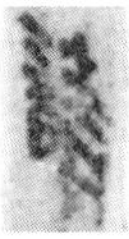 22 （209）	 198 （220）	 202 （26）
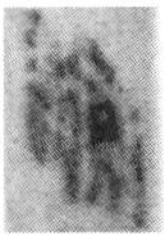 45 （259）	 280 （137）	 27 （274）	 28 （207）		 8 （222）	 159 （残 10）	 201 （162）
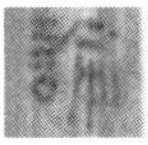 木牘正面 1	 21 （172）	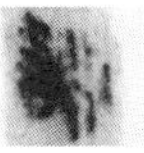 1 （278）	 38 （208）				 199 （166）
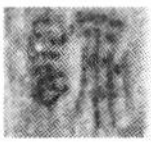 木牘正面 2	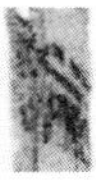 153 （173）		 103 （212）				 21 （172）
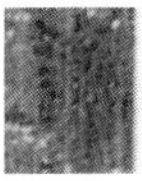 木牘正面 3	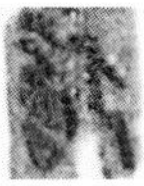 272 （185）		 32 （258）				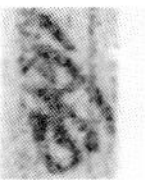 200 （201）

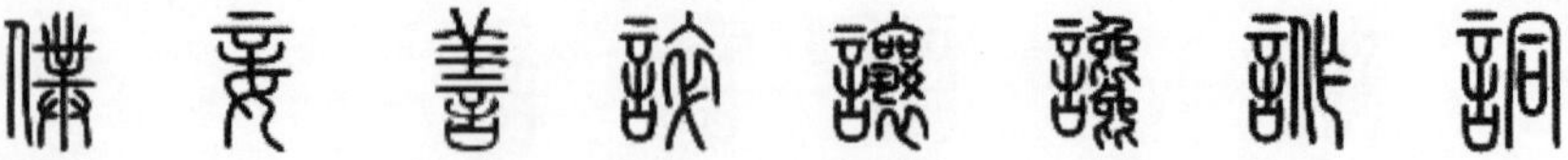

僕	妾	善	誶	讓	讒	詐	詗
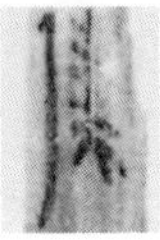 156 (160)	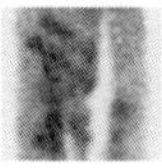 40 (273)	 91 (44)	 193 (221)	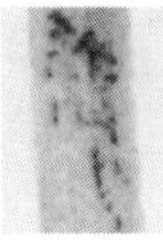 4 (255)	 66 (159)	 142 (170)	 74 (216)
		 270 (残 1)	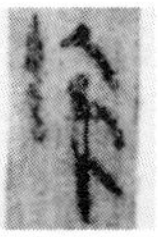 192 (229)			 151 (182)	
			 101 (268)			 12 (184)	
						 128 (231)	
						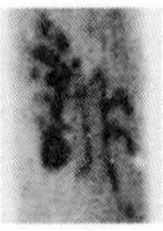 4 (255)	

革	農				与	具	丞
 85 (165)	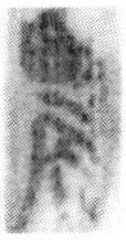 175 (156)	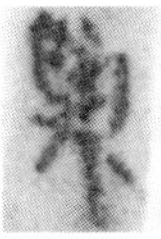 4 (255)	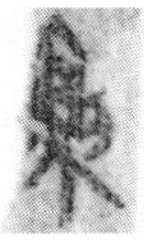 137 (204)	 21 (172)	 174 (5)	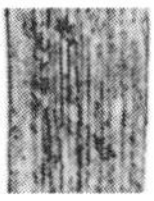 68 (144)	 152 (188)
		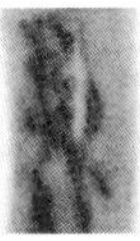 45 (259)	 22 (209)	 151 (182)	 11 (130)	 197 (187)	 53 (223)
		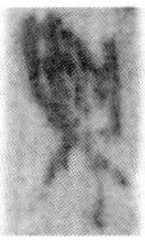 60 (265)	 114 (211)	 133 (190)	 223 (137)	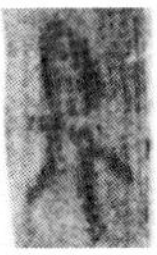 181 (殘 5)	 木牘正面
		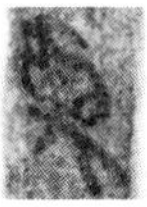 182 (殘 2)	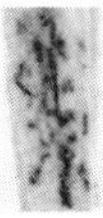 145 (216)	 148 (197)	 201 (162)		
			 124 (227)	 147 (202)	 179 (169)		

			及	夬			為
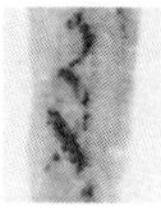 112 (210)	 5 (186)	 54 (179)	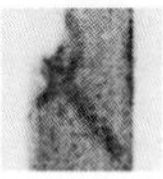 80 (110)	 204 (21)	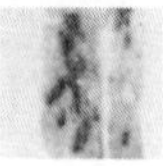 53 (223)	 90 (154)	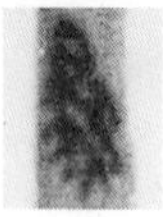 172 (13)
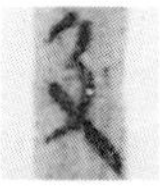 103 (212)	 197 (187)	 151 (182)	 161 (132)	 202 (26)	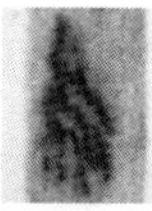 40 (273)	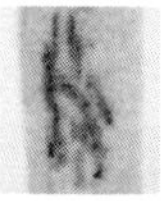 175 (156)	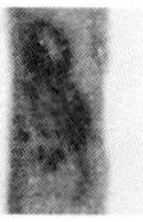 108 (14②)
 120 (217)	 150 (196)	 12 (184)	 290 (152)	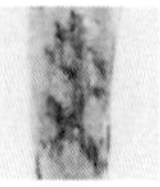 279 (166)	 27 (274)	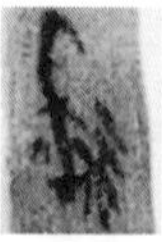 151 (182)	 107 (109)
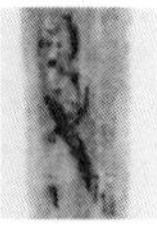 118 (219)	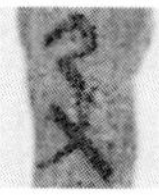 137 (204)	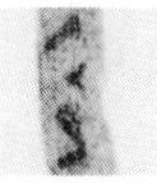 10 (185)	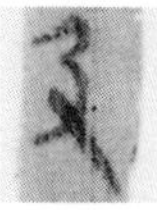 90 (154)		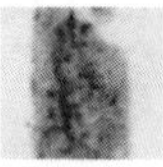 33 (279)	 133 (190)	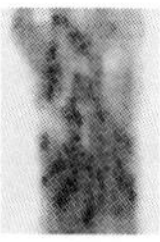 93 (133)
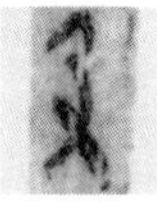 193 (221)	 38 (208)	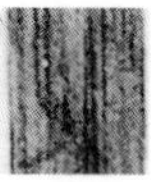 5 (186)	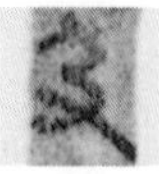 199 (166)		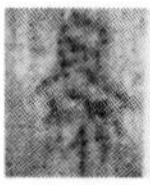 木牘正面-1	 51 (192)	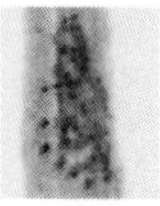 70 (136)

史	段		取	反			
 152 (188)	 1 (278)	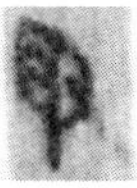 34 (254)	 213 (163)	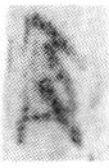 175 (156)	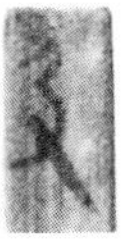 195 (残 8)	 60 (265)	 53 (223)
 205 (191)		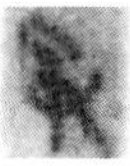 27 (274)	 153 (173)			 60 (265)	 129 (226)
		 27 (274)	 10 (185)			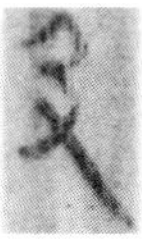 101 (268)	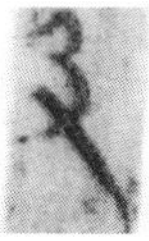 39 (253)
		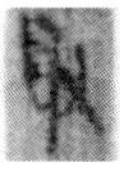 1 (278)	 38 (208)			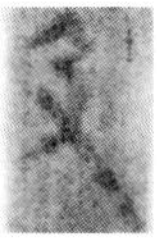 2 (272)	 4 (255)
			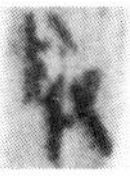 6 (251)			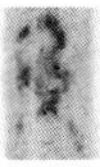 1 (278)	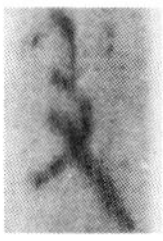 15 (263)

敺		臧	臣	隸	書	事	
 23 (183)	 148 (197)	 161 (132)	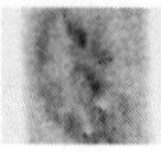 40 (273)	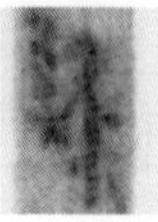 40 (273)	 10 (185)	 68 (144)	 181 (残 5)
 119 (252)	 147 (202)	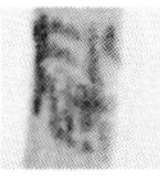 160 (155)			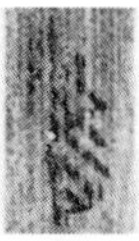 5 (186)	 7 (206)	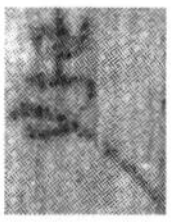 木牘正面
	 137 (204)	 201 (162)			 7 (206)	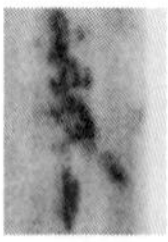 6 (251)	
	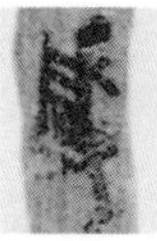 137 (204)	 151 (182)				 19 (276)	
	 195 (残 8)	 133 (190)					

	故	皮	将	寸		殺	毆
 171 (殘 2)	 174 (5)	 83 (24)	 16 (145)	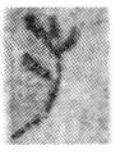 14 (174①)	 28 (207)	 82 (164)	 71 (177)
 171 (殘 2)	 245 (39)	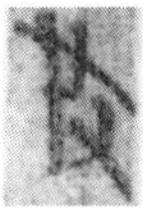 85 (165)	 19 (276)	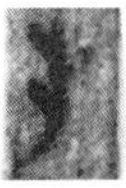 257 (殘 9)	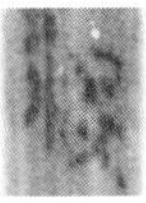 101 (268)	 82 (164)	 106 (203)
	 158 (176)	 38 (208)	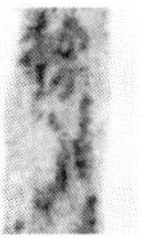 19 (276)		 79 (殘 7)	 123 (200)	 118 (219)
	 61 (250)	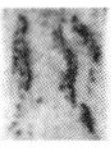 112 (210)				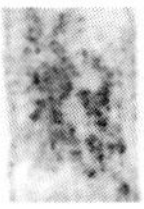 106 (203)	 198 (220)
	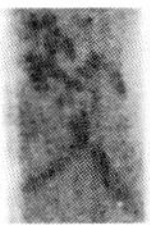 42 (271)	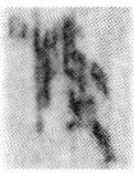 86 (248)				 106 (203)	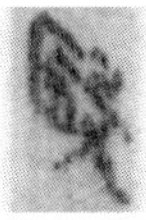 26 (264)

		用	牧	突	敗	敦	数
		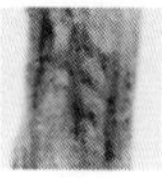		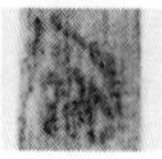	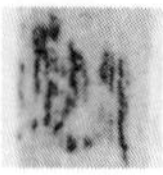		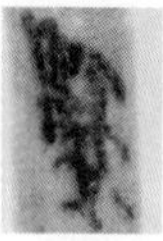
		214 (148)	114 (211)	36 (151)	125 (215)	91 (44)	39 (253)
		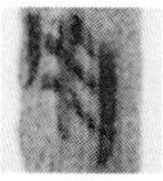			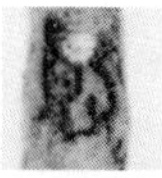		
		85 (165)	100 (270)		125 (215)		
	文 48 重 166						

龍崗秦簡文字編　卷四

相	盾		自	皆		

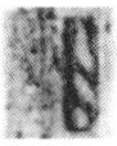 145 (216)	 219 (121)	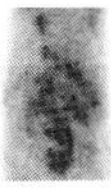 41 (275)	 本牘背面	 238 (64)	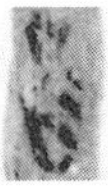 82 (164)	 150 (196)
	 212 (126)			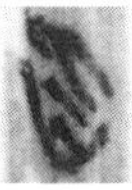 88 (131)	 14 (174①)	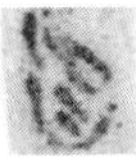 154 (198)
	 205 (191)			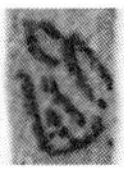 223 (137)	 54 (179)	 137 (204)
	 191 (230)			 208 (149)	 151 (182)	 293 (208)
	 106 (203)			 142 (170)	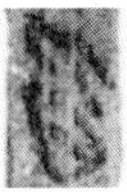 234 (187)	 112 (210)

						者	
 138 (236)	 144 (218)	 150 (196)	 23 (183)	 201 (162)	 202 (123)	 204 (21)	 4 (255)
 34 (254)	 144 (218)	 148 (197)	 197 (187)	 199 (166)	 223 (137)	 247 (25)	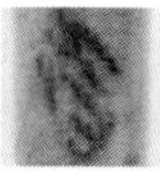 45 (259)
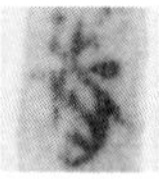 4 (255)	 8 (222)	 7 (206)	 152 (188)	 179 (169)	 16 (145)	 202 (26)	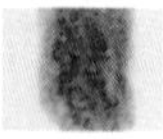 293 (281)
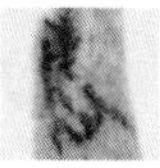 30 (256)	 141 (225)	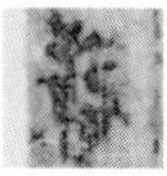 114 (211)	 117 (194)	 142 (170)	 208 (149)	 91 (44)	
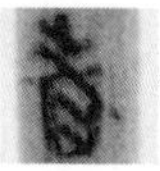 3 (257)	 129 (226)	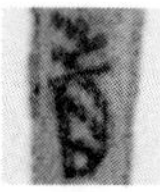 125 (215)	 35 (195)	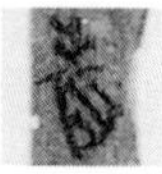 54 (179)	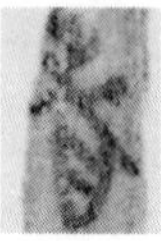 155 (161)	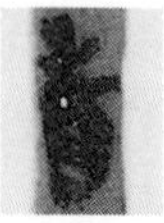 165 (78)	

群	羔	羊	雉	百	智		
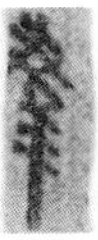 90 (154)	 102 (213)	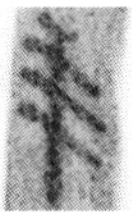 111 (193)	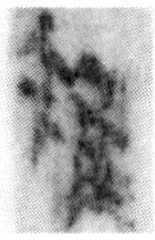 34 (254)	 40 (273)	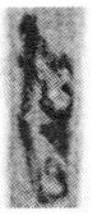 150 (196)	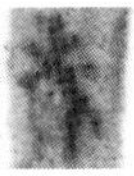 27 (274)	 32 (258)
		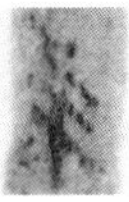 98 (237)	 95 (残 10)	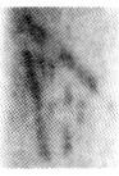 40 (273)	 22 (209)	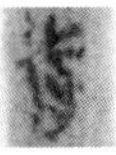 1 (278)	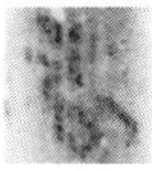 43 (267)
		 99 (243)				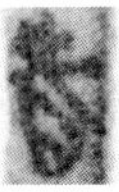 176 (残 1)	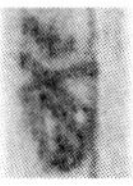 17 (269)
		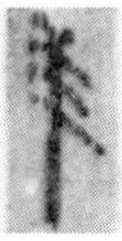 100 (270)				 76 (残 3)	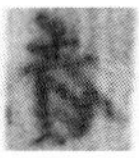 42 (271)
						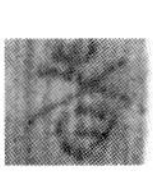 木牘正面	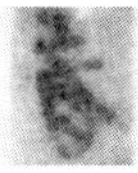 2 (272)

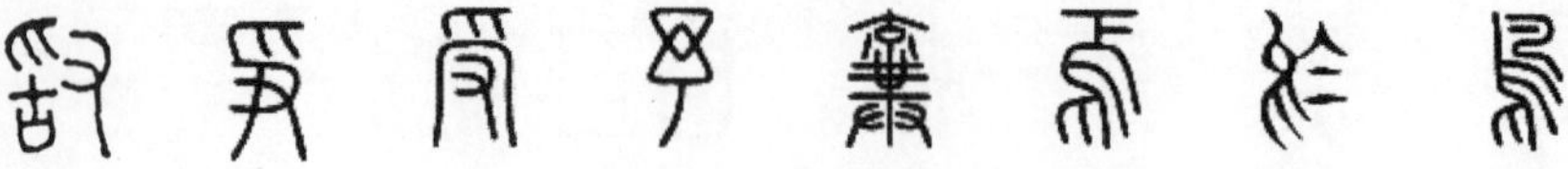

敢	争	受	予	棄	焉	於	鳥
 85 (165)	 203 (192)	 149 (197)	 198 (220)	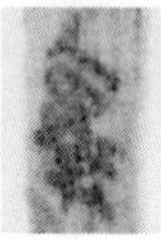 17 (269)	 148 ＋ 149 (197 ＋残 7 ③)	 59 (189)	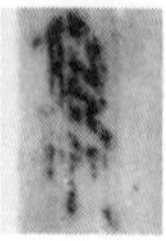 30 (256)
 180 (169)		 137 (204)	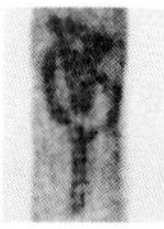 177 (残 8)	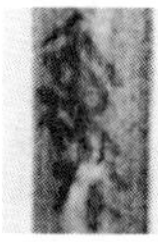 195 (残 8)	 195 (残 8)		
 54 (179)		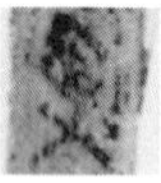 144 (218)					
 23 (183)							
 103 (212)							

制	弁	刻	筋	散	肉	死	
						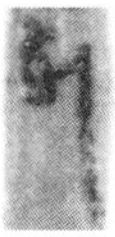	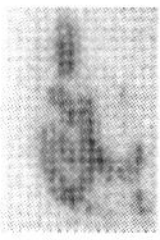
8 (222)	11 (130)	141 (225)	85 (165)	119 (252)	83 (24)	75 (135)	27 (274)
						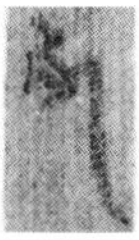	
	197 (187)					196 (152)	
						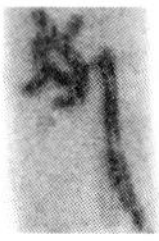	
						37 (260)	
						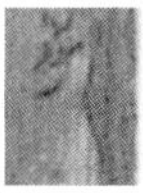	
						木牘正面-1	

						木牘正面-2	

						文 27 重 87	券 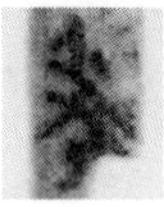 11 （130）

龍崗秦簡文字編　巻五

節

214
(148)

籍

151
(182)

等

149
(残 7)

符

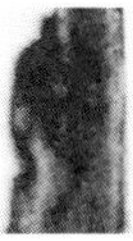

286
(52)

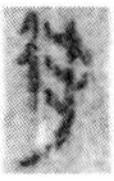

14
(174 ①)

5
(186)

4
(255)

4
(255)

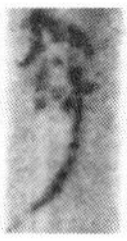

2
(272)

筓

140
(224)

其

83
(24-1)

83
(24-2)

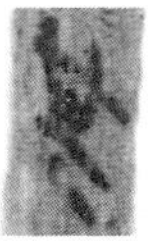

169
(31)

73
(128)

164
(139)

巨	左	典					
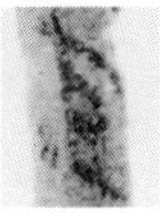 96 (193)	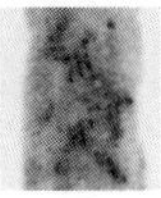 2 (272)	 239 (61)	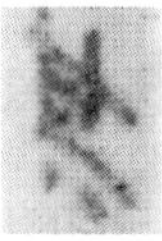 2 (272)	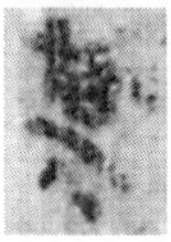 139 (228)	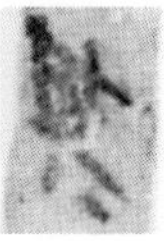 147 (202-1)	 134 (177)	 160 (155)
		 150 (196)	 19 (276)	 34 (254)	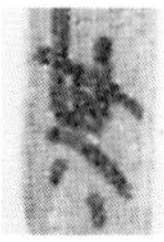 147 (202-2)	 54 (179)	 155 (161)
		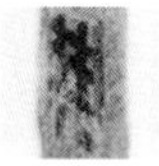 150 (196)	 159 (残 10)	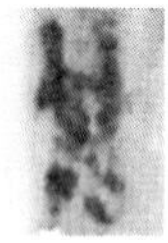 30 (256)	 137 (204)	 9 (181)	 157 (153)
				 18 (261)	 146 (214)	 10 (185)	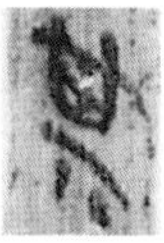 199 (166)
				 44 (266)	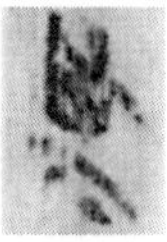 198 (220)	 154 (198)	 58 (175)

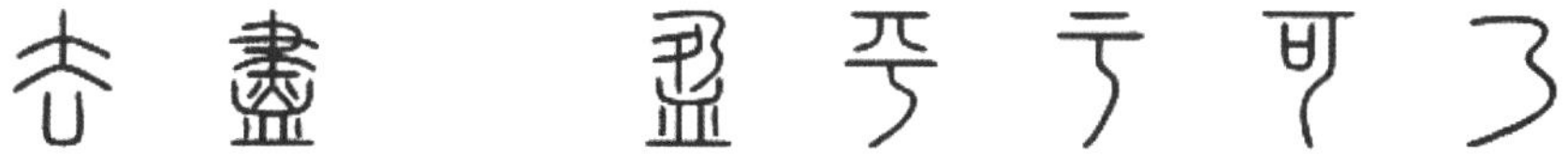

去	尽		盈	平	于	可	乃
 234 (187)	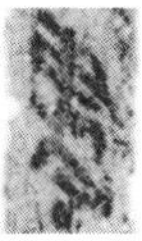 133 (190)	 41 (275)	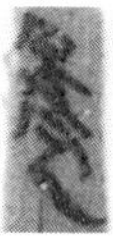 190 (141)	 140 (224)	 11 (130)	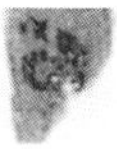 252 (138)	 279 (166)
 28 (207)	 185 (残 4)	 232 (残 4)	 193 (221)	 141 (225)	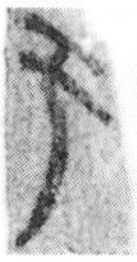 136 (171)		
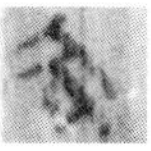 48 (249)			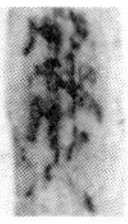 193 (221)		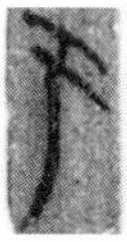 111 (193)		
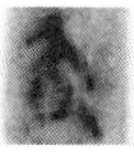 31 (262)			 191 (230)		 26 (264)		
 27 (274)			 188 (239-1)				

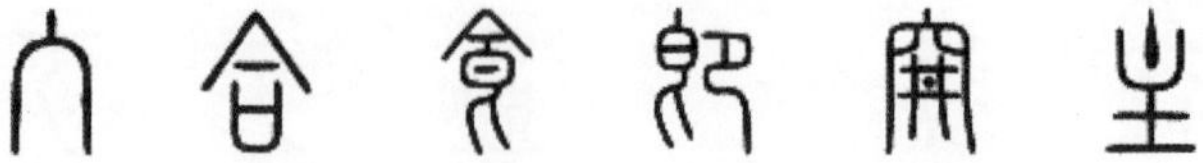

		入	合	食	即	穽	主
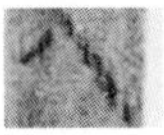 23 (183)	 68 (144)	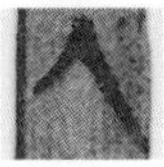 83 (24)	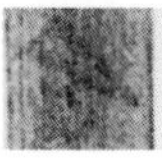 5 (186)	 83 (24)	 158 (176)	 103 (212)	 234 (187)
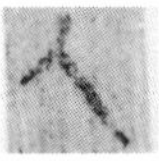 12 (184)	 209 (146)	 24 (51)		 120 (217)	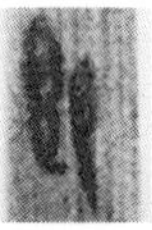 159 (残 10)		 152 (188)
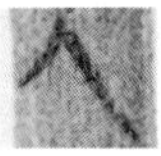 12 (184)	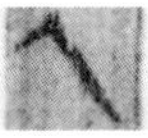 201 (162)	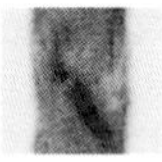 94 (66)		 121 (242)			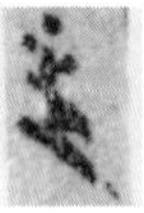 162 (232)
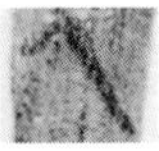 12 (184)	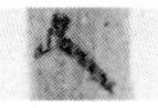 13 (174 ②)	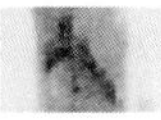 211 (127)		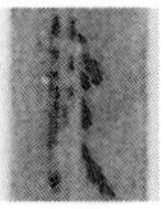 99 (243)			
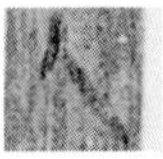 5 (186)	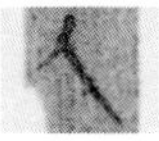 58 (175)	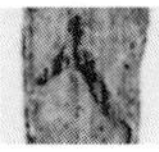 67 (143)					

来	嗇		射	矢			
 116 (180)	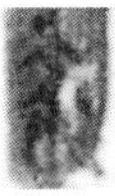 64 (133)	 31 (262)	 91 (44)	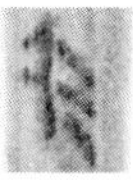 17 (269)	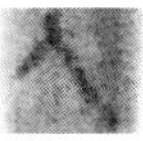 2 (272)	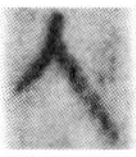 119 (252)	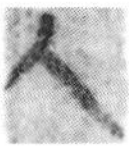 147 (202)
 30 (256)	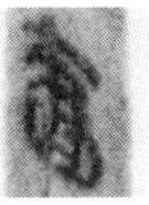 39 (253)		 156 (160)	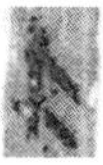 92 (135)	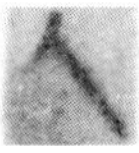 2 (272)	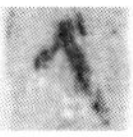 4 (255)	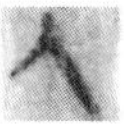 22 (209)
			 85 (165)			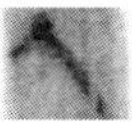 3 (257)	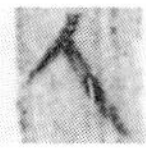 102 (213)
			 29 (245)			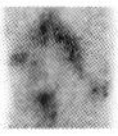 18 (261)	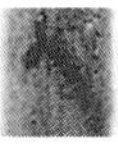 77 (238)
			 30 (256)			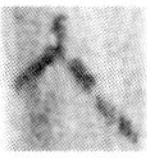 26 (264)	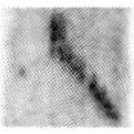 86 (248)

致	久	乗				
		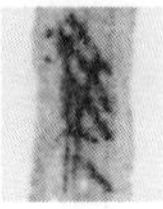				
8 (222)	5 (186)	54 (179)				

		59 (189)				
			文 29 重 90			

龍崗秦簡文字編　巻六

楢	棫	柞	櫝	機	橋	棺
	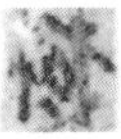				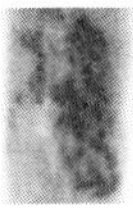	
38 (208)	38 (208)	38 (208) 説文所無	122 (277)	103 (212)	60 (265)	197 (187)

	出					之	播
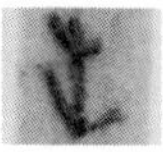 39 （253−1）	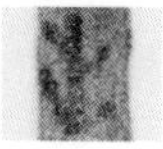 230 （100）	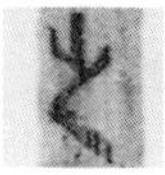 146 （214）	 117 （194）	 82 （164）	 163 （139）	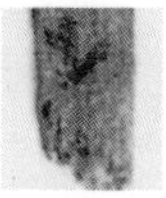 131 （28）	 38 （208）
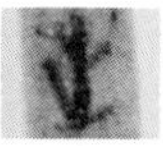 39 （253）	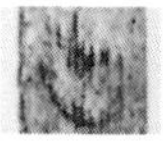 67 （143）	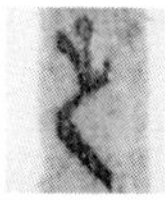 8 （222）	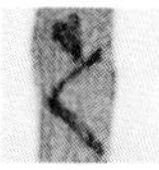 150 （196）	 179 （169）	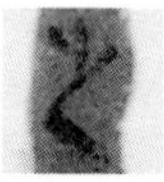 274 （142）	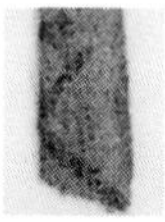 218 （111）	
 2 （272）	 68 （144）		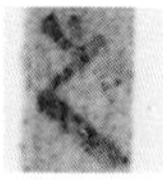 154 （198）	 21 （172）	 67 （143）	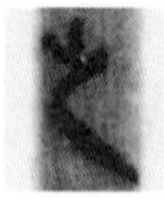 73 （128）	
	 36 （151）		 147 （202）	 58 （175）	 143 （147）	 161 （132）	
	 150 （196）		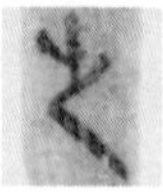 22 （209）	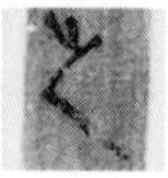 54 （179）	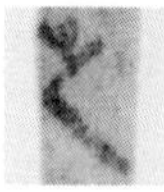 160 （155）	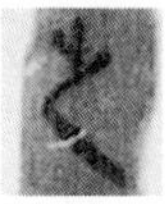 225 （137）	

賜	賞	貣	財	園	産	南	索
 166 (125)	 146 (214)	 龍崗秦簡未釈 (218)	 178 (168)	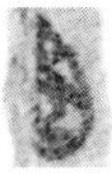 200 (201)	 38 (208)	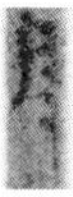 215 (98)	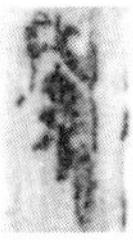 140 (224)
		 龍崗秦簡未釈 (237)	 26 (264)			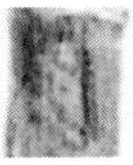 214 (148)	

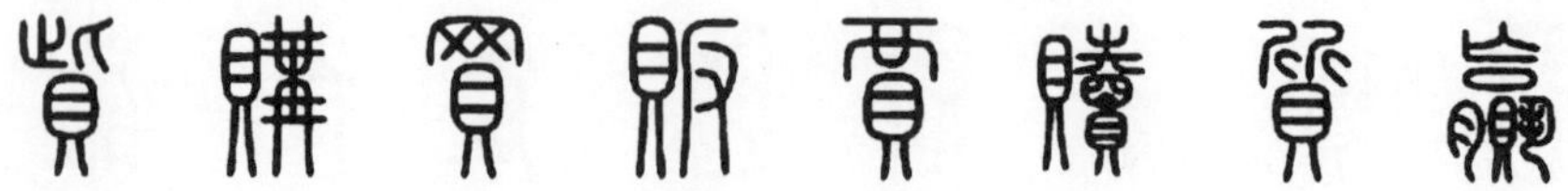

貲	購	買	販	賈	贖	質	贏
 247 (25)	 145 (216)	 179 (169)	 180 (169)	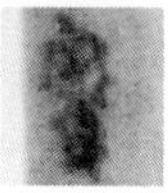 37 (260)	 234 (187)	 48 (249)	 180 (169)
 202 (26)			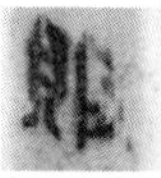 26 (264)		 109 (205)		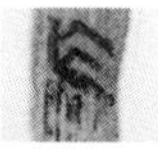 116 (180)
 236 (81)					 121 (242)		
 235 (82)							
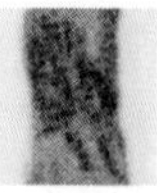 288 (114)							

		鄉	部	郡	邑		
		 10 （185） 説文所無	 10 （185）	 214 （148）	 250 （170）	 53 （223）	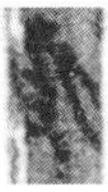 219 （116）
			 152 （188）			 41 （275）	 73 （128）
			 139 （228）			 76 （殘 3）	 64 （133）
	文 30 重 49						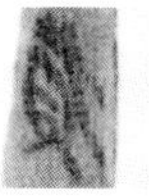 208 （149）
							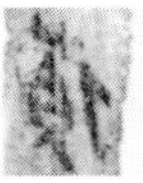 106 （203）

龍崗秦簡文字編　巻七

有	期	月		旦	時	日
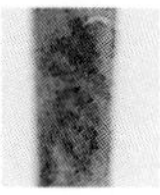 105 (12)	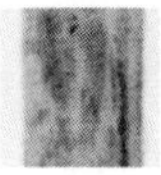 207 (157)	 116 (180)	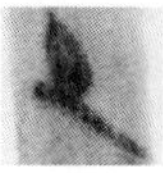 18 (261)	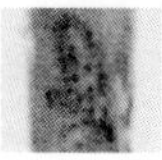 93 (133)	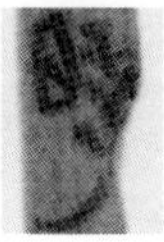 214 (148)	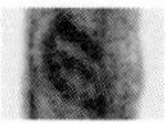 243 (46)
 229 (101)		 98 (237)	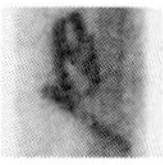 42 (271)	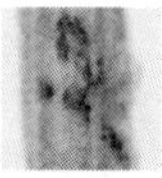 70 (136)	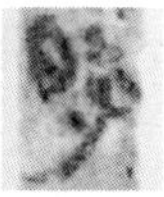 123 (200)	
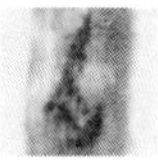 63 (134)		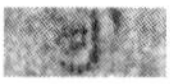 木牘正面	 木牘正面	 267 (136)	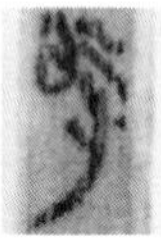 118 (219)	
 199 (166)				 109 (205)	 30 (256)	
 199 (166)				 129 (226)		

剋	甬	多	外	夢			
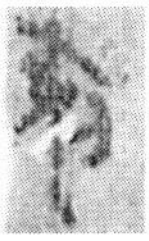 203 (192)	 31 (262)	 157 (153)	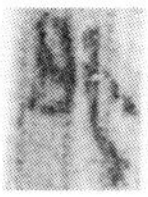 52 (199)	 1 (278)	 44 (266)	 146 (214)	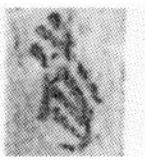 58 (175)
	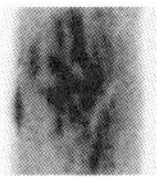 31 (262)	 142 (170)	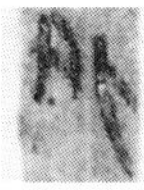 53 (223)	 1 (278)	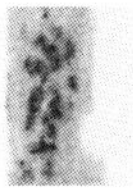 1 (278)	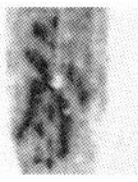 283 (219)	 12 (184)
			 39 (253)		 181 (残 5)	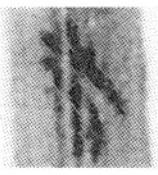 47 (244)	 200 (201)
			 31 (262)		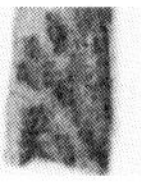 113 (残 7)	 6 (251)	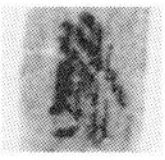 7 (206)
						 39 (253)	 28 (207)

程	税	年	稾	稗	私	種	稼
 131 (28)	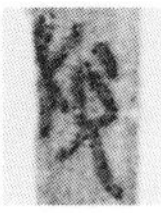 147 (202)	 116 (180)	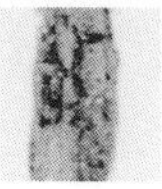 153 (173)	 10 (185)	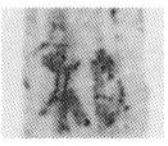 102 (213)	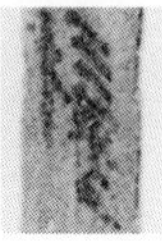 158 (176)	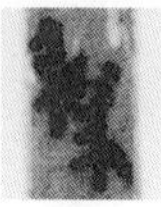 161 (132)
 130 (129)							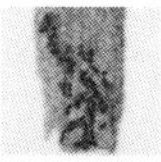 134 (177)
 136 (171)							 147 (202)
 136 (171)							 162 (232)
 134 (177)							

実	完	宇		舂	⿱⿰戶攵米		
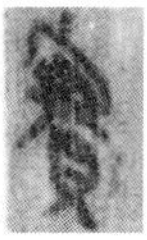 157 (153)	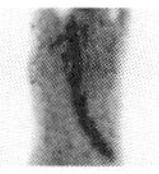 33 (279)	 198 (220)	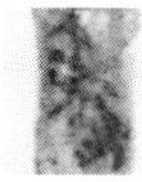 33 (279)	 70 (136)	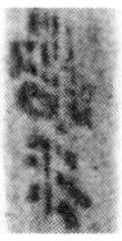 122 (277)	 129 (226)	 133 (190)
 136 (171)	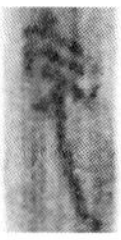 42 (271)			 267 (136)	説文所無	 128 (231)	 200 (201)
				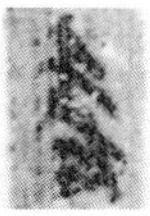 109 (205)		 128 (231)	 125 (215)
				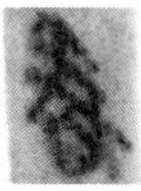 18 (261)		 127 (240)	 125 (215)
				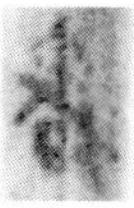 42 (271)		 185 (残 4)	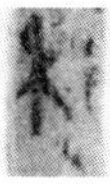 125 (215)

同	病	疾	穿	害	写	守	宦
	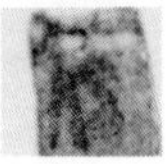	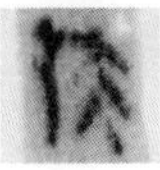				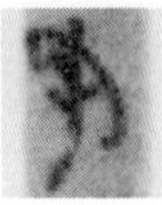	
201 (162)	113 (残7)	119 (252)	103 (212)	103 (212)	177 (残8)	44 (266)	199 (166)
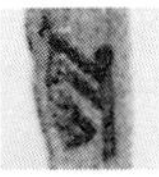							
21 (172)							

173 (178)							

133 (190)							
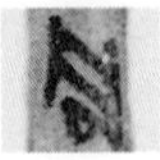							
148 (197)							

 置				 罪	 両		
 103 (212)	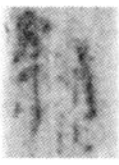 122 (277)	 4 (255)	 22 (209)	 204 (21)	 145 (216)	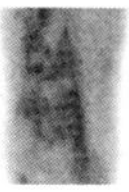 45 (259)	 137 (204)
		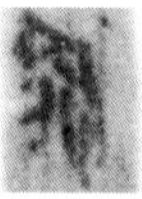 32 (258)	 146 (214)	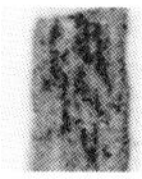 222 (106)	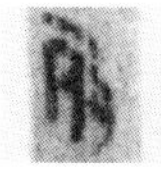 1 (278)	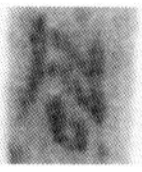 60 (265)	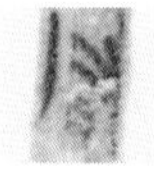 22 (209)
		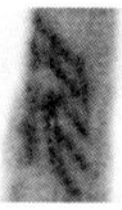 45 (259)	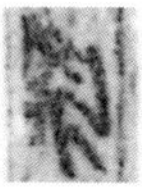 145 (216)	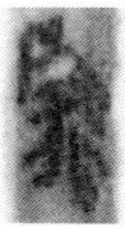 73 (128)		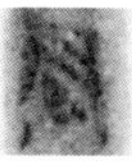 44 (266)	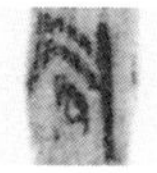 114 (211)
		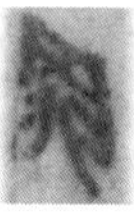 44 (266)	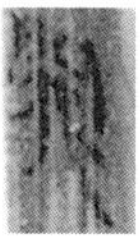 135 (235)	 199 (166)			 124 (227)
		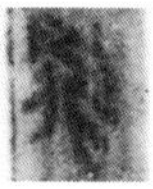 42 (271)	 34 (254)	 148 (197)			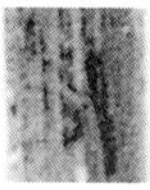 135 (235)

						文 36 重 91	希  131 (28)  134 (177) 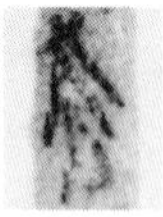 133 (190)  129 (226) 説文所無

龍崗秦簡文字編 卷八

人

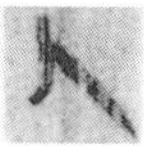
213（163）

21（172）

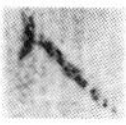
153（173）

111（193）

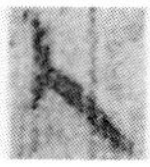
109（205）

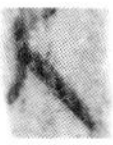
120（217）

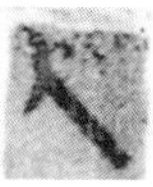
129（226）

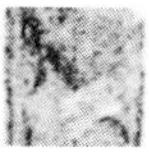
124（227）

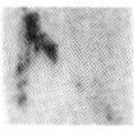
6（251）

4（255）

4（255）

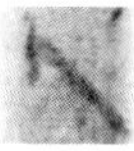
17（269）

104（残 8）

木牘正面

企

120（217）

佩

5（186）
説文所無

偕

182（残 2）

伍

21（172）

侵		伝	償		仮	作	佰
 120 （217）	 282 （213）	 9 （181）	 162 （232）	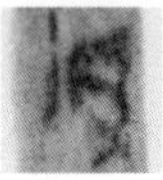 4 （255）	 24 （51）	 90 （154）	 154 （198）
 121 （242）	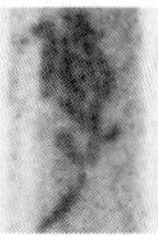 2 （272）	 10 （185）	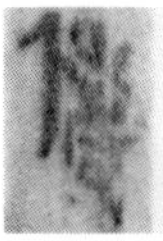 101 （268）	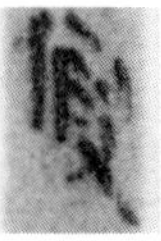 26 （264）	 155 （161）	 59 （189）	
	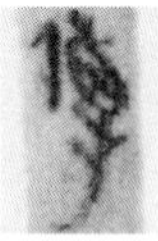 4 （255）	 5 （186）			 213 （163）		
	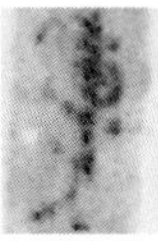 4 （255）	 25 （192）			 178 （168）		
	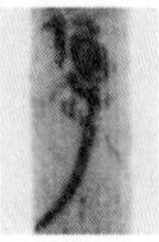 3 （257）	 7 （206）			 180 （169）		

身	監	重	虛	丘	從	傷	偽
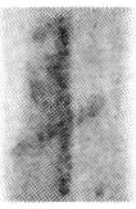 43 (267)	 144 (218)	 174 (5)	 143 (147)	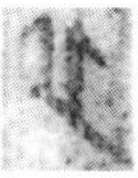 35 (195)	 117 (194)	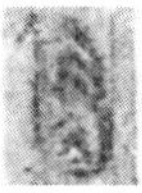 106 (203)	 151 (182)
		 136 (171)	 129 (226)		 154 (198)	 109 (205)	 12 (184)
		 171 (殘 2)			 8 (222)		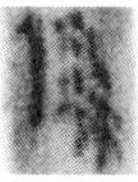 4 (255)
					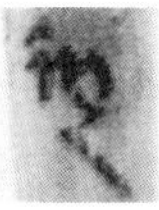 15 (263)		

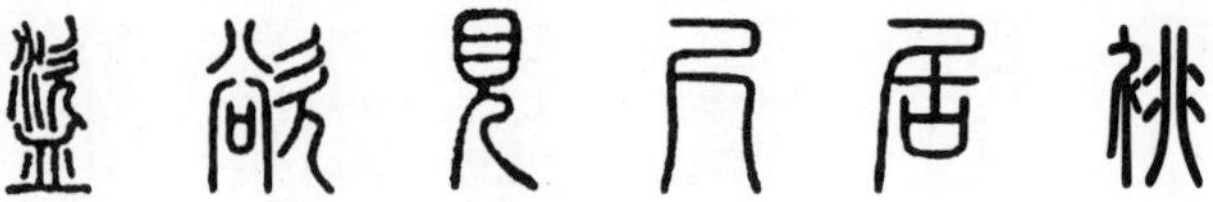

		盗	欲	見	尺	居	祧
 137 (204)	 201 (162)	 69 (59)	 30 (256)	 39 (253)	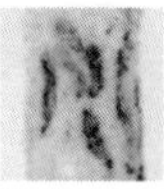 140 (224)	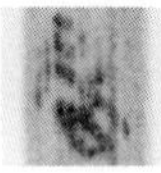 17 (269)	 119 (252) 説文所無
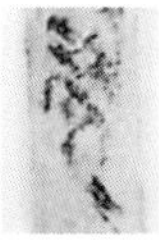 114 (211)	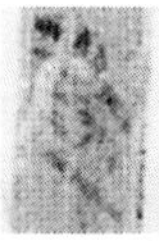 13 (174②)	 72 (89)			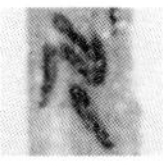 140 (224)		
 124 (227)	 151 (182)	 218 (111)					
 126 (241)	 148 (197)	 115 (134)					
 121 (242)	 123 (200)	 175 (156)					

					文 25 重 63	 27 (274)  122 (277)  122 (277)	 49 (247)  37 (260)  18 (261)  44 (266)  100 (270)

龍崗秦簡文字編　巻九

令	司			県		首
 244 (34)	 5 (186)	 53 (223)	 9 (181)	 24 (51)	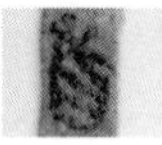 150 (196)	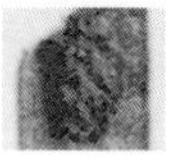 69 (59)
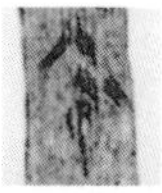 67 (143)	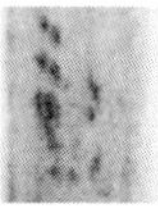 43 (267)	 39 (253)	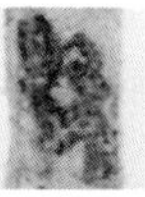 200 (201)	 228 (92)	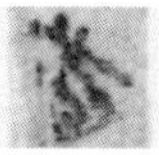 154 (198)	 196 (152)
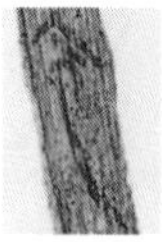 16 (145)		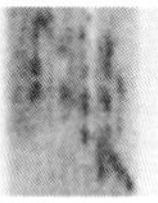 100 (270)	 7 (206)	 211 (127)	 77 (238)	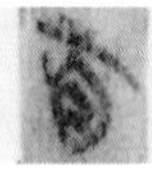 157 (153)
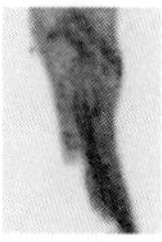 214 (148)			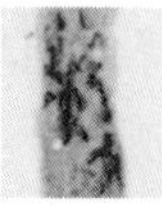 102 (213)	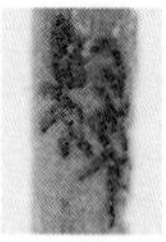 75 (135)	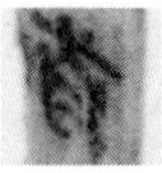 30 (256)	 155 (161)
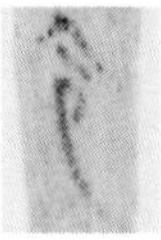 66 (159)			 8 (222)	 58 (175)	 269 (残 2)	 158 (176)

石	廟	庶	冢	辟			
 190 （141）	 121 （242）	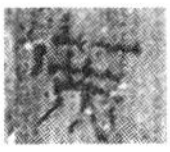 木牘正面	 124 （227）	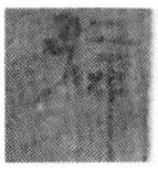 木牘正面	 木牘正面	 8 （222）	 152 （188）
 193 （221）			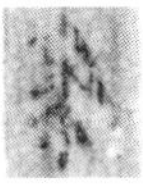 121 （242）	 木牘正面		 53 （223）	 152 （188）
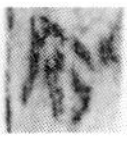 193 （221）						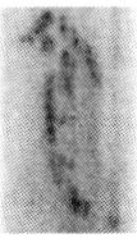 43 （267）	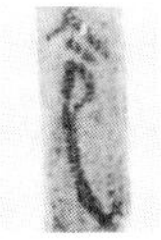 96 （193）
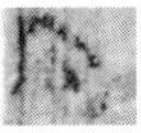 191 （230）						 183 （残 3）	 117 （194）
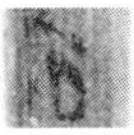 188 （239）						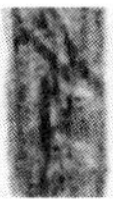 260 （残 5）	 150 （196）

			而		勿	長	
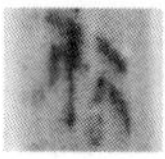 15 （263）	 203 （192）	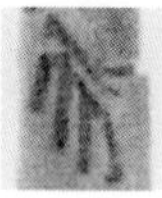 143 （147）	 248 （23）	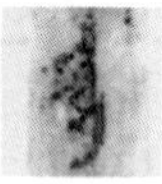 198 （220）	 88 （131）	 206 （167）	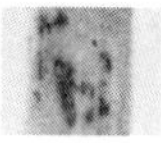 188 （239）
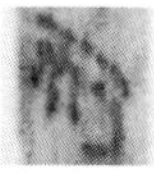 101 （268）	 203 （192）	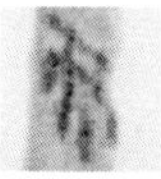 160 （155）	 83 （24）	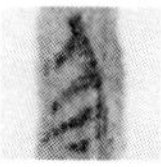 78 （235）	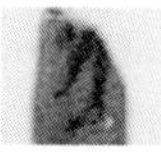 210 （142）		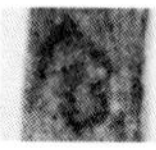 186 （残 4）
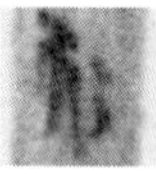 2 （272）	 141 （225）	 85 （165）	 202 （26）	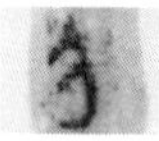 30 （256）	 67 （143）		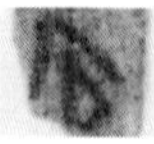 187 （残 9）
	 127 （240）	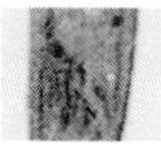 71 （177）	 64 （133）		 23 （183）		
	 119 （252）	 12 （184）	 184 （138）		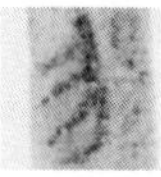 96 （193）		

			貍	貈	豺	彘	豲
			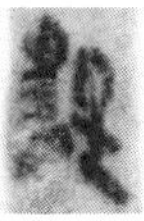 34 (254)	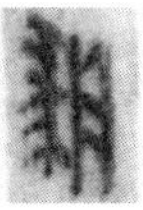 34 (254)	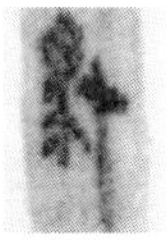 34 (254)	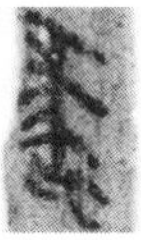 111 (193)	 34 (254)
					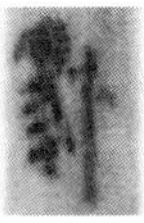 32 (258)	 289 (208)	
						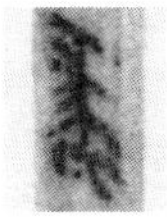 33 (279)	
	文 17 重 73						

龍崗秦簡文字編　巻十

馳	駕	騎	駒			馬
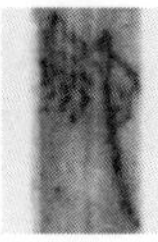 63（134）	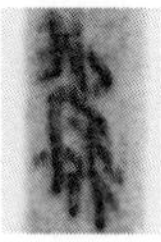 44（266）	 54（179）	 112（210）	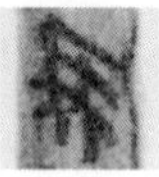 62（残 1）	 112（210）	 115（134）
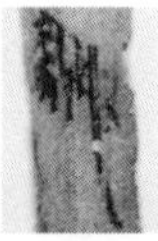 54（179）	 42（271）	 59（189）	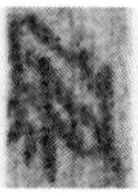 113（残 7）	 104（残 8）	 103（212）	 58（175）
 59（189）		 59（189）			 102（213）	 5（186）
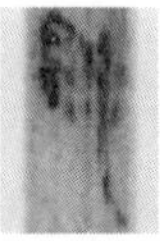 60（265）					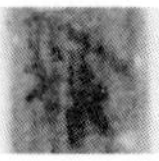 101（268）	 59（189）
					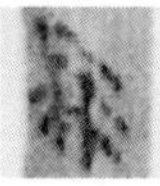 100（270）	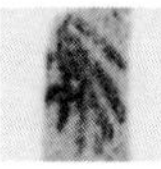 111（193）

狼	犬	免	兔	麃	麋	鹿	灋
			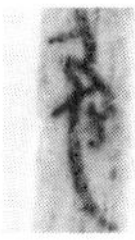		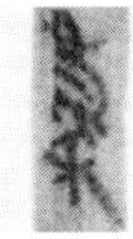	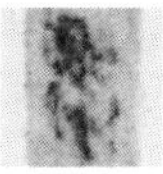	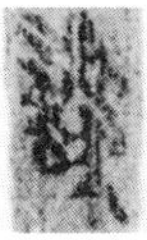
34 (254)	82 (164)	木牘正面	34 (254)	33 (279)	33 (279)	33 (279)	133 (190)

32 (258)	111 (193)						148 (197)
							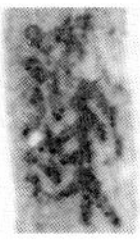
							147 (202)
							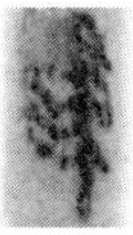
							44 (266)

							266 (残 3)

黥		黔	然	火	能	獄	狐
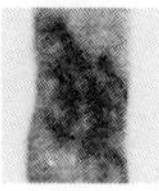 108 （14②）	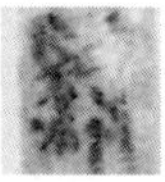 154 （198）	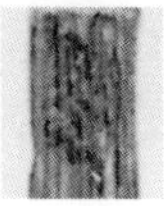 196 （152）	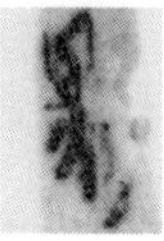 144 （218）	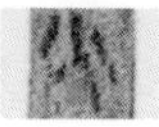 71 （177）	 136 （171）	 204 （21）	 34 （254）
	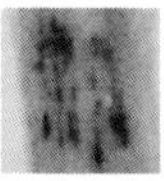 6 （251）	 157 （153）	 141 （225）		 103 （212）		 33 （279）
	 30 （256）	 155 （161）	 34 （254）		 119 （252）		
		 158 （176）					
		 150 （196）					

	夫		奰	鞫	幸	亦	大
	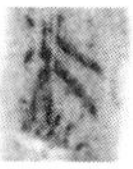 138 （236）	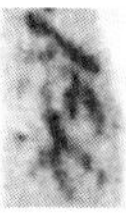 27 （274）	 28 （207）	 木牘背面	 196 （152）	 179 （169）	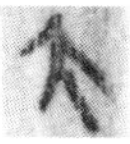 156 （160）
	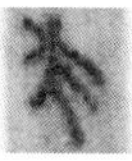 39 （253）	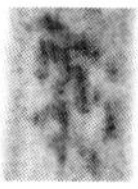 27 （274）	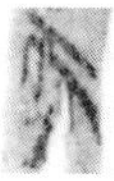 28 （207）			 148 （197）	
			 121 （242）				
文 26 重 44			 29 （245）				
			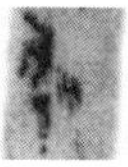 30 （256）				

龍崗秦簡文字編　巻十一

河	灌	治	沙	決	没	濯
 82 (164)	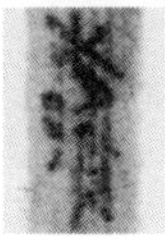 1 (278)	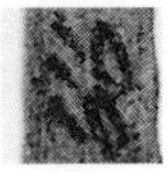 251 (19)	 木牘正面	 39 (253)	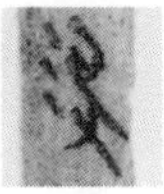 58 (175)	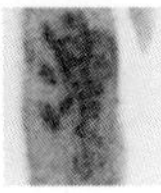 48 (249)
					 147 (202)	
					 102 (213)	
					 26 (264)	

		非	魚	雲	溝	池	減
			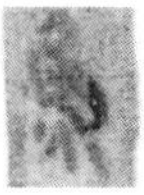		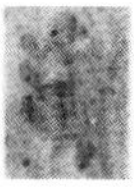	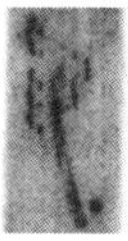	
		118 （219）	224 （158）	1 （278）	224 （158）	1 （278）	148 （197）
			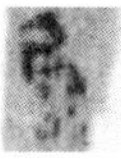				
			1 （278）	1 （278）	說文所無		
	文 13 重 5						

龍崗秦簡文字編　巻十二

不

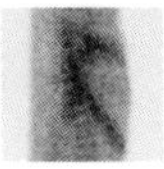
20（15）

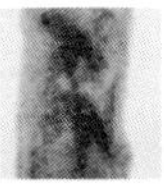
237（69）

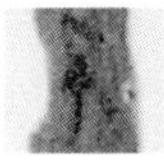
252（138）

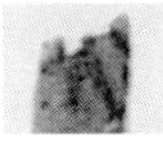
190（141）

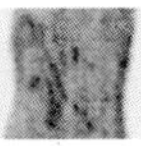
143（147）

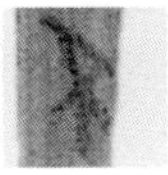
214（148）

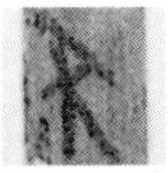
196（152）

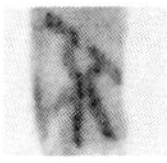
160（155）

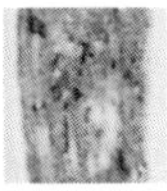
136（171）

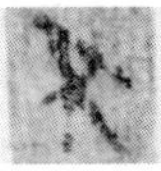
12（184）

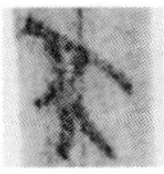
203（192）

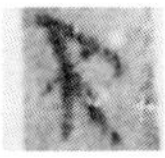
117（194）

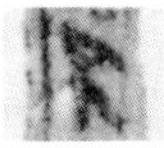
125（215）

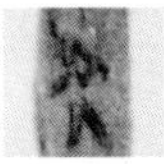
125（215）

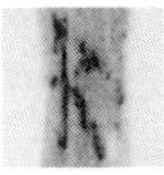
118（219）

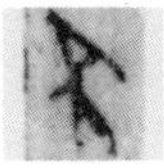
193（221）

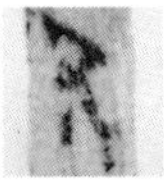
193（221）

8（222）

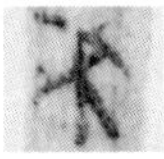
140（224）

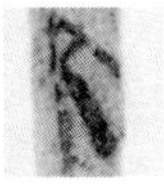
140（224）

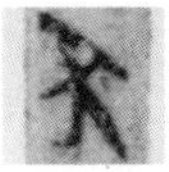
141（225）

192（229）

191（230）

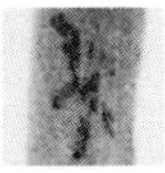
77（238）

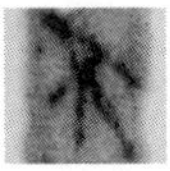
61（250）

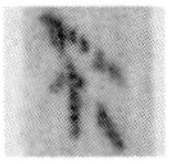
41（275）

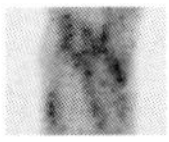
41（275）

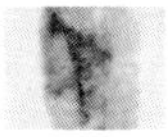
33（279）

176（残 1）

264（残 3）

232（残 4）

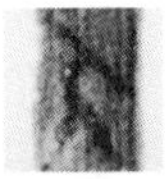
259（残 6）

木牘正面

擅	挾	閱	関	闌	門		到
 23 (183)	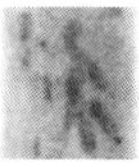 17 (269)	 5 (186)	 5 (186)	 12 (184)	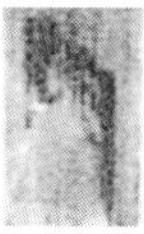 5 (186)	 188 (239)	 143 (147)
		 181 (残 5)	 52 (199)	 4 (255)	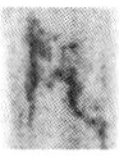 4 (255)	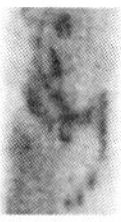 40 (273)	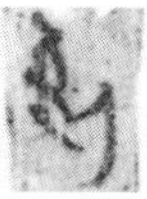 103 (212)
			 53 (223)	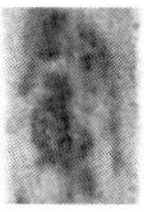 2 (272)	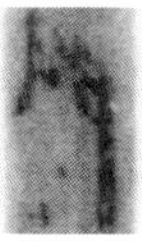 3 (257)	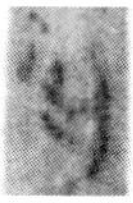 41 (275)	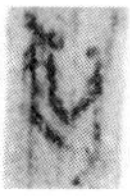 193 (221)
					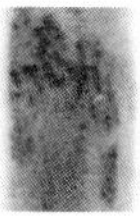 60 (265)	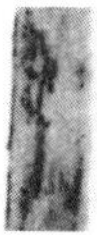 1 (278)	 140 (224)
					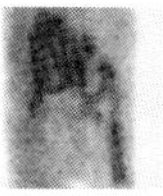 2 (272)		 192 (229)

	毋	如	始	奴	女	捕	失
 34 (254)	 85 (165)	 143 (147)	 158 (176)	 61 (250)	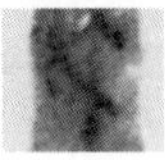 2 (272)	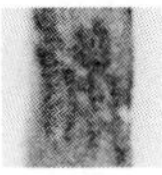 80 (110)	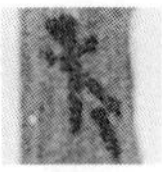 137 (204)
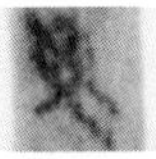 32 (258)	 142 (170)	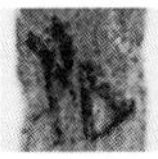 117 (194)		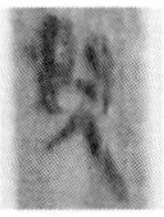 60 (265)		 74 (216)	 136 (171)
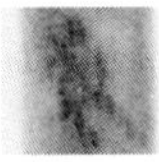 43 (267)	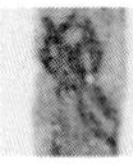 28 (207)	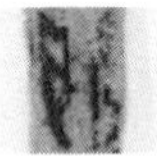 146 (214)		 60 (265)		 19 (276)	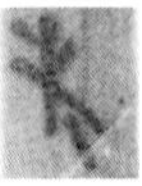 143 (147)
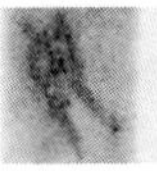 2 (272)	 203 (212)	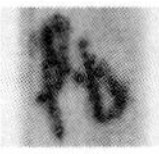 44 (266)		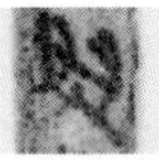 62 (残 1)		 76 (残 3)	
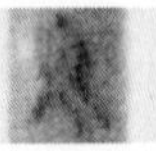 27 (274)	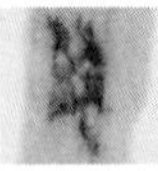 119 (252)						

直		或	賊	也	弋		弗
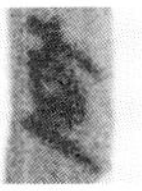 172 (13)	 134 (177)	 65 (14①)	 73 (128)	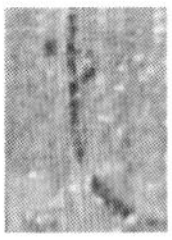 木牘背面	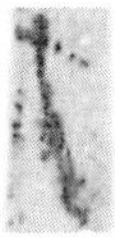 30 (256)	 138 (236)	 172 (13)
 131 (28)	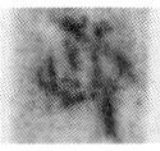 6 (251)	 287 (117)	 123 (200)		 31 (262)	 45 (259)	 64 (133)
 143 (147)	 159 (残 10)	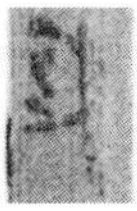 36 (151)	 18 (261)				 21 (172)
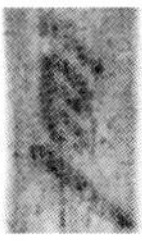 224 (158)		 155 (161)					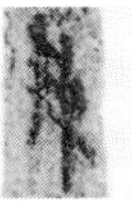 234 (187)
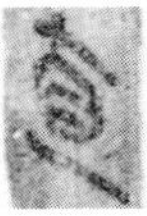 137 (204)		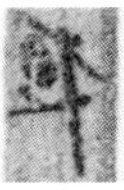 158 (176)					 53 (223)

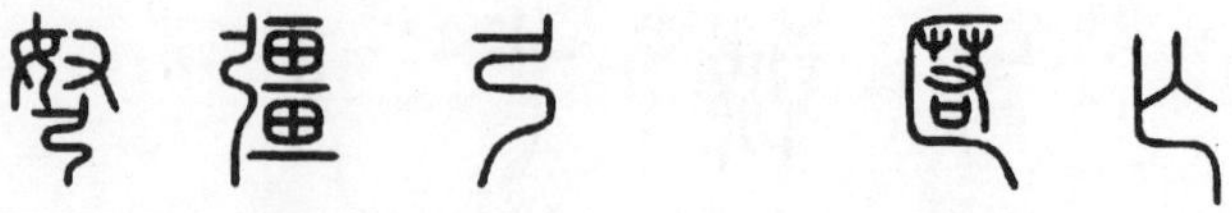

	弩	彊	弓		匿	亡	
	 92 (135)	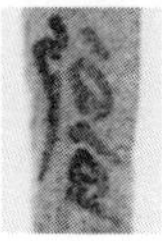 154 (198)	 17 (269)	 147 (202)	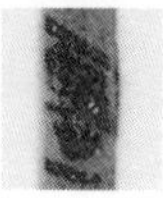 165 (78)	 112 (210)	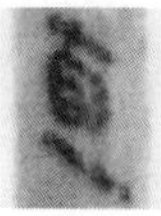 37 (260)
	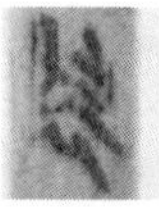 17 (269)			 144 (218)	 72 (89)	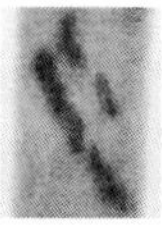 18 (261)	
					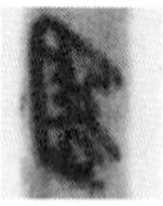 73 (128)	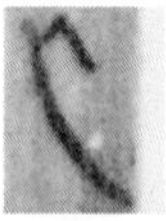 101 (268)	
文 26 重 100					 142 (170)	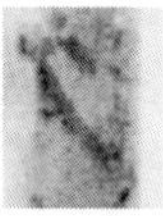 17 (269)	
					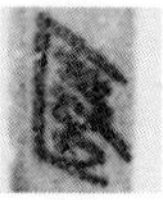 147 (202)		

龍崗秦簡文字編　巻十三

風	率	終	給	給	縦	絶
		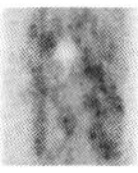			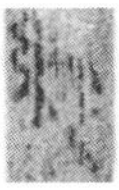	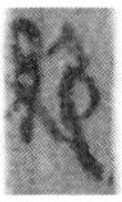
36 (151)	134 (177)	43 (267)	85 (165)	213 (163)	71 (177)	87 (139)

35 (195)						60 (265)

垣	亟				二		它
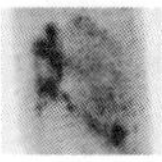 39 (253)	 68 (144)	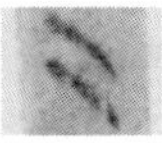 41 (275)	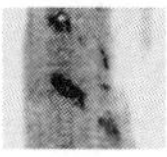 139 (228)	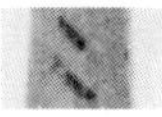 184 (138)	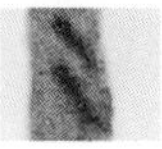 65 (14①)	 59 (189)	 83 (24)
	 119 (252)	 41 (275)	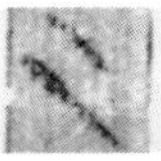 128 (231)	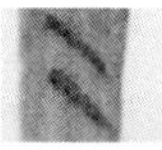 208 (149)	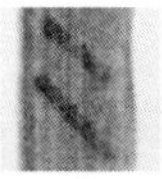 202 (26)	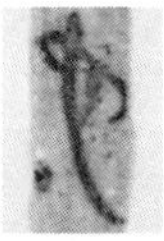 103 (212)	 90 (154)
	 39 (253)	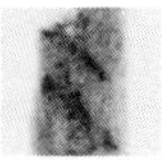 33 (279)	 127 (240)	 152 (188)	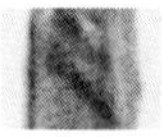 243 (46)	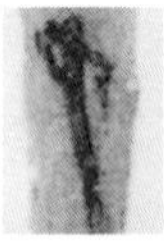 146 (214)	 213 (163)
		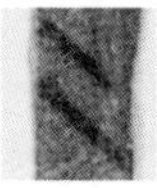 76 (残3)	 126 (241)	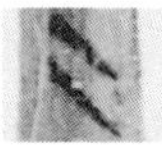 106 (203)	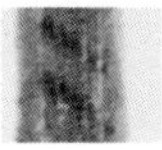 73 (128)	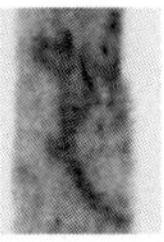 26 (264)	 178 (168)
			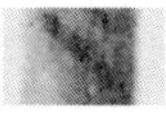 40 (273)	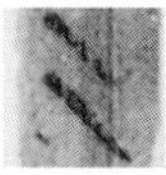 53 (223)	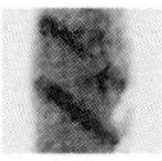 130 (129)		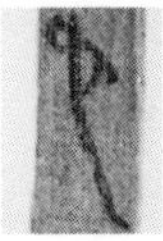 12 (184)

田	里	壞		城	封	坐	在
 165 (78)	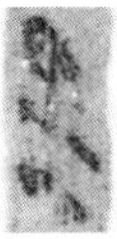 28 (207)	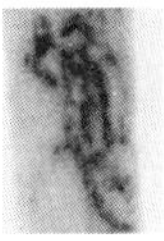 39 (253)	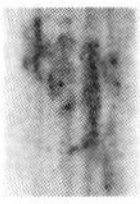 42 (271)	 108 (14②)	 253 (8)	 201 (162)	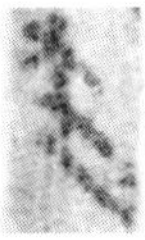 52 (199)
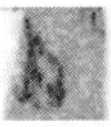 164 (139)	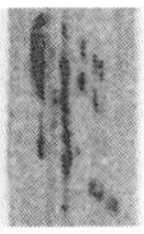 47 (244)		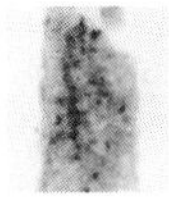 33 (279)	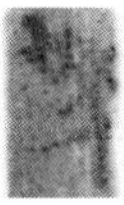 93 (133)	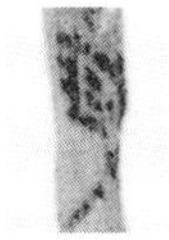 284 (153)	 151 (182)	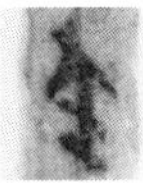 39 (253)
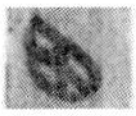 157 (153)	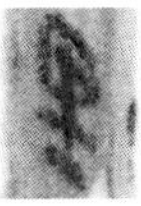 48 (249)		 木牘正面	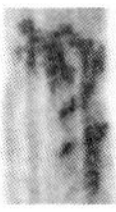 70 (136)	 121 (242)	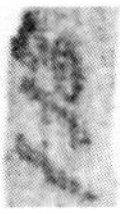 147 (202)	
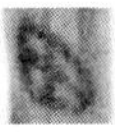 160 (155)	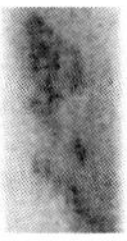 27 (274)			 51 (192)		 118 (219)	
 175 (156)				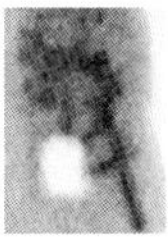 18 (261)		 木牘正面	

当	畔	町	疇				
 12 (184)	 154 (198)	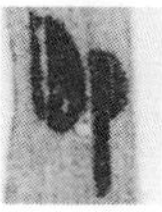 136 (171)	 120 (217)	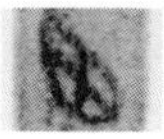 124 (227)	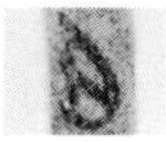 150 (196)	 133 (190)	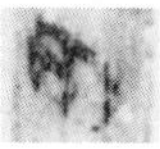 156 (160)
 127 (240)		 133 (190)		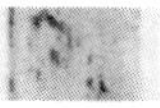 126 (241)	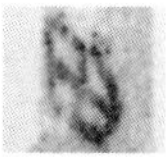 123 (200)	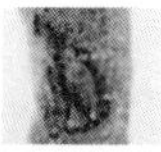 133 (190)	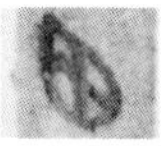 155 (161)
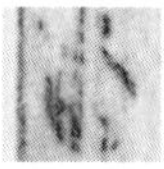 126 (241)		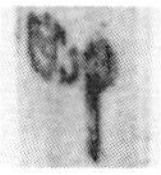 127 (240)		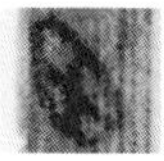 159 (残10)	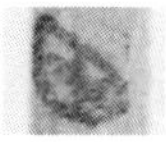 147 (202)	 25 (192)	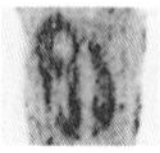 178 (168)
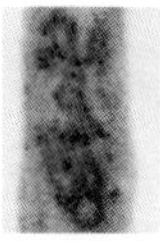 3 (257)					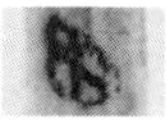 118 (219)	 111 (193)	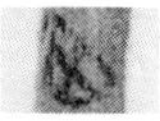 116 (180)
 3 (257)					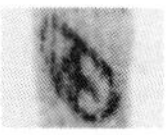 118 (219)	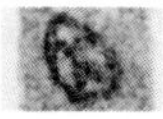 117 (194)	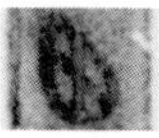 151 (182)

	男	務	券	勑			
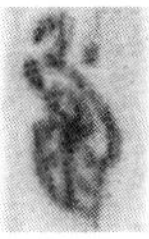 101 (268)	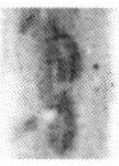 42 (271)	 90 (154)	 11 (130)	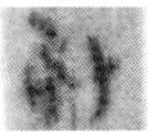 45 (259)			
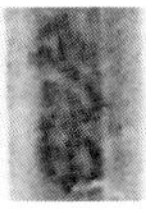 42 (271)	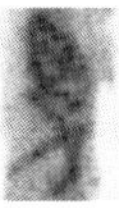 2 (272)	 10 (185)					
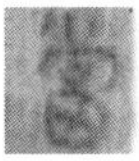 木牘正面					文 26 重 80		

龍崗秦簡文字編　巻十四

金	銭	且	所			斗

金	銭	且	所			斗
 145 （216）	 155 （161）	 150 （196）	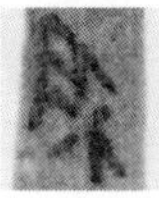 143 （147）	 137 （204）	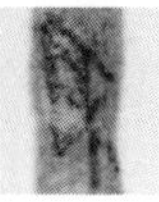 3 （257）	 192 （229）
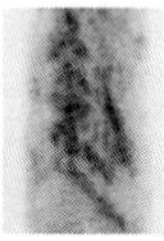 44 （266）	 178 （168）		 82 （164）	 103 （212）		
	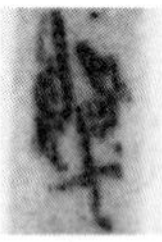 26 （264）		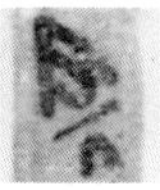 148 （197）	 144 （218）		
	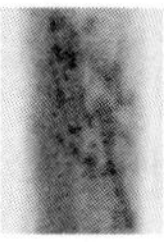 44 （266）		 147 （202）	 8 （222）		
			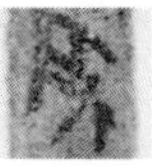 137 （204）	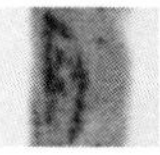 3 （257）		

	官	斬	輓	輿	輕	軺	車
 64 (133)	 246 (37)	 120 (217)	 57 (62)	 59 (189)	 172 (13)	 54 (179)	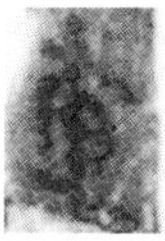 57 (62)
 291 (157)	 242 (53)	 2 (272)		 119 (252)	 173 (178)		 56 (90)
 206 (167)	 227 (124)				 171 (殘 2)		 58 (175)
 9 (181)	 211 (127)						 54 (179)
 10 (185)	 88 (131)						 54 (179)

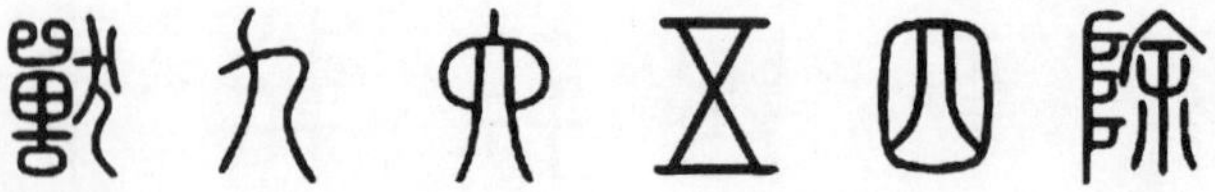

獸	九	六	五	四	除		
 81 (91)	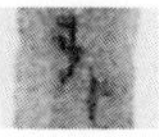 191 (230)	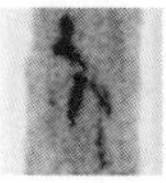 192 (229)	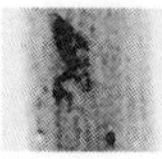 98 (237)	 116 (180)	 251 (19)	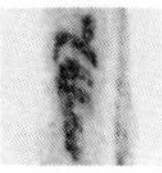 53 (223)	 271 (192)
 85 (165)	 木牘正面				 146 (214)	 86 (248)	 200 (201)
 119 (252)						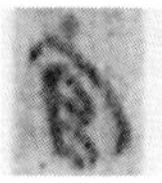 100 (270)	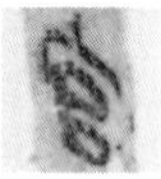 7 (206)
							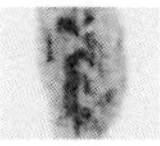 102 (213)
							 8 (222)

丙	乙				甲		
 木牘正面①	 98 (237)	 41 (275)	 132 (216)	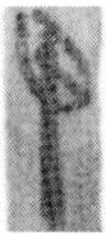 208 (149)	 65 (14 ①)	 79 (残 7)	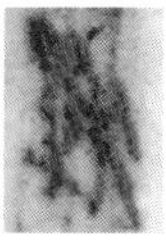 39 (253)
 木牘正面②		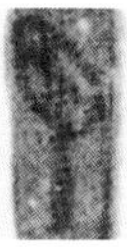 76 (残 3)	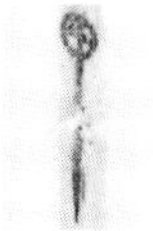 120 (217)	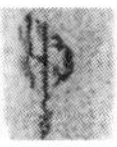 116 (180)	 236 (81)		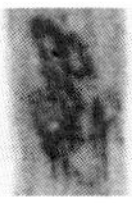 39 (253)
		 木牘正面	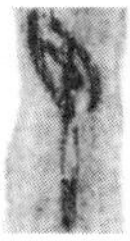 53 (223)	 152 (188)	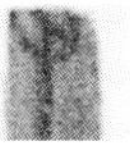 230 (100)		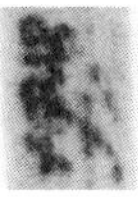 37 (260)
			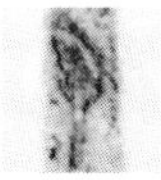 140 (224)	 152 (188)	 217 (120)		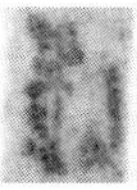 27 (274)
			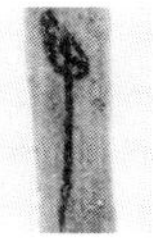 139 (228)	 106 (203)	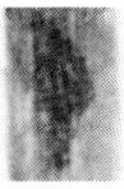 73 (128)		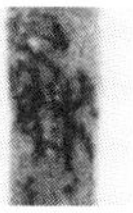 89 (280)

				以	已	寅	子
 187 （残 9）	 125 （215）	 12 （184）	 85 （165）	 235 （82）	 68 （144）	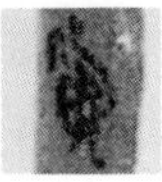 116 （180）	 2 （272）
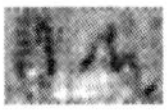 木牘正面	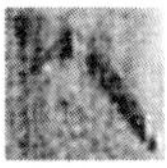 189 （234）	 133 （190）	 178 （168）	 184 （138）	 155 （161）		
	 37 （260）	 150 （196）	 142 （170）	 164 （139）	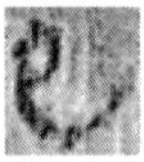 木牘正面		
	 42 （271）	 123 （200）	 54 （179）	 175 （156）			
	 186 （残 4）	 137 （204）	 116 （180）	 213 （163）			

未

105
(12)

204
(21)

202
(26)

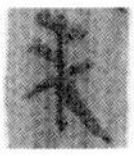

196
(152)

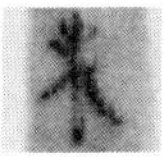

119
(252)

申

木牘正面

亥

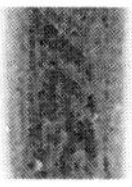

98
(237)

陌

120
(217)

文 29
重 94

龍崗秦簡文字編索引

龍崗秦簡関連論文・書籍目録

劉信芳・梁祝『雲夢龍崗秦簡』　科学出版社、一九九七年七月

中国文物研究所・湖北省文物考古研究所『龍崗秦簡』　中華書局、二〇〇一年八月

湖北省文物考古研究所、孝感地区博物館、雲夢県博物館「雲夢龍崗秦漢墓地第一次発掘簡報」『江漢考古』一九九〇年第三期

劉信芳・梁祝「雲夢龍崗秦簡総述」『江漢考古』一九九〇年第三期

胡平生「雲夢龍崗秦簡「禁苑律」中的「耎」(壖)字及相関制度」『江漢考古』一九九一年第二期

湖北省文物考古研究所、孝感地区博物館、雲夢県博物館「雲夢龍崗六号秦墓及出土簡牘」『考古学集刊』第八集、科学出版社、一九九四年十二月

李学勤「雲夢龍崗木牘試釈」『簡牘学研究』第一輯、甘粛人民出版社、一九九六年十一月

胡平生「雲夢龍崗秦簡考釈校証」『簡牘学研究』第一輯、甘粛人民出版社、一九九六年十一月

黄盛璋「雲夢龍崗六号秦墓木牘与告地策」『中国文物報』一九九六年七月十四日

胡平生「雲夢龍崗六号秦墓墓主考」『文物』一九九六年、第八期

劉国勝「雲夢龍崗簡牘考釈補正及其相関問題的探討」『江漢考古』一九九七年第一期

趙平安「雲夢龍崗秦簡釈文注釈訂補」『江漢考古』一九九九年第三期

劉　釗「読『龍崗秦簡』札記」　簡帛研究網站ホームページ http://www.jianbo.org/Wssf/liuzhao2.htm、二〇〇一年九月四日

劉金華「雲夢龍崗秦簡」所見之秦代苑政『文博』二〇〇二年第一期

曹旅寧「龍崗秦簡『馳道』考釈」『秦律新探』中国社会科学出版社、二〇〇二年十二月

馬　彪「龍崗秦簡簡一の解釈及びその性格について」『早稲田大学長江流域文化研究所年報』第二号、二〇〇三年十一月

楊懐源「『龍崗秦簡』句読献疑」　簡帛研究網站ホームページ http://www.jianbo.org/ADMIN3/HTML/yanghuaiyuan03.htm、二〇〇四年九月二十日

馬　彪「「雲夢龍崗秦簡」についての実態考察」『アジアの歴史文化』第九号、二〇〇五年三月

馬　彪「「雲夢龍崗秦簡」の現地調査に基づく再検討」『日中学術交流ニュース』第一〇号、二〇〇五年七月

馬　彪「《算數書》之「益耎」「與田」考：從《龍崗秦簡》到《張家山漢簡》的考察」武漢大學簡帛研究中心『簡帛網』二〇〇六年十一月

馬　彪「城址と墓葬に見る楚王城の禁苑及び雲夢官の性格」『都市と環境の歴史学』第三輯、二〇〇七年三月

楊振紅「龍崗秦簡諸『田』、『租』簡釋義補正—結合張家山漢簡看名田宅制的土地管理和田租徵收—」『簡帛研究二〇〇四』広西師範大学出版社二〇〇六年

馬　彪「簡牘學研究的『三重證據法』」『山口大学文学会志』第五八巻、二〇〇八年二月

馬　彪「龍崗秦簡文字編」（上）『アジアの歴史文化』第一一号、二〇〇八年三月

馬　彪「龍崗秦代簡牘における古文字の特徴」『山口大学文学会志』第五九巻、二〇〇九年三月

池田雄一「睡虎地秦律と龍崗秦律」『中国古代の律令と社会』汲古書院、二〇〇八年三月

馬　彪「『龍崗秦簡』禁苑律と『唐律疏義』衛禁律との比較」『異文化研究』第三号、二〇〇九年三月

馬　彪「龍崗秦簡文字編」（下）『アジアの歴史文化』第一二号、二〇〇九年三月

馬　彪「龍崗秦簡に見る「參辦（辨）券」について」河合文化研究所『研究論集』第七集、二〇〇九年十二月

馬　彪「龍崗秦簡における「奴道」「甬道」「馳道」への検討」
『日本秦漢史学会会報』第一〇号、二〇一〇年三月
馬　彪「龍崗秦簡にみる禁地「闌入」罪と関連律令」
『東洋史苑』第七六号、二〇一〇年九月
馬　彪「秦代「禁苑耎（堧）」の空間構造とその由来―龍崗秦簡をめぐっての検討―」
『山口大学文学会志』第六一巻、二〇一一年二月
馬　彪「動物人格化にみる農業文明を征服する秦帝国の原理―龍崗秦簡の動物管理律令を中心としての検討―」
『山口大学文学会志』第六二巻、二〇一二年二月
馬　彪「龍崗秦簡における律名の復元について」
『アジアの歴史と文化』第一六号、二〇一二年三月
馬　彪「龍崗秦簡譯注（凡十一篇）」
『異文化研究』第六号、二〇一二年三月

索　引

[著者紹介]

馬　彪（ま　ひょう）
山口大学人文学部教授

1955年生まれ。北京師範大学歴史学部大学院卒業，歴史学博士。
1995年以来，北京師範大学歴史学部からの訪問研究者として来日（1995～1999東京大学，1999～2001京都大学）。2002年から現職。
主要著書に
『秦漢豪族社会研究』（中国書店，2002年），『中国中世社会與共同体』（谷川道雄著　翻訳，中華書局，2002年），『中国史学史』（内藤湖南著　翻訳，上海古籍出版社，2008年），『漢簡〈算数書〉：中国最古の数学書』（共著，朋友書店，2006年），『東アジア都城の比較研究』（共著，京都大学学術出版会，2011年）など。

秦帝国の領土経営
―― 雲夢龍崗秦簡と始皇帝の禁苑

2013年2月28日　初版第一刷発行

著者　馬　彪
発行人　檜山爲次郎
発行所　京都大学学術出版会
京都市左京区吉田近衛町69番地
京都大学吉田南構内（〒606-8315）
電話（075）761-6182
FAX（075）761-6190
URL http://www.kyoto-up.or.jp
振替 01000-8-64677

ISBN 978-4-87698-253-0
Printed in Japan
印刷・製本　㈱クイックス
定価はカバーに表示してあります